U0598006

张柠

现代作家的观念与艺术

张柠 著

稷下文库

中国教育出版传媒集团
高等教育出版社·北京

作者简介

张柠

文学评论家、作家，河北大学文学院特聘教授，
北京师范大学文学院教授，博士生导师。
主要从事中国现当代文学教学与研究。
出版学术专著《故事的过去与未来》《土地的黄昏》
《感伤时代的文学》《民国作家的观念与艺术》《再造文学巴别塔》等16部；
出版长篇小说“青春史三部曲”（《江东梦》《春山谣》《三城记》），
长篇小说《玄鸟传》，中短篇小说集《幻想故事集》《感伤故事集》等。

①

莫言

丰乳肥臀

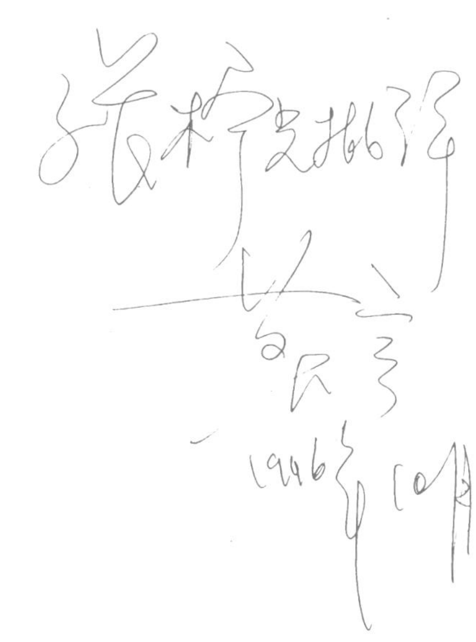

⑦

張朴先生

惠存

宽诗集

llection of HuKuan's Poetry

主编：牛汉

徐放

胡征

漓江出版社

⑧

❶ 左起：施蛰存、穆时英、戴望舒、杜衡
（1932年10月8日在达特安邮船上为戴望舒赴法留学送行）
❷ 施蛰存《将军底头》书影
❸ 张爱玲
❹ 废名《桥》《莫须有先生传》书影
❺ 废名
❻ 鲁迅
（1932年11月在北平演讲）
❼ 莫言《丰乳肥臀》书影与题签
❽ 胡宽《胡宽诗集》书影与题签
❾ 史铁生《务虚笔记》书影与题签
❿ 翟永明《翟永明诗集》书影与题签

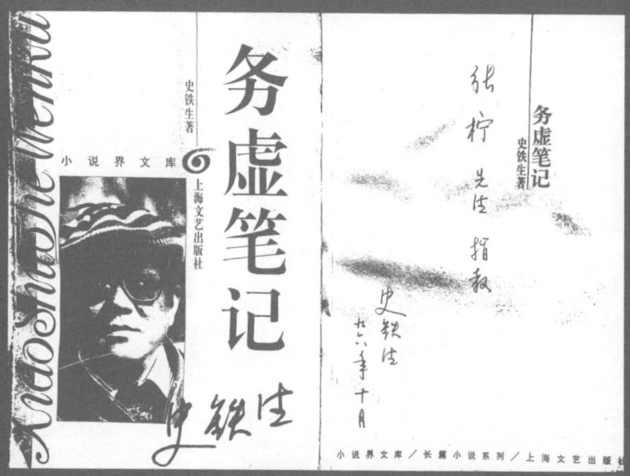

❾

❿

“稷下文库”总序

学术史的传承有绪、守正创新，建基于今人对前贤大家学术思想的意义生发，离不开学术成果的甄别、整理和出版。高等教育出版社作为新中国最早设立的专业教育出版机构，始终以“植根教育、弘扬学术、繁荣文化、服务社会”为使命，与我国教育文化事业同发展、共成长，以教材出版为主业，并致力于基础性学术出版工作。为了更为系统地呈现当代中国人文社会科学领域的经典学术成果，我们特推出“稷下文库”丛书。

“稷下”之名取自战国时期齐国的稷下学宫。稷下学宫顺应时代变革而生，是世界上最早的官办高等学府，倡导求实务治、经世致用和学术自由、百家争鸣的学风，有力地促成了先秦学术文化繁荣的局面，更对后世思想、学术、文化的发展和交流传播产生了深远影响。我们希望延续这一传统，以学术经典启迪当下、创造未来，打造让学界和读者广受裨益的新时代精品学术出版品牌。

“稷下文库”将以“荟萃当代优秀成果，彰显盛世学术繁荣”为宗旨，注重历史与现实相结合、理论与实践相结合，涵盖人文社会科学各个门类，收录当代知名学者的代表作，展现当代学术群像，助力学术发展繁荣。

习近平总书记在哲学社会科学工作座谈会上指出，当代中国正经历着我国历史上最为广泛而深刻的社会变革，也正在进行着人类历史上最为宏大而独特的实践创新，这必将给理论创造、学术繁荣提供强大动力和广阔空间。加快构建中国特色哲学社会科学学科体系、学术体系、话语体系，是新时代的战略任务，也是中华民族的期盼。我们愿与广大学人和读者一道，为展示中国学术风貌、传播中国声音贡献一份力量。

高等教育出版社

2022年10月

目录

一

鲁迅、王国维及其他

（一）鲁迅先生的遗留问题

鲁迅说："在中国，小说是向来不算文学的。在轻视的眼光下，自从十八世纪末的《红楼梦》以后，实在也没有产生什么较伟大的作品。小说家的侵入文坛，仅是开始'文学革命'运动，即一九一七年以来的事。"[①] 鲁迅的意思是，"小说"这种现代文体，对中国而言是一件新事物。新的事物要像老事物一样那么有权威，需要一定的时间。现代小说成为文学中的一种权威文体，鲁迅功不可没。再把视野打开一点，我们可以列一个很长的名单：茅盾、老舍、巴金、废名、沈从文、施蛰存、李劼人、路翎、师陀、钱锺书、张爱玲、穆时英、刘呐鸥、徐讦、无名氏，等等。但从审美的角度看，这些作家的作品，其"文学史"的意义似乎都要大于"文学"的意义，他们似乎都处于一种"过渡状态"或者"中间状态"，作品的思想性和艺术性不均衡。这无疑不是文学本身的问题，而是中国文化"断裂"之后的一个世纪以来，精神危机、价值混乱在文学中的表征。一位伟大作家的某部作品之所以能成为经典，是因为它集中体现了一个民族过去的审美传统和对未来的审美理想。这样的作家之所以伟大，是因为他在分裂了的过去和将来之间，凭着自己的全部意志力，充当了一条拉锁。当文化

① 鲁迅：《〈草鞋脚〉小引》，见《鲁迅全集》第6卷，人民文学出版社2005年版，第21页。

的传统与现代之间断裂太大，以至于仅靠一个作家的人格力量，或仅靠短短的时间而不能将那断裂弥合，自然就不可能有经典产生。五四新文化运动将中国几千年所确立的“经典”，顷刻间瓦解得体无完肤。但五四先驱们反传统的目的在于反“吃人的历史”“吃人的礼教”，想使没有“人”之地位的“沙聚之邦”，变为“人国”（鲁迅语）。就在他们高扬西方文艺复兴运动所确立的科学、民主大旗之时，西方反传统的非理性思潮正风起云涌。一个世纪之后的今日，西方人对传统经典的破坏更是釜底抽薪：人的主体是一种假象，作者死了，文学文本根本没有一种确定的意义，阅读就是为文本创造出无限多的、但没有同一性客观尺度的各种意义，等等。在此知识背景下，已经不是有没有经典和要不要经典的问题，而是艺术消亡与否的问题了。这里要说的是：近代以来，西方的有经典而拆解、拒绝之，与中国的求经典而不得，绝不是一回事；并且，当代西方文学，与鲁迅先生当年“别求新声于异邦”时的情形也已是南辕北辙了。一方面是文学现代化过程中向西方学习，另一方面是“西方”正在自我瓦解，这对文化和文学而言，都是一个问题。

想想18世纪与19世纪之交的俄罗斯文学，之所以成为“现代俄罗斯文学”，就是因为有天才的普希金（他在抒情诗、叙事诗、短篇小说、童话故事、长篇诗体小说、剧本、翻译等各个领域提供了伟大的现代文学范本）。现代中国文学之所以成为“现代中国文学”，同样是因为有天才的鲁迅。但我认为，与其说鲁迅为20世纪的中国文学提供了经典作品，还不如说他仅提供了一个整体的经典人格模式。这“人格模式”隐藏在他整个一生的“创作片段”和行为中。随着对鲁迅的研究和理解的深入，我们很难根据鲁迅的任何一部单篇作品来谈鲁迅。当我们谈到启蒙精神的时候，自然要想到鲁迅早期的“随感录”；谈到历史文化批判的时候，自然要想到《狂人日记》；谈到批判国民性的时候，自然要想到《阿Q正传》；此外，爱情之于《伤逝》，孤独之于《在酒楼上》和《孤独者》，虚妄和绝望之于《野草》，怀旧之于《朝花夕拾》，等等，其每一作品都有创新的意义，但说它们“伟大”，还有距离。

鲁迅曾经告诉老友许寿裳，说有一个叫S的瑞典人，托人让他送作品去参加诺贝尔文学奖的评选，鲁迅说：“但是我辞谢了。我觉得中国实在还没有可得诺贝尔奖金的人，倘因为我是黄色人种，特别优待，从宽入选，反足以增长中国人的虚荣心，以为真可与别国媲美了，结果将很糟。”[①]可见他对自己的创作也是不满意的。

前面“创作片段”这个词的意思是，鲁迅先生的创作零星而驳杂，使一般读者难以窥见全貌。鲁迅在《忽然想到》一文中批评“二十四史”的话，也可以用来批评他自己的全部创作：（其中）“都写着中国的灵魂，指示着将来的命运，只因为涂饰太厚……不容易察出底细来。正如通过密叶投射在莓苔上面的月光，只看见点点的碎影。”[②]要从那“点点的碎影”中看出其整体的人格模式来，是一般读者根本无法做到的，这必须要靠大学教授长期的研究和串讲，靠一篇一篇论文的逻辑论证。一部《鲁迅全集》，点点碎影，四处都闪着光芒，但重在批判、破坏、扫相破执；借用一个当下的时髦的术语，可以说它就是一部“解构主义文本”。这无疑不合通常意义上的叙事文学经典作品的

① 许寿裳：《亡友鲁迅印象记》，长江文艺出版社2019年版，第51页。

② 鲁迅：《忽然想到（四）》，见《鲁迅全集》第3卷，人民文学出版社2005年版，第17页。

经典作家。曾有人劝鲁迅要学学托尔斯泰。鲁迅则说："在中国……托尔斯泰学不到，学到了也难做人。"[①]鲁迅真的是太了解中国文化了，除非你心如死灰，只顾唉声叹气，否则都会像鲁迅一样，恨不能拍案而起，同归于尽。鲁迅在中国文化中读出了历史的圈套，发现了人的价值只剩下"哀悼的价值"。于是，在《我之节烈观》一文中，鲁迅发了三个大愿：一是"要自己和别人，都纯洁聪明勇猛向上。要除去虚伪的脸谱。要除去世上害己害人的昏迷和强暴"。二是"要除去人生毫无意义的苦痛。要除去制造并赏玩别人苦痛的昏迷和强暴"。三是"要人类都受正当的幸福"。[②]鲁迅不全力以赴从事狭义的"文学创作"，而是去承担文化批判的抉择，真有点"一人不度，誓不为佛"的心肠和气派。佛陀认为，神通的大小倒在其次，首先要发"菩提之心"，鲁迅所发的三大宏愿，就有"菩提之心"的意味。他终其一生都抱着誓与旧时代、旧文化同归于尽的大勇气，为我们后人扫清路障、铺路搭桥。批判中国文化中的劣根性成了他一生的主要工作，以至于不能全力地投入"文学创作"。因此，他极力推崇"摩罗"诗派那种"立意在反抗，指归在动作""不为顺世和乐之音……争天拒俗"[③]的精神，所以，尽管鲁迅在艺术上还没有取得无上的"佛果"，但在20世纪的中国文化中，他无疑是一位"狮子一吼，百兽脑裂"的大金刚。

其实，鲁迅对经典是十分重视的。他说："人文之留遗后世者，

① 鲁迅：《准风月谈·后记》，见《鲁迅全集》第5卷，人民文学出版社2005年版，第423页。

② 鲁迅：《我之节烈观》，见《鲁迅全集》第1卷，人民文学出版社2005年版，第130页。

③ 鲁迅：《摩罗诗力说》，见《鲁迅全集》第1卷，人民文学出版社2005年版，第68页。

最有力莫如心声。”他认为古印度文明虽尽，但有两大史诗流传；希伯来文明之衰，止于《耶利米哀歌》。而“灿烂于古，萧瑟于今”的中华文明没有熄灭，乃中国人之大幸。鲁迅说，读中国的文学，循代而下，有“脱春温而入于秋肃”的悲凉之感。其根本原因在于，没有“撄人心”之作。中国先贤，或“立无为之治”，或求礼之中和，使人心如槁木；中国文化，一见有“撄人心”之“性解（Genius）之出，必竭全力死之”。鲁迅渴望的，是有“沉痛著大之声，撄其后人，使之兴起”。[①] 于是，他大力向中国读者介绍外国的，尤其是俄国和东欧弱小民族诸作家的反抗作品。在《摩罗诗力说》一文的篇首，鲁迅引用了尼采《苏鲁支语录》中的一段话：“求古源尽者将求方来之泉，将求新源。嗟我昆弟，新生之作，新泉之涌于渊深，其非远矣。”[②] 可见当时鲁迅的心中，充斥着怎样的激情和希望！“鲁迅精神”并不只是批判、破坏，甚至骂人，它更是一种不封闭也不盲从的大胸襟和大气派。鲁迅对新旧文化和中外文化有着极其精到准确的判断力，对生活和美有着最敏锐的感受力，在艺术表达上也有极强的想象和创造力。在这些能力上，当代人不过是个“丙崽”（韩少功寻根小说《爸爸爸》中一个傻子式的主人公）。鲁迅对传统文化的批判，本是希望新的文化能给中国人心中注入生命的激情，摆脱“想做奴隶而不得的时代”和“暂时做稳了奴隶的时代”之恶性循环。[③] 希望中国人有生命的激

① 鲁迅:《摩罗诗力说》，见《鲁迅全集》第1卷，人民文学出版社2005年版，第65～71页。

② 《苏鲁支语录》又译《查拉图斯特拉如是说》，这段引文出自该书第3卷第十二节第二十五段。参见［德］尼采《苏鲁支语录》，徐梵澄译，商务印书馆1992年版，第213页。徐梵澄译文与鲁迅译文不同。

③ 鲁迅:《灯下漫笔》，见《鲁迅全集》第1卷，人民文学出版社2005年版，第225页。

情和抗争的激情。

据说，鲁迅曾经花了大量的精力搜集材料，准备写一部叫《杨贵妃》的长篇小说（一说是剧本）。鲁迅的好友许寿裳回忆说，鲁迅"对于唐明皇和杨贵妃的性格，对于盛唐的时代背景、地理、人体、宫室、服饰、饮食、乐器以及其他用具……统统考证研究得很详细，所以能够原原本本地指出坊间出版的《长恨歌画意》的内容的错误。他的写法，曾经对我说过，系起于明皇被刺的一刹那间，从此倒回上去，把他的生平一幕一幕似的映出来。他看穿明皇和贵妃两人间的爱情早就衰歇了，不然何以会有'七月七日长生殿'，两人密誓愿世世为夫妇的情形呢？在爱情浓烈的时候，哪里会想到来世呢？他的知人论世，总是比别人深刻一层"①。

孙伏园回忆说，鲁迅"觉得唐代的文化观念，很可以做我们现代的参考，那时我们的祖先们，对于自己的文化抱着极坚强的把握，决不轻易动摇他们的自信力；同时对于别系的文化抱有恢廓的胸襟与极精严的抉择，决不轻易的崇拜或轻易地唾弃。这正是我们目前急切需要的态度。拿这深切的认识与独到的见解作背景，衬托出一件可歌可泣的故事，以近代恋爱心理学的研究结果作线索；这便是鲁迅先生在民国十年左右计划着的剧本'杨贵妃'"②。

鲁迅计划创作的这部小说，大概以辉煌的唐代文化为背景，写一个"可歌可泣"的故事（唐明皇与杨贵妃的爱情故事）。鲁迅对中国汉唐文化中所蕴含的强大自信、不盲从的抉择能力、海纳百川的胸襟，

① 许寿裳：《亡友鲁迅印象记》，长江文艺出版社2019年版，第50页。
② 孙伏园：《鲁迅先生二三事》，转引自王瑶《鲁迅与中国文学》，陕西人民出版社1982年版，第7页。

是极为钦佩的，所以才动了想写一部与唐代文化有关的长篇小说的念头。但是，鲁迅无疑不会仅仅满足于摆一摆祖宗的荣光，而是想把他们活灵活现地、艺术地再现出来。我在想，鲁迅的方法，大概就是想让唐明皇与杨贵妃的爱情作为生命的活力和激情注入唐代文化中。如果没有这一点，那么，唐代文化也只能像汉砖之图案、魏晋之碑帖、宋画之小品一样，成为王国维所说的，只有形式没有内容（没有生人气息）的，供后人玩赏的“古雅”之物了。

鲁迅最终还是没有将这部长篇小说写出来。其中原因可能比较复杂，但我推测，最主要的恐怕还是他没有找到一个与唐文化相配备的，可以“撄人心”的故事。如果鲁迅的想法真的像许寿裳回忆中所说的那样，那么，我认为鲁迅对唐明皇与杨贵妃爱情故事的构思是很成问题的。同时，我们根据鲁迅的性格，也很难想象他能写出一个与唐文化的恢宏相适应的爱情故事来。鲁迅的确像他自己所说的那样，他身上有着太多的传统的阴影或者叫“鬼气”。这种“鬼气”，常常使他的内心深处与俄苏作家安德烈耶夫、阿尔志跋绥夫、索洛古勃一类作家有更多的共鸣，而且不一定跟契诃夫有什么共鸣。同时我们可以感觉到，鲁迅表面上激烈地批判传统，而潜意识里，却对传统有着深深地、隐秘的迷恋。否则我们无法解释他为何能数年地坚持抄碑文、校碑目。[①]为什么一想写长篇小说，就首先想到历史题材？更何况《杨贵妃》的写作难度应该是远远超过《伤逝》的（作为现代小说，《伤逝》的艺术性也有疑问）。因此，鲁迅又在将“古雅”变成“现代”的问题上碰到了难题。鲁迅没有将《杨贵妃》写出来是极明智的。但是，他终

① 周遐寿：《鲁迅的故家》，人民文学出版社1957年版，第213～216页。另见许寿裳《亡友鲁迅印象记》第十二节。

究没能写作一部足以与其精神境界相匹敌的伟大作品。还有一位想写出伟大文学作品而始终没能如愿的人，那就是王国维。

（二）王国维与叙事文学

先简单介绍一下王国维的学术研究。根据专家考证，带有“王国维全集”性质的图书，至少有五种版本：1928年罗振玉本《海宁王忠慤公遗书》，1940年赵万里本《海宁王静安先生遗书》，1976年台湾大通书局版《王国维先生全集》，1983年上海古籍书店版《王国维遗书》，2009年浙江教育出版社、广东教育出版社版《王国维全集》。二十卷本《王国维全集》，是京沪两地学者，加上浙粤两地出版界四方合作的成果，是在前人基础之上，吸收最新学术成果编校而成，这无疑是一个最优质的版本。全集共800多万字的篇幅，内容涵盖了古今中外，地下纸上无所不包：流沙坠简、敦煌遗物、秦汉封泥、甲骨金石、古史方志、玄学小学、词曲古戏、天文地理、文学哲学，等等，真乃皇皇巨著，堪称“文史哲百科全书”。

最早读到王国维的著作是《人间词话》和他的自编文集《静安文集》（收入《王国维全集》第1卷），对他在《文学小言》中关于“叙事的文学……我国尚在幼稚之时代”的分析和判断，深有同感。进而接触到他的多篇文论名篇：《红楼梦评论》《论哲学家与美术家之天职》《古雅之在美学上之位置》《屈子文学之精神》等。这批作于1905年之前的论文，是近现代以来较早化用西方哲学和美学观念用于中国文学评论的范例。《红楼梦评论》是其中的杰出代表。钱锺书说："老辈惟王静安，少作时时流露西学义谛，庶几水中之盐味，而非眼里之金屑。"评价之高，于钱锺书而言，实属罕见。不过涉及王国维的文学创作的时候，则是另一评价："其《观堂丙午以前诗》一小册，甚有诗情作意，惜笔弱词靡，不免王仲宣'文秀质羸'之讥。古诗不足观；七律多二字标题，比兴以寄天人之玄感，申悲智之胜义，是治西洋哲学人本色语。"[1]王国维自己也很纠结，1907年，在反思自己的学术和创作时说："余疲于哲学有日矣。哲学上之说，大都可爱者不可信，可信者不可爱。……此近二三年中最大之烦闷。而近日之嗜好，所以渐由哲学而移于文学，而欲于其中求直接之慰藉者也。要之，余之性质，欲为哲学家，则感情苦多而知力苦寡；欲为诗人，则又苦感情寡而理性多。……他日以何者终吾身？"[2]

没有实现自己做艺术家的理想，却成就了一位学术天才，这也是学界之幸事。王国维的学术贡献，正如陈寅恪所言，主要体现在研究方法之"二重证据法"：地下实物与纸上遗文互证，异族之故书与本族之旧籍互证，外来之观念与固有之材料互证。学者如果不只是研究成果深且广，而且还能为后世提供方法论，则是学者中的学者。王国维的学术文章，文短而意长，每一篇都像是他新开辟的学术领域的浓缩性学术导论。如《屈子文学之精神》一文，论南方北方文学（学术、思想、制度、风格）之分野、散文诗歌之差别，顺便开启了文学地理学研究之先河。著名论文《殷周制度论》，最具代表性，其篇幅之精短，信息量之宏富，罕有匹敌者，可视为商周史研究的导论性著作。

① 钱锺书：《谈艺录》，生活·读书·新知三联书店2008年版，第72页。
② 王国维：《自序二》，见谢维扬、房鑫亮主编《王国维全集》第14卷，浙江教育出版社、广东教育出版社2009年版，第121页。

王国维认为，夏商文化一脉相承，而商周文化的差异很大："夏、殷间政治与文物之变革，不似殷、周间之剧烈矣。殷、周间之大变革，自其表言之，不过一姓一家之兴亡与都邑之移转；自其里言之，则旧制度废而新制度兴，旧文化废而新文化兴。"[①]因此，商取代夏，与周取代商，两者之间的区别很大。首先就是都城建设上的区别：五帝以来，包括夏代和商代，其都城均建在东方，唯独周的都城建在西方。周代即使在东部建了洛邑，也不急于搬迁，一直住在适合放马牧牛的西北边陲之丰邑和镐邑。其次是城市制度建设上的区别：（1）改殷商的"族内传贤制"（传给兄弟或者子侄辈），为周代的"立子立嫡制"；（2）建立以王权和子嫡为基础的严密道德体系（尊尊、亲亲、贤贤、男女有别）；（3）与上述问题密切相关的礼俗规章（宗法、分封、丧服）。王国维所说的"制度之新旧更替"和"文化之新旧更替"，的确是洞见不凡。什么是"新"的？什么是"旧"的？到底是殷商城邦（工商）文化新，还是周代农耕（游牧）文化新？都是令人遐想的论题。《王国维全集》犹如一个大百宝箱，是一部文史哲领域的百科全书，不同专业的人都能从中找到自己需要的"宝贝"。

鲁迅和陈寅恪，在王国维的学术遗产面前折服倾倒。鲁迅谈到《流沙坠简》[②]这部书时说："要谈国学，那才可以算一种研究国学的书。开首有一篇长序，是王国维先生做的，要谈国学，他才可以算一

① 王国维：《殷周制度论》，见谢维扬、房鑫亮主编《王国维全集》第8卷，浙江教育出版社、广东教育出版社2009年版，第303页。

② 《流沙坠简》由王国维与罗振玉合著。这是一部研究敦煌、罗布泊古城、新疆和阗附近等地所发现的古代简牍文献的专著，其材料来自法国汉学家沙畹的《斯坦因在东土尔其斯坦考察所得汉文文书》。斯坦因为英国考古学家，曾三次深入亚洲腹地进行考古发掘。另参见《王国维全集》第4卷相关说明。

个研究国学的人物。”[①]陈寅恪也认为，王国维的著作足以“转移一时之风气，而示来者以轨则”，是“吾国近代学术界最重要之产物”[②]。但在这些极高的评价背后，隐含了王国维的多少遗憾！

王国维完全放弃哲学和文学，转入国学研究领域，是跟随罗振玉去日本以后的事。其中复杂的原因，有该领域的专家去研究考察。可以肯定的是，按照最初的意愿，王国维似乎并不想做一个“搜集科学之结果，或古人之说而综合之，修正之”的哲学史家或“第二流之作者”[③]，而是要成为一个具有高度创造性的哲学家。在哲学领域，王国维尽管也写过研究康德的《纯粹理性批判》的长文《汗德之知识论》，但他最心爱的学说还是叔本华、尼采等人的生命哲学，或曰“诗化哲学”。王国维的一些诗学名篇，如《红楼梦评论》《古雅之在美学上之位置》《文学小言》，乃至《人间词话》，都是吸收了西方哲学观念，阐述自己对文学的看法，或重新评价中国文学。所以，我们可以宽泛地将这些成果视为王国维从事哲学研究的收获，而不是他心所仰慕的文学创造的成果。

王国维所烦恼的，还不仅仅是个体生命自身的问题。因为他深知伟大的文学作品在一个民族文化中的意义，深知中国文化传统最缺少的是什么。他说：“生百政治家，不如生一大文学家。何则？政治家与国民以物质上之利益，而文学家与以精神上之利益。夫精神之于物

① 鲁迅：《不懂的音译》，见《鲁迅全集》第1卷，人民文学出版社2005年版，第419页。

② 陈寅恪：《海宁王静安先生遗书·序》，转引自王国维《静庵文集》“出版说明”，辽宁教育出版社1997年版。

③ 王国维：《静庵文集续编·自序二》，见《静庵文集》，辽宁教育出版社1997年版，第161页。

质，二者孰重？且物质上之利益，一时的也；精神上之利益，永久的也。前人政治上所经营者，后人得一旦而坏之；至古今之大著述，苟其著述一日存，则其遗泽且及于千百世而未沫。故希腊之有鄂谟尔（引按：荷马）也，意大利之有唐旦（引按：但丁）也，英吉利之有狭斯丕尔（引按：莎士比亚）也，德意志之有格代（引按：歌德）也，皆其国人人之所尸而祝之，社而稷之者；而政治家无与焉。……试问我国之大文学家，有足以代表全国民之精神……者乎？”[①]（鲁迅《摩罗诗力说》的观点与此相近。）

王国维还认为，中国的“美术”（引按：即艺术）不发达的根本原因是：“美术之无独立之价值也……历代诗人多托于忠君、爱国、劝善、惩恶之意，以自解免，而纯粹美术上之著述，往往受世之迫害。而无人为之昭雪者也。此亦我国哲学、美术不发达之一原因也。”[②]因此，一方面，王国维大力提倡学术和文学艺术的独立性，反对中国传统的功利主义文学观；另一方面，又一直试图要在文学创作上实现自己的理想。《人间词》（甲、乙稿）的刊布，使王国维对自己的文学创作充满了信心。王国维甚至准备“积毕生之力”从事文学创作，以求“终有成功之一日”[③]。

从文学观上看，王国维似乎比鲁迅更超然，更追求艺术的独立性，更接近于文学的本质。在创作上，王国维对自己“词”的水平颇为自

① 王国维：《教育偶感四则》，见《静庵文集》，辽宁教育出版社1997年版，第125页。

② 王国维：《论哲学家与美术家之天职》，见《静庵文集》，辽宁教育出版社1997年版，第120页。

③ 王国维：《静庵文集续编·自序二》，见《静庵文集》，辽宁教育出版社1997年版，第161页。

负。他说，“余之于词，虽所作尚不及百阙，然自南宋以后，除一二人外，尚未有能及余者”，“虽比之五代、北宋之大词人，余愧有所不如，然此等词人，亦未始无不及余之处”[①]。有论者指出：“王国维对自己所填的词，如此自命非凡，文学史上，尚未多见。……我们得承认他的词有一定的成就。……然而，决不如他所说出于天授，罕有伦比。”[②]对词之外的诗，学界也有褒贬。如前引钱锺书的观点就认为，王国维的诗“惜笔弱词靡，不免王仲宣‘文秀质羸’之讥”[③]。

《人间词话》开篇：“有境界自成高格，自有名句。”经典作家要写出其经典之作，自然首先必须要有极高境界。和鲁迅一样，王国维境界之高，近代以来难有与之比肩者。王国维的著作中也不乏“名句”，但他为什么没有创作出自己所推崇的伟大叙事作品呢？其文学创作实践，为什么选择了旧体诗词（鲁迅不涉足新诗创作）这一“古雅”的形式呢？王国维的话是针对“词”这一古典抒情文学体裁而言的；对叙事文学作品而言，即使有了“名句”，恐怕也还是远远不够的。

中国文学曾经有过伟大的抒情传统，但叙事文学则远远没有成熟。王国维对这一抒情传统的评价，有很大保留。尽管他对屈原、陶渊明、李白、杜甫、欧阳修、李煜等人赞赏有加，但从总体上看，他还是认为“咏史、怀古、感事、赠人之题目，弥满充塞于诗界，而抒情、叙事之作，什佰不能得一，其有美术上之价值者，仅其写自然之美之一

① 王国维：《静庵文集续编·自序二》，见《静庵文集》，辽宁教育出版社1997年版，第161页。

② 萧艾：《王国维评传》，浙江文艺出版社1983年版，第63页。

③ 钱锺书：《谈艺录》，生活·读书·新知三联书店2008年版，第72页。

方面耳"[①]。不过，王国维并不反对旧形式，只是认为这种旧形式中缺少新的、具有现代感情的抒情和叙事成分，以至于大部分都不合"意境两浑"的要求而徒有其形式。王国维在《人间词》中所追求的，大概就是想用"旧瓶装新酒"。我们可以从他后来创造的"古雅"一词中，看出他对那逝去的旧文学形式的缅怀之情。他不赞同白话诗："胡君适之……提倡白话诗文，则所未敢赞同也。"[②]问题在于，王国维在当时可以说是接受了西方最新的学术思想，同时对中外叙事文学有着很深的领悟，但为什么一到自己的文学创作之中，就死死地抱住旧形式不放呢？最主要的原因在于，他的"意识深层"对近代以来的叙事文学之基本性质有抵牾。先来看看他对叙事文学的理解。

王国维指出："叙事的文学（谓叙事传、史诗、戏曲等，非谓散文也），则我国尚在幼稚之时代。元人杂剧，辞则美矣，然不知描写人格为何事。至国朝之《桃花扇》，则有人格矣，然他戏曲则殊不称是。……以东方古文学之国，而最高之文学，无一足以与西欧匹者，此则后此文学家之责矣。"[③]这里有两个问题值得注意。第一，他所说的叙事文学没有包括散文体（如《红楼梦》等，后面会详论）。第二，强调作品对人的描写。王国维曾借康德的话说："汗德伦理学之格言曰：'当视人人为一目的，不可视为手段。'"[④]这正是欧洲近代（文艺复兴）以来的叙事文学的核心问题。王国维所推崇的文学作品，如歌

① 王国维：《论哲学家与美术家之天职》，见《静庵文集》，辽宁教育出版社1997年版，第120～121页。

② 《王国维致顾颉刚的三封信》，转引自王国维著，佛雏校辑《新订〈人间词话〉广〈人间词话〉》，华东师范大学出版社1990年版，第193页。

③ 王国维：《文学小言》，见《静庵文集》，辽宁教育出版社1997年版，第169页。

④ 王国维：《论近年之学术界》，见《静庵文集》，辽宁教育出版社1997年版，第114页。

德和托尔斯泰的小说、莎士比亚和席勒的戏剧等，都是欧洲近代叙事性文学的代表之作。而事实上，王国维所理解的“叙事文学”与近现代文学观念还是有距离的。尽管他通过康德而抓住了近现代文学的要点，却忽略了其基础。近代意义上的长篇小说的认识论基础，来源于笛卡尔、洛克、休谟这些王国维几乎忽略的哲学家。①

美国学者伊恩·P.瓦特在谈到现代小说的兴起的时候说：

> 笛卡尔的伟大主要在其方法，在其怀疑一切的决心的彻底性；……据此，对真理的追求被想象成为完全是个人的事，从逻辑上说，这是独立于过去的思潮传统之外的，实际上，正唯与过去的传统相背离，才更有可能获得真理。……小说是最充分地反映了这种个人主义的、富于革新性的重定方向的文学形式。……小说家的根本任务就是要传达对人类经验的精确印象，而耽于任何先定的形式常规只能危害其成功。……自文艺复兴以来，一种用个人经验取代集体的传统作为现实的最权威的仲裁者的趋势也在日益增长，这种转变似乎构成了小说兴起的总体文化背景的一个重要组成部分。②

西方近代文学中那种对独特的个人经验的表达，以及这些经验在过去和现在的连续性中所显示出的自我意识的实现，都是其叙事文学

① 王国维对笛卡尔、洛克、休谟的哲学观，只在《汗德之知识论》一文中偶尔提及，点到为止。

② [美]伊恩·P.瓦特：《小说的兴起——笛福、理查逊、菲尔丁研究》，高原、董红钧译，生活·读书·新知三联书店1992年版，第5~7页。

的基本追求。其中，人的欲望所依凭的知觉和感官经验又是更为基本的。想通过个人经验的表达而接近真理的执着追求，使西方文学在18、19世纪便产生了伟大的现实主义叙事传统。

王国维对此并没有明确的认识。他在《红楼梦评论》一文中发明了“眩惑”一词，作为与“优美”和“壮美”水火不相容的概念，来排斥那种对感官经验的表达。“夫优美与壮美，皆使吾人离生活之欲，而入于纯粹之知识者。”“眩惑……则又使吾人自纯粹知识出，而复归于生活之欲。”“故眩惑之于美，如甘之于辛，火之于水，不相并立者也。吾人欲以眩惑之快乐，医人世之苦痛……岂徒无益，而又增之。”[①]王国维的取舍，当然是有其历史背景和具体原因的。因为中国人最擅长的，是表达“思无邪”的优美情感，表达对自然观照的纯粹体验，而不擅长对人的感官经验和生命欲望的表达，作为一种真正的生命过程的展开，从而升华成艺术的境界。

周作人认为：法国作家莫泊桑的小说《人生》，是描写人间兽欲的“人的文学”，中国的《肉蒲团》则是“非人的文学”。俄国作家库普林的小说《坑》，是写娼妓生活的“人的文学”，中国的《九尾龟》却是“非人的文学”。它们的区别，并不在于材料，而在于人生态度的不同：前者是严肃的、希望的、悲哀的、愤怒的，后者是游戏的、满足的、玩弄的、挑逗的。[②]中国文学中常有的是抽去了感官内容的“理想主义”，和迷醉于感官享乐的“现实主义”。我们叫嚷了一个世纪，要学习西方的现实主义，但在文学实践中并没有提供具体的例证。

① 王国维:《红楼梦评论》，见《静庵文集》，辽宁教育出版社1997年版，第68页。

② 参见周作人《人的文学》，见钟叔河编订《周作人散文全集》第2卷，广西师范大学出版社2009年版，第88～89页。

所以，中国缺少的不是优美的抒情文学，不是王国维所说的“解脱”的文学，更不是游戏的文学，也不是“为人生的文学”（20世纪就有很多“为人生的文学”，比如：为启蒙呐喊的，为妇女自由、不缠足的，为批判国民性的，为分配的公正与平均的，为或个人或团体报仇的，为夺权的）。我们缺的是真正具有王国维说的“壮美”风格的“人的文学”。但王国维并没有在近代知识背景下，对“人的文学”及其认识论基础展开详细的论述，而是转而把文学作为解脱人生因欲望带来的痛苦的途径。他的“悲剧观”与其说接近叔本华，还不如说更接近佛教。他论述得最精辟的是抒情文学，而不是叙事文学。他仰慕西方近代文学的伟大叙事传统，而在意识深层则缺少那种叙事精神和叙事激情；他想成为伟大作家的梦想，也终于被淹埋在“古雅”的形式之中。

（三）现代人的《红楼梦》情结

提到中国长篇叙事文学经典的时候，大多数人会脱口而出：《红楼梦》。普通读者对古代经典的依赖的心情当然能理解，但我们难以容忍文学界的盲从，以为有了一部《红楼梦》就可以与西方叙事文学相匹敌，以为按照《红楼梦》的路子就可以写出大气派的叙事作品。这种《红楼梦》情结，至今依然在对当代叙事文学产生制约作用。

中国文学的抒情传统，像一个巨大的阴影，将20世纪文学遮盖得黯然失色，而现代叙事文学又处于“幼稚之时代”。按照西方人文主义文学传统的要求，中国的叙事性文学的确是极不成熟的，就像王国维所说的那样“不知描写人格为何事”，更不可能有鲁迅所说的“沉痛著大之声”、“撄人心”之作。事实上，明清古典小说已经开始了从抒情到叙事、从集体历史叙事到个体经验叙事的转换，结果出现了两部大作品，那就是极端写欲的《金瓶梅》和极端写灵的《红楼梦》，形成了古典叙事文学的高峰。但这两部作品都与西方近代意义上的长篇小说有很大的距离。鲁迅和王国维，都身处中国文学史的一个特定时代，即“古典叙事”向“现代叙事”转变的时代。且他们都很推崇《红楼梦》这部既不是西方的，也很难说完全是正宗的“汉文学”传统的长篇小说。

王国维在《红楼梦评论》中说：中国文学的特点是世间的、乐天的。而具有厌世解脱精神的只有《桃花扇》和《红楼梦》；但前者是假解脱，后者是真解脱。“《桃花扇》，政治的也，国民的也，历史的也；《红楼梦》，哲学的也，宇宙的也，文学的也。此《红楼梦》之所以大背于吾国人之精神，而其价值亦即存乎此。”[①] 王国维只是称其为一部“绝大著作”，似乎想用它来遮掩一下中国叙事文学的短处。下面结合王国维《红楼梦评论》中的观念，来讨论《红楼梦》的悲剧性和叙事性及其意义。

如果按照王国维对《红楼梦》的理解和论述，我们就有理由将他所说的“彻头彻尾之悲剧”[②] 改成“彻头彻尾之悲观”。“悲剧”和“悲观”，都不是正宗的汉语文学概念，一个来自西方，一个来自佛教。古希腊哲学家和文论家亚里士多德说：悲剧是通过语言“对一个严肃、

① 王国维：《红楼梦评论》，见《静庵文集》，辽宁教育出版社1997年版，第73页。

② 王国维：《红楼梦评论》，见《静庵文集》，辽宁教育出版社1997年版，第73页。

完整、有一定长度的行动的摹仿”[①]。其中的关键词是“行动”。亚里士多德认为：这个“行动”的主体是“人”而不是“神”，因而是一种受思考和选择驱动的、有目的的实践活动。只有智力健全的成年人才有组织和进行“行动”的能力。所以，对“行动”引起的后果，当事人必须承担应该由他承担的责任。[②]而“悲剧”就产生于这种行动过程之中的个人意志与命运的“冲突”，渺小的人的力量与巨大的命运的力量的搏斗，以及由此导致的主人公对个人的苦难遭遇、毁灭的悲惨结局的承担和勇气，等等。悲剧性艺术作品的表达形式无论怎样多变，总是推崇一个人在失败和命运面前表现出的勇敢和高尚，并设法描述这种人类的伟大精神。中国文学传统中缺少的正是这种悲剧品质，因此，我们当然难以听到“沉痛著大之声”了。所以，《红楼梦》无论如何都算不上“悲剧”，也不是一部现代意义上的“叙事作品”。《红楼梦》看上去是一部长篇叙事作品，但骨子里是古典的、抒情的。它将中国千年来的抒情传统集于一身，并使之变成叙事的形式。这无疑是曹雪芹的功绩。而王国维却称之为“悲剧之悲剧”，还借助于对叔本华哲学的发挥，想让它具有近代意义。但我认为，《红楼梦》与其说是“悲剧”（古希腊），不如说是“悲观”（佛教术语，叔本华哲学深受佛教影响）。钱锺书先生对此也有精辟的论述：

> 苟本叔本华之说，则宝黛良缘虽就，而好逑渐至寇仇，“冤家”终为怨耦，方是“悲剧之悲剧”。然《红楼梦》现有

① ［古希腊］亚里士多德：《诗学》，陈中梅译注，商务印书馆1996年版，第63～65页。

② ［古希腊］亚里士多德：《诗学》，陈中梅译注，商务印书馆1996年版，第66页。

收场，正亦切事入情，何劳削足适屦。王氏附会叔本华以阐释《红楼梦》，不免作法自弊也。盖自叔本华哲学言之，《红楼梦》未能穷理窟而抉道根；而自《红楼梦》小说言之，叔本华空扫万象，敛归一律，尝滴水知大海味，而不屑观海之澜。夫《红楼梦》、佳著也，叔本华哲学、玄谛也；利导则两美可以相得，强合则两贤必至相阨。[①]

钱锺书先生的这段文字，一石三鸟，分别打中了《红楼梦》、叔本华、王国维三者的要害。王国维所说的“悲剧”，实质上就是“悲观”。其要点是：（1）生活是苦的；（2）苦的根源在于人之有欲；（3）其出路在于解脱；（4）解脱的方法就是出世。（王国维说：“出世者，拒绝一切生活之欲者也。”[②]）这不正是佛教的观念吗？王国维认为，艺术也是解脱的方法之一（表达人生之苦及其解脱方法），必须摈弃表达生活之欲的“眩惑”的成分。谈到“眩惑”时，王国维情不自禁地流露出其内心的佛教观念：“所以子云有靡靡之诮，法秀有绮语之诃。虽则梦幻泡影，可作如是观，而拔舌地狱，专为斯人设者矣。”[③]

王国维进一步指出，宝玉出家是“悲感的”“壮美的”，因而是“文学的”“小说的”；《红楼梦》排斥了与欲有关的“眩惑之原质”[④]，因而是优美的、诗意的。其实，这种悲观厌世的观念，对中国人来说并不新鲜，这种解脱出世的情怀，也不少见；传统的文人失意之时，

① 钱锺书：《谈艺录》，生活·读书·新知三联书店2008年版，第76页。
② 王国维：《红楼梦评论》，见《静庵文集》，辽宁教育出版社1997年版，第71页。
③ 王国维：《红楼梦评论》，见《静庵文集》，辽宁教育出版社1997年版，第68页。
④ 王国维：《红楼梦评论》，见《静庵文集》，辽宁教育出版社1997年版，第72～75页。

传统诗歌表达之中，就随处可见，只不过《红楼梦》用叙事的形式来表达，便使其显得更具体可感、更集中强烈而已。《红楼梦评论》对此，并没有展开论述，相反，我们在文中时时可以看到将感官经验视为“梦幻泡影”的佛教“反美学观”的影子，看到提倡“思无邪”的儒家文学观的影子。这些观念就像个人经验与叙事形式之间的过滤器，它将感性的成分变为高度浓缩的意象；也像一位书报检查官，将个人独特的感性经验删除。于是，中国叙事文学，常常将这些遭到过滤的和删除的内容，偷偷地以一种变态的形式表现出来，在民间流传，如《肉蒲团》《灯草和尚》之类的狎亵文字。这些，都无不制约着中国叙事文学向更高精神层面的发展。如果从具体的叙事角度来看《红楼梦》，它与悲剧、与西方近代叙事文学的差距就更加明显。《红楼梦》前五回用神话传说的形式交代了故事和主人公的来历，后五回写宝玉“魂魄出窍”和出家的结局。并且，这个结局不是意外的，而完全是对前五回中那带宿命色彩的传说的印证。因此，《红楼梦》一开始就提供了一个完成化了的不可改变的世界，而没有给“人”留下任何余地。

作为叙事文体，《红楼梦》最值得借鉴的是中间具体的叙事过程。如果说“大观园”所依托的贾府像一根巨大的柱子，那么，其中的日常生活过程就像白蚁一样，将贾府这根柱子慢慢地、不着痕迹地蛀空。最终，我们看到它在一瞬间轰然倒塌。但整个叙事过程看上去十分平静，都是在对日常生活场景和事件（不是近代叙事意义上的个人经验）展开细腻而详尽的表达。而且作者懂得控制叙事，拒绝任何观念性的东西的进入。但是，即使在叙述最平常的日子，或最盛大的宴会之时，“巨柱”将倒的危殆也时时在抓住读者的心。贾府这个“巨柱”势必要倒塌，大观园势必要颓败的结局，是作者总体思路的根基。

直观感觉上，《红楼梦》的确有点像一个“失乐园”。不过《失乐园》表现了撒旦的抗争和复仇，也表现了亚当和夏娃所代表的成人世界的生命意志，以及对由此而带来的苦难命运的承担的勇气。而《红楼梦》讲述的则是一个少年拒绝成长和教化，耽于理想儿女乐园的故事。贾府“巨柱”的倒塌突如其来，主人公的命运是“太虚幻境”那神秘文字早就写定了的，与他们在大观园里的童话般生活毫无关系，与人的选择、行动、承担的生命意志也毫无关系。所以，《红楼梦》不具备“悲剧”的基本要求，也不具备包含成人世界行动的叙事品格。其悲剧的主体并不是“人”，而是与作者的观念相关的“人”之外的某种神秘的东西。《红楼梦》的艺术精神是古典的，而不是现代的；是悲观的，而不是悲剧的；是优美的，而不是壮美的；是少年的，而不是成年的；看似叙事而又拒绝“眩惑”，因此实质上是“抒情”的。

《红楼梦》与《金瓶梅》是长篇小说的两个极端形式。前者可以用阿多诺（也译作阿多尔诺）批评康德的话来概括：是一种“被阉割的享乐主义的悖论”①。后者可以用夏志清的话来概括：是“对淫秽、疾病的毫无掩饰的兴致”②。按照近现代以来的“叙事性”小说的要求，这两部小说在对艺术整体性的追求上，或者说在对人之整体性的探索上，都存在着作者不可超越的局限。无论怎样夸大它们的意义，都不能改变中国近代以来“叙事文学”的幼稚状况。“文学观念的觉醒”是一个笼统的说法，我们必须将它具体化。就叙事文学来说，其观念的成熟应该包含三个方面的要求：（1）人的观念的成熟；（2）整体审

① ［德］西奥多·阿多尔诺：《康德与弗洛伊德论艺术》，见王逢振、盛宁、李自修编《最新西方文论选》，漓江出版社1991年版，第389页。

② ［美］夏志清：《中国古典小说导论》，胡益民等译，安徽文艺出版社1988年版，第20页。

美意义上“人”的观念的“形式化”；（3）叙事观念的成熟及其文体上的某些程式。

严格地说，第一条只是大前提，不专属文学，是整体近代哲学和人文学科的话题。只有第二和第三两条是专属于文学（美学）的。按照巴赫金的观点，第二条可称之为“审美结构形式”，它是“作为审美对象的人的心灵和肉体价值的形式”，有其自足价值，“是美学分析的首要任务”。第三条可称之为“布局结构形式”，是可以进行分析的材料美学范畴。巴赫金认为，“物质作品的有目的之布局，当然决不完全等于审美客体独立自在的艺术存在”，审美结构形式也不能“脱离布局形式而获得实现”。长篇小说就是一种典型的，借助于“布局形式”（话语组织、情节安排、时间模式）而完成化了的叙事体“审美结构形式”。[①]

（四）现代批评话语

我们的现代文学批评一直没有找到自己的语言和文体，有历史和现实、外部和内部的双重原因。现代文学批评意识的真正觉醒，自王国维开始。此前的文学批评，基本上是一种“捧哏”式的批评，跟在文学作品后面瞎起哄：“好！”“真妙！”“又一惊！”这种批评还有

① ［苏联］巴赫金：《语言艺术创作中的内容、材料和形式问题》，见《巴赫金文论选》，佟景韩译，中国社会科学出版社1996年版，第259～267页。詹姆逊也使用过类似的概念，如外部形式、内部形式、意义结构等。见［美］弗雷德里克·詹姆逊《马克思主义与形式》一书的第五章第六节“马克思主义与内部形式”，李自修译，百花洲文艺出版社1995年版。

一个名字，叫“点评式批评”。据说这是中国传统文化遗产的有机组成部分，不可轻易否定。在小说批评中，毛宗岗是一个典型代表，下面引文后的括号中，是毛宗岗的点评文字：

惇挺枪来迎。交马数合，惇刺徐荣于马下。（杀得好）

貂蝉送酒与布，两下眉来眼去。（来了）……布请貂蝉坐。貂蝉假意欲入。（写得好看）

是夜，曹操于帐中与邹氏饮酒，忽听帐外人言马嘶。（捉奸的来了）①

这种“评论”，近于捧哏，更像起哄。尽管上面的举例，有以偏概全之虞，但大致上差不离，有些点评篇幅多一点、思路复杂一点，但也基本上是猜谜式的文字。比如，清末三家汇评本《红楼梦》中的点评：

只有一女，乳名英莲。（音应怜。全书之人无不应怜也）

雨村……于十六日便起身赴京。（弃九用六，背阳用阴，明写一恶人）②

① 〔明〕罗贯中著，〔清〕毛纶、毛宗岗评：《三国志演义》（醉耕堂本），中华书局1997年版，第61、78、172页。

② 〔清〕曹雪芹、高鹗著，〔清〕护花主人、大某山民、太平闲人评：《红楼梦》（三家评本），上海古籍出版社1988年版，第6～7、22页。

导致这种批评文体出现的主要原因在于，中国的语言传统或思维传统中，形象思维压倒了逻辑思维。换一种说法，观察或思维视角中缺少“焦点透视”，迷恋“散点透视”。感觉蜂拥而至，一篇文章中有很多中心；就像一幅画中有很多焦点，每个地方都很精彩，看似一个整体，其实各自为政，一盘散沙，缺少“一以贯之”的逻辑和统摄的力量。

王国维终结了那种点评式的、猜谜式的文学批评。他的著名文评《红楼梦评论》，全文约一万五千字，用文言文写作，开中国文学“**分析式批评**”的先河。我们可以不完全同意王国维对《红楼梦》评价的某些观点，但不得不注意他的批评写作在文体上的开创性意义。王国维调动了自己全部的知识储备、逻辑能力、想象能力，去论述一部文学作品的艺术特点、审美风格和精神内涵。①这在中国文学批评史上，实在是罕见。但王国维最后退回到“点评式批评”中，写出了古典文学批评的佳作：《人间词话》。

几年之后的1908年，鲁迅的长篇文言文评论文章《摩罗诗力说》发表在留日学生创办的《河南》杂志总第2、3期（署名“令飞”），全文两万多字，写法却与王国维的相反，不是用所有的思想去评价一部作品，而是用所有的作品（而且是以外国文学作品为主），去阐释一种文学观念或文化思想。王国维的文章更接近狭义的文学评论，鲁迅的更接近学术论文。同一年，周作人的长文《论文章之意义暨其使命因及中国近时论文之失》，刊登在《河南》杂志总第4期上（署名“独应”），更是学术论文的写法。②王国维的作家作品论，鲁迅的文学

① 参见王国维《静庵文集》，辽宁教育出版社1997年版，第65～84页。
② 参见北京鲁迅博物馆编《河南》（影印本），中央编译出版社2014年版。

思潮论，是文学批评的两种常见的写法。但王国维和鲁迅都没有延续这种文体的写作。

王国维之后，中国现代文学批评史上缺少精细的、科学的文本分析文章。对一个文学文本进行详尽细致的分析和具有创造性的表达，在外国文学批评史上不乏优秀的先例，比如别林斯基对《当代英雄》的分析（使批评写作与文学创作交相辉映，但语言缺乏节制，篇幅接近其评论对象也就是莱蒙托夫的长篇小说），萨特对波德莱尔诗歌的分析（这是他写得最漂亮的文章），罗兰·巴特对福楼拜的分析（发明一种方法），巴赫金对陀思妥耶夫斯基的分析（创造一种理论），本雅明对列斯科夫的分析（对文学形式进行历史辩证批评的典范），苏珊·桑塔格对里芬施塔尔影像作品的分析（“法西斯主义美学”研究的范例），阿伦特对莱辛的分析（讨论文学与现代公共领域关系的经典），等等。

被誉为中国现代文学双峰的“周氏兄弟”，却不屑于做细读和分析式的批评。尽管他们也写了很多关于中国文学的评论或序言，但总是三言两语将作品打发了。根本原因在于他们的思维深层，浸透了“点评”式的批评传统，而不是分析或对话传统。“点评传统”的核心要素有三：第一，短小精干，微言大义；第二，一语中的，不事分析；第三，肯定和赞叹。从文体上看，鲁迅的批评基本上是一种现代汉语化的“点评式”批评，差别在于第三项，只需要将“肯定和赞叹”换成“否定和审判”就行了。传统“点评式批评”由此转化为现代“语言决斗式批评”。在这里，“短小精干”限制了语言的铺开，“一语中的”堵死了分析和对话的通道，“匕首投枪”式的语言，正好就成了“决斗式批评”的武器。这种匕首投枪，一部分用于“社会批评”或“文明批评”，一部分用于审判文学作品。审判式的批评，将语言转化为杀人凶器，要一剑封喉，将创作者及其作品一起杀死，其最终只能是一种自杀式的批评。

具有自由主义倾向的批评家，如梁实秋、陈西滢、朱光潜、李健吾（刘西渭）等，他们反对“决斗式批评”。从总体上来看，自由主义批评家，在点评式批评中的三项要素中，保留了第三项（肯定和赞叹），而对第一项和第二项进行了改造，尽管他们依然在强调所谓的悟性，但不再短小精干，不再追求一语中的，而是轻声细语地与作品和创作者对话，并要深入作家和作品的“灵魂深处”。这一批评方式，对批评者的审美趣味有很高的期待，其批评成果集中体现在著名批评家李健吾的文章中。

李健吾评论沈从文《边城》的文章也叫《边城》，文章前面有大段的议论，用以阐明自己的批评主张：“我不大相信批评是一种判断。一个批评家，与其说是法庭的审判，不如说是一个科学的分析者。科学的，我是说公正的。分析者，我是说要独具只眼，一直剔爬到作者和作品的灵魂深处……他永久在搜集材料，永久在证明或者修正自己的解释。他要公正，同时一种富有人性的同情，时时润泽他的智慧，不致公正陷于过分的干枯。他不仅仅是印象的，因为他解释的根据，是用自我的存在印证别人一个更深更大的存在，所谓灵魂的冒险者是；他不仅仅在经验，而且要综合自己所有的观察和体会，来鉴定一部作品和作者隐秘的关系。他不应当尽用他自己来解释，因为自己不是最可靠的尺度；最可靠的尺度，在比照人类已往所有的杰作，用作者来解释他的出产。”①

① 刘西渭（李健吾）：《边城——沈从文先生作》，见《咀华集》，文化生活出版社1936年版，第67～68页。

通过这一集中的表白我们发现，李健吾反对批评中的“判断”或者“语言决斗”，主张科学、公正、宽容，提倡创造性（独具只眼）的分析和发现，最终实现在灵魂深处与作家相遇的目的。为了避免科学公正可能导致的“干枯”，李健吾认为要用同情心来加以弥补，润泽智慧。对判断的放弃，使得他的批评漫无边际；对情感的依赖，使得他的批评文体过于散文化；对公正的强调，使得他面对低水准作品只能沉默。李健吾式的批评，最终只能产生一种散文化的批评，其内核还是传统的感悟。从这种批评进一步退化，就产生了一种当代文学中泛滥成灾的“读后感式批评”。

将李健吾的批评称为“印象主义批评”是不是合适？我认为还有疑问，我宁愿将他的批评称为“**娓语式批评**”，或许还可以称为“具有中国特色的印象主义”，也就是，只有“印象”，没有“主义”。毫无疑问，是“娓语”的随意性限制了“主义”，而不是支持了“主义”，这或许是一件遗憾的事情。我惊奇地发现，李健吾的批评，与他所提倡的印象主义批评的老祖宗王尔德，相去何止千里。王尔德的批评，充满了惊人而准确的判断，有时候直接就是“审判”。不过，王尔德批评中的“审判”并不“杀人”，而是要杀死那些昏庸的观念和低俗的趣味。王尔德反对文学批评中的所谓“理性”。王尔德质疑文学批评中的所谓“公正”，并对“真诚”在道德和艺术中产生的歧义，进行了辨析。在谈到批评与公正之关系的时候，王尔德指出：

> 一个批评家不可能做到通常意义上的公正。一个人只有在对事情不感兴趣时，才能给出真正无偏见的意见，无疑，这就是为什么无偏见的意见总是毫无价值的。一个一分为二

看待问题的人就是一个什么也看不见的人。……只有拍卖商才会公平无私地赞美所有的艺术流派。

在谈到批评与理性之关系的时候，王尔德说：

有两种讨厌艺术的方式，一种是讨厌它，另一种是以理性的态度喜欢它。……那些生命为它所控制的人，在世人眼中全都是些彻头彻尾的空想家。

在谈到批评与真诚之关系的时候，王尔德认为，真诚和公正，都是属于道德范畴的事情。科学关注永恒真理，艺术关注不朽且变化着的美，而道德关注和管辖的，不过是人性中“低级和比较愚昧的领域”。王尔德认为，新闻式的写作比较关注这个领域：

它把那些未受教育者的观点告诉了我们，使我们了解到了社会中愚昧的一面；它详细记录了当前生活中的最新事件，向我们展示了这些事件其实是多么微不足道；它无止境地讨论那些无关紧要的事，使我们明白了什么样的东西才是文化所需要的。[①]

将批评写作“新闻化”而产生的“**新闻式批评**”，是左翼批评的一个重要特征，从马克思到托洛茨基都是如此。在丰富的想象力的前

① ［英］奥斯卡·王尔德：《作为艺术家的批评家》，见《谎言的衰落：王尔德艺术批评文选》，萧易译，江苏教育出版社2004年版，第164～166页。

提下，马克思批评的语言材料主要是知识，托洛茨基批评的语言材料主要是激情。左翼批评的共同之处在于道德义愤支配下的陈述和封闭的句法结构；差别在于想象力和语言的活泼程度。与李健吾同时从事文学批评的，是著名的左翼批评家胡风。我们先来感受一下胡风的文学批评语言：

> 大约是两年前左右罢，一个闷热的黄昏，我第一次走进了现在是不知去向了的P君底住所，看见和P君同住的有一个在我们说来算是“小孩子”的十七八岁的少年人。……长方形的亭子间里，摆着两张床两个书桌……那个少年人正在写诗，叫做田间。
>
> 几个月以后，S君交给我几首诗稿，署名正是田间。我读了以后，不禁吃惊了：这些充满了战争气息的，在独创的风格里表现着感觉底新鲜和印象底泛滥的诗，是那个十七八岁的眼色温顺的少年人写出的么？
>
> ……田间君是农民底孩子，田野底孩子……从这里，“养育”出了他底农民之子底温顺的面影同时是“战斗的小伙伴”底姿势。
>
> ……（引按：他的诗歌）歌唱了战争下的田野，田野上的战争，他歌唱了黑色的大地，蓝色的森林，血腥的空气，战斗的春天的路，也歌唱了甜蜜的玉蜀黍，年青的油菜，以及忧郁而无光的河……民族革命战争需要这样的“战斗的小伙伴”！
>
> ……这是诗底大路，田间君却本能地走近了，虽然在他

现在的成绩里面还不能说有了大的真实的成功。

为什么还没有大的成功呢？[①]（引按：后面的文字在回答这个疑问，不再引述。）

胡风这篇不到三千字的评论文章，完全符合标准的新闻通讯文体，其中的新闻五要素完备，也就是新闻文体的“五个W”齐全：时间（when），地点（where），人物（who），什么事（what），为什么（why）。第一段和第二段交代时间（1934年）、地点（上海某亭子间）和人物（诗人田间），接下来交代“什么事”：田间写诗了，写得不错，为什么呢？因为他是农民和田野的儿子，歌颂了田野和战争。但也存在一些问题，为什么呢？原因有二……胡风的其他批评文章，如《〈生死场〉后记》《吹芦笛的诗人》《生人底气息》等，大致符合这一规律。周扬写得稍好一些的批评文章，如写于20世纪40年代的《表现新的群众的时代——看了春节秧歌以后》，也属于这类“新闻式批评”。

新闻五要素是一些可见的文体要素，它满足了新闻通讯体的“闲聊”特征，从而拉近了与普通读者的距离。从深层逻辑看，文学批评中的“新闻式”写作，首先是将艺术品当成日用品来对待：它夸大交换意义上的使用价值，而忽略劳动意义上的使用价值。它将文学价值指向物质层面的外部和历史语言层面的现在，而反对将文学价值指向精神层面的内部和历史语言层面的传统。于是，现实封闭在语言中，语言也封闭在现实中，由此产生一种封闭的句法或者封闭的结构。这种批评的价值不在文学内部，而在文学外部。急于摧毁和占有外部世

① 胡风：《田间底诗——〈中国牧歌〉序》，见《密云期风习小纪》，海燕书店1947年版，第119～122页。

界的火一般的、毁灭式的激情，裹挟在封闭的结构内部，随时都有“内爆”的可能性，要将语言和现实同时摧毁。

当“新闻式批评”写作者的身份发生转变的时候，也就是由为底层代言的“在野”身份，转变为代表权威的“在朝”身份的时候，这种文体就自然而然地转变成“**公文式批评**”或“审判式批评”，它是左翼批评的升级版。在这种批评文体中，匕首投枪、林中响箭、飞镖暗器、鞭炮炸药，完全为“令牌”和“尚方宝剑”所取代。

公文式批评的句法极其简洁，语言非常流畅，判断确凿无疑，口气无容置疑。它是“笔饱蘸着鲜血，剑沾满了墨水”[①]。在单一的指向之外，语言的任何可能性都消失了。所谓“革命浪漫主义与革命现实主义相结合”的说法，实际上就是把自由派对语言的热情，以及左翼对现实的热情，结合到一种命令句式之中而已。我们可以从1948年3月出版于香港的《大众文艺丛刊》中，看到大量这样的文章或句式。其中以郭沫若批判沈从文和萧乾等作家的文章《斥反动文艺》为代表。

让我们对现代批评文体做一个列举式的小结。上面已经讨论了多种批评文体，除了产生于古代茶馆瓦肆或书斋里的文人士大夫的“点评式批评”或“捧哏式批评”，可将上文讨论过的批评归纳为五种有代表性的批评文体：（1）产生于现代思维“简陋实验室”诞生初期的，思想者的“**分析式批评**”；（2）产生于思想交锋激烈时刻语言决斗场上的，思想斗士自杀性的“**决斗式批评**”；（3）产生于现代沙龙或教授书房里的，知识精英分子的“**娓语式批评**”；（4）产生于田野、街道或者战壕里的，革命鼓动家的“**新闻式批评**”；（5）产生于办公室

① 《卡尔·克劳斯》，见［德］瓦尔特·本雅明著，陈永国、马海良编《本雅明文选》，中国社会科学出版社1999年版，第205页。

或法庭里的，权威者发布的“**公文式批评**”或“审判式批评”。

我试图通过梳理现代批评文体史，曲折表达自己对批评文体的赞成和反对态度。但我们想要讨论的对象，也就是真正的“文学批评”依然缺席。因为所有的场所都被占领了，在物质空间的意义上它一无所有，它是物质空间上的无产阶级。但也正是在这里，批评有可能获得艺术的全部世界，也就是语言符号的世界。批评面对的，是一个全新的符号世界或经验世界，是第一次来到这个世界的新“生命”。它研究的是活生生的、尚未被命名的“生命样本”，而不是那些被人反复解剖了多次的、浸泡在福尔马林中的“死尸”（那是学生时代“生理解剖课”的任务）。它要将新的文学经验和形式推荐给别人，让更多人对自己的沉睡的“躯体”产生怀疑，进而苏醒过来。它还要在这个新的标本上发现未来精神生长的基因，而不是面对死亡的细胞和脱落的皮屑。更重要的是，它要以专家的科学精神，说出这个新标本中新的精神基因的结构方式和编码方式。

只有摆脱了物质空间束缚的批评，才能保持对艺术经验的敏感性。批评要对当代经验及其演变敏感，为的是保证作品的当代性和前沿性。批评要对表达经验的符号世界敏感，为的是区别故意写得简洁，与因技巧单一而写得简单这两类作品；或者区别故意写得繁复，与因逻辑混乱而写得啰唆这两类作品。批评还要对符号体系（形式）自身演变史敏感，为的是防止重复，节省资源；防止抄袭，保护知识产权。这种敏感促成了批评家和诗人、小说家在同一个感知层面上感受外部世界，从而产生同样的疑问，期待同类的艺术表述。但“敏感”这种东西很玄乎，没有标准，因此需要其他的限定，那就是“科学性”。科学家般的严谨，是建立在对词语、细节、结构等形式要素的准确解剖和判断上的。在形式解剖的基础上，批评应该准确地判断一部作品的质量。判断建立在对作品元素、结构等形式要素的准确解析基础上，或者来自内部文本形式与外部精神结构之间的应对关系，发现其中的质量瑕疵及其相应的精神病灶。面对文学作品的词语形式、叙事语言、情节布局、总体结构，批评应该像亚里士多德对待动物、法布尔对待昆虫、林奈对待植物、纳博科夫对待蝴蝶一样，不断地筛选、排列、组合、分类，通过文学形式分析，解释经验发生史或者精神演变史。质量标准确定的参照系有几种，一种是同时代优秀作家的标准，一种是中外文学形式史的标准，还有一种是未来的标准。这就是批评的预言性，即发现文学形式的“未来标准”，像别林斯基预言俄国的“果戈理时代”来临，桑塔格预言“新的感受力”的诞生，麦克卢汉预言“电子时代”将控制人类一样。

判断、分析、预言，构成批评写作的鼎立三足。但使三只脚“鼎立”起来的，首先是批评语言。我们期待这样一种批评语言，它像现代诗一样准确简洁，像现代散文一样形象多姿，像现代学术一样能穿透历史，像现代公民一样拥抱当下。当语言激活了感觉，或者感觉催生了语言的时候，必须将感觉注入新的逻辑之中。这不是改用逻辑的、三段论式的语言，而是在艺术感觉和逻辑思维之间找到一种新的平衡，将艺术感觉转译成一种容量更大、因而更有涵盖力和穿透力的语言，使之获得另一种清晰感。在感觉和表达的“淬火”过程之中，批评锻造着锋利的语言之剑，介入语言历史内涵与现实精神的交锋。这既是从与单个作家作品对话转向与历史（形式史和精神史）对话的开端，也是批评与研究握手言欢的开端，更是新的批评意识觉醒的开端。

二

废名的小说及其观念世界

（一）引论

1996年，汪曾祺在为《废名短篇小说集》写的序言中说：“废名的价值的被认识，他在中国现代文学史上的地位真正的被肯定，恐怕还得再过二十年。”[①]现在二十多年已经过去了，我们似乎并没有看出废名在中国现代文学史上“被认识”的迹象，但从社会传播和接受层面上看，已经有了好的苗头。北京大学出版社于2009年出版了一套六卷的汇校本《废名集》[②]，是一个可喜的基础研究成果，收入废名自20世纪20年代初期至60年代中期的全部著述，让读者第一次窥见了废名作品的全貌，并且掀起了一股“废名热”。[③]我特别注意到一些非专业研究者的阅读心得，由于他们少有先入为主的成见，仅出于对白话汉语言文字和文学的热爱和敏感，反而能够迅速进入并读懂废名的

① 汪曾祺：《万寿宫丁丁响——代序》，见冯思纯编《废名短篇小说集》，湖南文艺出版社1997年版，“前言”第5页。

② 王风编：《废名集》，北京大学出版社2009年版。一、二卷为小说；三卷为1949年前的散文随笔和诗歌；四卷上编为北大讲义和佛教专著，下编为1949年以后的古典文学讲义和论著；五卷为鲁迅研究专著；六卷为60年代关于新民歌研究和美学的讲义，还有一部创作于“大跃进”时期的《歌颂篇三百首》。《废名集》总字数约260万，其中文学创作字数约120万。废名（1901—1967），本名冯文炳，湖北黄梅人，著名小说家、诗人，毕业于北京大学英文系，1949年任北京大学国文系教授，1952年调往东北人民大学（今吉林大学）任教授、中文系主任，1967年病逝于长春。

③ 诸多“废名迷”在网上建立废名讨论区，影响较大的有天涯论坛“闲闲书话”版的“废名讨论区”、百度贴吧的“废名吧”、豆瓣网站的“废名小组”。

作品，而且还有许多真知灼见。有一位网友说："在新文化运动的浩浩星空中，废名是一个独特的星座。他在现代喧嚣的云层中，散发着寂寞的光芒。这种光芒不像火焰，恣意地燃烧，焰苗凭风不断腾空而上，烘烤得周遭万物都像要跟着燃烧起来；相反，这种光芒是内敛的，它把万物的光华慢慢聚拢来，聚成梦幻般的姿势，再一点点注进它们空旷的内心。"①还有一位网友写道："读《莫须有先生坐飞机以后》，我能读出作者的心境，能读出事实，能读出事实所处的环境。读出这三样，我只好把《莫须有先生坐飞机以后》看成我所读过的最好的小说了，甚至是我所能想象的最好小说了。要作这样的小说，作者得知道自己，知道这个世界，知道身边发生的一切事情，一切原原本本，然后便有了《莫须有先生坐飞机以后》。"②看到这一类阅读心得，我觉得在研究界素来以"难懂"著称的小说家废名，不是离普通读者越来越远，而是越来越近。但在专业领域，对废名的研究的确有待加强。

我们可以发现，尽管关于废名的研究成果发表得也不算少，但大多数都是重复"乡土抒情派""田园抒情小说"之类的成见，有新见的文章并不多。③之所以说"成见"，是因为有人试图用几个方便的概念去命名或囊括废名的所有创作，如果不是为了教学和考试的方便的

① 吴昕孺：《你一定要读废名》，见天涯论坛"散文天下"版，访问时间：2011年9月19日。

② 巷底臭椿：《丝不如竹，竹不如肉——纵观废名小说》，见天涯论坛"闲闲书话"版，访问时间：2011年9月19日。

③ 有见解的文章，如吴晓东的《战乱年代的另类书写——试论废名的〈莫须有先生坐飞机以后〉》（《现代中国》第6辑，北京大学出版社2005年版），是对这部小说的全面研究；格非的《废名的意义》（《文艺理论研究》2001年第1期），小说家论小说家，颇多新见；吕约的《废名与"莫须有先生"的遗留问题》（《中国图书评论》2007年第12期），对废名的当代意义有敏锐的发现。

话，这些命名基本上没有什么意义。因为，废名的创作既有乡土的，也有非乡土的；既有抒情的，也有非抒情的；既有写实的，也有梦幻的；既像小说，又像散文。也就是说，一般流行的文艺学概念，比如“抒情与叙事”“写实与虚构”“表现与再现”等，已经不能方便地用来讨论废名的创作。如果硬将他的创作往既定概念上套，会显得生硬且不知所云，或丢三落四，将一些重要的东西忽略了。这就是“成见”的坏处。废名早期的几个短篇小说集《竹林的故事》《桃园》《枣》，还能发现近现代小说意义上的“结构”。从长篇作品《桥》开始，“结构”变得松散，其中一部分，是以散文的形式陆续刊登在《语丝》《华北日报副刊》《骆驼草》等报刊上，冠以“无题”的总名目，并无严格的结构。在出版单行本时，废名安上一个《桥》的总名字，并说原本准备叫《塔》，后来改为《桥》。我看改为《小林》《琴子》也无不可。如果迷恋永恒不变的东西，叫“桥”“塔”“碑”比较好；如果对瞬息万变的事物感兴趣，那么叫“小林”或“琴子”比较好。到了《莫须有先生传》和《莫须有先生坐飞机以后》，就很难说是我们习以为常的、以19世纪为代表的、有着强烈的叙事“总体性”和“结构”的现代长篇小说了，当然也不像茅盾的《子夜》、巴金的《家》、路翎的《财主底儿女们》了，更没有所谓的“典型环境中的典型人物”，如果说有的话，那就是作者或叙事者自己。

巴赫金说，现代长篇小说是一种存在着多种可能性的“未完成的文体”，在其中“祈祷的语言和世界，歌唱的语言和世界，劳动和生活的语言及其世界，乡镇管理的语言和世界，来乡度假的城市工人的新鲜语言和新鲜世界——所有这些语言和世界，迟早都要脱离安静凝滞的平衡状态，从而揭示出自己的杂语性质”。[①]巴赫金的这一表述，既突破了黑格尔将长篇小说定义为“市民阶级的史诗”[②]的“成见”，也突破了卢卡奇将长篇小说定义为“被上帝遗弃的世界的史诗”[③]的“成见”，因而算是一个“新见”。有新见才会有新的视角和眼光，才能读懂新的好作品，或读懂被人忽略的旧有的好作品。废名的小说世界，既是一个没有被“自然”或者“上帝”所“遗弃”的人的自足世界，又是一个充满疑问的杂语世界。展示自足的世界（早期短篇小说创作）与充满疑问的世界（城市或逃离城市之后的乡村世界）的冲突，特别是寻求解决这种冲突的和解方式（后期小说中主人公的行为、沉思和议论），构成了废名小说的叙事风格及其思想内涵，乃至支配了他的小说文体发生学。废名试图拒绝现代的市民社会，也不认可现代人被“遗弃”的处境，还要反对历史进化的观念。在启蒙列车不管不顾地轰然向前的大潮流中，他毅然决然地一人独自上路，四处漫游，时而自言自语，时而野人献曝，在自己的思想和叙事中，精疲力竭地收拾着现代文明话语的残局，要把破碎的文明碎片，拼贴成一朵瘦弱而美丽的小花。

① 《长篇小说的话语》，见［苏联］巴赫金著，钱中文主编《巴赫金全集》第3卷，河北教育出版社2009年版，第77页。

② ［德］黑格尔：《美学》第3卷下，朱光潜译，商务印书馆1979年版，第167页。

③ ［匈］卢卡奇：《小说理论》，见《卢卡奇早期文选》，张亮、吴勇立译，南京大学出版社2004年版，第61页。

（二）废名的文体及其评价史

既定的“文体”边界的破裂，导致既定的概念的失效，是许多人读不懂废名的根源。废名“小说”在文体上的不确定性，给极端细致的学科分工背景下的现代研究者制造了障碍。研究者首先想到的是，他写的是什么？是小说还是历史？是哲学还是政治学？是散文还是诗歌？如果不确定，如果过于超前（或者说滞后），就会有人说“读不懂”“晦涩”，甚至否定它。面对“不懂”，我们的确很难讨论。本文的开头就提到，普通读者懂了，倒是研究者不懂。这就是“成见”在起作用，“成见”锁住了很多人对事实和细节的感受力。“成见”是靠固有的生硬逻辑支撑的，破了这个逻辑，自然就“晦涩”。因此更多说“不懂”的人，实在是心态问题，面对废名的文字而不能进入废名的情境，在语言与意义之间做简单的纠缠。

鲁迅对废名的创作，基本持否定态度。鲁迅的否定当然不是“不懂”，而是鲁迅与废名的人生观、文学观和审美趣味存在分歧。因为废名年轻，鲁迅的批评语气稍微温和一些。在1934年的一篇短文中，鲁迅批评废名的小说叙事“顾影自怜的吞吞吐吐”[①]；1935年鲁迅在《中国新文学大系·小说二集》序言中，说废名“过于珍惜他有限的‘哀愁’……只见其有意低徊，顾影自怜之态了”[②]。鲁迅对废名的批评近于诡辩，比如，他说废名的“文学不是宣传”这句话，本身也是宣传，故意搅乱意识形态“宣传”与符号信息“传播”这两个概念的边

① 鲁迅：《势所必至，理有固然》，见《鲁迅全集》第8卷，人民文学出版社2005年版，第425页。

② 鲁迅：《〈中国新文学大系〉小说二集序》，见《鲁迅全集》第6卷，人民文学出版社2005年版，第252页。

界，也无视“有意低徊”“顾影自怜”在风格学和伦理学意义上的差异。从废名的创作总体上看，他不但不顾影自怜，反而怜悯众生；也不是吞吞吐吐，不过思维的跳跃性较大而已；至于“有意低徊”而非昂首挺胸，那也是人各一说。[①]

废名对鲁迅这位他崇敬的师长，也有很多批评意见。他只认可杂文集《坟》，还有短篇小说集《呐喊》和《彷徨》(《故乡》和《药》除外)[②]，其他都“流弊甚大……用心故不免做作的痕迹”[③]，有“主义的八股”之虞。1930年废名曾就鲁迅领衔“中国自由运动大联盟宣言”一事，“刺了鲁迅先生一下”[④]。1932年在为《周作人散文钞》所写的序言中，废名用较为严厉的语气批评鲁迅：“新文化应该是什么？我想那应该就是一个科学态度，也就是一个反八股态度。统观中国，无论那一家派，骨子里头还正是一套八股。……八股便是主义的行家。……中国的普罗文学运动闹得像煞有介事的时候……岂明先生却承认它是载道派，中国的载道派却向来是表现着十足的八股精神。说到这里我不禁想起鲁迅先生，鲁迅先生与岂明先生重要的不同之点，我以为也正就在一个历史的态度。鲁迅先生有他的明智，但还是情感的成分多，有时还流于意气……不免是中国人的脾气，他未曾整个的去观察文明，他对于西方的希腊似鲜有所得，同时对于中国古代思想

① 鲁迅还说，“废名”这个笔名是想废掉名字，真要废名，那就连笔名也不要署，云云。

② 20世纪五六十年代，废名写了大量鲁迅研究的文章，高度评价《药》。这种新中国成立前后的矛盾，后面有专门的讨论。

③ 废名:《莫须有先生坐飞机以后》，见王风编《废名集》第2卷，北京大学出版社2009年版，第906～907页。

④ 废名:《闲话》，见王风编《废名集》第3卷，北京大学出版社2009年版，第1204页。

家也缺少理解……岂明先生讲到欧洲文明必溯到希腊去，对于希伯来，日本，印度，中国的儒家与老庄，都能以艺术的态度去理解它……鲁迅先生的小说差不多都是目及辛亥革命因而对于民族深有所感，干脆的说他是不相信群众的，结果却好像与群众为一伙……他本来是一个cynic，结果何以归入多数党呢？"[①]废名的这些话，意思是说鲁迅的历史观有问题，文化视野不够深广，且喜欢感情用事，不信任群众却试图与群众打成一片，愤世嫉俗还想成为主义的"多数党"，骨子里不过是一个新的载道主义、新的八股派。新文化运动的干将尚且如此，可见废名对这一文学运动的失望，尤其是对文学运动直观形态的文学话语的不满。

废名的文体创新，正是对新文学运动所产生的新八股的抵抗。新八股文的生产者（废名称之为"主义的行家"），自然不能理解他。比如，跟在鲁迅后面的两位文学史家，王瑶和唐弢，他们1949年之后写的文学史，基本上是附和鲁迅的观点[②]，并无新见。对此，我们可以理解为时代的局限性。直到1982年，唐弢对废名的评价才有所改变，在评价《莫须有先生坐飞机以后》时，说它"字里行间，时时流露出作家的感喟与讽刺，隽永深刻，值得回味。……保持着东方文学的历史传统，反映了中华民族淳厚的气派与作风，极为难得"[③]。尽管他是在肯定废名的创作，但也是一些"值得回味""极为难得""民族气派"之类的套话。

① 废名：《〈周作人散文钞〉废名序》，见王风编《废名集》第3卷，北京大学出版社2009年版，第1276～1280页。

② 见王瑶《中国新文学史稿》（上册，开明书店1951年版；下册，新文艺出版社1953年版）和唐弢《中国现代文学史》（人民文学出版社1979年版）相关章节。

③ 唐弢：《四十年代中期的上海文学》，《文学评论》1982年第3期，第105页。

朱光潜是一位有良好的艺术感觉的批评家。他认为对废名的小说，“我们所要问的不是它是否合于小说常规而是它究竟写得好不好，有没有新东西在里面。如果以陈规绳《桥》，我们尽可以找到许多口实来断定它是一部坏小说；但是就它本身看，它虽然不免有缺点，仍可以说是‘破天荒’的作品。它表面似有旧文章的气息，而中国以前实未曾有过这种文章。……废名先生不能成为一个循规蹈矩的小说家，因为他在心理原型上是一个极端的内倾者。小说家须得把眼睛朝外看，而废名的眼睛却老是朝里看；小说家须把自我沉没到人物性格里面去，让作者过人物的生活，而废名的人物却都沉没在作者的自我里面，处处都是过作者的生活”[①]。上面引文中以省略号为界，前面部分是理解和夸奖，且多有发现，后面部分却正是对前面所说的“小说常规”的重复，故也是一种“成见”，因为没有人规定小说家一定要向外看，一定要过“人物”的生活，一定要呈现故事这种原始要素。所以，朱光潜有时候也是艺术感觉超前，理论阐释滞后，像一位作家，而不是理论家。

沈从文的《论冯文炳》，也是讨论废名的创作的名篇。沈从文只能接受废名早期的短篇小说，而不能接受《莫须有先生传》，认为它是失败之作，“情趣朦胧，呈露灰色，一种对作品人格烘托渲染的方法，讽刺与诙谐的文字奢侈僻异化，缺少凝目正视严肃的选择，有作者衰老厌世意识。此种作品，除却供个人写作的怿悦，以及二三同好者病的嗜好，在这工作意义上，不过是一种糟蹋了作者精力的工作罢

① 孟实（朱光潜）：《桥》，见陈振国编《冯文炳研究资料》，知识产权出版社2010年版，第178～179页。

了”[①]。这样的评论，只能让我们对沈从文的艺术感觉表示怀疑。说“讽刺与诙谐”是对的，说“缺少凝目正视严肃的选择”则不对，废名恰恰是严肃的凝目正视，只不过凝目的对象不同而已。废名绝不会凝目于概念化、八股化的“乡土”，而是凝目于“此时此刻”的花、草、树、桥、碑、寺、笑、哭、羞、喜、悲，他的浮想联翩也因此而来。说他“衰老”也不对，废名恰恰是天真的“儿童视角”，近于返老还童。“天真有什么难懂呢？”不天真的人自然不能发现它。[②]至于“厌世”，废名倒是反复地提到，但不是贬义的，恰恰是心向往之：“厌世者做的文章总美丽。”[③]“厌世诗人照例比别人格外尝到人生的欢跃，因为他格外绘得出‘美’。”[④]“中国文章里简直没有厌世派的文章，这是很可惜的事。……我说厌世，并不是叫人去学三闾大夫葬于江鱼之腹中……我喜读莎士比亚的戏剧，喜读哈代的小说，喜读俄国梭罗古勃的小说，他们的文章里却有中国文章所没有的美丽，简单一句，中国文章里没有外国人的厌世诗。中国人生在世，确乎是重实际，少理想，更不喜欢思索那‘死’，因此不但生活上就是文艺里也多是凝滞的空气，好像大家缺少一个公共的花园似的。”[⑤]他当然也很喜欢中国作家，如陶渊明、庾信、李商隐等，只有将西方文章的生活与中国

① 沈从文：《论冯文炳》，见《沈从文全集》第16卷，北岳文艺出版社2002年版，第150页。

② 废名：《莫须有先生坐飞机以后》，见王风编《废名集》第2卷，北京大学出版社2009年版，第993页。

③ 废名：《桥》，见王风编《废名集》第1卷，北京大学出版社2009年版，第559页。

④ 废名：《随笔》，见王风编《废名集》第3卷，北京大学出版社2009年版，第1221页。

⑤ 废名：《中国文章》，见王风编《废名集》第3卷，北京大学出版社2009年版，第1370～1371页。

文章的意境打通，才有好文章。这些都是非常好的见解，但终被众口一词的“成见”遮蔽。李健吾对废名没有专门的评论，只是在评价何其芳的《画梦录》时用废名作对比。其中说道：“周作人先生有广大的趣味，俞平伯先生有美丽的幻想，而废名先生，原可以比他们更伟大，因为他有具体的想象，平适的语言；不幸他逃免光怪陆离的人世，如今收获的只是绮丽的片段。”[①]文章写于1936年，当时《莫须有先生传》已出版，废名的人物，已经开始进入光怪陆离的人世，但李健吾在文中没有提及。

（三）周作人的废名研究

真正懂得废名的只有周作人。除了《莫须有先生坐飞机以后》发表的时候，他已经无法发言，废名的所有创作，从第一个短篇小说集《竹林的故事》到长篇小说《桥》和《莫须有先生传》，都有周作人的序跋。对于废名的创作，周作人一直在跟进，几乎是随写随刊，随写随评。二人还不断地有面谈和书信往来，切磋琢磨。周作人思想高远，却自称唯物派，“头脑是散文”的；废名虽然写小说，却是个诗人。[②]在“唯物派”的头脑里，事物是确定僵死的，在“诗人”头脑里，事物是生动活泼的。废名的神奇想象以及措辞之特异，正弥补了周作人的“唯物派”头脑，成了周作人的如影随形的写作实践者。

① 刘西渭（李健吾）：《画梦录——何其芳先生作》，见《咀华集》，文化生活出版社1936年版，第192页。

② 周作人：《桃园跋》，见《苦雨斋序跋文》，河北教育出版社2002年版，第103页。

周作人在为废名写评论的时候，看似漫不经心、随意道来，实际上往往颇为踟蹰。在给废名的多封信中，我们可以了解他为废名写序的进展之慢，每每准备动笔，“摊开纸笔，却又有点茫然”；甚至在写完之后，又去信对自己的语言“落了文字障”表示悔意。[①]可见，与废名一样，周作人对语言与所指、文章与意思之间的复杂关系十分敏感，并力图避开新文学创作不讲究文章的缺陷。周作人为废名的创作写了三种“鉴定书”。第一种是对早期短篇小说的，从一般的“内容与形式”角度，肯定了废名的创作主题和风格。第二种是对长篇小说《桥》的，试图将废名的创作纳入中国文学文体演变史的历史线索中。第三种是对《莫须有先生传》的，以他的艺术直觉和形象化表达，预言废名的创作前景和意义。周作人的预言一度似乎落空了，但在今天，其意义正在缓慢地呈现出来。

在评价短篇小说集《竹林的故事》和《桃园》的时候，周作人首先否定自己是批评家，实际上就是要排除概念上的“成见”，以一位鉴赏家的身份出现。周作人说不知道废名的创作是哪一派的文学，“但是我喜欢读他，这就是表示我觉得他好”。好的理由有几条：第一，废名的文章，读来尽管没有晒太阳那么刺激，但有在树阴下闲坐的舒适。当时创作的主流，无论“启蒙”的还是“革命”的，“绝望”的还是“欲望”的，都十分“刺激”。第二，废名没有写大悲剧大喜剧中的英雄和丑角，而是写乡村儿女翁媪，这些平凡人的生活，与当时流行的特别黑暗或特别光明的人生相比，也很有意义，“未始不足以

① 周作人：《与废名君书十七通》一三、一六，见《周作人书信》，河北教育出版社2002年版，第109～110页。

代表全体”。[1]尽管有时候这些人物不一定是见闻中的，而是想象中的，似乎不是“本然的”，却是“当然的”。第三，废名的语言和叙事风格“平淡朴讷”。新文学不缺流畅华丽的风格，缺的是简洁有力的写法，有中国文字传统中的含蓄之古典趣味，在当时文学创作中欧化句式风靡的时刻，也是难能可贵的。

在评价《桥》的时候，周作人说自己的意思还是差不多，但略有不同，认为“从近来文体的变迁上着眼看去，更觉得有意义。……废名君的文章近一二年来很被人称为晦涩。……晦涩的原因普通有两种，即是思想之深奥或混乱，但也可以由于文体之简洁或奇僻生辣。……我不禁想起明季的竟陵派来。当时前后七子专门做假古董，文学界上当然生了反动，这就是公安派的新文学运动。……公安派的流丽遂亦不得不继以竟陵派的奇僻……民国的新文学差不多即是公安派复兴……但庸熟之极不能不趋于变，简洁生辣的文章之兴起，正是当然的事。”[2]按照明末公安派主将袁宏道的观点，六朝骈俪之风，其失在杂凑堆砌的饤饾之习；流丽矫正骈俪，却失之轻纤；盛唐以阔大矫正，却生出了粗莽；后又有情实出来纠偏，却失之俚俗；晚唐奇僻又失之偏狭，前者是后者的“因”，后者是前者的“果”。因而文体变迁史的规律是“法因于敝而成于过者”。[3]（大意是，文体发展到出现流弊，因得而失，最终被纠正此流弊的新文体取代）周作人继承袁宏道的思

① 周作人:《竹林的故事序》，见《苦雨斋序跋文》，河北教育出版社2002年版，第102页。

② 周作人:《枣和桥的序》，见《苦雨斋序跋文》，河北教育出版社2002年版，第107～108页。

③ 《雪涛阁集序》，见〔明〕袁宏道著，钱伯城笺校《袁宏道集笺校》，上海古籍出版社1981年版，第709～710页。

想，梳理了明季之后的文体变迁，从前后七子到公安派，再到竟陵派，觉得符合上述规律，再推衍到新文学运动（视之为400年前公安派的文艺复兴运动），然后将废名简洁生辣的文体，比作“竟陵派”，作为对新文学运动“流丽轻纤”如公安派之文体的矫枉过正，并视之为文体变迁史的必然趋向。然而，多数人为“成见”所蔽，既不见这种文体变迁的历史，也不见这种“变”的好处。

周作人的思维里，有深远的历史脉络，但表述过于冗长晦涩，还不如废名自己的表述更清晰。废名在《莫须有先生坐飞机以后》中，借莫须有先生的口说：《诗经》中的句子欧化得可以，蹩扭得可以，“七月在野，八月在宇，九月在户，十月蟋蟀入我床下”，主语“蟋蟀”不放在句首，而放在最后一句，还夹在后一句的中间，这就很别扭，“是竟陵派的句法”，可是读起来却很容易懂，竟像“公安派”句法。（“中国的文体确有容易与蹩扭之分，即《论语》亦属于竟陵一派。”①）对于“公安派”和“竟陵派”，也就是文章好懂与难懂，乃至于容易懂的文章有没有懂的价值，难懂的文章值不值得去懂，废名还有更有意思的表述：“中国的文章确是可以分两个派别，一是公安派易懂，一是竟陵派难懂，县城附近的人物都是公安派，容易接近，接近之后若无关系然，后山铺的人物不容易接近（引按：像竟陵派），但同你有接近的关系，使你很想懂得他们。”②废名用城里人和乡下人的差别，比喻公安派和竟陵派的差别，确是别出心裁，乃小说家笔法，非理论家笔法。“城里人”看似复杂，其实很简单，只要懂得现代文

① 废名：《莫须有先生坐飞机以后》，见王风编《废名集》第2卷，北京大学出版社2009年版，第905页。

② 废名：《莫须有先生坐飞机以后》，见王风编《废名集》第2卷，北京大学出版社2009年版，第1092页。

明的功利逻辑就行。“乡下人”看似简单，其实很复杂，像一个自然之谜，不容易懂。

废名的意思是，新文学的文风，看上去很好懂，实际上不值得去懂，过于简单粗暴，“主义”当头，已经完全丧失了中国的文章之美；一套新八股，全是“腔调”或者“官腔”，没有了“意思”。由此可以推论，部分的鲁迅、周作人、废名、沈从文、施蛰存、张爱玲等人的文体，接近竟陵派。另一部分的鲁迅、郭沫若、巴金、茅盾等人的文体，接近公安派。问题当然没有这么简单，不可以直接用一个古典文学术语来比附新文学的总体。如周作人谈到新文学的时候所说的，尽管它像“公安派”，但“唯其所吸收的外来影响不止于佛教而为现代文明，故其变化较丰富”[①]。废名也说：“公安派，文采多优，性灵溢露。”[②]同样，废名文体也不是“竟陵派”一说就可以打发的。

待到《莫须有先生传》出来，周作人似乎有点招架不住（更不要说后来的《莫须有先生坐飞机以后》了）。周作人在《莫须有先生传序》中写道，“《永日》或可勉强说对了《桃园》，《看云》对《枣》和《桥》，但《莫须有先生传》那是我没有”，是“异于做古文者之做古文，而是从新的散文中间变化出来的一种新格式”[③]。这种“新格式”究竟是什么？周作人没有直接说出来，而是用散文笔调，描述自己的艺术直觉。而他的艺术直觉的表达，也没有解决新文体究竟是什么的

① 周作人：《枣和桥的序》，见《苦雨斋序跋文》，河北教育出版社2002年版，第108页。

② 废名：《关于派别》，见王风编《废名集》第3卷，北京大学出版社2009年版，第1317页。

③ 周作人：《莫须有先生传序》，见《苦雨斋序跋文》，河北教育出版社2002年版，第109页。

问题，而是依然在试图解决“读得懂”还是“读不懂”的问题。周作人说：“读《莫须有先生》，好像小时候来私塾背书，背到蒹葭苍苍，忽然停顿了……总是出不来，这时先生的戒方夯的一声，‘白露为霜！’这一下子书就痛快地背出来了。蒹葭苍苍之下未必一定应该白露为霜，但在此地却又正是非白露为霜不可。想不出，待得打出，虽然打，却知道了这相连两句，仿佛有机似地生成的。”[①]这正是“老学之一得”，不如“蒙学之一吓”。

以蒙童之天真的眼光看待废名的小说，便发现它像一道流水，“总是向东去朝宗于海”，遇到任何东西，都要“灌注潆洄一番”、“披拂抚弄一下”。但流水本身又并无实际目标，于是“又好像是风”，由此想到庄子描写风的文章，将废名文章的“新格式”比喻为庄子笔下的风。周作人由废名想到《诗经》，再由《诗经》想到《庄子》，似乎离废名越来越远。这无疑不是知堂老人的本意，但可怜的知堂老人仿佛已经气喘吁吁了。一年后他又给废名写信，说《莫须有先生传》是一部“贤者语录”，其中的语言可以批评，其中的心境（禅）岂可批评哉。周作人对废名的批评于是到此结束。但我们可以看到，他对一种新文体的出现，是那么认真、执着，充满期待。对这种文体背后的姿态，有论者这样描述：“五四时期的‘新文学家’莫须有先生，却比同时代人更早地跳下启蒙运动的列车，回到中国传统文化的废墟上。他像考古学家一样在废墟上寻找生命的迹象，一会儿发现一朵花，一会儿扶起一块碑石，但这都改变不了废墟的荒凉本质。他既对摧毁文化、制造废墟的那种野蛮和异己的力量（后来他将矛头指向‘进化

① 周作人：《莫须有先生传序》，见《苦雨斋序跋文》，河北教育出版社2002年版，第110页。

论’）感到愤激和不满，又对通过历史性的行动来改变世界持悲观乃至嘲讽的态度。”[①]

（四）废名的小说观和创作风格

我不打算从一般的语言或者叙事技术的角度来讨论小说的“文体”，而是试图发现废名的文体与事实、虚构和历史观念之间的关系。废名对小说“文体”这一问题，有非常自觉的见解。他在长篇小说《桥》的单行本后面的“附记”中说：“关于长篇小说与短篇小说，我向来就有我的意见，一直到今日还没有什么改变。什么是长篇的材料，什么是短篇的材料，也颇想得一个机会同诸君一说的，今天自然又还不许。总之有些事件盲目似乎又无妨，有些事件一味的盲目又可惜也。无论是长篇或短篇我一律是没有多大的故事的，所以要读故事的人尽可以掉头而不顾。”[②]除了对“故事”不大在意、也就是对他的作品能否吸引读者的问题不在意，关于小说的其他“意见”并没有说出来，似乎有些“盲目”。废名在这里不是卖关子，我觉得他是对“历史—小说”或“事实—虚构”这些问题有自己独特的见解，但又遇到了叙事理论的困境。与其越说越乱，不如沉默，专心于创作本身。

经过《莫须有先生传》，到了写《莫须有先生坐飞机以后》的时

① 吕约：《废名与“莫须有先生”的遗留问题》，《中国图书评论》2007年第12期，第67～68页。

② 废名：《桥·序》，见王风编《废名集》第1卷，北京大学出版社2009年版，第340页。

候，废名还是忍不住要出来说话了。小说开篇就有专章，借莫须有先生之口，来讨论叙事文体及其与历史的关系。他写道："外国书上说：'历史都是假的，除了名字；小说都是真的，除了名字。'可见我们就是用了一个假名字，仍不害其为真的事实。……《莫须有先生传》可以说是小说，即是说那里面的名字都是假的，——其实那里面的事实也都是假的，等于莫须有先生做了一场梦……若就事实说，则《莫须有先生坐飞机以后》完全是事实，其中五伦俱全，莫须有先生不是过着孤独的生活了。牠可以说是历史，牠简直还是一部哲学。本来照赫格尔（引按：黑格尔）的学说历史就是哲学。我们还是从俗，把《莫须有先生坐飞机以后》当作一部传记文学。"① 这种"绕口令"似的表达，把事实、虚构、历史三者的复杂关系呈现出来了。

我们先来梳理一下这段"绕口令"式的表达。第一，历史都是假的，只有人名是真的。因为历史叙述中对事实的选择是人为的，也就是虚构的，而且语言的使用也因人而异；当它试图以"客观和科学"的面目出现的时候，它就假了。第二，小说都是真的，只有人名是假的。因为小说叙事中的材料是经验的、感官的，也就是事实的、真实的；它是以"虚构和想象"的面目出现的细节的真实。按照这种说法，作为"漫游记"的《莫须有先生传》无疑是小说了，因为主人公的名字"莫须有先生"是假的，他的本名究竟是不是叫"王道生"都不确定。那么它里面的内容是真实的吗？明明是"传"，也就是一个人的历史，"历史都是假的"，因此内容不可能是真的。

① 废名：《莫须有先生坐飞机以后》，见王风编《废名集》第2卷，北京大学出版社2009年版，第809页。废名所引外国书上的话，据说是英国作家卡莱尔的，出处待查。

废名犹豫了一下，在破折号之后接着说，那里面的事实也是假的，是莫须有先生的一场梦。而“梦”是无所谓真假的，既是“真”的也是“假”的，其中的历史关联的逻辑是“假”的，潜意识内容及其生成机制是“真”的。这是第一个要存疑的问题。接下来，是作为“避难记”的《莫须有先生坐飞机以后》，究竟是小说还是历史呢？主人公的名字依然是假的，但其中的内容“完全是事实”，“五伦俱全”，不再是一个孤独者的漫游和梦想，而是置身于社会关系之中的行动和事实。废名却说它是历史，甚至说它是哲学，因为“中国的历史就是中国的哲学”[①]。只是为了从俗，才视它为“传记文学”，即一种介于历史与小说之间的边缘文体。总之，“历史与小说”“文学与哲学”“事实与虚构”“现实与梦境”，这些概念的边界已经被废名搅乱。

对历史哲学的不同理解，或者对历史观的不同选择，导致作者对事实以及叙事风格的不同选择，也传递出对同一个事实的不同的态度。这既是历史编纂学的难题，也是叙事哲学的难题。20世纪60年代前后，西方学术界展开了关于历史真实与叙事虚构之关系的争论。美国历史学家海登·怀特是研究这一争论的集大成者。海登·怀特通过五个要素，来讨论历史编纂和叙事建构问题。这五个要素是：（1）编年史（时间的序列化）；（2）故事（连续的叙事）；（3）通过审美感知呈现意义的“情节化模式”（浪漫的、悲剧的、喜剧的、讽刺的）；（4）通过认知行为确定主旨的“论证模式”（形式的、机械的、有机的、情境的）；（5）通过伦理选择表明立场的“意识形态蕴涵模

① 废名：《莫须有先生坐飞机以后》，见王风编《废名集》第2卷，北京大学出版社2009年版，第811页。

式”（无政府主义的、激进主义的、保守主义的、自由主义的）。在这五要素中，“编年史”和“故事”是两个原始的、基本的要素，受到后面三者的制约。正是后面三个概念，决定了历史编纂或叙事的风格学。海登·怀特将这三个要素之关系列表如下，并指出：“一种历史编纂的风格代表了情节化、论证与意识形态意蕴三种模式的某种特定组合。”①

决定历史编纂或叙事风格的三要素关系表

情节化模式	论证模式	意识形态意蕴模式
浪漫式的	形式论的	无政府主义的
悲剧式的	机械论的	激进主义的
喜剧式的	有机论的	保守主义的
讽刺式的	情境论的	自由主义的

横向排列的四组，属于具有典型“亲和关系”的四种类型，其实每一位历史学家在叙事过程中的选择，并非如此典型，其组合可能是“讽刺式的—有机论的—自由主义的”，也可以是“浪漫式的—机械论的—激进主义的”，或者是“讽刺式的—情境论的—无政府主义的”。

① ［美］海登·怀特：《元史学：19世纪欧洲的历史想象》，陈新译，译林出版社2013年版，第39～40页。

这张表格[①]后面讨论废名的叙事立场和风格的时候还会用到。回到历史叙事与小说虚构之间的暧昧关系这个问题上来。海登·怀特指出："首先，历史领域中的要素通过按事件发生的时间顺序排列，被组织成了编年史；随后编年史被组织成了故事，其方式是把诸事件进一步编排到事情的'场景'或过程的各个组成部分中。……当一组特定的事件按赋予动机的方式被编码了，提供给读者的就是故事；事件的编年史由此被转变成完完全全的历时过程……人们认为史学家的目的在于，通过'发现''鉴别'或'揭示'埋藏在编年史中的'故事'来说明过去；并且'历史'与'小说'之间的差别在于，史学家'发

① 这张表格是弗莱的《批评的解剖》中的叙事分析、曼海姆的《意识形态与乌托邦》中的意识形态模式分析，以及海登·怀特自己的历史哲学观点的混合物。现根据海登·怀特的论述，将表格中涉及的12个概念简单归纳如下。（1）**"浪漫式的"**：主人公是英雄式的人物，面对世界可以取胜，能够摆脱经验世界的阻碍和束缚而获得解放，善战胜恶，美德战胜罪孽，光明战胜黑暗；（2）**"悲剧式的"**：主人公比外面世界弱，但拒不承认，且拒绝妥协，抗争最终失败，但也因此获得部分解脱和暂时解放；（3）**"喜剧式的"**：主人公也比外面世界弱，且部分地承认，也愿意部分地妥协，并暂时得到一种欢乐的假象；（4）**"讽刺式的"**：承认人的弱点，将变革的愿望叙述成人类新的对立面，通过反救赎和挫败人类的期望，传递世界衰老的信念；（5）**"形式论的"**：强调客体的独特性，追求叙述的生动性，材料分析本质上是分散的而非整合的；（6）**"机械论的"**：将叙述的客体还原为规律性，而非特殊性，只见"规律"不见"人事"；（7）**"有机论的"**：强调个性与共性的统一，部分是整体的表现，整体大于部分之和；（8）**"情境论的"**：强调情境中的事实，将历史当作"景观"，不只是强调事实的唯一性和特殊性，更强调事实在历史中的功能；（9）**"无政府主义的"**：不信任"社会"团结，代之以"共同体"的团结，自然是理想的，社会是堕落的；倾向于浪漫主义的移情技巧；（10）**"激进主义的"**，认为社会有病，需要"刮骨疗毒"式的治疗，也就是激烈的变革，而且相信社会理想就在"不远的将来"，理想的乌托邦世界即将来临；（11）**"保守主义的"**：反对社会激烈变革，认可现存制度的基本合理性，将社会节奏等同于自然节奏乃至于植物生长节奏，因此只需修补就能达到和谐；（12）**"自由主义的"**：主张社会的理性缓慢变革，强调社会节奏（议会辩论节奏和党派竞选节奏），也迷恋理想的乌托邦，但认为它属于"遥远的未来"。详细论述参见［美］海登·怀特《元史学：19世纪欧洲的历史想象》"导论"，陈新译，译林出版社2013年版。

现'故事，而小说家'创造'故事。在史学家的工作中，'创造'也起部分作用，然而，这种关于史学家的任务的想法模糊了其'创造'的程度。"①

海登·怀特在另一篇文章中说道："历史仅仅通过把纯粹的编年史编成故事而获得部分的解释效果；而故事反过来又通过我在别处称为'情节建构'的运作而从编年史编造出来。用'情节建构'一词，我指的仅仅是对存在于编年史中、作为特定情节结构的组成部分的事实进行编码，这也正是弗莱所说的编码方式。……历史学家首先是讲故事的人……历史感性表现在根据各种未加工的毫无意义的'事实'编造看似真实的故事的能力。"②海登·怀特强调了历史叙事的虚构性，同时，他不认可史学家的"发现"和小说家的"创造"之间的截然界限，并着重指出历史学家的叙述中的"创造"部分，也经常在历史叙述中起作用。

同样的逻辑，可以反过来用于小说家身上。小说家在叙述故事的过程之中，并非全部是凭空"创造"，也有对事实的"发现"或对故事的重述。废名后期小说就是这样，他经常像历史学家一样"发现"事实。废名对历史叙事的不信任是毫无疑问的。他反感已有的对中国历史的叙述，认为都是被歪曲的，并且奇怪于众人对这种"歪曲"的默许。③他也不喜欢习见的"小说"文体，而是喜欢散文。他认为：

① ［美］海登·怀特:《元史学：19世纪欧洲的历史想象》，陈新译，译林出版社2013年版，第11～12页。

② ［美］海登·怀特:《后现代历史叙事学》，陈永国、张万娟译，中国社会科学出版社2003年版，第175页。

③ 废名:《莫须有先生坐飞机以后》，见王风编《废名集》第2卷，北京大学出版社2009年版，第899～890页。

"散文注重事实，注重生活，不求安排布置，只求写得有趣，读之可以兴观，可以群，能够多识于鸟兽草木之名更好，小说则注重情节，注重结构，因之不自然，可以见作者个人的理想，是诗，是心理，不是人情风俗。必于人情风俗方面有所记录乃多有教育的意义。"[①]尽管废名对文体概念的讨论含混不清，但他的价值指向是非常清晰的，那就是对纯粹虚构或讲故事的技术不感兴趣。他感兴趣的是要写出一部"得道之书"，甚至"救赎之书"。

（五）废名小说创作的分期

综观废名1949年之前的创作，《竹林的故事》《桃园》《枣》这些短篇小说集中的作品，属于小说家的"创造之书"。它用一种独特的现代散文语言，描摹作家的梦想世界，甚至激活了中国古典诗歌的内容，其中更有一位现代意义上的个人，一位新文学家的焦虑、梦幻和讽刺，呈现了一个疑问重重的"田园"世界。长篇小说《桥》，像诗人的"发现之书"，用特殊的、梦幻般的视角和凝视方法，发现生活中那些被人忽略了的细节、心境、事实，还有风俗、风景和人情。《莫须有先生传》，废名自己说是"获麟绝笔"[②]之作，可称之为贤者或哲学家的"得道之书"。周作人说它是"贤者语录"，这是一种边界模糊的古文体，如中国先秦的圣贤言行录，古俄罗斯的言行录。其实

① 废名:《莫须有先生坐飞机以后》，见王风编《废名集》第2卷，北京大学出版社2009年版，第908页。

② 废名:《莫须有先生传》，见王风编《废名集》第2卷，北京大学出版社2009年版，第790页。

也很像一个在“世界”面前不知所云者的梦呓。不过这些说法都有似是而非之虞，关于这部小说，后面还会详细的解析。至于《莫须有先生坐飞机以后》，则是面对问题成堆、灾难重重的世界和中国，“绝笔”而不能的续作，也是一部悟道者和思想家的“救赎之书”，救国、救民、救教育、救语言、救人的心思，这个宏大“救赎主题”贯彻全篇。说它是现代《论语》和《庄子》也无妨。我们不会去追问《庄子》究竟是散文、是小说、是历史、还是哲学。这叫作“大书”，不叫“小说”。

将一位作家的整体创作划分为几个阶段，尽管并不合适，但也能给出一个总印象，比较方便。周作人曾经有一个总结：“废名的文艺的活动大抵可以分几个段落来说。甲是《努力周报》时代，其成绩可以《竹林的故事》为代表。乙是《语丝》时代，以《桥》为代表。丙是《骆驼草》时代，以《莫须有先生》为代表。以上都是小说。丁是《人间世》时代，以《读论语》这一类文章为主。戊是《明珠》时代，所作都是短文。”[①]还应为周作人这段总结补充一条：“己是《文学杂志》时代，以《莫须有先生坐飞机以后》为代表。”因为这是抗战结束之后1947年至1948年的事情，周作人正在南京老虎桥监狱住着。周作人的分期，是根据废名作品的创作时间和发表地点来分的。换一个角度，从废名对自己，对事实，也就是对世界的态度来分，我们则可以整理出另外一条线索来，从而分为以下几个时期：

第一，焦虑混乱期。乡土以外的世界，是混乱不堪的，不可理喻的、罪恶的世界，到处都是敌意，都是陌生感和荒唐事。这是一种典

① 周作人：《怀废名》，见《药堂杂文》，河北教育出版社2002年版，第123页。

型的“现代性”的视角和感知方式，也是新文学运动之初的普遍感知方式。但是废名很快就开始调整这种对待世界的态度，将回忆和想象带进创作。家乡的目光在远处召唤，那么熟悉、宁静、惬意。于是，离乡的喜悦，进城的不适，返乡的冲动，三种心态交织在一起。这一时期有《竹林的故事》等三个短篇小说集，可以看出，作者的视角是散乱的，目光是恍惚的，心思是不安宁的。其叙事语调中，讽刺批判和赞美感叹同时出现，事实中英雄的世界和凡人的世界相互抵牾、彼此消解，所以他不是浪漫主义的。最终熟悉的世界击溃了陌生的世界，故乡的梦幻故事占了上风。正因为这一点，废名作为一位创造者，才横空出世，他自己此后的独特世界才得以建立。

第二，冥想自救期。排除干扰，凝视自己的内在世界，乡土世界作为一种救赎的材料，通过回忆和叙述，如梦幻一般呈现出来，并被形式化，这是一种自救性的叙事。形式化建立在“厌世”（对睁眼所见的经验或者唯物世界的疑问和抵制）的基础上，也建立在反故事，或者说反时间、反历史的基础上。废名在小说中让“自然节奏”取代“社会节奏”，让人物和故事在静止的时空关系中呈现，以此来抵制“时间—死亡”“历史—进化”。这是一种典型的诗性思维，或者说是田园牧歌式的思维，所以他不是现实主义的。这一时期以《桥》为代表。从中可以看出，作者的视角是专注的，目光是内视的，心思是活泼的，语调舒缓安静，语言充满禅意。土地、母亲、女孩、童趣、小河、花草，这一切构成了建构作者文学世界的材料。作者对世界的观念似乎已然确定，并且能够借助于美的文章创造一个完整的美的世界。

第三，漫游悟道期。结束闭门造车和凭空创造时期，作者仿佛变得健壮起来，符合身心健康的标准，尽管在别人眼中他是一位瘦弱的老先生。这位新文学家开始理直气壮、心思活泼地走出书斋，到民间去，到乡下去漫游。他要把这外面世界作为一个实验室，通过它去验证自己的理想，如一位寻找金羊毛的英雄，实际上是一凡夫俗子，只需几位“西山的老娘们儿”，就足以将这位新文学家中的“堂吉诃德”引诱得欣喜异常、折磨得死去活来。废名自以为得了道，实际上是阻隔在“得道的中途”，或者说得道于“阻隔的中途”。记忆中的乡土是那么亲切，近在咫尺；现实中的乡土却仿佛遥不可及。漫游者离开问题成堆的书斋，来到问题成堆的世界，作者自身成了一个问题的容器，承载着这个世界的所有疑问，并将这些疑问吸纳到一种貌似对话实则独白的感悟式语体之中。在这个“语言乌托邦”的世界，经验的错位导致文体的错位，生出了一种现代文学史上的怪异叙事文体:《莫须有先生传》。厌世的逃离和入世的冲动的错位，产生了一位现代文学史上的怪异人物类型：莫须有先生。形态上，他带有诺斯罗普·弗莱所说的“低模仿喜剧人物”[①]的色彩，思想上，他又是一种“高模仿悲剧人物”，既不是无敌的浪漫主义英雄，也不是被“遗弃”在现实泥淖的凡人，既要与他人打成一片，又与他人彼此疏离。最终，莫须有先生并没有在人事层面获胜，而是在词语和精神层面得道。

第四，避难救世期。废名真正“得道”，是在避难期。这一次他真正回到了民间，而不是在幻想中。他带着文学的、哲学的、历史的、道德的、宗教的十八般兵器来到民间，在炮火连天的岁月，独自一人

① ［加拿大］诺思罗普·弗莱:《批评的解剖》，陈慧、袁宪军、吴伟仁译，百花文艺出版社2006年版，第62～65页。

躲在湖北黄梅县的山沟里，与“观念世界”大战了一百个回合。这一时期的代表作，是《莫须有先生坐飞机以后》。此时此刻，莫须有先生这位“低模仿喜剧人物”加得道的“维摩诘”，尽管还在喋喋不休，但实际上已经消融在群体关系之中，消失在家族、社会、民族、国家这些大的容器之中。正因为如此，讲故事的小说和叙事，对家事国事、俗事圣事的议论和评价，也消融在一种更大的文体之中。它是小说，也是历史；是哲学，也是一个民族的心思。问题很清晰：不是“我”，而是“我们”，我们怎么办？我们怎么说话？我们怎么行事？作品所提供的思想和答案，充满“救赎”的抱负。废名的创作越到后来越试图模仿古人的与“立功”“立德”相配套的“立言”传统。“立言”的基本要求是把话说明白，得要有文学表达能力、历史的眼光和哲学的思维，所谓“文史哲不分家”之谓。如果小说家只管讲故事，那么只有两种可能，一是过于依赖故事的诱惑功能，将小说彻底变成畅销的故事；二是多数人不知所云，小说就成了专门家研究的对象了。这是废名所不主张的，也是当代长篇小说创作的大限。

（六）小说“初始世界”及其演变

一位作家笔下的“初始世界”是值得注意的，它是作家的自我意识和世界观念的原型。作者和他的人物，被抛弃到这个光怪陆离的世界，犹如“新生儿”的出世，对一个与“母体”（土地、故乡、亲情）大相径庭的世界的不适应，而产生诉说的冲动。面对陌生世界，从初始反应开始，进而产生一系列连锁反应。第一种反应是不适应，出现不安和恐惧感，尽管他承认自己比世界弱小，但并不妥协，而是采用一种特殊的应对方式，比如“哭泣”或“自我折磨”，因而带有“悲剧式的”风格。第二种反应是主动适应，在适应中乐此不疲，这是在承认自己比世界弱小的基础上的部分妥协，由此出现一种“喜剧式的”风格；它还有一个变种，就是在适应的过程之中，因过于迷恋某种确定的东西，而对变化的生活和行为，产生道德上的自我责难（这叫作“宏观上的喜剧式，微观上的悲剧式”风格）。第三种反应是拒绝，“拒绝”可能产生批判、变革，乃至革命的冲动，主人公认为自己可以比外部世界强大，因而能够自我解救，这是一种“浪漫式的”风格。有道德上自我责难倾向的人，一般不做这一选择。第四种反应，就是逃跑，“逃跑”的方式有两种，一是“离家出走”，玩失踪，又不甘于回到熟悉的故土，漫游主题因此而产生；二是闭眼冥想，进入梦境，从梦境中回到熟悉的世界，由此进入梦想中熟悉的世界，一种幻想的乌托邦，至此完成了个人世界的轮回。第五种反应，则超出了一般意义上的文学创作范畴，就是试图将这个幻想的乌托邦，转化为普遍性的世界。许多大作家晚年都有这种冲动，比如歌德、陀思妥耶夫斯基、托尔斯泰。

废名小说创作中的“初始世界”，可以说是一个“哭泣”的世界。从《一封信》，到《长日》《讲究的信封》，再到《少年阮仁的失踪》《病人》和《阿妹》，废名简直是哭得一塌糊涂。[①]哭泣，是一个人压抑在内心的委屈、悲伤、感动的生理反应，强硬的外部世界和脆弱的内心世界的冲突，在“泪水”中纠结在一起，成为一种最低限度的

① 废名发表的第一篇小说是《一封信》，作于1922年9月，刊于1923年1月10日《小说月报》，见王风编《废名集》第1卷，北京大学出版社2009年版，第298页。

"自我防护"，而不是向外攻击。鲁迅则不同，其创作始于"发狂"和"胡言乱语"。[①]这是一种外向的、攻击性的姿态，矛头直指病态社会、历史和人群。鲁迅的小说世界是一个充满"敌意"的、需要刮骨疗毒的世界，坚硬的文体对应强硬的世界，文本中充满肉搏式的紧张。所以，鲁迅初期的叙事风格，接近于"悲剧式的—机械论的—激进主义的"，这是一种比较典型的左翼文学叙事特征（另一种左翼文学叙事的特点是，将第一项"悲剧式的"改为"浪漫式的"）。张爱玲也不同，她的小说创作始于"说悄悄话"的"闺蜜"世界。[②]张爱玲的"闺蜜"世界，是一个不想与众人为伍的"小女儿"的世界，这个世界一旦打破，便再也回不去，颓败凄凉的悲剧随即而来。张爱玲一直试图营造一种个体的"小世界"，而拒绝进入"大世界"。阻止这个"小世界"的力量，并非直接来自社会，而是作为个人与社会的中介的"家族"，还有与颓败、终老相关的历史和时间。直到1950年之后，她的创作视野才开始投向社会这个"大世界"。张爱玲初期的叙事风格，接近于"讽刺式的—情境论的—自由主义的"。只有沈从文与废名相似，他们创作初期的总体叙事风格呈现为"悲剧式的—形式论的—无政府主义的"特征。沈从文的第一篇小说也是写"哭泣"的。[③]而且他们两人的第一篇小说都是"书信体"，写给远方的友人的，实际上是写给想象中的收信人。面对异己的、陌生的世界，他们第一个念头就是

① 鲁迅发表的第一篇白话小说是作于1918年的《狂人日记》，不考虑作于1913年的文言小说《怀旧》。

② 陈子善发现，张爱玲的第一篇短篇小说是作于12岁的《不幸的她》。参见陈子善编《作别张爱玲》，文汇出版社1996年版，第1页。

③ 沈从文发表的第一个短篇小说是刊于1924年12月22日《晨报副刊》的《一封未曾付邮的信》，见《沈从文全集》第11卷，北岳文艺出版社2002年版。

寻找熟人倾诉，而且一边说一边哭泣，不同之处在于，废名的哭，仅仅是哭，沈从文则是一边哭泣一边埋怨。埋怨与攻击不同，攻击是完全向外的，埋怨则是在外与内的边界上游移不定。

废名早期的三部短篇小说集《竹林的故事》《桃园》《枣》，共收入小说32篇，加上已发表但没有收入集子的5篇，共有37篇。其中近一半（18篇）是针对陌生的世界而非熟悉的世界而写的。[①]“陌生的世界”，主要指的是叙述者笔下的城市生活或大学生活，以及由此导致的不适、不安和思绪的混乱，或者感官欲望与道德世界的冲突。“熟悉的世界”，是指作者记忆中的乡土社会及其宁静的心境，特别是那些令人“欣喜的梦境”——童趣、友爱、朦胧的情爱；还有“不安的梦境”——疾病、死亡、离散。陌生和熟悉，两个世界交错在一起，产生一种错乱的心理状态和文风。从总体上看，废名这一时期的创作，呈现一种“悲（喜）剧式的—形式论的—无政府主义的”风格。因此，废名的创作，并不是一开始就带有“田园诗”色彩，就那么纯净如画，而是经历了各种诱惑、折磨、忏悔、自我节制之后的选择。在废名早期小说世界中，因面对“陌生世界”的不适和不安引发的“哭泣”主题，前面已经讨论过。接下来要讨论的是“诱惑”和“逃跑”主题。

都市陌生世界中的诱惑主题，及其相关的内心道德冲突主题，在

① 这一时期还有部分创作，以“无题”为题，刊于《语丝》等报刊，没有收入三个短篇小说集，而是改写之后重新刊于《骆驼草》，并作为长篇小说《桥》的部分章节。这些片段尽管也是以“熟悉的世界”为内容，但叙事风格与前面三个短篇集中的差异较大。这里按照废名自己的分类，放到《桥》中去讨论。参见王风编《废名集》第1卷《桥》中编者所提供的考据资料，北京大学出版社2009年版，第335页。

《长日》《花炮》《胡子》《浪子的笔记》等小说中有清晰的表现。废名的第二个短篇《长日》，写刚到北京读书的青年王澈生，经受都市生活诱惑的故事。王澈生认为，人的行为的动力是情感，情感的培养在知识。了解到人类本为一体的知识，就为将妓女视为姐妹，自然你就不会去逛窑子了。但是，日子越来越长，王澈生渐渐耐不住寂寞，便开始为自己的消遣、游玩、消费找借口。逛街和看戏，实际上已经接近“八大胡同”的边缘了。王澈生最终通过读书（知识）、眼泪（情感）和内省的忏悔，阻止了欲望和贪念。短篇小说《花炮》由四个片段组成。《放牛的孩子》和《幽会》，呈现出乡村社会童年时代原始欲望的淳朴和天真，写梅姐的奶，就像写他们之间的“斗草”游戏一样“思无邪”“乐而不淫”。在《诗人》里，欲望主题转化为眼泪和死亡主题，使得这篇小说像一篇祈祷文，而不像小说。第四个片段是《妓馆》，写一位少年在妓院里与妓女在幻想与现实边缘上的对话，妓女与少年主客关系的颠倒，改写了那场交易的性质。《浪子的笔记》和《胡子》，则是直接写妓院的故事。《浪子的笔记》以叙述者“我”亲历妓院所见所闻为内容，将妓女的生活引向死亡主题，犹如罗丹著名的雕塑《妓女》那样，在“死亡”这个永恒静止的画面里，一切罪孽都得到了宽恕。《胡子》则是白描笔法，勾勒出王胡子在妓院的堕落行径，语调带有反讽色彩。废名写于1926年的日记里面，也有关于诱惑的内容：“水果铺门口不上三十岁的女人把奶孩子吃，我真想走慢一点，瞧一瞧那奶。……白白的花了我五十枚铜子，很少有女人，更说不上好看的……有些事我还不敢写出来，‘不洁净’的事，仿佛觉得写出来不大美，但我自己知道，而且可怜我，这是我做过的。我也原恕我这个写不出来的心情。”[①]阻止欲望故事的理由，首先是有些事写出来不美，也有“写不出来的心情”。

废名小说中的欲望主题，始终没有完全展开，总是被某些其他力量阻止，欲望主题的呈现过程，已经包含了拒绝的姿态。对城市生活中各种诱惑的拒绝，不仅仅是指感官世界、性爱主题，也包括观念世界及其相应的行为，比如革命、暴力。也就是说，对世界的不认可，并不必定产生激变的革命主题。而“革命叙事”，往往通过对个人欲望的肯定，来反抗现有的道德秩序和社会秩序。因此从叙事模式的角度看，“革命加恋爱”也可以翻译成“革命加性爱”“暴力加欲望”。创造社和左联的作家，特别是茅盾、蒋光慈、丁玲等人的创作，都是革命的冲动伴随着感官欲望解放的冲动。废名的叙事，不仅拒绝感官欲望，也拒绝观念上的贪念。《讲究的信封》写家族亲情思维与革命思维之间的冲突。《晌午》讽刺一些革命家“革命革得自己做起官来”。在《石勒的杀人》里让石勒陈述杀人理由的语言，消失在中国传统文化的词语迷宫之中。《追悼会》讽刺纪念烈士的追悼会变成了展览会。《审判》模仿被审判的“革命党”的陈词，事实与革命全无逻辑关联，革命的理由在梦呓似的故事中迷路，主人公的陈述中不时出现莎士比亚、托尔斯泰的名字，像一篇即兴创作。这让人想起了马克思的一段著名的文字：（职业密谋家）“他们要做的事情恰恰是要超越革命发展的进程，人为地制造革命危机，使革命成为毫不具备革命条件的即兴之作。”[②]

① 废名：《忘记了的日记》，见王风编《废名集》第3卷，北京大学出版社2009年版，第1147～1149页。

② 《马克思恩格斯全集》第10卷，人民出版社1998年版，第333页。

收入小说集《枣》和《桃园》中的《张先生与张太太》《文学者》《李教授》等一批小说，与上面讨论的小说也有近似之处，主要表现的，是那些面对陌生世界主动适应和妥协的闹剧。作者的困惑、质疑、讽刺、批评更多一些，观念压倒了感受和想象，总体上呈现为一种“讽刺式的—形式论的—保守主义的”风格，而且文体显得笨拙滞涩。其实，废名很清楚自己在写什么。他在一篇文章中写道：“我此刻继续写《无题》[①]，我也还要写《张先生与张太太》这类东西。就艺术的寿命说，前者当然要长过后者，而且不知要长过几百千年哩。但他们同是我此刻的生命，我此刻的生命的产儿，有时我更爱惜这短命的产儿。”[②]因为那些小说，毕竟还是充满介入的热情，是有“生命感”的困惑和疑问，故而他更爱这些“短命的产儿”。短命之意，是指文章的传播而言。因为废名确信“厌世者做的文章总美丽”[③]。不美的文章当然不能传播得更久远，只能“对于将来的史家终是有一点用处的”[④]。文学创作因“不美”而成为历史学的材料而不是美学的材料，这种情形在文学史中也不少见，如《金瓶梅》之于《红楼梦》，左翼文学之于京派文学，鲁迅的杂文之于他的小说和散文诗。

① 长篇小说《桥》的各章节，最初是以“无题”为题发表在报刊上的。

② 废名：《说梦》，见王风编《废名集》第3卷，北京大学出版社2009年版，第1152页。

③ 废名：《桥》，见王风编《废名集》第1卷，北京大学出版社2009年版。第559页。

④ 废名：《说梦》，见王风编《废名集》第3卷，北京大学出版社2009年版，第1152页。

（七）废名创作中的几个主题

文学中的“逃亡”主题，是面对难以适应（包括害怕和恐惧）的陌生世界，最滑稽而天真的举动，也是普通人选择最多的选项，因而总体上带有“喜剧式的”风格。而实际上，人类那个熟悉的“原初世界”是回不去的，由此产生“漫游”和“梦幻”主题，在陌生世界边缘，用语言符号建造另一个世界，与那个恶习不改的现实世界对峙。它不时地楔入现实世界，词语自身的历史逻辑，就是一条特殊的通道。而且“逃亡”也有狭义和广义之分。狭义的逃跑，就是指身体朝不同空间的移动；广义的逃跑，还包括从思维和语言中，改写或者删除那个“现实世界”，用另外一种“幻想—词语”世界取代它。

写于1923年的《少年阮仁的失踪》和《病人》，是废名的创作中逃亡主题的标本。少年阮仁（谐音指“软弱的人”，与“勇敢的刚强的人”对应）给好友留下一封告别信，信中还附有给妻子父母的两封短信，然后去向不明。阮仁要去的地方是哪里，连他自己也不知道，除了自己的故乡和现居的北京，他将四处流浪。阮仁逃离北京这座现代城市的理由有几条：第一，变成小鸟自由飞翔和歌唱的梦想，与现实“恶浊空气”的冲突。第二，天才的个人与“法律的团体”（社会）的冲突。第三，受到茶馆门前衣衫褴褛的老乞丐和什刹海边哭泣的小乞丐的刺激。第四，逃离谎言、欺骗和冷漠的世界，去寻找一个“同我一样”的、心里有着火一样热情的人。阮仁找了那么多从北京逃亡的理由，就是没有找到逃回故乡的理由：“儿要到各地方去走一遭，只不到爹娘所在的地方。……望爹娘当儿那次大病死了，不必悲伤。”[①]《病人》这篇小说，写同学因生病而离开北京。叙述者由生病想到回家，再想到母亲的怀抱，“我要为我的母亲而延长我的生命。我要免避我的母亲因失去了儿子而发狂，不得不继续生存”[②]。这一决绝的姿态，产生了一笔巨大的道德债务，由此带来了强烈的心理压力。但是，现实世界中的故乡，依然不能成为“叙述者”逃亡的目的地。因为这时的废名还是一位“新文学家”，是启蒙文学的支持者，自我意识与凝固的“乡土世界”之间还有裂隙。

对故乡的回忆，在废名的创作中无疑占有重要的地位。在废名初期创作中，故乡或者说乡土世界，是一个复杂的整体，不像后来的《桥》那样，完全是一个过滤之后的梦幻。回忆中的乡土世界，既有朦胧的爱情、童年的游戏、亲情、友爱和田园风光；也充斥着疾病、残缺、颓败、死亡、别离这些令人感伤的事件，而且前者往往是后者的铺垫，读后令人悲凉，或者说“哀歌”风格压倒了“牧歌”风格，那是一个危机四伏、充满疑问的“田园世界”。《柚子》这篇不到万字的短篇，看上去好像在写“我”与柚子妹妹之间两小无猜的童年，实际上是一个伤离别和生命衰败的故事。前者的确占据了较大篇幅，后者是通过结构的力量传递出来的。“柚子妹妹，跟着她的骷髅似的母亲，在泥泞街上并不回顾我的母亲的哭泣，渐渐走不见了。”[③]这与其说是“田园诗”，不如说是社会、生活、时间强加给柚子妹妹和“我”之间的悲剧。《浣衣母》分明是一个颓败的寓言，生活将李妈那些小小的希望一次又一次地摧毁：女儿的死，情人的离，邻居的弃。《阿

① 废名：《少年阮仁的失踪》，见王风编《废名集》第1卷，北京大学出版社2009年版，第35～42页。

② 废名：《病人》，见王风编《废名集》第1卷，北京大学出版社2009年版，第48页。

③ 废名：《柚子》，见王风编《废名集》第1卷，北京大学出版社2009年版，第34页。

妹》中的疾病和死亡主题，伴随着乡土社会浓烈的压抑氛围，令人窒息。《竹林的故事》表现三姑娘之美，背后是用“死亡”做铺垫，因而是一种令人心痛的“凄美”。这样的乡土世界，这样的故乡，表面上很熟悉，实际上是“陌生的”。叙事中“现代性”线性时间观念的介入，撕碎了乡土世界混沌一体的时空关系，那些日常生活中的悲剧性因素被形式化了，因而得以凸显。

废名其实一直在作调整。他试图淡化乡土社会中“悲剧式的”色彩，增加“喜剧式的”色彩。方法就是让生命史意义上的“时间”向共同体（家、族、群）意义上的“空间”妥协。这种妥协的完成是在《桥》里面。但在这一过程的中途，我们可以发现他对与“生命史”相关的死亡主题，还有与时间（自然生长）相关的病态和残缺主题的特殊处理方式，也就是通过理解和阐释，将乡土社会中的“陌生”元素，逐步纳入“熟悉”的体系。

关于死亡主题。《竹林的故事》写三姑娘的父亲老程之死的写法。上一段的结尾，三姑娘还在唱“爸爸喝酒，我吃豆腐干”，下一段的一开头就是：“绿团团的坡上，从此也不见老程的踪迹了。”接着：“春天来了，林里的竹子，园里的菜，都一天一天的绿得可爱。老程的死却正相反，一天比一天淡漠起来……三姑娘才走到竹林那边，知道这里睡的是爸爸了。到后来，青草铺平了一切，连曾经有个爸爸这件事实几乎也没有了。”[①]《火神庙的和尚》中的死亡主题，被寺庙中日常生活的趣味衬托着，因而显得那么平静如常。在《桃园》中，衙门的杀场、布满坟茔的小山坡、长满鲜桃的园子并置在一起，旁边坐

① 废名：《竹林的故事》，见王风编《废名集》第1卷，北京大学出版社2009年版，第119～120页。

着一位小姑娘阿毛。阿毛希望妈妈的坟不要放在山坡上，而是安放在父亲的桃园里。将生命史（命运）和自然史（时光）交织在一起，死亡就和生长一样自然。这种对于死亡的观念，是中国农耕文明中的特殊方式，也是废名的一个精神秘密。

在乡土文明和农耕精神的深层，当然也有时间焦虑，但并不那么强烈，更多的是发出“逝者如斯”的感叹，偶尔也有悲伤厌世的情绪。焦虑隐含着对抗心理，感叹是无奈和依顺。乡土文明对时间和死亡的态度是依顺的，就像面对季节轮回和植物生命的轮回一样。循环往复的时间，支配着他们对生命和实践的想象方式。农耕文明中没有“绝对死亡”的观念。自己的生命是祖辈生命的延续，儿孙的生命是对自己的生命的延续，“已经逝去的—正在活着的—将要诞生的”这三种生命形态，同时并存于一个形而上与形而下合一的特殊“时—空”结构中。这种生命环形轮回，与植物在四季交替中的轮回，逻辑上是同一的，与土地的孕育、生长、成熟的节奏也是同一的。生命也因此跟自然的丰富形态合而为一，显示出不同的韵律和节奏。生命的自然过程体现出的自然节律本身就有意义，而不指向“绝对的死亡时间”。现代性的时间观念，人为地将时间“时段化”，进而“财富化”，将人的一生变成了一种线形的“财富积累”游戏，实际上是一个“死亡游戏”的悲剧。因为它在理性的角度强化了时间的不可再生性。实际上时间并不是这样的，它不过是一系列事件的连续，是空间变化的显示形态。将时间结构化、空间化、事件化，正是乡土文明对待时间、历史、死亡的态度。[①]

① 关于乡土文明中对“时间”和“死亡”的观念的讨论，参见张柠《土地的黄昏——中国乡村经验的微观权力分析》（第三版）第1章“乡村时间”，高等教育出版社2023年版。

关于残缺和疾病主题。在通向死亡的中途，残缺和疾病是一种特殊的状态。在乡土中国这种状况十分普遍，对乡土世界描写中必须要正视并处理它。处理的方式有多种，一种是视而不见，避开它（像《桥》中那样）；另一种是夸大它，使之变成一个残缺不全的滑稽世界，或者过剩的肉体狂欢世界（当代作家莫言就是这样[①]）；还有一种是正视它，像观看一根有疤痕的树干那样，废名这一时期创作中，就是持这种态度。废名的小说中的人物，许多都有根据其身体残疾和缺憾所取的绰号：瘸子、癞痢、麻子、塌鼻、歪嘴、聋子。如《我的邻舍》中的“六指”：“他的右手比我们的多一个指头！然而并不如平素所想象，以为是一种讨厌的残疾，圆阔得很是有趣。”[②]在《莫须有先生坐飞机以后》中，废名则开始直接发议论：“在乡间，驼背并不显得是畸形，中国的农村里无论男女老少本来都是畸形。他使得莫须有先生留下了一个很好的印象，好像是在一位前辈而又是一位画家的书案上看见的画谱上的人物，即是说驼背而不显得驼背，驼背而与其道貌调和。”“《火神庙的和尚》，那塾师与和尚，两个鳏夫，该是怎样的变态人物，在莫须有先生的笔下则成为可怜的圣徒了。”[③]将农民残缺或畸形的身体，看作老树枝干上的疤痕、长歪的小树枝、奇形怪状的石头一样自然，这是一种怎样的观察视角？

乡土世界那些令人不安的问题，包括死亡、疾病、残缺、畸形，

① 关于莫言乡土叙事中的肉体残缺和肉体过剩部分的讨论，参见张柠《中国当代文学与文化研究》，北京师范大学出版社2008年版，第328～331页。

② 废名：《我的邻居》，见王风编《废名集》第1卷，北京大学出版社2009年版，第70页。

③ 废名：《莫须有先生坐飞机以后》，见王风编《废名集》第2卷，北京大学出版社2009年版，第869～871页。

似乎找到了解决之道：生命史与自然史的合一，时间和空间的重叠，生与死界限的模糊；还有凝目注视的观察角度和包容的心态，从畸形中发现自然，从残缺中看出“圆阔得很是有趣”，将反常化视为常态，等等。此时此刻的废名，尽管还没有开始走上逃亡乡村的梦幻之路，但是，他仿佛正在为自己的“精神返乡”修筑栈道，在为一个即将到来的完满的梦幻世界“搭桥”。

（八）虚构的“故乡”与精神救赎

废名将要抵达的，或者说将要向我们呈现的“故乡”，究竟是一个什么样的世界呢？在长篇小说《桥》里面，废名将故乡称为“第一的哭处”，就是号哭地来到这个世界的地方。对于世界，可以称之为“生地”。对于母体，可以称之为“血地”。对于个体，可以称之为“哭地”，而且是“第一的哭处”。对“母体”有深深依恋感的人，应该喜欢“血地”这个词。对“故乡”有深深依恋感的人，应该喜欢“生地”这个词。对“初始世界”有清醒的自我意识的人，应该喜欢“哭地”这个词，因为他已经不再“哭”了，或者说“哭”这个词汇不再是唯一的，不过是他思维词库中众多词汇里面的一个。在《桥》的上卷下篇开头废名写道：“走了几千里路又回到这‘第一的哭处’。……人生下地是哭的。”[①]此时的废名，已经不再是那位刚刚离开家出门远行、因不适而哭泣的青年，而是一个对世界、他人、自我，

① 废名：《桥》，见王风编《废名集》第1卷，北京大学出版社2009年版，第454页。

特别是对“故乡”，有着清醒观念的人，因此才可以正视它、议论它，与它对话，甚至重新发现它。

废名在创作《桥》的时候，已经走出了“哭泣”“依赖”“悲伤”“质疑”，而且呈现出一个清晰的、甚至没有疑问的、含笑的世界。周作人评价说：“这些人与其说是**本然的**，无宁说是**当然的**人物；这不是著者所见闻的实人世的，而是所梦想的幻景的写象，特别是长篇《无题》中的小儿女，似乎尤其是著者所心爱，那样慈爱地写出来，仍然充满人情，却几乎有点神光了。”①周作人的意思是，这个故乡世界和其中的人物，与其说是“实然”的，毋宁说是“应然”的。由于它是“梦想”（自由）的，因此并非“必然”（不自由）的。至于那些人物身上的“神光”，俞平伯称之为“不食人间烟火”。废名对俞平伯的评价感到吃惊，说《桥》是一个站在城市大街灰尘中的人，对想象中的故乡和人物世界，“愁眉敛翠春烟薄”式的写生。②这是一种被诗化了的“人间烟火”。废名用花间派词人牛峤的诗句“绿云鬓上飞金雀，愁眉敛翠春烟薄……啼粉污罗衣，问郎何日归”来做比喻，实际上已经泄露了《桥》的文体秘密，乃是一种“愁之深、思之切”的心境，一种“故乡是恋人”或“恋人在故乡”的双重感情。周作人和俞平伯的说法，是指作者笔下的世界和人物特性。废名的说法，是指作者的视角、心思、态度或者立场。

因此，这个经过作者的主观视角过滤之后的“故乡”，不再是那个“哭泣”的世界，也不再是那个充斥着死亡、疾病、残废、疏离的

① 周作人：《桃园跋》，见《苦雨斋序跋文》，河北教育出版社2002年版，第103页。《无题》就是《桥》的原名。

② 废名：《斗方夜谭》，见王风编《废名集》第3卷，北京大学出版社2009年版，第1265页。

问题世界，而是一个重新发明的“应然”世界，如作者自己所说的那样，是一个“创造”[①]。在这样的立场和视角的支配下，作者既不可能像“历史—故事”那样去叙述，也不可能像“诗歌—意境”那样去抒情。他唯一的选择就是“描摹事实”，并且不是“实然”的事实，而是“应然”的事实，通过这些“事实”的描摹，创造一个既熟悉、又陌生的世界。你说它是“散文”也行。散文是对细节和事实的描摹和议论。小说与历史或者故事更接近，强调情节或者人物的行动。诗歌是一种词语化了的情绪或情感。柏拉图要将诗人逐出理想国。废名则要通过“诗性”为根底，用散文语言来描摹或建立一个新的“诗国”或者“理想国”。

废名在《桥》的上卷上篇“第一回”，事实上已经借助于一个外国故事，小男孩斯蒂凡亚齐斯，和小女孩亚斯巴斯之间的故事，点明了这部小说的主题。一天晚上村子里失火，两人跟着女仆离家避难，小女孩因洋娃娃丢在家里而哭泣。小男孩冒着危险，跑到正在救火的女孩的爸爸那里，拿回了洋娃娃。后来，两个孩子“是一对佳耦了”。[②]《桥》也是写一个男孩和女孩之间的故事，小男孩对应于程小林，小女孩对应于琴子和细竹，金银花对应于洋娃娃。[③]这个废名特别看重的外国小故事，与废名自己的小说相同之处在于，都是关于“爱”的故事。不同之处在于，《桥》的上卷上篇，从两小无猜走向了朦胧爱情；上卷下篇由一对一的关系，变成了三角关系：程小林对应于琴子和细竹两个姑娘。还有一个不同之处在于，外国故事里的那位小男孩

① 废名：《桥·序》，见王风编《废名集》第1卷，北京大学出版社2009年版，第337页。

② 废名：《桥》，见王风编《废名集》第1卷，北京大学出版社2009年版，第343页。

③ 废名：《桥》，见王风编《废名集》第1卷，北京大学出版社2009年版，第458页。

是一位“希腊英雄”,《桥》里面的程小林，则是一位“东方诗人”。前者有英勇悲壮之气概，后者有厌世悲凉之情绪。问题的关键在于，通过对乡情、友爱、爱情，特别是“三角恋爱”主题的处理方式，可以看出废名对人与世界的特殊态度。所以,《桥》看上去是情爱主题，甚至三角恋爱的主题，实际上是情爱和欲望被消弭的主题。作者的叙述和描写，让欲望消弭在诗意、风景、事物之中。爱和欲发端于心，如“风起于青苹之末”，随后不是呼号，而是转而平息在树叶上、树林里、花草间、水面上，陌生的被熟悉的取代。

在《桥》的世界里，由于在废名前面的思想或创作中，乡土社会的那些“陌生性”因素都得到了处理，因此变成了一个纯粹的熟悉化的世界。那些小小的情绪、情感的变化，都发生在熟悉化了“理想国”里。在那里，人与人之间，人与事物之间，乃至事物与事物之间，都是相通的。人与人相见，人与物相见，都有拥抱和融为一体的冲动，而没有丝毫的分别和敌意。程小林“无论什么生人马上可以成为熟友”。“小林每逢到一个生地方，他的精神，同他的眼睛一样，新鲜得现射一种光芒。无论这是一间茅棚……一条板凳，一根烟管，甚至牛矢黏搭的土墙，都给他神秘的欢喜。”[①]但程小林毕竟不是一条爬虫，爬到哪里算哪里。程小林的行动，也会为某种力量所引导。这个力量之源，在家与邻家、亲人与情人之间摇摆不定。本来小河边，城墙外的沙滩，都是很有吸引力的。现在，有琴子在那里的史家庄，“在他的心上是怎样一个地方”！见面之后，自然而然的熟悉的情感变得暧昧

① 废名:《桥》，见王风编《废名集》第1卷，北京大学出版社2009年版，第346～347页。

含混，羞涩的心思“占据了这两个小人物”[①]。“不理会似的，心里是非常之喜。”[②]“琴子的辫子是一个秘密之林，牵起他一切，而他又管不住这一切。”[③]到了“瞳人”那一章，分明将两小无猜写成了“两小有猜”了。但这一事件并没有按时间顺序继续发展，而是突然中断了。其实它不得不中断。因为这份感情势必会变成一个毫无结果的、充满欢喜与忧伤的旅程，所以它会自行中止。少年程小林与史琴子之间的爱，是弥散性的、指向不明的，处于一种“无时间”“无历史”的状态，爱意在人与事物（花、草、树、河）之间自由转换，欲望分散到每一个事物身上。欲望的弥散，以及叙事的无时间状态，实际上就是一个梦。

欲望消弭在物之中，花、灯、万物，都变成了人与人的中介。他们就可以不结合，而是凝视就行了，实际上是精神恋。物变成通往对方灵魂的中介，也是阻止欲望的中介。这个中介是通过梦幻般的联想实现的。将欲望（成人经验）梦幻化，是中国古典诗歌常用的手法，“几乎所有的成人化经验或者主题，都被梦幻化了。它用一种烟雾缭绕的梦幻化的背景，掩盖了个体欲望或脱离母体而成人化的陌生经验，生成了一种经过压缩的梦幻结构，从而阻止了成人经验展开的多样性和复杂性。这是一种特殊的‘熟悉化’技巧”[④]。将任何可能产生的“陌生性”，包括人性深处涌出的不可知的成分，都转化为故乡的花草树木一样熟悉，亲密无间。

① 废名:《桥》，见王风编《废名集》第1卷，北京大学出版社2009年版，第403～404页。

② 废名:《桥》，见王风编《废名集》第1卷，北京大学出版社2009年版，第410页。

③ 废名:《桥》，见王风编《废名集》第1卷，北京大学出版社2009年版，第433页。

④ 张柠:《中国节奏与精神秘密——古诗的遗传基因和新诗的遭遇》，《现代中国文化与文学》第9辑，巴蜀书社2011年版，第224页。

（九）现代欲望与情感的理想国

我们接下来要讨论《桥》的上卷下篇。十年后小林游学归来，原来的“两人世界”被一个“三角世界”取代。叙事者不得不正视这个突如其来的世界，并要竭尽全力来解决这个容易走向成人欲望故事深渊的难题。有关情爱、情欲和贪念的故事，《红楼梦》已经提供了一种特殊处理方式：梦幻和宿命结构内的悲剧，太虚幻境中的欲望，疯癫语言衬托下的荒唐言和辛酸泪。而在《桥》里面，小林很像贾宝玉，琴子很像薛宝钗，细竹很像史湘云。然而在现实生活中，无论“木石前盟”还是“金玉良缘”，都与湘云没有关系（尽管她也有金麒麟），也就是与细竹无关。但细竹的魅力仿佛超过了湘云的魅力，使得琴子这位“宝钗”，不时现出了“黛玉”气，说话半遮半掩，经常暗自流泪。关于《桥》的叙事与《红楼梦》的某些相似之处，早有论者发现了。[①]但它们的最大区别在于，一个是悲剧，一个是喜剧。悲剧是“执着”的结果，曹雪芹细致地展示这个众生“执着”的悲剧，意在“破执”。喜剧是“破执”的结果，废名将这种“破执扫相”的精神，安放在他的人物（特别是小林）和事物（花草树木）身上，因而阻止了悲剧的出现，尽管阻止不了“悲观”的情绪。

程小林和史琴子算是“老情人”了，但半路上杀出了一个细竹，是琴子的本家堂妹，一位在小林的眼瞳里长大的姑娘，影子一样跟随着琴子。而且细竹的一举一动都吸引着小林，她的笑声“在小林则有

① 灌婴：《桥》，见陈振国编《冯文炳研究资料》，知识产权出版社2010年版，第158～159页。

弥满于大空之概”，但随即就消失在“池岸一棵柳树”上。[①]细竹去花红山采花空手而归，小林“居然动了探手之情”，但心思转眼间控制了欲念；细竹说忘记摘花，小林说还是忘记的好，“花红之山，没有一点破绽，若彼岸之美满”。[②]细竹与花浑然一体。细竹跳跃的身影，让小林想起“草色青青送马蹄”，分明是观察人，却想到了马，小林认为，这在诗国里是没有分别的。[③]于是，细竹的头发变成了树林，琴子的眉毛变成了古今的山色。这就是周作人所说的“情生文，文生情”[④]。看上去是在写风景，写人物的表情和动作，但文章的转换关系和叙事动力，实际上是主人公小林或者叙事者的“心思”。小林一直试图用“无差别”的心思对待细竹和琴子，实际上是在对付“自己”。但是，琴子敏锐地发现：“爱里何以时常飞来一个影子，恰如池塘里飞鸟的影子？”[⑤]由此而生“嫉妒”，而忍不住哭泣，并命令小林：“你以后不要同细竹玩。”

面对琴子的激烈反应，小林似乎并没有反对，只是说了些“胡话”来应对她：“人生的意义本来不在牠的故事，在于渲染这故事的手法，故事让牠就是一个‘命运’好了，——我是说偶然的遭际。我所觉得最不解的是世间何以竟有人因一人之故制伏了生活，而名之曰恋爱？我想这关乎人的天资。你的性格我不敢轻易度量，在你的翅膀

① 废名：《桥》，见王风编《废名集》第1卷，北京大学出版社2009年版，第464页。
② 废名：《桥》，见王风编《废名集》第1卷，北京大学出版社2009年版，第523页。
③ 废名：《桥》，见王风编《废名集》第1卷，北京大学出版社2009年版，第485页。
④ 周作人：《莫须有先生传序》，见《苦雨斋序跋文》，河北教育出版社2002年版，第109页。
⑤ 废名：《桥》，见王风编《废名集》第1卷，北京大学出版社2009年版，第495页。

下我真要蜷伏——”[①]有故事就有时间和历史，就有命运和悲剧，这些都不过是“偶然的遭际”。这段话分明是贾宝玉的话的现代翻版，只不过抽象一点而已。在这里，小林实际上已经宣判了以婚姻为目的世俗爱情的“死刑”。他要维持一个没有目的的、耽搁在感悟之中的情感。其代价是肉体被精神、欲望被诗性消解。从乡村肉体残缺的物质世界，到肉体缺席的精神世界，是废名的创作的一个转折，目的在于呈现一个“精神圆满”的世界。

到了《桥》的下卷，事情并没有了结。程小林与史琴子结婚的日子已经安排好了。程小林可能要面临一种他自己所说的“制伏了的生活”，琴子喜中带忧，细竹悲而复喜：“小林与琴子，大概菊花开时，将成夫妇之礼。……得而复失的江山，尚且是别时容易见时难，何况未知的国度呢？细竹的欢喜之花，好像不在这一棵树上，但少小相从的女伴，最是异梦而同彩色，每每对映为红，她与琴子更是有着姊妹的绿叶之荫了。……三人面面相觑，好不可说的大大的一个人间的冷落。琴子的心境很有一种福地……但再一望，一个人怎么的又丝毫无把握似的，只有她的女儿之泪倒实实在在的可以洒净她自己的心胸。大概世间女子都是命命鸟，善有听命之情，不负戾天之翼。”[②]至此，分明已经透露出悲剧的契机：三个人伤离别的情景，未知的国度和未知的生活，对未来的不确定性的恐惧。但叙事出现了转机。

在小林与琴子结婚之前，应细竹的请求，他们三人将结伴出门远行。远行的目的地，是一座山和山上的寺庙，那是一处离家三百里地

① 废名：《桥》，见王风编《废名集》第1卷，北京大学出版社2009年版，第568～569页。

② 废名：《桥》，见王风编《废名集》第2卷，北京大学出版社2009年版，第581～582页。

的著名丛林。这分明是废名为三个即将被世俗的婚姻生活隔离的人，设计的一次“梦游”。一路上有山水，有树林，有寺庙，有沙滩和海，在“梦游”的过程中，两位冷落沉默的姑娘，依然是亲密无间，依然是那样无分别，但也隐约透露出悲伤的情调，不过是慈悲的“悲”，不是悲剧的“悲”。三人在“梦游”的过程中，还遇见了两位女子，是牛姓的亲姐妹，叫大千和小千，暗示琴子与细竹也像那对不离不弃的亲姐妹。一男四女同游，俨然一个小小的“女儿国”，一个小型的“大观园”，或者说是一个废名式的“太虚幻境”，但是其中没有“警幻仙姑”严苛的教训，只有废名式的人与人、人与物之间的交融无间，如梦如幻。

更离奇的是《桥》的结尾，叙述者有意安排四位女孩的重新搭配：牛家的妹妹小千与史家的姐姐琴子在一起，史家的妹妹细竹与牛家的姐姐大千在一起。大千和细竹仿佛要离开他们远去。小千与琴子站在山顶向远处望去：大千与细竹坐在海边，“像两个蚌壳”一样，“点缀在那个沙滩之上”。就像最初小林将琴子和细竹比作花草树木一样。总之都是在消除分别，在借物喻人，在“物化”和“坐忘”之中，抵达梦幻中的“自由”的境界。小说就在这场一男四女的“梦游”中，在“梦中之梦”里结束。用废名常用的一个词，是在“欢喜”中结束。

小说《桥》最能体现“浪漫式的—情境论的—无政府主义的”这样一种叙事立场或编撰风格。“浪漫式的”：说明作者已经像英雄一样战胜了环境，不再哭泣和怀疑，摆脱了经验的“实然的”世界的束缚，获得文体的解放，就像小说中的人物小林所说的那样，人生的意义本来就不在它的故事，在于渲染这个故事的手法。“情境论的”：强调情境中的事实，将历史当作此时此刻的“景观”，更强调事实在历史中的“功能”，而不是故事和结局，结局指向“命运”，废名的叙事，实际上是“反命运”的，也是“反时间”的。“无政府主义的”：不信任“社会”团结，代之以“共同体”的团结，仰慕“小国寡民”理想。所以，一部约25万字的长篇小说，就那么几个影子一样的人物（少男少女之外，只有史奶奶、三哑叔、母亲，还有几个和尚和一些路人），没有所谓的“命运”，也不呈现所谓的“性格”，性格消失在自然之中；这种立场同时认为，“自然”是理想的，“社会”是堕落的。这样一种叙事模式，或者说编撰风格，最容易将人引向“乌托邦”式的梦想，引向用符号建造起来的“理想国”。《桥》正是废名建构起来的这样一个“理想国”。

（十）修行：从清净世界到娑婆世界

从“惧怕”到“逃亡”，再到“梦回故乡”，好像完成了一个圆满的轮回。但到了《莫须有先生传》里面，莫须有先生突然决定要下乡去。至于为什么要下乡，叙事者说那是一个秘密，“就是乡下的侦缉队也侦不明白”。[①]从“清净无垢”的世界，从“理想国”向外面世界跨一步，并不是一件轻而易举的事情，它充满不确定性。所以，莫须有先生决定隐姓埋名，要将“真事隐去”，只说些“假语村言”。由于莫须有先生是位诗人，喜欢表达和交流，然而“言多必失”，不小心将秘密全都泄露了：他是北京城里的一位书生，与著名学者知堂老人

① 废名：《莫须有先生传》，见王风编《废名集》第2卷，北京大学出版社2009年版，第668页。

有交情；他看上去很老相，戴着眼镜，拿着一根妙峰山上买来的花椒木手杖，骑一头驴，瘦骨伶仃的，其实不过三十几岁，如今要到北京西郊的门头沟村去隐居，去修行。小说中这位莫须有先生其实就是长大了的程小林。程小林的世界，是一个各种问题（疾病、残缺、死亡）都被"处理"过了的理想世界，里面几乎没有疑问，如果有的话，那也是个人自己的问题。特别是因感官所引起的执着和贪念，都经诗性的"破执"而化解。比如，花草树木与石桥塔碑，没有什么区别，姑娘的纤手与草茎、面庞与花朵、秀发与柳枝，都没有什么区别，这个姑娘和那个姑娘也没什么区别。欲望和贪念，消失在大千世界的每一个细节上，像风消失在叶面和草尖，问题仿佛都解决了。

那么，这位"中年版的程小林"为什么要去修行，要下乡去隐居呢？"修行"和"隐居"本来是一件事情，目的是逃避俗世，像苦行僧那样躲起来修炼，以解决自己的肉身这个"臭皮囊"的问题。可是在莫须有先生这里，"修行"和"隐居"却成了两件事。对于现代社会特别是城市而言，莫须有先生的行为，就是避世和隐居。不但现实中的城市肮脏不堪，记忆中的城市也是如此："那个城，在我的记忆里简直不晓得混成一个什么东西了，一个屠场，一个市场。"[①]而乡村是一个尚未被现代城市社会的恶习所污染的地方，因而适合于隐居。对梦幻中的"理想国"而言，对静止的"书斋"而言，莫须有先生这次"下乡"，又不像是"隐居"，而是去接受"试炼"。因为西郊的乡村毕竟不是理想国，而是一个不同于城市的另一个"俗世"。因此莫须有先生下乡，既是隐居（逃避城市），也是修行（直面乡村的俗世

① 废名：《莫须有先生传》，见王风编《废名集》第2卷，北京大学出版社2009年版，第688页。

生活和语言），一身二任，实在是不堪其苦。所以，莫须有先生要传语天下："如果有人称我是个隐士，我倒要看他的口气怎么样，我恐怕他不知道我的本领是有多大了。在乡下过日子比城里盖更是要现出他的本领来，这里千万是饿死事大，那其人之尸首一定是给老鸹啄得寸骨寸伤了，若夫城里，至多也不过由区里贴牠一张招领的告示，行人倒毙，倒是孤独得行。于是传语于天下诗人，你们做诗，你们就躲在你们的都市里头算了罢，切切是不可下乡。……凡事都不可以太是独具只眼，对不起人生了，而莫须有先生的生活也就太劳苦。"① 大有一种"我不入地狱谁入地狱"的气概。

废名称这部小说是一部"漫游记"。莫须有先生与其说是在"漫游"，不如说是一次简单的空间"移动"。他移到了一个城乡接合部，一个意象丛生的边缘地带，在那里接受和应对来自不同方向的不同信息。从形态上看，《莫须有先生传》的确符合巴赫金所说的"漫游小说"的一些要素，比如："主人公是在空间里运动的一个点……他在空间里的运动——漫游以及部分的惊险传奇……使得艺术家能够展现并描绘世界上丰富多彩的空间和静态的社会……纯粹从空间角度，从静态角度来看待五彩缤纷的世界，对漫游型小说来说，极有代表性。世界就是差异和对立在空间上的毗连；……这一类型小说中的时间，本身不具有重要的意义和历史的色彩；即使'生物学时间'——主人公的年龄……要么全然不顾，要么只是形式上的点明而已。……长篇小说中的人物形象，仅仅勾勒出了轮廓，全然是静态的，就像他周围

① 废名：《莫须有先生传》，见王风编《废名集》第2卷，北京大学出版社2009年版，第709页。以下所引这部小说的内容，只括注页码。

的世界是静止的一样。”[①]不同之处在于，《莫须有先生传》里面没有“传奇时间”，也没有危机时刻和惊险事故。莫须有先生实在没有过多的“漫游”行为，只是不停地与几位“西山的老娘儿们”闲聊、斗嘴皮，在村子里到处凑热闹，回家打瞌睡。他在那个小村里晃悠，移动空间很小。他所遭遇到的，并非现实时间之中的冲突和阻力，而是来自精神层面和话语世界的阻力。主人公的冒险，纯粹是一种语言的灵魂的冒险，或者说观念的冒险。

莫须有先生此时此刻所面对的世界，是一个大概只有“维摩诘”[②]才能应付的“娑婆世界”。他走在通往京西乡村的路上，所见到的人事和景物，与《桥》里面的“清净世界”，有天壤之别。一走出西直门，只见那：“城门之外，汹汹沸沸，牵骆驼的，推粪车的，没有干什么而拿了棍子当警察的……一条鞭子赶得一大猪群头头是猪，人人是土。”赶驴汉“说话一嘴口涎”，在大声骂驴子：“王八旦草的！我看你往那里走！”赶驴汉之一，形容时间很短时说：“屙尿的工夫。”赶驴汉之二，站在路边当众屙尿。一群当兵的正排着队“朝死路上走”，此情此景，让莫须有先生掉了“一颗大眼泪”。（第669～672页）莫须有先生第一次遇见房东太太时的对话，令人匪夷所思：“那一位老太婆，你蹬在那里干什着？如果是解溲，那是很不应该的……不可以在自以为没有人看见的地方做不大雅的事。”害羞

① 《教育小说及其在现实主义历史中的意义》，见［苏联］巴赫金著，钱中文主编《巴赫金全集》第3卷，河北教育出版社2009年版，第211～213页。

② 《维摩诘经·方便品》：“有长者，名维摩诘。……辩才无碍，游戏神通……虽处居家，不著三界；示有妻子，常修梵行；现有眷属，常乐远离；……入讲论处，导以大乘；入诸学堂，诱开童蒙；入诸淫舍，示欲之过；入诸酒肆，能立其志。”见李英武注《禅宗三经》，巴蜀书社2005年版，第353～354页。

的房东太太反守为攻："我这么一个岁数难道还怕你看不成！"描写村子里另一位老太婆三舅妈（谐音"三脚猫"）："三脚猫太太驮了她的骆驼草一进煤铺的门，一屁股坐下板凳，露着她的一对猪娘奶，大口大嚷：'拿称来，把我的约一约。'"（第677～679页）莫须有还与房东太太隔着厕所篱笆墙聊天："蹬在两块石砖之上，悠然见南山，境界不胜其广，大喜道：'好极了……我就把我的这个山舍颜之曰茅司见山斋……''莫须有先生，你有话坐在茅司里说什么呢？''我并没有说话呵，这就完全是你的不是了，我没有净一净手，不是正正堂堂的自己站到人世之前，你就不应该质问我。'"（第701页）

这样一个世界，无疑不适合柚子、三姑娘、阿毛，也不适合琴子、细竹，更不适合那位满腹诗书、满脑子禅意的程小林。这个世界不再是诗意的风景画，它简直就是一个垃圾场，一个下水道，一个集市，时时出现分泌物和不雅的声音，从而泄露了生命存在的真相和秘密。所以，在西山小村里行动的人，都是一些彼此眼中的"怪人"和"小丑"。莫须有先生在赶驴汉和路人眼里，在一群西山老娘儿们眼里是一个"怪人"。那些老太婆、侏儒、聋子、半老徐娘、满嘴粗话的赶驴汉、随地吐痰的旗人，在莫须有先生眼里则是"小丑"。他们彼此丑化或者矮化对方，但并没有恶意，纯粹是一阵调笑和一个狂欢。作者也没有邪念，都是在很严肃地描写，正合所谓"思无邪"的美学。

其实，那些京郊西山门头沟村的老娘儿们很可爱，也很淳朴。她们的生活没有被成规禁锢，而是自然的、甚至是天真的，是一群"经验派"。她们以"小丑"和"傻瓜"的角色出现，在莫须有先生面前出演了一场生活的喜剧，莫须有先生因此也被"喜剧化"了。巴赫金说："小丑和傻瓜的面具……有着深厚的民间根基，通过小丑的神圣特权……与民众联系在一起，也同民众广场的时空体和戏剧舞台联系在一起。……戳穿人与人一切关系中的任何成规、任何恶劣的虚伪的常规。”“采用小丑和傻瓜（代表不理解陋习的天真）两个形象。……把生活描绘成喜剧，把人当成演员；能够撕去别人的假面，能够以严厉的（几乎是宗教的）诅咒骂人；最后可以有权公开个人生活及其一切最秘密的隐私。”莫须有先生则是巴赫金所说的另一种类型：“怪人”。“怪人”是小丑和傻瓜的一个特殊的变种，是那种具有“自由又自足的主观精神”的“内在的人”（比如程小林那种人）转化而来的。“纯粹‘自然’的主观精神，也唯有借助小丑和傻瓜的形象才可能揭示出来，因为人们没能为内在的人找到恰当的直接的……生活形式。由是出现一种怪人形象。”[①]

并不是莫须有先生自己认为自己是“怪人”，而是在他人的视野中，在互为主体的凝视和交往中，他成了“怪人”。其实每一个人都具有“内在的人”那一面，只不过被压抑了，“小丑”和“傻瓜”形象是对压抑的反弹，而怪人则是一种处于“内在”与“外在”边缘地带的性格。这种怪人形象及其生活中的“怪癖”，成为一种旁观者难以理解的形象。莫须有先生在房东太太等人的眼里，就是怪癖多端、不可理解，但并非不可接近。他们一直在交流，在斗嘴皮子，看上去是对话，其实是自说自话，鸡同鸭讲——

莫须有先生：我或者属于厌世派……但是我喜欢担任我自己的命运……我做我自己的皇帝。

① 《长篇小说的时间形式和时空体形式——历史诗学概述》，见［苏联］巴赫金著，钱中文主编《巴赫金全集》第3卷，河北教育出版社2009年版，第350～353页。

房东太太：唉，皇帝，早已轰走了，可怜见的，给你们一个姓冯的轰走了。（第682页）

莫须有先生：人这个东西很有点儿自大……到了日暮途穷的时候，他总有个前不见古人后不见来者之概，他能够孑然独立，悲从中来。

房东太太：你不要瞧不起人，我们两个老夫妻，居尝过日子。

莫须有先生：我们两人讲话无从谈起了，我讲的是那个，你谈的是这个。

房东太太：你的话也并不难懂，只是还带了一点湖北调子。（第687～688页）

莫须有先生：人生未免太无意义了。

房东太太：你以后多谈点故事，不要专门讲道理。

莫须有先生：可怜的妒妇吓得变成一块石头。

房东太太：变一块金子那就好了。

莫须有先生：你就只记得金子。令我很寂寞。（第702～703页）

废名本以为，诗性思维是一种冲破俗世观念的方便法门，没想到，房东太太的语言具有更强的“破执扫相”的功能，将莫须有先生的观念之执一扫而光。这让我想起了鲁迅笔下的“九斤老太”。鲁迅看起来是让她说话，实际上根本没有让对话展开。而废名与房东太太的对话一直在进行，没有因意义的冲突而受阻，所以显得十分热闹有趣。在两种平行不交叉的对话中，彼此之间也有一些修正。尽管缺少价值共识，但意义的错位没有成为对话中止的理由，反而起到了转移话题、继续对话的由头。在这个交流的过程中，谁的话都不是唯一有意义的，他们所听到的内容，其实就是被他们从自己身上所删除的内容，是另一个自我、一个镜像。莫须有先生一方面因自己的意思被误解而难以忍受，一方面又为这种“误解”所诱惑。这是一次对自己、对他人、对世界、对表达观念的话语重新认识的“修行”。

观念的争斗和语言的试炼，只是修行的过程，而非正果。莫须有先生（小林）由“清净世界”进入“娑婆世界”，因了民间社会的“教育”，由一位纯情诗人变成了怪人，再由怪人变成了一位“得道”之人。于是莫须有先生传语于天下：“在人生这个可笑而可敬之幕上，不可只想着表现自己，一定要躲在幕后亦殊自觉可耻……或可在这个虚无何有之乡一手建筑得一座天国……天堂，并不是自画一块乐地……须得是面着地狱而无畏者，所谓我不入地狱谁入地狱。”（第771～772页）“十年不能信解之道一旦忽然贯通之矣……只愿我们这个社会是一个合理的社会，人都不自相作践……我呢，好容易达到这个地步，舍不得放弃……高高的站在人生之塔上，微笑堕泪，但我怕我这个好像是栽瞌睡……我告诉你罢，圣人才真是凡人。”（785～786页）“《莫须有先生传》可以获麟绝笔。”[①]（第790页）

但是，应该入世和如何入世，实在是有很大差别的两个问题。当问题停留在观念争斗的中途时，人物也只能是一个观念的容器。过分耽于“观念”是《莫须有先生传》最大的瑕疵。从叙事风格的角度看，它符合“喜剧式的—情境论的—无政府主义的”模式。它与《桥》一

① 废名借《春秋》之典故，揶揄自己的写作可以休矣。《春秋公羊传·哀公十四年》：“西狩获麟，孔子曰：‘吾道穷矣！’”《春秋》止于哀公十四年，故云“绝笔”。

脉相承，但情节化的模式由“浪漫式的”变成“喜剧式的”，即主人公比外部世界弱，并愿意部分妥协而产生一种暂时的欢乐。

（十一）莫须有先生：大地之子的夙愿

如果说《桥》是诗人“自画的一块乐地”，那么《莫须有先生传》则是对那个“人造的天堂”的疑问。到了《莫须有先生坐飞机以后》，主人公才真的成为一个“大地之子”，双脚站立在土地上，抗战时期的避难生活，将莫须有先生打回了原形。他从梦幻世界和书斋里跳了出来，跳到了大地上，并由一位文人书生，变成一位现代的“国民”。废名说这部小说是一部“避难记”。这个“难”有两层含义，一是民族生存意义上的外族入侵之“难”，二是价值观念意义上的以“进化论”和“唯物论”为基础的现代文明之“难”。一位落魄书生避难于乡村，在第一层意义上自然是没有什么太大的作为，在第二层意义上，他却有很多话要说很多事要做。如何避开“现代性”价值观念的负面影响这一“难”，是这部小说的重要目标，因此“避难”就和“救世”合二为一了。废名在“开场白”中用莫须有先生的自白说话：“本人向来只谈个人私事，不谈国家大事，今日坐飞机以后乃觉得话不说不明，话总要有人说……这部书大概是莫须有先生坐飞机以后有心写给中国人读的……他怕中国读书人将来个个坐飞机走路，结果把国情都忘掉了，他既深入民间，不妨留下记录。”[①]至于如何写“小说”的问

① 废名：《莫须有先生坐飞机以后》，见王风编《废名集》第2卷，北京大学出版社2009年版，第811页。以下所引这部小说的内容，只括注页码。

题，则退居次要地位。他要写的，既是“小说”，其中有情节、人物、行动、故事；又是“历史”，有它自身的叙述目的和时间逻辑；也是“哲学”，主人公或者叙事者，有自己的世界观、认识论和方法论。他关注的并不是小说中人物的性格和命运，而是通过这些人物的言谈举止和踪迹而联想到一个群体的性格和命运，并由此产生“救赎”的冲动。

小说中的人物并不多。首先是莫须有先生一家：儿子纯，女儿慈，莫须有太太，莫须有先生。他们抗战期间从北京来到湖北黄梅县避难，一家人先到腊树窠村的远亲石老爹家做客。那位颇具古风的石老爹家一共七人：老两口，三儿（伯、仲、季）一女，大儿媳妇。莫须有先生接着到附近的金家寨去任小学教员，租住在本家冯顺和他的妻子凤姐家里。茶铺老板冯花子也是本家，兄弟三人，二弟冯竹老，三弟冯三记，因征兵和抚养老母亲之事，与莫须有先生有交往。接着是莫须有先生到小学任教，与同事余校长、老秀才等人的教育理念发生冲突。小镇上的其他人（保长、甲长、小店掌柜等），老家水磨冲的冯家乡亲，都像影子一样，只不过是乡村场景中的点缀，谈不上有什么“人物性格”，但在呈现国难时期的中国“乡村生活场景”的目标中，他们也是不可或缺的。在这个场景之中，只有莫须有先生才是一个“典型人物”。莫须有先生像一根避雷针一样，高高竖立在这个乡村场景的中央，吸纳来自四面八方的信息，并穿越词语和观念的历史黑洞，将这些信息迅速转换成现实中的观念和思想的闪电。每一道观念和思想的闪电，都能够穿越小说、历史、哲学、宗教的边界，将不同的文体串联起来。

这部小说对乡村日常生计、风俗人情、政治经济、教育模式的描写和反思，成了小说的重要情节，乃至于叙事向前推进的动力。《莫须有先生坐飞机以后》的叙事文体，与《桥》的文体中叙述和抒情的交替不同，与《莫须有先生传》的叙事与自我辩难的交替不同，它是一种叙述与议论的交替。带有哲学色彩的议论的发生，实际上是对生活场景中的细节，即那些人们习以为常的重要细节的二度叙述和哲学诠释。比如，由儿子纯的言行，联想到儿童都带有人类"经验派"色彩的特点，由女儿慈的言行，联想到人类的"理智派"的特点（第847页），进而引出儿童经验少，所以每一个经验都是新鲜的，成人们的经验多，所以反而不重视经验，而要显示自己的理智的判断。（第860页）莫须有先生自己则两边摇摆，时而是"经验派"时而是"理智派"。由"逃难"联想到中国农民对"外患"的理解；由保长和甲长抓石老爹的儿子和冯三记去当兵，以及他们怎么逃兵役一事，联想到中国农民对"内忧"的态度，进而引出中国之祸不在"外患"而在"内忧"的"结论"。（第828页）通过与农民深入的接触，联想到中国知识分子的特点及其在乡村政治中的角色。（第918～919页）由教学生读书写作，联想到中国旧时代教育的诸多弊端，联想到中国儿童的自由世界是如何被囚禁在那些语言的八股、腔调、概念之中的，进而论及新文学运动产生的必要性。（第868、889、900页）由官民矛盾，联想到中国社会管理模式的弊端和出路。由上课只上自然常识课，而拒绝上历史课，联想到中国的历史叙事的不可靠和谎言，想到儒家哲学与中国历史的矛盾，引出了"儒家哲学可以救世界，但不能救中国"的观念。（第889页）

废名的创作，特别是后期的长篇小说，不像一般的小说家那样，将所谓的"倾向性"隐藏起来，而是直接将自己的"倾向性"掺和在生活场景和细节之中，一起呈现在我们面前，人物的言行和性格与作者的观念互为材料，互相阐释。有时候的确有观念压倒经验的特点。按照一般的文学观念，这种写法是很忌讳的，也是经常要遭受批评的。正统的创作态度应该是，作家的倾向性越隐蔽越好，“倾向应当从场面和情节中自然而然地流露出来，而不应当特别把它指点出来”[①]。这里的关键问题是，一方面强调作家必须要有“倾向性”，一方面又强调“倾向性”应该自然而然地“流露出来”，而不要特别地“指出来”，意思是要用形象说话，让读者从形象中得到熏陶。可是，一般的读者只要听故事，不喜欢听“说教”和“道理”，像《莫须有先生传》中莫须有先生的房东太太那样。因此，大多数作家都在压抑自己的“批评家天性”，只想成为“讲故事者”。实际上，许多大作家都压抑不住，常常要跳出来讲道理。拉伯雷、狄德罗、塞万提斯都跳出来了。托尔斯泰更是如此，常常跳出来大段地讲道理、发议论，招致许多批评。从传播效果来讲，这些议论都是要扣分的。问题是，没有这些议论就行了吗？故事讲得好就可以万事大吉吗？小说家就只管讲故事吗？世界和人心变好了吗？还是废名上面那句话：“话不说不明，话总要有人说。”关键在于怎么说，是否非说不可，是否说得于人于社会有益。

不同类型的作家有不同类型的说话风格。以赛亚·伯林将作家和思想家的人格类型分为两类：“刺猬型”和“狐狸型”。前者“凡事归系于某个单一的中心识见”，后者试图“追逐许多目的，而诸目的往往互无关联，甚至经常彼此矛盾”。前者对世界和人事的态度是一元的或者二元的（因为二元是一元的影子），后者对世界和人事的态度

① 《马克思恩格斯全集》第36卷，人民出版社1975年版，第385页。

是多元的。前者的行为和观念是“向心的”，后者的行为和观念是“离心的”。前者固执己见，一意孤行，后者宽容多变，缺乏定见。伯林认为但丁、黑格尔、陀思妥耶夫斯基、尼采、易卜生、普鲁斯特等人，都是属于“刺猬型”人格；莎士比亚、蒙田、巴尔扎克、普希金、乔伊斯都属于“狐狸型”人格。上面的名单中少了大作家托尔斯泰，伯林单独给了他一个命名：“天性是狐狸，却自信是刺猬。”[①]《战争与和平》中那些关于历史和宗教的大段议论，的确是带有过于明显的“说教”色彩，简直让人疑心是不是他写的，让人想起陀思妥耶夫斯基的《卡拉马佐夫兄弟》中的“宗教大法官”那一章，都是作者忍不住跳出来说话的著名例子。

一只“扮演刺猬的狐狸”，在狐狸之中是非常刺眼的，也就是说，那些像“刺猬”一样的执着和独断的观念非常刺眼。一只“扮演狐狸的刺猬”，在刺猬之中是难以施展开来的，也就是说，那些像“狐狸”一样的多智和善变的经验细节受到限制。后面这一条正好符合废名。作为诗人的废名，他的天性就倾向于“刺猬型”人格，但他要充当“狐狸型”的作家，因而就成了一只“扮演狐狸的刺猬”。否则，他就当他的诗人好了，没有必要去写小说，还要写长篇小说。毫无疑问，废名试图用自己的“狐狸型”人格，去抵制或者改写新文学运动总体上的“刺猬型”特点，那种“单一的识见”，那种或一元或二元的观念。但他并没有提供一种多元的观念，只是在一元之外独自鸣响。废名呈现在我们面前的，的确是一种孤独的文体，甚至“不合时宜”的文体。

① [英]以赛亚·伯林：《刺猬与狐狸》，见《俄国思想家》（第二版），彭淮栋译，译林出版社2011年版，第25～28页。

我们发现，诗人的天性更倾向于“刺猬型”，小说家的天性更倾向于“狐狸型”。事情其实并非如此简单。伯林也意识到这种“二分法”过于简单，但伯林认为它“提供了一个观察与比较的据点，一个从事纯正研究的出发点”[①]。小说家固然具有“狐狸型”特点，他迷恋于细节的多样性和情节的不确定性。但小说家内心深处的确有一“刺猬”在作梗，他们要将那些经验的多样性和叙事的不确定性，纳入一个确定的总体结构中，也就是“叙事的总体性”中。于是我们就明白为什么伯林将黑格尔也纳入“刺猬型”范畴。当生活和世界的总体性破裂，叙事的总体性便难以为继。“刺猬型”作家强行维持某种总体性，“狐狸型”作家则以呈现碎片经验为乐事。碎片中的缝隙，为作家们的“批评家天性”的抬头提供了可乘之机。“冒充刺猬的狐狸型”这类作家，在经验和词语碎片的缝隙中，加入大量的对碎片的评论和对总体性丧失的批判。“冒充狐狸的刺猬型”这类作家，则是在议论和评价的总体性（也就是他执着的“某个单一的中心识见”）中，加入大量丰富多样的生活细节和不确定的情节。

在废名的初期创作中，由于外部世界过于强大，过于多样而且复杂，充满了不确定性，作为诗人的废名，其内心确定无疑的世界遭受到毁灭性的打击。为了维系内心确定无疑的价值观念的整体性，他采用了各种应对方式（哭泣、逃跑、批评、护短、赞美、返回）。经过《莫须有先生传》阶段的试炼和修行之后，到了《莫须有先生坐飞机以后》，他的内心世界和观念世界逐渐强大起来，心理能量的增强，使得他面对貌似强大的外部世界时，勇气倍增。于是，他采取了“正

① ［英］以赛亚·伯林：《狐狸与刺猬》，见《俄国思想家》（第二版），彭淮栋译，译林出版社2011年版，第26页。

面强攻”的战术，耍开了他思想和观念的十八般兵器，试图去收拾那个残缺不堪的现象世界或经验世界。这是废名在《莫须有先生坐飞机以后》的叙事中体现出来的特质。这种特质尽管不符合“小说”叙事的常规，但符合废名的文章理想和写作抱负。废名说：“只要你知道写什么，你自然知道怎么写，正如光之与热。所以最要紧的还是写什么的问题。这个问题简直关乎国家民族的存亡。”（第897页）“莫须有先生现在所喜欢的文学要具有教育的意义，即是喜欢散文，不喜欢小说，散文注重事实，注重生活，不求安排布置，只求写得有趣，读之可以兴观，可以群，能够多识于鸟兽草木之名更好，小说则注重情节，注重结构，因之不自然，可以见作者个人的理想，是诗，是心理，不是人情风俗。必于人情风俗方面有所记录乃多有教育的意义。最要紧的是写得自然，不在乎结构，此莫须有先生之所以喜欢散文。”①（第908页）在此，废名和孔子一样，要求文学（诗）符合“可以兴，可以观，可以群，可以怨。迩之事父，远之事君，多识于鸟兽草木之名”②的要求。

① 另见废名《散文》，见王风编《废名集》第3卷，北京大学出版社2009年版，第1453页。施蛰存也有过类似的言论，说自己在塑造小说人物的时候并不刻意地描写，“像塑造神像似的刻意的求像，终于失了本来面目”，他主张顺着自己的笔随意写来。见《施蛰存全集》第1卷，华东师范大学出版社2011年版，第560～561页。

② 《十三经注疏》整理委员会整理，李学勤主编：《十三经注疏·论语注疏》卷一七《阳货》，北京大学出版社1999年版，第237页。还可以参考废名的文章《教训·多识于鸟兽草木之名》和《响应“打开一条生路”》，见王风编《废名集》第3卷，北京大学出版社2009年版，第1424～1436页。废名很推崇儒家美学的观点，且常有新见。他说，“兴观群怨事父事君”，必须配合“多识于鸟兽草木之名”才有意义，前者是意义，后者是趣味，一旦分离，两者都没有了意义。他还赞赏“思无邪”“乐而不淫，哀而不伤”的观点，认为只有这样，才能写好“不洁净”之人生的一切事实，包括性欲和梅毒。否则，就只能是“下流”和“假正经”。“正经”不过是一种言行不一的下流。

（十二）恶习不改的世界与“教育小说”

废名的小说有一个特点，就是作者、叙事者、小说主人公三者之间的界限含混不清。其实他们就是一个“综合性的小说主人公”。莫须有先生，还有《桥》中的小林，以及早期短篇小说中的叙事者“我”，作为废名小说创作总体中的“主人公”，其性格和命运是有变化的。他由离家出走者，变成了观察者和批评者；由动态的逃亡者，变成了静态的幻想家；由书斋里的文人，变成了生活场景中的漫游者；由外来的避难者，变成了融入其中的自己人（教师、本家先生、“族长”）。所有掺杂在那些生活场景的细节和情节中的观念，都在根据主人公的身份、地位、世界观的变化而变化。从废名的小说创作总体来看，其主人公的性格和命运的变化，符合18世纪后期德国的“主人公成长小说”或者“教育小说”（Bildungsroman）的模式，即“小说的主题是主人公思想和性格的发展，叙述主人公从童年开始所经历的各种遭遇——通常要经历一场精神上的危机——然后长大成熟，认识到自己在世间的位置和作用”[①]。废名的“小说主人公”也是如此，面对外部世界，从“哭泣”到“逃亡”到“梦想”，从到“漫游”到“避难”到“救世”，主人公一直在外部世界的考验中成长。直到《莫须有先生坐飞机以后》，主人公不再变化了，他仿佛已经定型，变成了一位“教师”“先生”“族长”，他要让这个既成的世界发生变化，至少是在语言世界之中发生变化。他最终是要成为一名“救世”的教师。

① ［美］M.H.艾布拉姆斯：《文学术语词典》（第七版），吴松江等编译，北京大学出版社2009年版，第387页。

因此，可以将《莫须有先生坐飞机以后》视为一部特殊的“教育小说”。它与文学史中通常的“教育小说”有相似性，但也有很大差别。它表现的不是主人公在受教育过程中的成长经历和遭遇，而是一个定型了的人，扮演成教师去教育他的学生，教训那个问题成堆、恶习不改的世界。它呈现的不是主人公个人的命运和遭遇，而是主人公的观念与世界和生活观念之间的冲突。巴赫金从长篇小说主人公性质的角度，将“教育小说”视为“成长小说”五种类型中的一个特殊类型，从而解决了这个术语的重心，究竟是“教育”还是“成长”的困惑（有研究者主张将这个术语译为“成长教育小说”[①]），也避免了这个术语几乎要将所有小说一网打尽的偏向。巴赫金说，其他四种类型“成长小说”的主人公“被置于静止的、定型的、基本上十分坚固的世界的背景上。……要求人在一定程度上适应这个世界、认识和服从现存的生活规律。成长着的是人，而不是世界本身”。但是在“教育小说”中变化的主要是“世界”，它“把世界视为经验、视为学校这一观点本身，是富有成效的；它使世界的另一侧面转向了人，而这个侧面恰好是长篇小说此前所不熟悉的。这导致对小说的情节要素进行彻底的再思考，为长篇小说开辟了看待世界的……新视角。……人的成长……已不是他的私事。他与世界一同成长……他已不在一个时代的内部，而处在两个时代的交叉处，处在一个时代向另一个时代的转折点上。……所以，未来在这里所起的组织作用是十分巨大的，而且这个未来当然不是私人传记中的未来，而是历史的未来。发生变化的

① 王炎：《小说的时间性与现代性——欧洲成长教育小说叙事的时间性研究》，外语教学与研究出版社2007年版，第58页。

恰恰是世界的基石”。[①]

这里要注意几个关键要素，与通常的小说不一样，主人公在这里变成了“常量”，经验世界在这里成为“变量”。左右叙事的动力和结构小说情节的时空关系，不是“现在”，而是“未来”。对“现在”的观察和批评，被纳入“过去”的总体文化视野，并将叙事的重心指向“未来”。这是一种变革的期待、超越的批判、和解的憧憬。因此，废名在这部小说中大量的描写和议论，将“兴观群怨”的功能和“多识于鸟兽草木之名”的功能结合得天衣无缝，不但没有削弱“小说”的力量，反而开创了一种新的文体形式，增加了它的魅力。这部小说关心的不是那个在战乱年代避难的“我”的家事私事，而是“我们”的国事公事：我们这个国家和民族应该怎么办，应该怎么说话、怎么行事？废名的《莫须有先生坐飞机以后》中的精彩议论俯拾皆是，无法一一引述，但又不忍私之，故将莫须有先生眼中的世界（包括过去的因袭，现在的问题和未来的可能性）选择性地展示一下。

关于“外患”与“内忧”——中国的事情是内忧大于外患。既然是一部“避难记”，就要描写避难的过程，但莫须有先生对自己逃跑的过程不感兴趣。他发现，只有黄梅县城里的人才要避难，因为日本鬼子出城十几公里就返回了。所以，金家寨、腊树窠、五祖寺、水磨冲的农民无须避难，他们照常过耕种生活，且经常与收税和抓丁的保长讨价还价。老百姓将躲避“日本老”称为“跑反”，“如谈‘长毛’而已”。（第822页）局部出问题叫“闹事”，天下大乱谓之“造反”“逆反”。他们经历过太平天国和义和团那些大乱的局面，如今又

① 《教育小说及其在现实主义历史中的意义》，见［苏联］巴赫金著，钱中文主编《巴赫金全集》第3卷，河北教育出版社2009年版，第227～228页。

有日本老来了。躲开这个局面就叫“跑反”。“跑反简直好玩，等于赶集，赶到敌人所不能赶到之处。”（第841页）“老百姓只说日本老一定要败，仿佛是说书人谈古……不是与自己有切肤之痛的事……切肤之痛的事第一是‘保上又要抽兵’，其次是出钱出米，中华民国最具体的感觉是‘保长’，只有他得罪不得，得罪他你就有要到保上去抽签的危险……日本老不是他们的切肤之痛，日本老来了他们跑就是了，而苛政猛于虎是他们当前的现实。于是莫须有先生得了结论，中国不是外患，是内忧。……只要政治稍为合理，保甲稍为合法，他们没有不一致抗战的了，即是说他们一致出兵出粮。保甲不合法，政治不合理，他们也还是出兵出粮。这时……不是因为抗战，是因为怕官。……官是因为贪而可怕，官不知为什么做官而可怕，官不爱民而可怕。”（第827～828页）两眼一抹黑的外敌，如果没有汉奸的话，那是很容易躲的。但碰到“官”，你是无处可躲的。莫须有先生（冯文炳）的本家冯三记，还有石老爹的儿子就没有躲掉。为抗战而捐钱捐粮的是他们，最后去捐躯的也还是他们。保长和乡绅的儿子就可以不当兵。莫须有先生目睹了农民之苦，感叹自己既不能做好族长或乡绅，也没有当好“国民”，只是一位空发感叹的书生而已。莫须有先生认为，春秋以前的中国，“二帝三王”时代是圣人的时代，他们是农人的代表，“称德而不称力”。因此，那时候的“家与国”“孝与忠”“民与君”，都没有分离。到战国时代风气渐变，《庄子》中那位叫“支离疏”的残疾人就是例证，他因残废而无须躲避兵役，所以残疾也并非完全是坏事。[①]勇于护国变成了躲兵役，其根源在于“秉国

① 《庄子·人间世》：“上征武士，则支离攘臂而游于其间。”见〔清〕郭庆藩撰，王孝鱼点校《庄子集释》，中华书局2012年版，第180页。

者”失信于民，不能大公无私，民众便“各私其家”。老百姓坚信抗战一定会胜利，但他们并没有说胜利一定属于他们自己，因为打跑了日本佬之后就是内战。俗语“好男不当兵”是针对“内忧”而不是针对“外患”的。

关于“奴隶”与“国民”——中国的老百姓是最好的老百姓，事情都坏在官僚和士大夫阶层。废名说：“百姓奴于官，汉族奴于夷狄，这个奴隶性不是绝对的弱点，因为是求生存。夷狄征服中国之后，便来施行奴化教育，而中国民族从来没有奴化，有豪杰兴起，‘黄帝子孙’最足以号召人心，以前如此，以后也永远如此，而夷狄也永远侵入中国！而夷狄之侵入中国是因为暴君来的，而暴君是儒家之徒拥护起来的，因为重君权。而暴民又正是暴君。于是中国之祸不在外患在内忧，中国国民不怕奴于夷狄，而确实是奴于政府。向夷狄求生存是生存，向政府求生存则永无民权。”（第889页）“中国只有两个阶级，即民与官，即农人与读书人。……政府自然更是读书人。”（第1033页）由民变成官的唯一途径就是读书，读书人也就是预备官员。他们只知道“求荣”，为了获得做官的荣耀，而充当官僚的奴隶。“中国的民众求存之心急于一切，也善于求存，只要可以求存他们无所不用其极，他们没有做奴隶的意思，在求存之下无所谓奴隶……只有中国的士大夫向来是奴，中国的老百姓无所谓奴……他们已经习惯于自己做自己的主人，即是习惯于做生存的奴隶。”（第917页）老百姓奴于生存因而奴于官，奴于官也是奴于生存，因此，生存是第一义的事情，“富家”是第一义的事情。那么，是什么人将“富家”与“富国”对立起来了呢？“富家与建国并不冲突。只是军队坏，官坏，与建国冲突，徒苦吾民。……老百姓……不知有政府，他们怕政府，他们以为这是一场悲剧，是多此一举，没有政府便好了！如果政府好，那么他们是三代的百姓了，即是说他们也歌颂政府，爱戴政府。他们不知有敌人，正如他们不知有政府。”（第920页）这样一种观念，使得莫须有先生在“家族主义”和“国家主义”之间犹豫不决。要一位奴于官的农民，而非“国民”去当兵，而保长自己的儿子可以不当兵，莫须有先生“动了一番公愤”。自己有了族长的身份，也应该是一位国民，究竟是为本族冯三记逃避兵役找托词，还是应该鼓动冯三记去履行“国民”的义务而参军呢？两者似乎都不大合适。最终莫须有先生决定以“仁”行事，也就是凭良心行事。“天下无大公”，莫须有先生的“私”就是“公”了。结果当然无效，冯三记还是被抓了壮丁。

关于“八股”与“教育”——儿童教育是社会黑暗的极端例子。说到希望和光明，自然会想到儿童和教育。儿童本来有自己的世界，大人们却要将它们拘谨在社会和语言的监狱里，而且所有的时代都以光明自居，黑暗也就变成永恒了。莫须有先生在金家寨小学教书，除了主课国语，副课宁愿教常识也不教历史，因为中国历史太黑暗，“都是歪曲的，歪曲的都是大家所承认的”。（第889页）不如教学生去观察动物标本，再教他们学写作文，学写事实而不是官腔和八股，学会怎样才算是一句完整的话。“八股则是没有意思而有文章。”（第873页）“中国人没有语言，中国人的语言是一套官话。口号与标语是官话的另一形式。……县政府的公文第一句是‘抗战期间’那是当然的，但件件公文都是这一句，便显得世间的事情都没有理由，简直是不许有理由！”（第897～898页）所有的小学生的草帽上都写着“抗日”两个字。生个儿子也叫“抗日”“必胜”，“都在做八股”，而这些小学生都不是学生，是为了躲兵役而来当小学生的，他们说的是一套做的是另一套。“最要紧的是要事做得对，做得对才有得数，正如小学生做算术题，一步一步的做得对了，最后才得数，否则你的结果不错了吗？”（第899页）国民教育要有健全的心态：“不乱说话，话都有意义，事都有理由，事是一件一件的事，不是笼统的事。思想健全正同身体健全一样……中国则是昏愦，大家都没有理由，不许有理由。你说这是上头的愚民政策使之然吗？未必然。因为便是愚民也有这个嗜好。……中国的语言文字陷溺久矣，教小孩子知道写什么，中国始有希望！”（第900页）在这一方面，新文学运动的功劳是巨大的。“新文学运动初期很有一番朝气……只可惜国事日非，大家都已失了诚意，在文坛上八股又已经占势力了。”（第913页）

关于“历史哲学”和“圣人崇拜”——将“二帝三王”尧舜禹汤文武当作农民的代表，推崇“家族哲学”或“圣人哲学”和无为政治。废名对那种被权势者歪曲了的历史总结如下：“中国的读书人无识，而且无耻，势非亡国不可，而中国的大多数民众对于此事是不负责任的，因为他们向来不负国家的责任，他们只负做百姓的责任。你们做官，你们是士大夫，你们便应负国家的责任！**这是中国的历史**……可怜的中国民众，可敬的中国民众，你们求生存，你们适于生存，少数的野心者总是逼得你们不能生存，他们不爱国，还要你们忠于他们的不爱国……于是中国的民族主义完全变形了……**这是中国的历史**。……抗战胜利了……可怜他们不敢希望祖国的国旗重新挂起的快乐，他们怕内乱要起来了，他们苦心孤诣日积月累的建设不堪再经过破坏！可见他们不是不爱国，他们是从来没有爱国的快乐呀！**这是中国的历史**。”（第918～919页）这些受到历史戕害的人都是农民，而非官僚阶层和士大夫阶层。“农人是社会的基础，农人生活是真实的生活基础，修身齐家治国平天下都在这里了。否则是做官。一做官便与民无关。所以中国向来是读书人亡国的，因为读书人做官。中国的复兴向来是农民复兴的，因为他们的社会始终没有动摇，他们始终是在那里做他们的农民的，他们始终是在那里过家族生活的。中国古代的圣人都是农民的代表。”（第1024页）“其实中国的孔子老子孟子都是共产主义，换一句话说，中国圣人的政治都是代表农民的，因为代表农民故‘无为’，诸事顺着农民的意思好了，顺着农民发展好了，正如教育小孩子顺着小孩子的个性。……莫须有先生因之且懂得尧舜禹汤文武都是农民的代表……他们都是无为政治，他们都是爱民。老子孔子也正是一个主张，老子的绝圣弃智与孔子推崇大禹是一个意思了，因为老子所谓圣智是指的主义家，多事者（引按：废名对中国“读书人”的称谓），大禹正是素朴的政治家了，正是农人。”（第1033～1034页）“莫须有先生一向称赞中国的农民，并不是不知道中国农民的狡猾，只是中国农民的狡猾无损其对国家尽义务罢了。莫须有先生称赞中国的家族制度，也并不是不知道家族当中的黑暗与悲惨，只是中国的国易为读书人所亡，而中国的社会以农人为基础，家族有以巩固之罢了。”（第1099页）“中国历史，不论儒家，不论道家，其实都是家族哲学。”（第1104页）

从情节化模式和价值立场角度看，《莫须有先生坐飞机以后》符合“讽刺式的—情境论的—无政府主义的”风格。莫须有先生的乐观充满了悲观色彩，在“救世”的冲动背后，时刻透露出一种“世界衰老”的信息。他反对的是“被歪曲”的历史，但并非完全弃绝历史，认为历史是世道人心的历史，是情境中的事实及其功能。针对抗战时期的现实社会政治，莫须有先生持有激烈的批判态度，并推崇孔子的

"批判精神"，所以在政治意义上有激进的无政府主义色彩。但在文化意义上，他是一个保守主义者，将目光指向过去的文化，对新文化所依凭的价值观念，特别是进化论和唯物论，持批判态度。①

（十三）结语：1949年之后

1949年，废名写了《一个中国人民读了新民主主义论后欢喜的话》②的长文，表达了他对新政权的接纳和期望。从文章的风格看，他的确很欢喜，很真诚，与他此前对社会政治教育的观念大致相同，有"吾道一以贯之"的样子。但也有一些矛盾。比如，他在1947年8月的文章中说："科学正是印度佛教所说的'业'。经济上的自由主义，资产发达，阶级斗争，明明显显的是业，是报应。中国则本没有这个业，不在这个报应之中。而中国在五四运动时提倡'赛恩斯'，后来又提倡共产主义，正是自己把自己拉到那个报应里去。其实中国的报应还是中国自己的报应，中国自己的报应是'自私自利'，是要个人有权，是要个人有利。换一句话，西人的权利观念是公的，或向'自然'求权，或向国家求权；中国人的权利说得干脆些是升官发财，或

① 废名为此专门写了一部专著《阿赖耶识论》，其中说道："我攻击的目标是近代思想，我所拥护的是古代圣人，耶苏孔子苏格拉底都是我的友军，我所宗仰的从我的题目便可以看得出是佛教。"见王风编《废名集》第4卷，北京大学出版社2009年版，第1843页。

② 该文约35000字，文末标明"三十八年四月一日"，北平解放的日期是1949年1月31日，中共中央机关从西柏坡迁入北平的日期是1949年3月25日。该文题注交代："其写作是花了一定时间的……废名托董必武转呈最高当局……后此事不知如何结局。"见王风编《废名集》第4卷，北京大学出版社2009年版，第1939页。以下所引此文只括注页码。

者压迫别人自己专制罢了。"[①]1949年4月的文章则说："我现在知道五四运动有意义！抗日战争有意义！便是民族复兴的意义！都是中国共产党给的！中国从五四运动以后产生了共产党，共产党打倒帝国主义，日本帝国主义便是这样打倒的。"（第1944～1945页）"所谓科学方法者，便是阶级争斗。……民族精神，科学方法，是我想拿来赞美共产党的。"（第1953页）按照废名的理解，所谓"科学方法"就是阶级斗争，就是革命，共产党的革命是科学的，历史上的汤武革命，刘邦的革命都是假的，因为革命成果转到君主手上去了。所谓"民族精神"就是农人精神、圣人精神、尧舜禹精神。"中国共产党的领袖毛主席便是世界的大禹了。"（第1954页）废名接着开始向当局献计献策："我想最好的话莫过于劝共产党不要排斥中国的圣人，是的，我满腔心事，一句话说出来了。请共产党不要因为后代的读书人而轻视孔子，请共产党不要因为科学方法的切实而忘记民族精神的切实。我们还要好好地讲孔子，但决不是一般所谓读经。……中国农民所喜欢的两件事情，一是孝弟，一是'菩萨'，他们所希望的，确乎希望有一个'人民的政府'，所以人民政府决与孝弟与'菩萨'不冲突了。中国共产党如果向人民表示，共产党信孔子，尊重佛教，老百姓一定大大地安心了，知道人民政府一定是他们的了……共产党在这一方面最要懂得得人心，万不要随便说破除迷信。"（第1975～1977页）至于自己熟悉的教育事业，废名自然也不会放过。他的观点是，五四时期北京大学有好的办学理念，蔡元培贡献了"民主制度"，但"兼容并包"则没有什么成绩，简直可以说是失败的，变成了"为学问而学

① 废名：《说人欲与天理并说儒家道家治国之道》，见王风编《废名集》第4卷，北京大学出版社2009年版，第1919页。

问……大学之道是治国平天下，没有真的治国平天下的学问，便是八股，读书人自然就要做官。治国平天下的学问是为人民服务，做官是做君主的奴才。蔡先生为学问而学问的口号，是没有识见的号召而已。倒只有共产党真真在那里做起学问了，即是治国平天下之道，即是打倒帝国主义”。（第1978页）“我们要把共产党训练党员的方法拿来办教育。更说老实些，共产党的教育方法便是孔子的教育方法，也便是中国古代的教育，即是政教合一……我只想提出两点供人民政府参考，一是师严然后道尊，学校里的师，是绝对道义的，先生与学生，同一般政府里官吏与人民的性质不同；二是兼容并包，即宗教是学问，不可本着常识以迷信斥之。”（第1989页）

废名的这些议论，让我们想起了那个“自曝于日，不知天下之有广厦隩室”[①]的乡野农民，真的是“野人献曝”。学问上的“治国平天下”，怎么可以与社会政治层面的治国平天下等同呢？农耕文明的永恒的共同体世界，与现代高度发达的分工社会，也不可同日而语，更无法取而代之，它仅仅是一个参照，一个“批评精神”的显现。一个人说梦可以，当他在十字路口摆摊解梦的时候，就招人厌了。一个作家在文本中建构乌托邦的世界可以，当他真的想把那个乌托邦从纸上搬到地上的时候，那就很可怕了，他就与政治家没有分别了，而且是一个糟糕的政治家。

1949年之后的废名有两件事值得注意，一是接受共产党的领导（参加土改工作团，要求入党，要求加入作家协会，为政府献计献策）。

① 《列子·杨朱》：“昔者宋国有田夫……自曝于日，不知天下之有广厦隩室，绵纩狐貉。顾谓其妻曰：‘负日之暄，人莫知者；以献吾君，将有重赏。’”见杨伯峻《列子集释》，中华书局1979年版，第237页。

二是坚持与自己的老师周作人继续保持密切的关系，即使受到批判也在所不惜。前者是新潮，后者是守旧。但出乎废名预料的是，1952年的院系调整，调到了他的头上。他奉命前往远在长春的东北人民大学（今吉林大学）工作，离开了他学习和工作了二十多年的北京大学，离开了自己的老师、同事和学生。调离的原因是，那里急需人才，废名一听，于是又感到“很欢喜”。到了才发现，那里似乎并不需要他，按他自己的说法：“把我扔了，像破抹布一样。”[①]我们的“莫须有先生”于是又动了“公愤”，在1957年鸣放期间接受《文艺报》记者采访时提了意见。民国时期的废名，经常大骂书生误国，1949年以后，自己却越来越显出了“书生相”。废名说：“中国的圣人是无为，而中国的读书人是多事了。”（第1033页）后来的废名，好像是挺“多事”的。他一向厌恶生活和写作中的“八股”精神，认为它有三个特征：第一是玩弄文字游戏，第二是想做官，第三是脱离人民群众。我觉得1949年以后，这三条他至少占了两条。最后一条好像不符合，是因为大势所趋，在知识分子改造运动中，你想脱离人民群众也没有可能性了。因此，废名在20世纪60年代所创作的那些“新民歌”也就不难理解了。他甚至天真地认为，自己所创作的“新民歌”可以与“诗三百”媲美，并命名为《歌颂篇三百首》。1949年之后的废名，再也不是初期那位充满天真童心和满脑子禅意的诗人或作家了。他变成了他自己所不喜欢的多事的“书生”。他自己说自己，在新时代面前变成了“小学生”。特别是读了《新民主主义论》之后，“很有一个小学生的喜悦”，“我忽然成了一个小学生，有人替我解决难题了”。（第

① 陈建军编著：《废名年谱》，华中师范大学出版社2003年版，第277页。

1944、1946页）由一位诗人、小说家，变成教育学生、甚至教训那个恶习不改的世界的"教师"，再一变又变回去了，变成了"小学生"。他不是"齐一变至于鲁，鲁一变至于道"[①]，而是反过来，成了"齐一变至于鲁，鲁一变至于齐"了。这个"小学生"不是天真烂漫的儿童，而是金家寨小学的那些让莫须有先生哭笑不得的学生，那些是非不分，只懂得做八股，"做题目"的，做文章"只有腔调，没有意思"的小学生。作为一名新文学家，1949年以后他就消失了，他的那些努力都是徒劳的，不会给文学留下什么。

在此，我只是想简单交代一下废名1949年之后的基本处境、思路的变化及其矛盾之处，没有任何苛责前人的意思。还是应了废名自己的那句话："中国的历史就是中国的哲学。"它不是时间，它是命运；它不是个人，它是道义，是世道人心。"现代的进化论是一时的意见罢了，毫没有真理的根据的，简直是邪说。"[②]说这些话的废名，多么可爱！说这些可爱的话的废名所写的文章和小说，多么可爱！他的文章，他的小说，我敢说，将会吸引越来越多的热爱中国文字、中国文学、中国精神的读者。汪曾祺所说的"废名的价值的被认识，他在中国现代文学史上的地位真正的被肯定，恐怕还得再过二十年"的话，要变成现实，其远乎哉！

我曾为某杂志写过一个这篇文章的"提要"，现在也附在这里，或许对读者有所帮助：废名小说创作所呈现的，既是对一个人的精神成长史的记录，也是他身处其中的时代的一份独特的精神档案。废名

① 《十三经注疏》整理委员会整理，李学勤主编：《十三经注疏·论语注疏》卷六《雍也》，北京大学出版社1999年版，第80页。

② 废名：《莫须有先生坐飞机以后》，见王风编《废名集》第2卷，北京大学出版社2009年版，第1307页。

的独特性在于，他是20世纪中国文学中，最早自觉地从“现代启蒙列车”上下车的作家。他独自一人在一条特殊的“求道”之路上踟蹰前行，在“娑婆世界”接受试炼，在中国苦难的大地上长吁短叹，还野人献曝似的发出救世之宏愿。废名的小说，在将现代人文精神融入传统语言形式的努力中独具一格，对中国当代小说创作的语言困境具有借鉴意义。废名对“文学”的理解，超越了几百年来狭义的“文学”（literature）概念，而有一种向几千年传统中“文”的概念回归的倾向，并通过自己创造性的文本形式，向“诗”的“兴观群怨”传统致意。

三

张爱玲与现代中国的隐秘心思

（一）引论

张爱玲[①]《金锁记》开头，是一段颇为耐人寻味的文字："三十年前的上海，一个有月亮的晚上……我们也许没赶上看见三十年前的月亮。年轻的人想着三十年前的月亮该是铜钱大的一个红黄的湿晕，像朵云轩信笺上落了一滴泪珠，陈旧而迷糊。老年人回忆中的三十年前的月亮是欢愉的，比眼前的月亮大、圆、白；然而隔着三十年的辛苦路望回看，再好的月色也不免带点凄凉。"[②]月亮——这个中国人千百年来了然于心、永恒不变的熟悉意象，这个能消除空间阻隔、并将亲人联结起来的万能意象，已经变异甚至消失。"人生代代无穷已，江月年年望相似"的月亮变得陌生起来了。因为它突然跟"三十年"这个现代时间意义上的"短时段"搭配在一起，跟茅盾在《子夜》中形容为"怪兽"的骚动不安的现代都市拉扯在一起。它看起来好像离人

① 张爱玲（1920—1995），原名张煐，中国现代著名作家。祖籍河北丰润，1920年生于上海。祖父张佩纶为晚清名臣，祖母为李鸿章之女，外祖父为湘军将领之子。少年时代父母离异，母亲长期游走海外。父女决裂之后，姑姑成为张爱玲的监护人。青少年时代在天津、上海、香港等地生活，中学毕业于上海圣玛利亚女校，大学肄业于香港大学和上海圣约翰大学。1944年前后因短篇小说集《传奇》而轰动上海滩，成为职业作家。曾与胡兰成私订终身（1944—1946），1952年移居香港，1955年移居美国，与美国作家赖雅结婚（1956—1967），1995年病逝于洛杉矶。

② 张爱玲：《金锁记》，见《倾城之恋》，北京十月文艺出版社2009年版，第217页。本章所引张爱玲小说除特殊注明外皆据此版本，后文不再出注。

们更近了，实际上却更加遥远。物是人非的、变化的“三十年”，比恒久的千年要漫长得多，老年人因此感到“凄凉”。年轻人对“三十年”的感受，更是陌生而且朦胧，“月亮”已经变成跟冷漠的“城市”和“人”一样，不可亲近，天各一方。他们于是便派出自己的身体的一部分：泪珠，并用“朵云轩信笺”做载体，试图与月亮去做无望的约会。整个一段文字，透出历史废墟和现实生活的双重荒凉感。月亮（意象）、时间（历史）、人（家庭），一切都出了问题。但人们就像白公馆的使女一样不明就里，只顾津津乐道于服装、饮食、金钱、权力。现在看来问题不小，但为什么一直被搁置了几十年？

20世纪90年代至今，中国的大学生对张爱玲的迷恋，要远远超过我们此前对鲁迅的迷恋，张爱玲也成了学位论文的重要选题对象。有一位学生曾经很认真地对我说，老师，求求你，不要每次上课都提到鲁迅好不好？我说，你希望我提到谁呢？她说，讲讲张爱玲也好啊。我问，为什么？她说，鲁迅与你们相关，张爱玲跟我们相关。我感到诧异且纳闷：难道鲁迅跟他们就不相关了吗？问题背后的原因的确很复杂，但有一点是很清楚的：“鲁迅”是我们灌输给他们的，“张爱玲”是他们自己选择的。后来有一次在课堂上，我试图引用张爱玲的一句话，但一时语塞，只说出了其中几个字，学生们却几乎异口同声把那句话说了出来。他们对鲁迅的《野草》恐怕就没有这么熟悉。在他们的高中时代，就有顺口溜在同学间流传：“一怕学古文，二怕周树人。”这里所说的“怕”，一是鲁迅成了他们考试的材料，因而害怕并产生逆反心理；二是鲁迅文章的腔调多少有点古怪，表达的多是“反常化”的、陌生化的经验。而张爱玲所写的，都是饮食男女的日常情感，“传奇里面的普通人”或“普通人里面的传奇”。就学术“气氛”而言，迷恋鲁迅，可以冠冕堂皇；迷恋张爱玲，多少有一点风险。对张爱玲的评价，主流学术界一直保持谨慎的沉默，即使开口，也基本上是用鲁迅打压张爱玲，或者要将张爱玲列入通俗文学的行列。相反的情形是，在海外华人学者和港台学者那里，“张爱玲研究”已经成了“张学”，与文学研究显学的“鲁学”相呼应。

对张爱玲的研究，发轫于20世纪40年代中期的上海，翻译家傅雷、鸳鸯蝴蝶派作家周瘦鹃、国学家柳存仁、小说家苏青、学者胡兰成等人，是最早的研究者，但有系统见解的文章并不多。迅雨（傅雷）的《论张爱玲的小说》一文，算是代表。[①]20世纪50年代以来，经夏志清、李欧梵、王德威等几代海外华人学者的研究和推介，最后在台港学术界和创作界，掀起了研究和模仿张爱玲的热潮。这一热潮，很快波及大陆，特别是青年学界。围绕在“张学”周围的，是各种规格的跨国学术研讨会和出版热，以及大众传媒相关的介绍和大批读者的追捧。目前，“张学”研究中心依然在海外或者港台，大陆学界处于陪衬地位。不过在资料发掘、整理和出版方面，大陆学界并不落伍，做了大量有效的基础工作，比如，张爱玲“全集”[②]和多卷本“阅读

① 20世纪40年代关于张爱玲的评论文章，收入陈子善编《张爱玲的风气——1949年前张爱玲评说》一书。傅雷在肯定《金锁记》和部分肯定《倾城之恋》的同时，宣判了《连环套》之后所有作品的死刑，相当于判处24岁的青年作家张爱玲的“死刑”。李欧梵在《张爱玲：沦陷都市的传奇》一文中认为，傅雷的否定性观点，主要是从道德角度入手。胡兰成的评论，有明显的吹捧之嫌，相当于一封“学术版求爱信”，但偶尔也有不俗的见解，否则怎能入张爱玲的法眼。

② 所谓“全集”由北京十月文艺出版社出版（2009—2011），止庵主编，13册，缺《秧歌》《赤地之恋》等，“外集”系列已出4卷，两书系合计约330万字。此外还有安徽文艺出版社、花城出版社、哈尔滨出版社等出版的张爱玲文集，版权或者编辑技术不甚规范。内蒙古文化出版社1995年出版《张爱玲小说全编》，收入《秧歌》和《赤地之恋》，但做了删节。

张爱玲书系”[①]的出版，还有多种张爱玲传记问世。[②]基础资料大致完备了，但张爱玲研究大多停留在“都会传奇”“苍凉风格”“民国才女”“格局不大”“不如鲁迅”这一类感觉层面，否定者和肯定者的水准，都有很大的提升空间。温儒敏指出，读者不能深刻理解张爱玲作品中的复杂部分，即便是大学精英也不例外，“少有读者能够深刻理解张爱玲作品中‘惘惘的威胁’”。[③]大陆的张爱玲研究[④]，首先必须面对两个难题：一是海外和港台学者已有的高水准研究成果，二是大陆“中国现代文学史”话语的局限。本文就以这两个问题为基本起点，将张爱玲的创作，包括叙事、文体、主题等，纳入文学观念史的视野，试图在中国现代文学史中寻找另一个逻辑起点，以便为“无法安放”的张爱玲挤出一点空间；同时，还想顺便发掘那些被20世纪中国文学史主流话语压抑的、却在人们心中潜藏着的隐秘心思。

① 书系由山东画报出版社出版（2004—2006），陈子善主编，收入刘绍铭、梁秉钧、许子东《再读张爱玲》，王德威《落地的麦子不死——张爱玲与“张派”传人》，陈子善《记忆张爱玲》和《张爱玲的风气——1949年前张爱玲评说》，水晶《替张爱玲补妆》。史料总评性著作还有司马新《张爱玲在美国——婚姻与晚年》（上海文艺出版社1996年版），陈子善《作别张爱玲》（上海文汇出版社1996年版）、《说不尽的张爱玲》（上海三联书店2004年版），张子静、季季《我的姊姊张爱玲》（文汇出版社2003年版），周芬伶《艳异：张爱玲与中国文学》（中国华侨出版社2003年版）等。

② 已出版的张爱玲的传记有：于青《天才奇女——张爱玲》（花山文艺出版社1992年版）、余斌《张爱玲传》（海南国际新闻出版中心1993年版）、孔庆茂《魂归何处——张爱玲传》（海南国际新闻出版中心1996年版）、宋明炜《浮世的悲哀：张爱玲传》（上海文艺出版社1998年版）、费勇《张爱玲传奇》（广东人民出版社1996年版）、刘川鄂《张爱玲传》（北京十月文艺出版社2000年版）等。

③ 温儒敏、李宪瑜、贺桂梅等：《中国现当代文学学科概要》，北京大学出版社2005年版，第366页。

④ 大陆的张爱玲研究的基本状况，可参见温儒敏、李宪瑜、贺桂梅等《中国现当代文学学科概要》，北京大学出版社2005年版，第361～367页。

（二）张爱玲研究的问题史

夏志清1957年在台湾的《文学杂志》（夏济安主编）发表《张爱玲的短篇小说》和《评“秧歌”》两篇评论，超越了此前写得最好的——傅雷关于张爱玲的评论。这两篇文章收入1961年出版的英文著作《中国现代小说史》[1]，成为第十五章的主干。夏志清第一次在中国现代文学史中专章讨论张爱玲的生平和创作，并使张爱玲超过鲁迅成为个人章节占据篇幅最大的作家。夏志清的研究，涉及张爱玲20世纪50年代之前所有重要作品，从《金锁记》和《倾城之恋》到《秧歌》和《赤地之恋》。他不但将张爱玲提到与鲁迅比肩的位置，还认为张爱玲与英美文学界一些著名女作家相比也不逊色，有些地方甚至还要高一筹。此外，他将微观细读的眼力（对20世纪新批评的方法的运用）与宏观判断的眼界（中外文学素养和对中国文化的深入了解）相结合的方法，已经为张爱玲研究界所熟知。

夏志清的研究也遭到了严厉批评，有代表性的声音，来自捷克斯洛伐克的中国文学专家亚罗斯拉夫·普实克（1906—1980）。普实克1962年发表《中国现代文学史的根本问题——评夏志清的〈中国现代小说史〉》一文，严厉批评夏志清，认为他的这部著作的特点是“教条式的偏狭和无视人的尊严的态度”。夏志清以《论对中国现代文

① 该书1961年初版为英文，1979年香港友联出版社出版第一个繁体中文版，1985年台北的传记文学杂志社出版繁体中文版，2001年香港中文大学出版社出版增订版，2005年复旦大学出版社出版简体中文版（有增删，增加了夏志清新写的序言和刘绍铭、王德威的评论）。

学的“科学”研究——答普实克教授》一文作为回应。[①]为了不偏离本文主旨，我不准备详细讨论两位教授的观点。但我喜欢普实克教授开门见山的态度，因此我也开门见山：我对普实克教授所谓系统科学地“发现客观真理”的研究方法，以及他关于中国现代文学的判断和趣味表示怀疑，并认为他给夏志清教授所扣的帽子，特别是“教条式的偏狭”那顶帽子，戴在他自己头上更合适。我不是说夏志清的研究方法是唯一有效的，他那种以“审美批判”替代“文学史写作”的方法值得商榷。但夏志清的研究撕碎了此前的“文学史”貌似严谨科学的结构，打破了普实克所附和的、中国现代文学史“鲁郭茅巴老曹，外加丁玲树理赵”的格局，唤起了人们重写文学史的冲动。它至少让我们重新开始面对完整的中国现代文学，面对曾经被忽视的沈从文、张爱玲、钱锺书等作家，面对被肯定的作家那些被忽视的作品（比如老舍的《骆驼祥子》之外还有《猫城记》）。夏志清的取舍原则，可以视为带有“拓扑学”（topology）思维色彩的原则：被忽视的就增加，关注太多的就减少。它与20世纪五六十年代大陆的“中国现代文学史”一起，共同保持了“文学地形图”的完整性。一部“小说史”能起到这样的作用就很可贵了。试图简单粗暴地否定它的人，结果只会被它自身的反弹力击倒。

刘再复对夏志清的批评比较客观平和。他肯定夏志清对张爱玲艺术风格的基本评价，比如“意象的繁复和丰富”“对于人的性格的深刻的揭发”等，同时提醒要从“鲁迅神话”的制造中吸取教训，避免再

① 两文收入［捷克斯洛伐克］亚罗斯拉夫·普实克著，［美］李欧梵编《抒情与史诗：现代中国文学论集》，郭建玲译，上海三联书店2010年版。这本论文集曾由湖南文艺出版社1987年出版，书名为《普实克中国现代文学论文集》，李燕乔等译，李欧梵的序言不变，没有附录部分。

造“张爱玲神话”。不过，“张爱玲神话”即使存在，也与“鲁迅神话”不同，这是民间“造神”与官方“造神”两种“造神运动”此消彼长的结果。此外，刘再复对夏志清的一些具体论述也有质疑。比如，他不同意夏志清用“忠实而又宽厚的历史家”和“强调优秀和丑恶的对比”的道德感，来概括张爱玲早期中短篇小说的精神内涵。刘再复敏锐地发现，张爱玲早期创作的价值，恰恰在于对历史和道德的超越。刘再复借用王国维的观点，认为在中国文学的两大类型，即《桃花扇》型（政治的、国民的、历史的）和《红楼梦》型（哲学的、宇宙的、文学的）之中，张爱玲继承了《红楼梦》传统，超越了政治、国民和历史，而显示出其哲学、宇宙、文学的特点，还有“超空间之界（上海、香港）和超时间之界（时代）的永恒关怀。[①]但刘再复最终也被逼入了“排座次”的思维中，在鲁迅与张爱玲之间进行取舍。刘再复认为早期的《金锁记》和《倾城之恋》等作品的成功，在于其“超越性”，后来的《秧歌》和《赤地之恋》之所以不成功，是因为张爱玲没有将“超越性”贯彻到底。假如我们同样用“超越性”的标准来要求鲁迅，那么鲁迅的大部分作品都不具备，反倒显示出其政治的、国民的、历史的特征，如何得出鲁迅是“把天才贯彻到底”的作家，张爱玲是“夭折的天才”的结论呢？[②]此外，我以为张爱玲的作品并不缺乏“历史感”，她只不过是将这一问题转化了，在词语和意象、语法和修辞层面，而不是在一般的叙事层面，将这一问题转化为现代美学问题。对这一转化过程的意义的评价，仅仅凭艺术感觉是难以说清楚的，需要

① 刘再复:《张爱玲的小说与夏志清的〈中国现代小说史〉》，见刘绍铭、梁秉钧、许子东编《再读张爱玲》，山东画报出版社2004年版，第36～38页。

② 刘再复:《张爱玲的小说与夏志清的〈中国现代小说史〉》，见刘绍铭、梁秉钧、许子东编《再读张爱玲》，山东画报出版社2004年版，第40页。

进行现代意义上的符号分析。在这一点上，李欧梵的研究开创了新路。

李欧梵的张爱玲研究新见迭出，相关论文收入《苍凉与世故》一书[①]，其中包括《张爱玲：沦陷都市的传奇》和《张爱玲笔下的日常生活和“现时感”》这两篇著名论文。他的研究是从夏志清所说的“意象的繁复和丰富”入手，方法却是全新的。他率先将“现代性”观念引进张爱玲研究。他用“现时感”（现代时间哲学视角）替换了“历史感”（传统历史哲学视角），避免了传统诗学对现代作家的苛求；用“现代都市空间”分析取代了传统文论中的“环境”研究，使“现代感性”问题得以凸显。当这些问题被置于中国文学传统和语言传统之中的时候，现代都市日常生活、物（商品）、景观（现代都市）、时间（命运）所引出的荒凉感、破碎感、不安感，就有了发生学依据。李欧梵还是从各个不同角度（照片、电影、时装等现代器物）介入张爱玲研究的先行者之一，将张爱玲研究提升到了一个新的广度和高度。李欧梵并不急于直接讨论张爱玲的文学史定位问题，而是将问题置于中国现代总体文化意象（时空观、日常生活、物质文化等）演变的逻辑中。他的研究，除了理论上的开创性和思辨色彩，还有很强的写作色彩，文体优雅流畅。

王德威的张爱玲研究，是继夏志清和李欧梵之后的又一代表。他试图将张爱玲的创作，放到整个20世纪中国文学史和“现代性”潮流之中加以考察。王德威指出，“现代文学与文化的主流一向以革命与启蒙是尚。……出现各种名号的写实/现实主义，要皆以铭刻现实、通透真理作为思辩的基准。……（引按：张爱玲）以‘流言’代替‘呐

① ［美］李欧梵：《苍凉与世故——张爱玲的启示》，上海三联书店2008年版。

喊’，重复代替创新，回旋代替革命，因而形成一种迥然不同的叙事学”①。王德威称之为“重复修辞学”。这种修辞学“在一广义的写实/现实主义论述上，更显露了五四以来‘文学反映人生’的教条”②。王德威还引入精神分析学、叙事学、结构主义和解构主义等新的理论资源，对张爱玲的作品进行细致深入的解剖。王德威认为，从《金锁记》到《怨女》，同一个故事用中英文两种语言进行了四次改写，从精神分析学角度看，是对“始原创伤”的治疗和救赎；从叙事学角度看，是对现实的不确定性的着迷，是对“现实”进行多元再现的冲动，借以消解那种确定无疑的“现实观”。王德威还求助于吉尔·德勒兹的观点：作家对现实的再现有两种方式，一是原封不动地拷贝现实，将现实视为“圣像”；二是将世界视为海市蜃楼，将其作幻影般的呈现。③张爱玲对第一种方式的运用能力是高超的，更重要的在于她的第二种能力，而且还能“穿梭于此二者之间，出实入虚，终以最写实的文字，状写真实本身的运作与权宜”④。张爱玲通过其“重复修辞学”所展现的如梦幻泡影般的“现实”，是对传统“现实主义”世界里那种没有疑问的“圣像”般的“现实”的颠覆，使得那些自以为是的最高等级的“现实”变得可疑起来。王德威的研究还有另一指向，就是着迷于“张派”写作在海峡两岸及香港的传承关系，把张爱玲研

① ［美］王德威:《张爱玲，再生缘——重复、回旋与衍生的叙事学》，见《落地的麦子不死——张爱玲与“张派”传人》，山东画报出版社2004年版，第21～22页。

② ［美］王德威:《此怨绵绵无绝期——从〈金锁记〉到〈怨女〉》，见《落地的麦子不死——张爱玲与“张派”传人》，山东画报出版社2004年版，第23页。

③ ［美］王德威:《此怨绵绵无绝期——从〈金锁记〉到〈怨女〉》，见《落地的麦子不死——张爱玲与“张派”传人》，山东画报出版社2004年版，第9页。

④ ［美］王德威:《张爱玲，再生缘——重复、回旋与衍生的叙事学》，见《落地的麦子不死——张爱玲与“张派”传人》，山东画报出版社2004年版，第23页。

究引入一个新的领域。

海外学者中还有一些值得提及的优秀研究成果，例如，周蕾的《妇女与中国现代性：西方与东方之间的阅读政治》[①]一书的第三章“现代性与叙事——女性的细节之处”，对被宏大叙事所删除的日常生活层面的乃至心理学层面的“细节”的再发掘；王斑的《历史的崇高形象：二十世纪中国的美学与政治》[②]一书中的第二章“状写中国：想象的身体与寓言的荒原”，从“现代寓言”和“生活废墟”的角度对“苍凉美学”的研究；孟悦的论文《中国文学“现代性”与张爱玲》，将张爱玲的审美经验和“新传奇”，放到新旧中国交替时代“现代性时空观念”萌发过程中进行哲理性研究[③]；黄心村的《乱世书写：张爱玲与沦陷时期上海文学及通俗文化》（上海三联书店2010年版），将张爱玲的文学经验的发生学问题，置于20世纪40年代上海文化总体背景之中加以探讨；此外还有耿德华的《被冷落的缪斯——中国沦陷区文学史（1937—1945）》（新星出版社2006年版）中的相关章节；等等。限于篇幅不再详述。

（三）文学史与小说史意识

张爱玲研究面临的第二个难题，是“中国现代文学史”旧有话语模式的局限性。20世纪80年代，著名作家柯灵在《遥寄张爱玲》一文

① 该书英文版出版于1991年，简体中文版由上海三联书店2008年出版。
② 该书英文版出版于1997年，简体中文版由上海三联书店2008年出版。
③ 该文初刊于《今天》杂志1992年第3期，收入王晓明主编《批评空间的开创：二十世纪中国文学研究》，东方出版中心1998年版。

中指出：

> 中国新文学运动从来就和政治浪潮配合在一起，因果难分。五四时代的文学革命——反帝反封建；三十年代的革命文学——阶级斗争；抗战时期——同仇敌忾，抗日救亡，理所当然是主流。除此以外，就都看作是离谱，旁门左道，既为正统所不容，也引不起读者的注意。这是一种不无缺陷的好传统，好处是与国家命运息息相关，随着时代亦步亦趋，如影随形；短处是无形中大大减削了文学领地……我扳着指头算来算去，偌大的文坛，哪个阶段都安放不下一个张爱玲……张爱玲不见于目前的中国现代文学史，毫不足怪，国内卓有成就的作家，文学史家视而不见的比比皆是……往深处看、远处看，历史是公平的。张爱玲在文学上的功过得失，是客观存在，认识不认识，承认不承认，是时间问题。①

的确，无论“文学革命”还是“革命文学”，“救亡文学”还是“工农兵文学”，这些似乎已成定局的文学史话语模式，都与张爱玲的文学创作不相干，所以按照这种思维模式写出来的文学史中，没有她的位置。刘再复认为，原因在于张爱玲创作的“超越性”。黄子平与刘再复的观点近似，他认为鲁迅和张爱玲都具有“超时间”特征，但鲁迅比张爱玲更幸运，稳妥地安放在中国现代文学史的开端。他指出：

① 柯灵：《遥寄张爱玲》，见《柯灵七十年文选》，上海文艺出版社1996年版，第305～306页。

我们谈张爱玲的时候……一定要讲到鲁迅。其实鲁迅也是鬼气森森的……他的狂人的那些疯狂的意象，跟张爱玲一样也是黑色的、绝望的……这两个“神话”，或者是“鬼话”在现代文学史上，鲁迅好像比较好办，大家一下子就把他摆在现代文学史的开端。开端的好处就是它是所有后来者的源头，他永远占据了那个先驱的位置，所以“开端”不仅仅是“开端”，“开端”是“超时间”的。那张爱玲呢？……我们如果能把她提升到超时间的高度，就不用担心把她往哪里放的问题了。①

这种思维将问题恢复到无时间的“端点”，本身就隐含“重写文学史”的冲动。“开端”是一个“点”，特点是时间的凝固或空间的临界状态（其形态与网络技术中的“端口”相类似），由这个“点”可以生发出无数条“线”（历史叙述）。左翼文学思潮及其历史叙述，不过是其中的一条线索。谁建构或叙述出来的历史更能够占据主导地位，那就看谁更有权力主导话语生产，或者看谁的话语生产更有吸引力。这就是所谓客观的历史叙述的“随意性”。从“长时段”的历史视野来看，“胜者王侯败者寇”的思维是不具备合法性的，至少文学艺术史不会认可这种思维。但是，将张爱玲的创作视为一种“超时间感”的观点，仅仅具有美学意义，与这里说的文学史无关，除非她成为一个新的“开端”。

王德威称张爱玲为“张派写作”的“祖师奶奶”，要将张爱玲视

① 黄子平在2000年“张爱玲与现代中文文学国际研讨会”上的发言，见刘绍铭、梁秉钧、许子东编《再读张爱玲》，山东画报出版社2004年版，第67页。

为一个新的“开端”。王德威认为，作为“海派”传统的名门正派，张爱玲的写作上承《红楼梦》《海上花》和“鸳鸯蝴蝶派”，下启白先勇、施淑青、朱天文、李碧华、黄碧云、王安忆、须兰等，以现代大都市（上海、香港、台北）为背景，状写现代中国人的精神生活，形成了一种“张派”风格，是中国现代文学史中“乡土传统”之外的一个重要流派。[①]但是这一“开端”的确定，无论从文学史的学术逻辑，还是从作者和读者的接受心理来说，都具有不确定性。尽管王德威强调后面这些作家已经超越了“张派”写作，王安忆本人依然不认可这种定位。她说：“我可能永远不能写得像她这么美，但我的世界比她大。”[②]因此，张爱玲如何“安放”在中国现代文学史中合适位置的问题，至今悬而未决。

傅雷1944年写的评论，开篇就讨论张爱玲的文学史定位问题。他认为五四以来，消耗了作家无数笔墨的，是关于主义的论战，而文学本身的问题没有得以关注。“没有深刻的人生观、真实的生活体验、迅速而犀利的观察、熟练的文字技能、活泼丰富的想象，决不能产生一件像样的作品。”没有“像样的作品”的论战的意义何在呢。傅雷说，五四以来作家们迷恋“斗争主题”，斗争范围却过于狭窄，只关注外在的敌人，忽略了内在的对象；斗争的表现不够深入，没有深入

① 参见［美］王德威《半生缘，一世情——张爱玲与海派小说传统》《落地的麦子不死——张爱玲的文学影响力与“张派”作家的超越之路》，见《落地的麦子不死——张爱玲与“张派”传人》，山东画报出版社2004年版；《“祖师奶奶”的功过》，见刘绍铭、梁秉钧、许子东编《再读张爱玲》，山东画报出版社2004年版。

② 许子东：《“张爱玲与现代中文文学国际研讨会”侧记》，见刘绍铭、梁秉钧、许子东编《再读张爱玲》，山东画报出版社2004年版，第380页。

人性的深层。张爱玲的创作，则是对这一缺憾的超越。[①]通过对张爱玲创作中的技巧分析，傅雷认为，她是“我们文坛最美的收获之一”[②]。

夏志清承接傅雷的思路，以“作家作品论”为机缘进行文学史的“重写”。他说张爱玲小说“意象的丰富，在中国现代小说家中可以说是首屈一指”。《金锁记》“是中国从古以来最伟大的中篇小说”。《金锁记》结尾，曹七巧的内心独白那一段，“实在是小说艺术中的杰作。……力量不在杜斯妥也夫斯基之下”。[③]既然这样，张爱玲理所当然要写进文学史了。但这并不能解决学术意义上的“安放”问题。以文学批评的方式为作家做历史定位，是“重写文学史”的逻辑起点和基本方式，它能够有效地产生颠覆性。但它会遇到一些麻烦，即因批评家个人的趣味和判断的不确定性而遭致质疑，或者说审美趣味的主观性，与文学史家所强调的客观性和系统性之间有难以调和的矛盾。但我并不认为这些“麻烦”能减损夏志清这一研究类型的意义。有见识的批评家对历史中被淹没的作家作品的再发现，比那些貌似客观却毫无新见的“文学史家”的工作要有意义得多。

夏志清在回应普实克的批评时，求助于美国文学理论家韦勒克的观点。韦勒克认为文学史家必须是个批评家，“除非我们想把文学研究简化为列举著作，写成编年史或纪事。没有任何东西可以抹煞批评

① 傅雷：《论张爱玲的小说》，见陈子善编《张爱玲的风气——1949年前张爱玲评说》，山东画报出版社2004年版，第4页。

② 傅雷：《论张爱玲的小说》，见陈子善编《张爱玲的风气——1949年前张爱玲评说》，山东画报出版社2004年版，第9页。

③ ［美］夏志清：《中国现代小说史》，刘绍铭等译，中文大学出版社2001年版，第340～348页。

判断的必要性和对于审美标准的需要”[①]。韦勒克并不夸大批评家的作用，而是主张在准确的艺术判断前提下，在科学和美学两种极端方法之间取折中的立场。韦勒克所说的第一种极端方法是：“将科学方法与历史学方法视为一途，从而使文学研究仅限于搜集事实，或者只热衷于建立高度概括的历史性‘法则’。”第二种极端方法是：“坚持对文学的‘理解’带有个人性格的色彩，并强调每一文学作品的‘个性’，甚至认为它具有‘独一无二’的性质。……（引按：这种方法）虽然对于那些轻率的和概念化的研究方法来说具有拨乱反正的作用，但它却忘记了这样的事实：任何艺术作用都不可能是‘独一无二’的，否则就会令人无法理解……每一文学作品都具备独有的特性；但它又与其他艺术作品有相通之处。”[②]将文学的历史演变过程或者规律，与文学自身的艺术价值和评价标准结合起来，一直是文学史写作的理想。张爱玲的主要成就是小说，因此对她的“文学史定位”，需要放在作为文学史内部的一种专门史的“小说史”，也就是“体裁史”中加以研究。

陈平原的小说史理论具有方法论意义。陈平原认为，小说史研究不能满足于研究者和研究对象两者之间的简单对话，对话场中应该有四个对话者：研究者、研究对象、已有的对对象的解释、研究者所使用的理论框架。其中，“对对象的解释”是由具体到抽象：史实考证—作家作品评价—小说史意识。“理论框架”是由抽象到具体：文

① ［美］夏志清：《论对中国现代文学的“科学”研究——答普实克教授》，见［捷克斯洛伐克］亚罗斯拉夫·普实克著，［美］李欧梵编《抒情与史诗：现代中国文学论集》，郭建玲译，上海三联书店2010年版，第235～236页。

② ［美］勒内·韦勒克、奥斯汀·沃伦：《文学理论》（修订版），刘象愚、邢培明、陈圣生等译，江苏教育出版社2005年版，第7～8页。

学观念—研究方法—小说史意识。两个系列有一个重合点，即“**小说史意识**”，这正是小说史研究方法论的重点。“所谓小说史意识，亦即对于小说发展模式的整体观照，目的是建立起一套确定作家作品位置和作用以及阐释小说艺术现象的理论框架和操作程序。”陈平原区分了作为体裁史的小说史，与其他文学体裁研究的不同：相对于诗歌，小说史的重心在对叙事艺术的**叙事学**研究；相对于戏剧和电影等综合艺术，小说史的重心在对语言艺术的**文体学**研究；相对于纪实文学，小说史的重心在对虚构想象和情节模式演变的**主题学**研究。[①]这种“体大虑周”的理论构架，的确很惊人也很诱人，但真正操作起来并不简单，特别是他提到的“小说形式和小说类型在文化结构、文学结构和小说结构中的地位和作用，以及三者之间的联系和转换”[②]这一点，既困难又具有诱惑力。

分别从叙事学、文体学、主题学等不同的角度，对作家的创作进行研究，倒是比较常见的做法，但往往是割裂的，缺少综合研究。“叙事学”不应该是学术时髦，而是要通过研究，发现某种创作在具有历史演变逻辑的叙事模式中的位置；“文体学”不是一般的修辞学研究，而是要在文体发生学的意义上研究风格学问题；“主题学”也不是一种没有内在逻辑关联的随意列举（比如女性主题、梦幻主题等），它本来就是（个体或者集体）“经验演变史”基础上生发出来的一种新的文学形式。也就是说，分门别类的研究背后，必须要有一个与作家的创作相呼应的总体逻辑，这种对作家作品的研究，才能将不

① 陈平原:《小说史意识》，见《陈平原小说史论集》，河北人民出版社1997年版，第1263～1264页。

② 陈平原:《小说史意识》，见《陈平原小说史论集》，河北人民出版社1997年版，第1265页。

同的研究视角纳入一个总体，“小说史意识”才能落到实处，才能将**“小说”史**，变成**小说“史”**。

（四）文学史与观念史研究

从叙事学、文体学和主题学等不同角度，对作家创作进行分门别类的研究的背后，应该有一个“与作家总体创作相呼应的总体逻辑”。这种“总体逻辑”的基础，是作家对自身、对他人、对世界、对历史的思想或**观念**。这里要特别强调的是“观念”而不是“思想”。思想是系统化的观念，观念是思想的基础或母本。某位作家可能没有系统的“思想”，但不可能没有“观念”，观念是一个人说话（行动）的基本动力和起点。我们可以有“鲁迅思想研究”，但“张爱玲思想研究”这个课题恐怕难以成立。然而，对作家而言，观念甚至比思想重要。有思想的人不一定能从事文学创作，有思想的作家也难保证思想不拖累创作。托尔斯泰就是一个例证，越到晚年越有思想，创作却越来越概念化。

思想家要变成作家，有两种类型：一种是作者的思想体系阻碍了创作，抽象思维压垮了形象思维；另一种是作者具有将思想体系“简化”（或者“压缩”）为“观念”（或者“母本”）的能力，使之进入创作。鲁迅的早期创作，就是将关于中国历史评价的思想，“简化”（或者“压缩”）为“历史即吃人”的观念，个人遭遇成了历史寓言。张爱玲则相反，她从与身体感受相关的“荒凉感”出发，向我们展示历史和现实的“废墟”。鲁迅是一位“思想型作家”。张爱玲是一位“直觉型作家”。感觉经验或艺术直觉所产生的观念，有时比将思想“简化”（或“压缩”）而成的观念，更迅速、更直接。但是，无论“思想型作家”与“直觉型作家”的差别有多大，“观念”都是他们的“最大公约数”。

金观涛和刘青峰在《观念史研究》一书中指出：“观念是用固定的关键词（或包含关键词的句子）表达的思想，它比思想更确定……思想显得较为抽象、含混，它可以纯粹是思想者的体验和沉思默想……观念比思想具有更明确的价值（行动）方向。”[①]这个界说较为明晰。但是，这本著作研究的是“20世纪中国观念史”，也就是构成“20世纪中国思想史”的关键词的演化史，或者“20世纪中国意识形态史”的诸要素和范畴的演化。于是，它的关键词只能是科学、民主、真理、进步、社会、权利、个人、经济、民族、世界、国家、阶级、革命、改良、立宪。[②]这些“关键词”可能与鲁迅、胡适、茅盾、郭沫若、巴金等人有关，但绝大部分都与张爱玲（包括废名）的创作无关，只有“个人”（仅指常识意义上的个人，而不是民族寓言意义上的个人）与她相关。即使“经济”一词，如果是中国化的“经邦济世”的意思，也与她无关。那么张爱玲的“观念”到哪儿去了呢？

上面提到的那些观念，的确是20世纪中国的关键词。它是启蒙思想家作为先进观念从国外引进的。它通过三条通道进入中国，一是思想家或启蒙精英（研究、译介、传播），二是接受思想家鼓动的世俗政权（革命或改良的社会运动），三是思想型作家的文学创作（文

① 金观涛、刘青峰：《观念史研究：中国现代重要政治术语的形成》，法律出版社2009年版，第4页。

② 金观涛、刘青峰：《观念史研究：中国现代重要政治术语的形成》，法律出版社2009年版，第5页。

学革命或革命文学的话语）。但它们在20世纪中国普通人的心目中的地位极其暧昧。毫无疑问，在意识形态史或者思想史之外，有一个没有被囊括的领域，那就是普通人的日常生活领域，以及相应的观念。这个领域并不以20世纪为界限，它的时段更悠长，影响更深广；也不以强力思想家的好恶为准绳，而是以柔性的方式沉潜在生活的暗流中，源远流长。借助于语言媒介、以经验表达为核心的文学创作，无论它们属于什么流派和立场，永远也不会放弃对这个领域的关注，或者说它最迷恋的正是这个领域。

以赛亚·伯林是观念史研究的伟大开创者。在将思想史转化为观念史的过程中，他将自己的思考重心，由关注不同时代思想家之思想的历史关联，转向了思想与社会和人的行动的历史关联。但他本人并没有专门讨论观念史研究方法的论著。其著作的序言作者罗杰·豪舍尔，为伯林的观念史研究方法，专门撰写了长篇论文，这篇论文被伯林视为对自己的研究的“清晰的说明”。豪舍尔指出：

> 观念史力求找出……一种文明或文化在漫长的精神变迁中某些中心概念的产生和发展过程，再现在某个既定时代和文化中人们对自身及其活动的看法。……它的研究焦点，是某个文化或时代特有的那些无所不在、占支配地位的形成性观念及范畴，当然也包括某个文学流派和政治运动、某个艺术天才或原创性思想家，只要这些事和人最早提出了问题，发展出了成为后来数代人的共同世界观之一部分的观念。①

① ［英］以赛亚·伯林：《反潮流：观念史论文集》，冯克利译，译林出版社2011年版，“序言”第5～13页。

伯林自己也零星地提到过“观念史”的研究范畴：“观念史是个丰富的领域……其中就包括这样的发现：我们自己的文化中一些人们最熟悉的价值。”[①]伯林研究的目标“是对我们这个时代各种观念的作用有一个历史的理解”[②]。请注意上面引文中的一些关键性的短语：“漫长的精神变迁中某些中心概念”“无所不在的占支配地位的观念”“数代人的共同世界观之一部分”“最熟悉的价值”。这些短语包含的观念，就是传统的重要组成部分，特别是常常被“思想史”忽略的“观念史”的重要组成部分。

文学史中往往有这样的情形，在一个“短时段”内不被关注的作家，经过“长时段”的考验，若干年之后重新被发现并产生重要影响。原因是多方面的，比如个人原因，比如意识形态的原因等。其中一个重要原因是，这类作家的创作不符合“短时段”的思想潮流，但与“长时段”里演变缓慢的“中心观念”，也就是人们最熟悉的、几代人共同的观念相符。我觉得张爱玲就是属于这一类作家。面对自我、他人、人生和世界、历史和现实，她不为时尚的主流思潮所动，执着于更为恒久、在普通人心目中更有共识的观念。对创作所依赖的基本观念，张爱玲在创作之初就有清醒的认识。先来看她写于24岁（1944年）的创作谈：

① [英]以赛亚·伯林：《民族主义》，见《反潮流：观念史论文集》，冯克利译，译林出版社2011年版，第397页。伯林充满智慧的复杂的研究成果背后，也有自己的“观念”，那就是反对“一元论”的“价值多元观”。通过对维柯、赫尔德、孟德斯鸠、俄国作家的研究，他将那些被“启蒙”话语压抑的“反启蒙”话语重新发掘出来，使两者构成复杂多元的对峙关系。

② [英]迈克尔·H.莱斯诺夫：《二十世纪的政治哲学家》，冯克利译，商务印书馆2001年版，第271页。

我发现弄文学的人向来是注重人生飞扬的一面，而忽视人生安稳的一面。其实，后者正是前者的底子。他们多是注重人生的斗争，而忽略和谐的一面。其实，人是为了要求和谐的一面才斗争的。

强调人生飞扬的一面，多少有点超人的气质。……而人生安稳的一面则有着永恒的意味，虽然这种安稳常是不安全的，而且每隔多少时候就要破坏一次，但仍然是永恒的。……

文学史上素朴地歌咏人生的安稳的作品很少，倒是强调人生的飞扬的作品多，但好的作品，还是在于它是以人生的安稳做底子来描写人生的飞扬的。没有这底子，飞扬只能是浮沫，许多强有力的作品只予人以兴奋，不能予人以启示，就是失败在不知道把握这底子。

斗争是动人的，因为它是强大的……斗争者失去了人生的和谐，寻求着新的和谐。倘使为斗争而斗争……写了出来也不能成为好的作品。

我发觉许多作品里力的成分大于美的成分。力是快乐的，美却是悲哀的，两者不能独立存在。……我不喜欢壮烈。我是喜欢悲壮，更喜欢苍凉。壮烈只有力，没有美……悲壮则如大红大绿的配色，是一种强烈的对照。但它的刺激性还是大于启发性。苍凉之所以有更深长的回味，就因为它像葱绿配桃红，是一种参差的对照。

……我的小说里……全是些不彻底的人物。他们不是英雄，他们可是这时代的广大的负荷者。因为他们虽然不彻底，但究竟是认真的。他们没有悲壮，只有苍凉。悲壮是一种完成，而苍凉则是一种启示。

……他们虽然不过是软弱的凡人，不及英雄的有力，但正是这些凡人比英雄更能代表这时代的总量。

……（引按：被抛弃的人为了证实自己的存在）……不能不求助于古老的记忆，人类在一切时代之中生活过的记忆，这比瞭望将来要更明晰、亲切。于是他对于周围的现实发生了一种奇异的感觉，疑心这是个荒唐的，古代的世界，阴暗而明亮的。……

……我的作品里没有战争，也没有革命。我以为人在恋爱的时候，是比在战争或革命的时候更素朴，也更放恣的。……

我喜欢素朴，可是我只能从描写现代人的机智与装饰中去衬出人生的素朴的底子。因此我的文章容易被人看作过于华靡。……我不把虚伪与真实写成强烈的对照，却是用参差的对照的手法写出现代人的虚伪之中有真实，浮华之中有素朴。[①]

在《自己的文章》这篇文章中，张爱玲清晰传达了自己对人生、世界和历史的观念，以及呈现这些观念的美学方法。文章中出现一系列两相对立的观念：飞扬—安稳，斗争—和谐，力—美，快乐—悲哀，壮烈（完成）—苍凉（启示），英雄—凡人，浮华—素朴。张爱玲明显倾向后面那些"超时间"色彩的观念：安稳、和谐、悲哀、苍凉

① 张爱玲：《自己的文章》，见《流言》，北京十月文艺出版社2009年版，第185～188页。

（启示）、凡人、素朴。并认为这是凶险的历史和变异的人生的“底色”，也是她自己创作的“底子”，或者说是创作的“起始观念”。创作中出现的观念的变化，不是抛弃“起始观念”的结果，而是对这种“起始观念”或者“底子”的维护失败而产生的变异形式。

更为基本、恒久、普泛的观念，作为创作“起始观念”或“底子”，是观念的“常量”。在作家创作中，这些“常量”往往会发生变化，衍生出更为复杂的观念形态，可称为观念的“变量”。之所以出现观念的“变量”，是因为观念的“常量”受到“惘惘的威胁”，甚至有被摧毁的危险。而出现“变量”的目的，就是要维护“常量”，而不是摧毁“常量”。正如张爱玲所说的，飞扬的底子是安稳，斗争的目的是和谐，浮华的装饰是为了衬托素朴的底子。对于这些观念与创作之间的关系的研究，属于“观念研究”范畴；对于这些观念的转换形态的历史比较，属于“观念史研究”范畴。

（五）观念与张爱玲的风格

以晚清社会的现代转型和五四启蒙思潮为根据，以及由此衍生出的“文学革命”“革命文学”“民族大众文学”“工农兵文学”等，是中国现代文学史话语建构的基本逻辑。但文学史的逻辑与历史变革和社会思潮的逻辑完全重合，将文学置于政治的卵翼之下，造成中国现代文学史研究的尴尬局面。被纳入这个逻辑链条或思想系统的作家，对观念的“变量”极度敏感，也就是对生活经验中的“反常化”因素极度敏感。他们对观念的“常量”（如果不是有意忽略的话）极度迟钝。因此，变化着的经验没有常态经验作依托，为变化而变化，为斗争而斗争，最终变成经验的“野魂”四处游走。为解决这一窘境，简便的方法就是将希望寄托在以“唯物观”或“进化论”逻辑为基础的“历史观”“时间观”“未来观”上，一路打杀喊叫地奔向未来，以斗争、革命、牺牲、杀戮、疯狂的碎片化经验做铺垫，踩出一条带血的历史之路。这不过是中国文学现代性的一个方面。

问题在于，如果世世代代的观念都是将“现在”当作“未来”的垫脚石，那么，我们的“现在”只能永远是伤痕累累，除了英雄，普通人不能安生，只能是英雄成为英雄的材料。所以，除了社会政治和思想界的精英，中国人普遍对“进化论”的历史观没有概念，对现代的线性时间意义上的“未来”也没有概念。他们有的只是轮回的、宿命的、圆形的时间观。这种轮回的时间观，这种被现代进化思潮抛弃的古老的“形而上学”，只好戴上“形而下”的面罩，潜藏在日常生活中，默默地承受“历史”的蹂躏和“思想”的嘲讽。像张爱玲这类迷恋观念的“常量”的作家，喜欢将目光投向“过去”，到过去那发黄的意象中去寻求依靠，以便在表达反常经验的时候，维护观念的“常量”，也就是多数人熟悉的经验，比如安稳感、归属感、和谐感，等等。

安稳感、归属感、和谐感这些观念，不仅仅是一种心理感受形式，它们铺垫在中国人世俗日常生活（包括吃穿住行、金钱物质、婚丧娶嫁）之中，并且力图制造出一种可见的或有形的心理氛围，比如福禄寿喜、团圆美满等。如果对那些观念的“常量”没有疑问，或者对这些“常量”在历史和现实中的遭遇不敏感，而是一味地对它进行简单的呈现，那就是通俗文学惯常的做法。张爱玲当然不是这样的。我一再表明，观念的“常量”，不过是张爱玲创作的“起始观念”。她一方面对这些观念具有高度的认同感（俗人的想法），另一方面又被历史和现实逼向了怀疑的深渊（不俗的感受力），既不断然放弃前面那一点，也不轻易忽略后面这一点。张爱玲要表达的，是求安稳而不得的焦虑和不安，求归属而不得的无所归依，求和谐而不得的无可奈何。这种“求不得”与“爱别离”“怨憎会”相同，都是带宿命色彩的“苦”。正如张爱玲所说的，多数人不“那么容易就大彻大悟”[①]，只能在这些“苦”之中纠缠和挣扎，由此产生心灵的“撕裂感”。这种“撕裂感”还与历史转型和新旧时代交替所产生的“撕裂感”奇妙地暗合，让不同时代的人产生共鸣。

认同和怀疑，“俗人的想法”和“不俗的感受力”，安稳感和不安感，归属感和游离感，和谐的愿望和斗争的冲动等，这些对立观念的并置，是张爱玲的创作动力学，也是她的风格赖以产生的动力学。从风格学的层面看，张爱玲的创作中所产生的那种“撕裂感”，呈现在我们面前的却不是碎片，而是具有艺术上的“总体性”，那就是美学或者文体意义上的总体风格。她将碎片拼贴成参差变化的图案，将理直气壮的指证换成冷静的对照式陈述，将高调的审判转化为悲凉的感叹。

人们所熟知的张爱玲的风格，表现在其叙事中经常出现的词汇上：凄凉、苍凉、荒凉。与此相关的还有悲凉、悲哀、悲观，等等。除了“悲观”[②]一词，其余都是一些很中国化的词汇。张爱玲认为，

① 张爱玲：《自己的文章》，见《流言》，北京十月文艺出版社2009年版，第186页。

② 《妙法莲华经·普门品》：“悲观及慈观，常愿常瞻仰。”“以同体大悲，拔众生之苦，叫做‘悲观’。”见弘学编《妙法莲华经》，巴蜀书社2012年版，第281、285页。

"中国文学里弥漫着大的悲哀。只有在物质的细节上，它得到欢悦……细节往往是和美畅快，而主题永远悲观"[1]，普通人只有"无所不在的悲哀"[2]，"我最常用的字是'荒凉'"[3]。最能表现这种"悲哀"或"悲观"主题的，当然是《红楼梦》。王国维试图用西方的"悲剧"概念[4]来讨论《红楼梦》。而王国维所说的"悲剧"要点是：（1）生活是苦的；（2）苦的根源在于人之有欲；（3）其出路在于解脱；（4）解脱的方法就是出世（"出世者，拒绝一切生活之欲者也"）。[5]这无疑与西方的"悲剧"概念不吻合。钱锺书认为不能用"悲剧"概念来讨论《红楼梦》，"王氏附会叔本华以阐释《红楼梦》，不免作法自弊也"，假定"宝黛良缘虽就，而好逑渐至寇仇，'冤家'终为怨耦"，才有王国维所说的"悲剧之悲剧"。[6]我也认为，王国维论述《红楼梦》时所用的概念，属于"悲观"而不是"悲剧"。[7]

说到"悲剧"或"悲壮"（指向英雄或行动），普通中国人会感到陌生。张爱玲也不怎么接受，她说自己笔下的人物"没有悲壮，只有苍凉"。甚至"悲观"一词，中国人也不大习惯它的高姿态，仿佛碍于佛教传入中国1900多年的面子，只好默许似的，但很少诉诸行动，也就是不想将"悲观"的思想，转化为指向行动（去欲、出世、彻悟）的观念。但说到"悲凉""悲哀""悲伤"，中国人总是感到会心，

① 张爱玲：《中国人的宗教》，见《流言》，北京十月文艺出版社2009年版，第130页。
② 张爱玲：《中国人的宗教》，见《流言》，北京十月文艺出版社2009年版，第148页。
③ 张爱玲：《传奇再版的话》，见《流言》，北京十月文艺出版社2009年版，第156页。
④ 详见［古希腊］亚里士多德《诗学》，陈中梅译注，商务印书馆1996年版，第63～66页。
⑤ 王国维：《红楼梦评论》，见《静庵文集》，辽宁教育出版社1997年版，第71页。
⑥ 钱锺书：《谈艺录》，生活·读书·新知三联书店2008年版，第76页。
⑦ 张柠：《王国维的古典情结》，见《想象的衰变——欠发达国家精神现象解析》，福建教育出版社2008年版，第434～445页。

紧接着会联想起许多诗句："我心伤悲，莫知我哀"（《小雅·采薇》），"未见君子，我心伤悲"（《召南·草虫》），"万里悲秋常作客，百年多病独登台"（杜甫《登高》），等等。"悲伤"是一种心理状态，或者说是一种典型的中国人的心思，也是一种肉体对外界的反映。所以，它不但影响心理情绪，也会影响行为方式，但它处于心思与行动的边界上，可进可退，没有什么约束力。因此，它的审美效果远远大于它的社会历史效果。不像张爱玲所说的那种指向"力"的"悲壮"那样，总是或隐或现地指向社会实践。

张爱玲的作品中充斥着这种悲凉、悲哀、悲伤的情绪，她的叙事风格，以至她笔下的人物行动，经常受这种情绪的左右。这是她对中国人的心思的理解，还有对中国美学的继承。但她不是简单地重复古典美学，而是直面现代生活背景的审美创造。张爱玲传承了《红楼梦》乃至一些通俗文学的叙事腔调，有的人物对白片段，几乎与《红楼梦》里的对白完全一样。但她没有《红楼梦》里面的"悲观"情绪，也没有通俗文学的盲目"乐观"情绪，而是有一种现代意义上的"荒芜感"和"废墟感"，以及由此而产生的"悲凉"或者"悲哀"的风格。

古典世界的悲伤（伤悲、悲凉）感，是"归属感"这种常态观念处于暧昧不明时期的特殊状态，是作为群体之一部分的个体，与熟悉的空间（故乡、家庭），熟悉的事物（土地、动物和植物），熟悉的人群（亲人、友人）分离的产物，也就是空间距离的产物。一旦阻隔他们的距离消失，这种悲伤感也就随之消失。时间因素不是问题，只需采用"节奏重复"和"循环时间"就能解决。何况还有想象力，远离故乡和熟人的游子，通过自然意象（月亮、飞鸟、扁舟、流水等）作为想象的中介，想象自己与故乡和熟人在一起，由此便能产生安稳、归属、团圆的感觉。[①]

假如这种阻隔的空间距离并不存在，但这种悲凉的感受依然在，那么，时代、家庭和个体一定是同时出了问题：在家里而没有家的感觉，没有归属感和温暖感，只有“寒冷感”；在熟人中没有熟人的感觉，没有和谐感与安稳感，于是焦虑不安。这就是“孤独感”。无依无靠为“孤”，没有交流为“独”。这是一种产生于都市文明之中的“现代病”和“异化感”。在西方文学中，爱伦·坡在19世纪初期，就率先表达了这种现代感受：人群之中的人的孤独感，他是一个“孤独得出奇的人”[②]。但是，中国人的孤独感并不强烈，而是经常产生“孤单感”，意思是：我只是暂时独自一人在这里，等大家凑到一起就好了，并没有交流的阻隔感，只有空间分离的阻隔感，所以叫“孤单”。

张爱玲表达的，不是中国化的“孤单感”，而是中国人不甚熟知的“孤独感”。但她采用了中国化的表达：“凄凉”“苍凉”“荒凉”这些词汇，将“悲”的心理感受和“凉”的生理感受结合在一起。“凄凉”是没有家的归属感的寒冷，是一种纯粹的心理感受，属于“点”的范畴。“苍凉”是对现代物质生活试图掩盖的时间因素的发现，它催生的是时间中的焦虑和不安感，属于“线”的范畴。“荒凉”是对没有“人”的空间的强烈感受，它是对“团圆”文化的一种反讽，属于“面”的范畴。张爱玲就这样从悲凉的心理感（点）、苍凉的历史

① 详见张柠《中国节奏与精神秘密——古诗的遗传基因和新诗的遭遇》，《现代中国文化与文学》第9辑，巴蜀书社2011年版。

② ［法］波德莱尔：《埃德加·爱伦·坡的生平及其作品》，见《波德莱尔美学论文选》，郭宏安译，人民文学出版社1987年版，第170页。

感（线）、荒凉的现实感（面）三个维度，全方位传递了对现代中国精神的特殊理解。

回到风格的层面。面对荒原般“沉重的时代”，张爱玲的写作没有用碎片去批判碎片，没有用现实去指证现实，没有用罪恶去审判罪恶，而是殚精竭虑地在收拾颓败的精神残局、整理碎裂的现实经验，就好比一个面对遭到洗劫过后的混乱房间的女人那样，一边承受苦难，一边继续她的日常工作。这是一个悲哀的“形象”，一种凄凉的“表情”，一个苍凉的“身姿”，因而它是属于“美学”的，而不是伦理学、社会学和政治学的。它甚至不是“语言学”的，而仅仅是“风格学”的。因为语言是共同的，风格则是作家个人的；语言是喧嚣的，风格则是孤独的。关于这一点，罗兰·巴特有深刻的论述。他认为，风格“存在于一种生物学的或一种个人经历的水平上，而不是存在于历史的水平上，它是作家的‘事物’、光彩和牢房……语言结构的水平性与风格的垂直性共同构成了作家的一种天性……在语言结构中他发现了历史的熟悉性，在风格中则发现了本人经历的熟悉性。……在语言结构和风格之间存在着表示另一种形式性现实的空间：这就是写作。……写作则是一种历史性的协同行为”[①]。

因此我要强调的是，那些介于心理和生理边缘地带的词汇和感受，是阻止张爱玲笔下的人物和生活走向悲观虚无的原因，也是诱导其行为欲望化的心理根源。这些因素，使张爱玲的叙事、主题和结构，在传统的底子或者常态的“观念”上，在语言的惯例中，在将“历史的熟悉性”与“个人的熟悉性”协调起来的过程中，产生出了她独特

① ［法］罗兰·巴特:《写作的零度》，李幼蒸译，中国人民大学出版社2008年版，第9～19页。

的写作模式。不过，她的写作无论怎样独特，从观念史和文学演化的角度看，其结构、主题、情节模式等，都是五四启蒙文学主潮的重要支脉。

（六）小说结构与家国结构

张爱玲的小说，几乎不涉及革命、战争、改良、商战等中国现代文学史中常见的宏大主题。她写得最多的，还是家庭（族）主题，以及由现代家庭（族）内部衍生出来的亲情、爱情、友情、人情的“异化形式”。我们应该将这些主题及其异化形式，视为中国小说形式的历史演化之结果，而不是作者本人奇思异想的结果。因为它们是在总体性结构的历史演变过程中生发出来的。因此，首先要对“结构”一词做简单的界定。

这里所说的“结构”不是一个技术性术语，比如小说的“布局结构”或“情节模式”，而是一种叙事“总体性”意义上的“结构”。它指向的不是一般意义上的故事的可理解性，而是价值或者审美意义上的整体的可理解性。巴赫金称之为“审美客体的结构”，以区别于作为实现这种审美客体的“材料布局结构”。[①]戈德曼称之为“有意义的结构”，以区别自然科学意义上的纯客观“结构”。[②]我从这些理论家的概念中得到启发，但用法上有差别。比如，长篇小说既是一种文学

① 《文学作品的形式、内容与材料问题》，见［苏联］巴赫金著，钱中文主编《巴赫金全集》第1卷，河北教育出版社2009年版，第324、365页。

② ［法］吕西安·戈德曼：《文化史上有意义结构的概念》，见《文学社会学方法论》，段毅、牛宏宝译，工人出版社1989年版，第83～93页。

“体裁”，又是一种总体性“结构”。当我们说小说是“市民阶级的史诗”[①]或者“被上帝遗弃的世界的史诗”[②]的时候，它就具有了总体性“结构”的意义。同样，我从总体性结构（而非一般的技术性的布局）的意义上，将中国的小说称为在“天人合一”或者“家国合一”的“超稳定结构”支配下，产生的一种反常化的叙事结构。其中，唯一能够具体可感的，是“家”而不是“人”。

家庭，作为中国封建社会的最小因子，是中国人理解自我、社会或者外部世界的重要根据。之所以说家庭是“最小因子”，是因为本应该成为“最小因子”的个人没有地位。这些家庭被组织起来，叫作“国家”或“家国”，而不是鲁迅所推崇的“人国”。在中国，个人与国家之间隔着一堵厚厚的墙，它就是建立在高度成熟（烂熟）的农耕文明基础上的“血缘宗法制家族”或“家庭”。“天人合一”的自然逻辑（阴阳五行）和“家国合一”（忠孝仁义）的社会逻辑，在诗化的哲学想象和暴力的历史叙述中重叠在一起，“把宗法制家庭与封建国家高度地协调起来了”[③]，在社会层面，形成了一种延续两三千年的“超稳定结构”，在话语层面形成了被精英们叙述为符合“天道”的“家国结构”。

个人，以及标志着个人的基本存在形式的“欲望”，要获得合法性，除非具象化为自然元素（金木水火土），或者“家国结构”（权力等级制）中的一环，也就是尚未“物质化”的一个分子。否则，我们

① [德]黑格尔：《美学》第3卷下，朱光潜译，商务印书馆1979年版，第167页。
② [匈]卢卡奇：《小说理论》，见《卢卡奇早期文选》，张亮、吴勇立译，南京大学出版社2004年版，第61页。
③ 金观涛、刘青峰：《兴盛与危机——论中国社会超稳定结构》，中文大学出版社1992年版，第45页。

找不到支持叙述个人欲望和私人经验的语法和句法。唯一可以表达个人经验或者欲望的方式，就是小说，按照传统的观念，它不过是“街谈巷语，道听途说”，是“痴人说梦，不足为凭”，是“引车卖浆者流，不登大雅之堂”，因此，不能纳入正史的语法体系。这一状况直到近代才发生改变。

按照现代小说理论，首先从“内容”角度看，由小说叙述所创造出来的“世界”，无论它是“传奇”“志怪”还是“历史神话”，都是对正统的历史叙述所建构起来的“世界”的一种补充，它常常被称为“野史”。其次从“形式”角度看，小说话语恰恰是对历史话语的颠覆。与“正史”叙述相反，在小说世界中，这个世界及生活在其中的人，已经问题成堆。正史的悲剧英雄，演化为讽刺型的怪人、滑稽型的小丑、贪婪的化身，或者绝望的虚妄者。与社会历史的叙事结构的稳固性相左，在小说的叙事结构之中，出现了两种力的较量。一种力量是古老的，它要继续维持原有的、自足的价值体系或意义体系，比如没有疑问的“天人合一”的结构，以及符合“天道”的“家国合一”结构。另一种力量是全新的，它要凭借个人的力，冲破那个没有疑问的“结构”。这本身就是“家国神话”颓败和毁坏的征兆，甚至是一种“无意识”的征兆，既不需要集团权力的认可，也不需要作者理性的认可。戈德曼指出，集体意识或者思想，与个人的文学创作之间的关系，“不在于内容的一致，而是在于一种更为深刻的一致，即结构的同源性，这种同源性可以由与集体意识的真实内容截然不同的、虚构的内容表现出来”。[①]“作品世界的结构与某些社会集团的精神结构是

① ［法］吕西安·戈德曼：《小说的社会学问题导言》，见《论小说的社会学》，吴岳添译，中国社会科学出版社1988年版，第14页。

同源的。”①

面对超稳定的“家国结构”，叙事虚构作品内部出现的两种“力”的较量，作为一种“结构性”的因素，演化出多个具有历史逻辑的子类型（结构）。这一叙事意义上的历史逻辑的总体，是指向封建“家国结构”的崩溃，但在内容和形式上并不完全重叠。

第一种是，认可“家国结构”的合法性，矛盾仅仅出在“家长”的人选问题上，由此演化出“兄弟争斗”结构，比如《三国演义》。以血缘宗法制为基础的中国封建王朝，就是一个以众多小家族为分子的大家族。《三国演义》的结构，就是一部“家族”争斗史或兴衰史的结构。魏蜀吴三国就好比是三个家族，叙事中，兄弟关系的“义”和父子关系的“孝”与具有高度合法性的“忠”，是同源同构的。所有的人物，都是“家族”中兄弟争权的历史事件的符号。第二种是，对“家国结构”总体上认可，局部不认可，只因贪官太坏而产生了对“家长”（皇帝）的怨恨，由此演化出“父子冲突”结构，比如《水浒传》。其基本结构就是儿子造反的结构，即“逆子”对“家族”和“家长”的叛离；并且，这里的“逆子”形象是未完成的，最后都被“招安”，回到了他们认可的“家国结构”中。第三种是，发生在远离农耕文明熟人社会的城镇，在这个陌生人组成的世界里，世俗生活的发达使得“家长”被遗忘，农耕文明为基础的血缘宗法制家族消失，由此演化出以经济（金钱幻想）和欲望（性幻想）为基础的“家庭幻觉”结构，比如《金瓶梅》。这是从“家国结构”松懈的缝隙中演化出来的特殊类型。它所描写的不是纯正的家族故事，而是经济结构加

① ［法］吕西安·戈德曼：《文学史的发生学结构主义方法》，见《论小说的社会学》，吴岳添译，中国社会科学出版社1988年版，第235页。

欲望结构的“家庭”故事。在对人的欲望的描写中，始终伴随着“犯罪感”，传统“劝善惩恶”的伦理话语，对个人欲望产生巨大的压力，并是以一种“救赎”的力量出现，作为潜在的阻止力伴随始终。第四种是，对“家国结构”的彻底绝望，由此演化出一种“家族颓败”结构，比如《红楼梦》。如果不考虑包裹在叙事结构外围的神话结构，其叙事动力，由一群年青人的“成长”和“反成长”构成。“成长”指向“家国结构”和悲剧结局，“反成长”指向童年和乌托邦。前者的必然胜利导致家族的必然颓败。宝玉最终的“出家”其实并不是“出家”，而是“回家”。宝玉从来也没有将那个封建家族“大观园”视为自己的“家”。

20世纪初，作为社会总体结构之基础的“家国结构”的瓦解，并不等于“家族结构”的瓦解，因此“父子冲突”结构依然是小说创作的常见叙事模式（比如《家》《财主底儿女们》等）。现代文学的“家族颓败”结构中，其核心往往是一位保守的老人，他受到双重威胁：中年人魂不守舍，仅仅在形式上认可“家族”，背地里另立“家庭”；年轻人的反抗往往采用“离家出走”的方式，抛弃“家族”。他们成了“流离失所”的人，同时顺理成章成了社会实践领域中模仿《水浒传》叙事模式的主体。游走于社会结构之外的流浪者，实际上是革命者的代名词。他们的目的，是要建设一个属于自己的“家庭”。

关于“家族”的话题，我们已经耽搁太长时间了，要赶快回到张爱玲这里来。在“家国结构”的宏大命题面前，张爱玲不选择那些带有暴烈色彩“兄弟争斗”“父子冲突”和“离家出走”的模式，而是部分地继承了《红楼梦》的传统（她理解其悲观厌世的价值立场，但不采用那种解脱的方法）和《金瓶梅》的传统（她正视世俗化的物质生活和金钱的意义，但不盲目和极端欲望化）。张爱玲也不赞同《家》里面的两类典型人物，即传统家族的守灵者的高老太爷们（还有《子夜》中的吴老太爷等），以及他们的对立面、离家出走的高觉慧们，这两种极端的价值取向。张爱玲的笔触更倾向于生活的常态，也就是高家"克字辈"那些人的生活，这是值得浓彩重笔的地方。在巴金的《家》里，这一代人是被忽略的。张爱玲在保守和革命两种激进立场中，选择了普通人的常态的立场，与上文所说的"常态"观念相关，同时与启蒙文学思潮的主流相关，只不过选择角度不同而已。

近现代文学的思想主潮，自梁启超"少年中国说"以来，就急于蜕皮更新，急于摆脱苍老的躯体，恨不得一夜成为"新青年"。代表传统"家族"的"老太爷"一辈人，固然是要速死的（在《子夜》里面，代表乡土社会宗法家族的吴老太爷，一出场就死了，他被大都市闪烁的霓虹灯吓死了，被摩登女郎裸露的胳膊和艳丽的口红气死了）。"无家无父"的"觉慧们"这一代新人匆匆地强行登场，"革命话语"和"进化论"信仰为他们的登场提供了合法性，现代城市的兴起为他们提供了活动空间。他们是"六亲不认，四海为家"的一代，是生活（生产）家族化，向生活（生产）社会化转变的一代。[①]代表"家族—家族"结构主干的父辈，也就是"克字辈"这一代人，是介于"老太爷"和"新青年"之间的过渡型人物，其实，他们是传统"家族"向现代"家庭"转型过程中的矛盾的主要承担者，既要维护传统家族的"大团圆"，又试图追求属于自己的"小团圆"（偷偷组建小家庭），却

① 冯友兰：《新事论·说家国》，见《贞元六书》，华东师范大学出版社1996年版，第263页。

找不到道德的依据，只能伤害他人又伤害自己。张爱玲笔下的父辈，除“大公馆”的生活之外还有“小公馆”的生活，两边都不给他道德上的合法性。他们过着精神分裂的双重生活。

从“现代”这个历史概念上看，“后发展国家”有许多相似之处。19世纪中叶的俄国也曾经出现过类似的问题。建立在传统宗教基础上的家庭破裂，以现代价值为基础的家庭尚未形成。在新旧交替的时代，将社会的基本组织（家庭）建构起来的共同准则失效。家庭组成的方式和理由，具有很大的随机性和偶然性，由此产生一种特殊的家庭形态，陀思妥耶夫斯基称之为“偶合家庭”①，并解释说：“当代俄国家庭的偶合性就在于，当代做父亲的人丧失了对待家庭的一切共同思想，也就是对所有的父亲都普遍适用的共同思想，将他们相互连结在一起的思想。……这种联结社会和家庭的共同思想的存在本身——已经是一种行为准则的基础，也就是道德情操行为准则的基础。”没有了维系社会和家庭的共同价值准则，有的只是：（1）“对过去事物的彻头彻尾的全盘否定”；（2）“一些分散成个体的和单个人的尝试”；（3）“萎靡不振和懒惰成性的父亲，自私自利的人”。②陀思妥耶夫斯基笔下的人物，有两个主要类型，一类在“社会”中挣扎，属于被侮辱被损害的边缘人（妓女和罪犯）；一类在“偶合家庭”中长大，是正在成长却无所适从的青少年。

① 偶合家庭指“过去时代长期形成的家庭成员之间的正常关系、道德规范、行为准则都在衰落，人们熟悉的典型俄罗斯家庭正在演变、消失，处处充满混乱”。见［俄］陀思妥耶夫斯基《作家日记》，张羽译，河北教育出版社2010年版，第176页译注。

② ［俄］陀思妥耶夫斯基：《作家日记》，张羽译，河北教育出版社2010年版，第785～786页。

我们已经可以强烈地感觉到，陀氏所讨论的那种家庭形式和父亲形象，与张爱玲笔下的家庭形式和父亲形象，几乎重叠了！但是，张爱玲和张爱玲笔下人物的态度，毕竟是中国化的，而不是俄罗斯式的。因此，在张爱玲那里，我们看不到陀氏笔下家庭及其人物的激烈的“毁灭形式”，而是一种中国化的“糜烂形式”。所以，张爱玲的小说叙事呈现出一种“家族糜烂”结构（叙事重心在状态的呈现），与《红楼梦》的“家族颓败”结构（叙事重心在过程的展开）相呼应。传统“家族”向现代“家庭”转型过程中出现的私人生活场景，以及在这一结构性场景中缓慢挣扎的人，在张爱玲的写作中占据十分重要的位置，这也是她的创作的重要贡献之一。

（七）集团文化中的局外人

中国封建社会向现代社会历史转型期的一个重要文化主题是：“家国结构”统一性消失，“家族结构”完整性被毁坏，最终导致价值意义上的“无家无父”状态，以及思想观念上的“乱性”，其结果势必产生无数的“文化私生子”。与“偶合家庭”中经常出现私生子一样，来历不明的价值观念和行为准则，就像来历不明的孩子一样，满街乱窜。这些就是中国现代文学中大批“另类形象”出现的缘由。那些疯狂者、孤独者、零余者、漂泊者、革命者等，看似杂乱无章，但有其共同特点，那就是一种“离家”的状态。他们受一种“离心力”驱使，无论被“家”逼走，还是摧毁“家”而主动出走，抑或因“家”的毁坏而失散，其“离心”的本质都一样。但只有在集团中才能求安稳、求归宿的中国人，离开“集团”（家族、家庭）生活，立即以各种借口（启蒙、阶级、革命）重新聚集在一起，开始另一种“集团”生活。

张爱玲是一个例外，无论她笔下的人物，还是她的创作，都是例外。她塑造的是中国现代文学主流中的“另类形象”之外的“另类形象”，我称之为“集团文化中的局外人”，即“家族团圆文化”的局外人，家庭盛宴的局外人，也是五花八门的“新集团文化”的局外人。这个局外人不是“存在主义”意义上的局外人，而是“现实主义”意义上的局外人。与现代文学史上的其他作家相比，张爱玲的人物同样是不见容于传统家族（家庭）集团，但他们是“向心力”而不是“离心力”的结果。她的人物并不是摧毁者、叛逆者、逃亡者，而是集团文化边缘上的张看者、承受者、感知者。他们有融入的渴望，更有融入而不能的焦虑。他们处在“家庭”与“社会”的过渡地带，既在集团之中，又在集团之外；既在生活之中，又在生活之外。

张爱玲笔下的人物形象系列，是在那种特殊的家庭文化内部生发出来的。作为家庭结构重心的父母辈，他们是过渡的一代，也是历史和生活的直接承受者。但是他们的“精神分裂”状态，以及对下一代人的影响和伤害，无论怎么评价都不为过。比如，姑姑（一位家庭的“叛教者”）之于侄女葛薇龙（《沉香屑·第一炉香》），曹七巧（家族文化的受害者）之于姜长安（《金锁记》），全少爷（鸦片床上的糜烂者）之于潆珠（《创世纪》），柴银娣之于玉熹（《怨女》），盛乃德、蕊秋和楚娣三人之于九莉（《小团圆》），等等。父辈这一代人如果转型成功的话，就能过上正常人的常态生活。但他们往往是不成功的，多数则是悄悄地死在鸦片榻上。而与此相关的是张爱玲笔下的年轻一代。他们生活在父辈的物质和精神的鸦片烟雾中，目睹着“家族”缓慢地腐烂和死亡，并在其中承受着恐慌和悲凉。这是一种产生于传统与现代交替时期全新的父子关系，同时带有浓郁的中国文化特点。这些偏重个人感受，而没有大幅度变革动作的形象系列，仅仅是一种精神氛围的表达形式，无法成为解救他人或世界的武器。这与上文讨论的张爱玲创作的“起始观念”相关。同样，这种情形与张爱玲的创作与现代文学主流的关系相似。张爱玲的创作，不过是传统家族朽而不死的老树根上生出的一朵鲜艳夺目的毒蘑菇，只具有审美的意义，没有实用的价值。这正是导致她在现代文学史上意义暧昧不明的重要原因。

20世纪“文学革命”的最大功绩，就是在中国文学中确定了“人”的位置，尽管它后来演变成了一个狭义的“人”的概念，或者说一种新“集团文化”中的“人”。“文学革命”的先锋们，关于“人的文学”“平民的文学”的说法，已成口头禅，无须详论。但周作人的有些观点值得在这里强调一下。周作人在讨论“人的文学”的时候说：“用这人道主义为本，对于人生诸问题，加以记录研究的文字，便谓之人的文学。其中又可以分作两项，（1）是正面的，写这理想生活，或人间上达的可能性；（2）是侧面的，写人的平常生活，或非人的生活，都很可以供研究之用。这类著作分量最多，也最重要。因为我们可以因此明白人生实在的情状，与理想生活比较出差异与改善的方法。这一类中写非人的生活的文学，世间每每误会，与非人的文学相混，其实却大有分别。”①

① 周作人：《人的文学》，见《艺术与生活》，河北教育出版社2002年版，第12页。

周作人首先用“记录”和“研究”两项要求，将白话文学与通俗文学做了区别[1]，其次是对“写人的生活的文学”“写非人的生活的文学”和“非人的文学”三者做了区分。值得注意的是，周作人从写作方法或作家与世界之关系的角度，将“人的文学”分为两类，一类是“正面写”的：理想生活及其可能性。一类是“侧面写”的：平常生活及其不可能性，并认为后者分量最多、也最重要。从文学发展史的角度看，前者的确为后者所取代。19世纪所谓“批判现实主义”热衷描写的，正是那种“平常生活的不可能性”及其社会根源，也就是周作人所说的“写非人的生活的文学”，使人“明白人生实在的情状”并寻求“改善的方法”。他所举的例子是法国和俄国的批判现实主义文学，如莫泊桑的“人的兽欲批判”和库普林的“妓女生活”描写等。此外还有鲁迅所提倡的东欧弱小“被压迫的民族中的”文学。“我的取材，多采自病态社会的不幸的人们中，意思是在揭出病苦，引起疗救的注意。”[2]他们对“人”的理解是全面的，但对文学的选择不得不符合当时的潮流。

对“不幸的生活”或者“平常生活及其不可能性”的评判和理解，不同人有不同反应，不同民族有不同理解，俄国人和法国人有自己的评判标准，中国人也有自己的看法。如，关于“暴力”和“性”的描写，在中国文人笔下往往呈现两极状态：要么是“集团生活”的，要么是“纯生物学”的。“暴力”是集团正义的一部分，可以不考虑伦理问题。“性”是家族伦理的一部分，指向种族延续的重大问题。妓

① 周作人:《平民的文学》，见《艺术与生活》，河北教育出版社2002年版，第5页。
② 鲁迅:《我怎么做起小说来》，见《鲁迅全集》第4卷，人民文学出版社2005年版，第525～526页。

女题材作品也会有“救赎”的主题，但不是指向灵魂，而是指向位置的安顿，就是赎身，给一个名分，给一个家族团圆的结局。纯粹写肉体欢愉的作品，如《金瓶梅》《肉蒲团》《灯草和尚》等，只能说属于“生物学”范畴，既没有家国伦理的约束，也没有人性的灵肉二元的分裂。五四知识分子推崇的俄国文学，其救赎主题指向的是“灵魂”，所以，它们的妓女那么极端，能将灵魂和肉体分得清清楚楚，因而可以成为嫖客的导师，成为精神上的施舍者。这在中国文学是不可能出现的。杜十娘固然极端，但她不过是将中国男人最喜欢的两样东西：金钱和女人，连同自己的生命同时毁灭，结果只是给了中国男人一个小小的惊吓而已。这就是中国文学的文化和人性背景，也是给“拿来主义”的难题。

以“为人生”作旗帜的五四主流文学所关注的，首先是周作人所说的“侧面写”的文学。这种“侧面写”的文学包含两个子类，即“人的平常生活”和“非人的生活”。但我们常见的是更侧重描写“非人的生活”这一子类，即描写“病态社会不幸的人们”的生活，或者描写“平常生活的不可能性”及其社会根源。这些观念对于此前“陈腐的古典文学”“雕琢的贵族文学”“艰涩的山林文学”而言，有如醍醐灌顶。不过，“文学革命”的逻辑重心不在“描写”或者“美学”，而在“改善”“疗救”或者“社会学”，于是，就有了“革命文学”“战斗文学”“工农兵文学”，最后是要取消文学。这种历史演变的推动力，不一定完全来自文学自身，不一定是“文学革命”观念的逻辑指归，但结局却是如此。对此我们不打算进一步展开讨论。现在要关心另一个问题：“侧面写”的文学中的另一类，即“人的平常生活”一类，为什么消失了？

传统社会以血缘关系来划分人群。现代社会以职业分工来划分人群。“反抗现代社会”的思潮，是以“阶级”来划分人群。总之，只见“团体人”和“集团生活”：宗族的或家族的，有产的或无产的，有权的或无权的，不见“个体人”和“个人生活”：有专业的人和没专业的人，成功的人和失败的人，男人和女人，有缺陷的人和完美的人。无论采用哪一种划分方法，总会排斥一大部分“个体人”。张爱玲的标准，是超道德和超历史（不是反道德和反历史！）的，因此是文学的、美学的！或许张爱玲早就发现，无论什么社会、什么年代、什么堂皇的理由和标准，只要不符合“集团”生活，总有很多“个人”被排斥。她关注被排斥的人的写作，被排斥在主流文学之外，实在是再正常不过了。

张爱玲对于自己的小说要写什么人、为什么人而写这个写作的基本观念，有十分清醒的认识。同样是写于1944年的《中国人的宗教》一文，为这个问题提供了答案：写那些在阴魂不散的传统家族文化及其变种的“新集团文化”之中活着却又被排除在外的“人”及其悲哀；写那些生活在物质之中的焦虑不安的灵魂。选择这些人为表现对象的想法，是如何产生的？为了弄清楚这一点，我们需要对《中国人的宗教》进行简短的述评。

张爱玲认为：“中国人是没有宗教可言的。中国的知识阶级这许多年来一直是无神论者。……对一切都怀疑……（普通的民众）他们的宗教是许多不相连系的小小迷信组合而成的——星相、狐鬼、吃素。”[①]冯友兰也认为，中国人不大关心宗教，“他们不是宗教的，因

① 张爱玲：《中国人的宗教》，见《流言》，北京十月文艺出版社2009年版，第130～131页。

为他们都是哲学的”[1]。张爱玲说的是普通中国人，冯友兰说的是知识阶层。张爱玲认为，中国人的“宗教”是由佛教的“地狱”和道教的“天堂”组成的。在道德实践的层面，中国人总是面临地狱的惩罚，却得不到奖赏。因为中国的“神”不是“爱人的”上帝，而是铁面无私的判官——有罪必罚，善行不能立刻得到奖赏，即使奖赏，也是空头支票：下辈子不变畜生。所以中国人总是诚惶诚恐。中国人通过修行，也可以上天堂，由于缺少“创世纪”的信仰，他们最关心的，还是能够在现世生活中寿终正寝，并且能够尽快投胎转世。他们不想成神成仙（太清苦，太孤独），而是宁愿成精成怪，免去了私自“下凡”后的麻烦。他们不信来生，而是希望尽快转生到今生今世。因此，中国人非常重视俗世的物质生活，及其相关的人际关系。它是一种“关系”文化，一种“来而不往非礼也”的“礼”文化。与其说中国人喜欢凑热闹，不如说中国人害怕被那种“关系”和“礼”文化排斥在外。要进入这种关系文化、礼仪文化、“礼物社会”，其实并不轻松：首先需要身体健康有劳动能力，更需要有一定的物质能力，不能失败不能穷。否则，在这个属于“大团圆”的文化圈之中你就很难立足。因此生病体弱的人、贫困潦倒的人、仕途商道失败的人，也就是张爱玲所说的那些悲哀的“乞丐”“赤贫者”“临终将死者”。张爱玲说：“中国人集中注意力在他们眼面前热闹明白的，红灯照里的人生小小的一部。在这范围内，中国宗教是有效的；在那之外，只有不确定的、无所不在的悲哀。”[2]更令人感到焦虑的是：“近代的中国人突然悟到家庭是封建余孽，父亲是专制魔王，母亲是好意的傻子，时髦的妻是玩物，

① 冯友兰：《中国哲学简史》，北京大学出版社1985年版，第8页。

② 张爱玲：《中国人的宗教》，见《流言》，北京十月文艺出版社2009年版，第148页。

乡气的妻是祭桌上的肉。一切基本关系经过许多攻击，中国人像西方人一样地变得局促多疑了。而这对于中国人是格外痛苦的，因为他们除了人的关系之外没有别的信仰。”①

张爱玲的写作，正是瞄准了这样一些被忽略的人，一些唯一的精神寄托（家族团圆文化和相应的人际关系文化）被剥夺殆尽的人，一些在“大团圆”文化的红烛照不到的阴影里埋怨的人，一些在大公馆客厅边缘的角落里啜泣的人，一些在“集团生活”之外的“局外人”。所以我再说一遍，张爱玲写的是那些在阴魂不散的传统家族文化及其变种的“新集团文化”之中活着，却又被排除在外的“人”及其悲哀；写的是那些生活在物质之中的焦虑不安的灵魂。他们或许并不缺衣少食，或许并不缺乏居所，甚至也不是“无产阶级”。但他们的生活疑问重重、问题多多，充满了悲哀和悲凉。她们或者同样有“家庭”有丈夫，却得不到正常的关爱，只有在时间的灰烬中慢慢地枯萎！我们很难用“非人的生活”来形容这些人。他们不过是人的正常生活状态而已。正因为这些都成了“常态”，才让人生出无限悲哀的感受。张爱玲的选择，如果从“人的文学”的角度看，毫无疑问属于五四文学的主流之一脉，因为她笔下的这些人物系列，正好弥补了周作人所说的“侧面写”的文学中两个子类“二缺一”的遗憾。

① 张爱玲：《中国人的宗教》，见《流言》，北京十月文艺出版社2009年版，第145页。

（八）都市生活与物质主题

众多家族团圆文化的“局外人”，他们的出路，是一个令人绝望的现代话题。因此张爱玲笔下的主题、人物和情绪的基调，都是孤独和绝望的，在这一点上她与鲁迅是相通的。来看看鲁迅的绝望：“有我所不乐意的在天堂里，我不愿去；有我所不乐意的在地狱里，我不愿去；有我所不乐意的在你们将来的黄金世界里，我不愿去。然而你就是我所不乐意的。朋友，我不想跟随你了，我不愿住。我不愿意！呜乎呜乎，我不愿意，我不如彷徨于无地。”[①]但是，张爱玲并不将这种孤独或者绝望直接呈现出来，而是埋藏得较深，绝望的生活的表面，仿佛总是覆盖着一袭“华丽的大氅”。鲁迅绝望而彷徨的身影，就像一幅黑白两色的木刻，坚硬、冰冷、决绝！（与乡土社会相配）张爱玲绝望而彷徨的身影，就像一幅彩色的水粉画，有着“葱绿配桃红”的参差对照，又有一些“印象主义”的恍惚不定，难以捉摸。（与现代都市相配）这是他们的重要区别。张爱玲不可能写出《野草》里面那种决绝的文字，因为另有一种力量诱惑她，偏离那种“反日常生活”的决绝姿态。这种诱惑力，就是紧紧贴近日常生活的“物质”主题。一般而言，“物”是中性的，它本身并不孤独、绝望、疯狂，它不过是现代社会中绝望而孤独的人的临时避难所。张爱玲笔下世俗生活中的“物象”，总是能及时地将绝望的人从沉思的幻觉中拽出来。“物质”（金钱）也就成了现代社会孤独者的“难兄难弟”。最孤独的人，假如他不想弃世的话，往往都有“恋物癖”倾向，还包括它的变

① 鲁迅：《影的告别》，见《鲁迅全集》第2卷，人民文学出版社2005年版，第169页。

种：“收藏癖”。“物”由此与“孤独者”联系在一起。

鲁迅好像不涉及“物”这个主题，他小说中的物（人血馒头、花环、长明灯、头发、肥皂等），不属于日常生活，它们不过是些精神的“象征物”（周作人的散文则大量涉及“物”的主题，但更倾向于“博物学”）。鲁迅在最孤独的岁月（1912—1918）里也有“恋物”倾向。他迷恋的是古物：汉砖绘画、魏晋碑帖、佛典古籍。这是一些特殊的“物”：介于实物（可以收藏且能增值的古董）和虚拟物（指向文化意义）之间。因此，鲁迅的姿态，也介于“恋物癖”和“收藏癖”之间。他所迷恋的好像是“物”，实际上是“物”的“所指”。他似乎在收藏古董，实际上是在收藏“历史”的阴魂，还要准备与那些“阴魂”同归于尽，这是一个“黑暗”的姿态。对鲁迅而言，天堂和地狱都是他不愿前往的去处，现实生活更不是他留恋之所在。其实他想被吞没在黑暗和空虚中。他分明是想死。这是一种“大绝望”导致的极端疯狂的观念，不能代表中国普通人的观念。中国人“好死不如赖活”的观念根深蒂固，这与他们的“宗教”观念和哲学观念相关。

如影随形的地狱或来世的惩罚产生的恐怖感，遥不可及并缺乏“人格”意义的天堂和神祇产生的冷漠感，迫使中国人宁愿“赖”在尘世。这是一种以“安稳感”“归属感”“和谐感”做“底子”的求生哲学和入世哲学。这尘世，是一个人际关系的道德世界，也是一个劳作苦役（日子）和团圆希冀（节日）相结合的世界，更是一个需要物质支撑的“礼仪”（礼物）世界。即使在正宗的家族文化体系中，贫穷也不是脱离“礼仪”文化的理由。何况在一个“家国”或“家族”结构崩溃的年代里，君臣、父子、兄弟、朋友、夫妻，传统的“五伦尽丧”。“家族道德”的失效，“偶合家庭”的“亲情”和“人情”都靠不住。个人与个人之间的“爱”，不可能是自足的和没有疑问的，它必须依赖一个中介，比如人格化的“神”“家族”。如果这两者都缺席，也就是“为他的欲望制定规则，这就是伦理学”[①]的缺席，那么，个人与个人之间的“爱”就具有了不确定性，联结它的只能是“欲望”或“物质”（物质是欲望的外显形式）。最终，物质成了唯一的精神寄托。

中国古人对“物”的理解，可分为两类：第一类是普通人吃穿住行所必需之“物”，宋应星的《天工开物》主要是讲这些。尽管书中也有一些珠宝金石等非必需之“物”，但都排在最后面，用他自己的话说，叫“贵五谷而贱金玉”，就是农耕文明“贵劳作而贱闲暇”的意思。这些必需“物”又有两种存在形式，一是自然意义上的物，二是道德意义上的物。自然物，就是那些能够产生能量（放进肚子里）和保存能量（保暖和取暖）的物品。[②]道德物，是那些将能量转移到别人身上的“自然物”（礼物），它往往是剩余下来，或者节省下来的，由此更见其“道德”属性。中国农民在日常劳作中，主要是在使用自然物。只要一有闲（比如节日期间），他们就开始使用道德物，也就是礼物。这些都是在家庭和家族之间展开的。除此之外，任何物品都是多余的、不受待见的“长物”，因为它不符合传统道德。

第二类是对于普通的日常生活而言可有可无的“物”，叫作“长

① ［法］米歇尔·福柯：《词与物——人文科学考古学》，莫伟民译，上海三联书店2001年版，第113页。

② 详见张柠《土地的黄昏——中国乡村经验的微观权力分析》（第三版）第4、第5章，高等教育出版社2023年版。

物”（“于世为闲事，于身为长物……寒不可衣、饥不可食之器”[①]）。它有别于自然事物，属于人工制造物；也有别于生活和劳作的必需物（如农具、家具、房舍），基本上属于“奢侈品”。同样生活在明万历年间的文震亨（著名画家文徵明曾孙），他的《长物志》就是讨论“长物”的，共列举物件269类，分类细致精准。我推测，中国人对“长物”的意识，可能觉醒于明代。尽管此前也有“长物”，但由于没有细致准确的“分类学”，所以相关的意识就处于不明状态。因为人对外部世界的了解和掌握，首先就是从“分类学”开始的（比如中国的《本草纲目》，西方的《昆虫记》和《塞耳彭自然史》等）。如果杂乱无章的事物不能形成可理解的秩序（可理解的词语秩序），那么，“人”与“物”就都处于混沌状态。

毫无疑问，这些“长物”，只与占少数的官宦、贵族、士大夫阶层相关，与占多数的普通中国民众关系不大。传统中国人，特别是农民，不看重交换意义上的“物品”，也轻视“货币—商品—货币”意义上的“商品”。他们看上去很“形而下”，实际上他们是多么“形而上”！在一种家族兴旺的喜庆氛围中，他们生活在一种物质的匮乏状态下，导致日常生活空间的狭小逼仄，世俗生活的重复和无聊。本来，他们唯一的寄托，就是“家族”内部的儿孙满堂、六畜兴旺的“团圆文化”。一旦“家族”或者“文化”出了问题，他们就玩世不恭，富人变成流氓（玩物丧志，嫖赌逍遥），穷人变成流民（乞讨或啸聚山林）。

传统的中国人一直“赖活”在那里，苦苦地熬着，仿佛在期待着

① 〔明〕文震亨撰，陈剑点校：《长物志》，浙江人民美术出版社2019年版，第21页。

揭竿而起的日子。他们不能从“物”中感受到好处。他们过于发达的“道德哲学”背后的“物哲学”过于简单。他们的物质世界，不是与肉体合二为一的自然物（比如粮食），就是与肉体不相干的“长物”，缺少那种介于肉体与社会之间的“物体系”。这种物体系，是近现代以来从西方传入的，首先在宫廷和富人那里，然后在城市的市民阶层安顿下来。如，缝衣针、肥皂、火柴、煤油、沙发、胶底鞋、西装、缝纫机、电灯、电话、留声机、照相机、自行车、汽车，等等。①这些物质是人模仿自然的产物，或者是肢体向外部世界延伸的部分。它既与肉体相关，又游离于肉体之外而具有社会化的特点。它们的纯功能就是省时省力，让身体更加舒适。它试图取代对“家”的归属感和依恋感，“恋物”的主题仿佛要取代“恋家”的主题。这是针对家族文化崩溃产生的情感空缺的权宜之计。正如有学者所言，对物质的迷恋，不是一个孤立的个人问题，也不是一个超历史的普遍问题，而是不同类型的异质性的社会（比如传统社会和现代社会）突然遭遇的结果。也就是说，“恋物”是一个历史性的话题；于是，物质客体同时“包含有宗教的、商品性的、美学意义上的，以及性别上的价值”②。

张爱玲生活过的地方：上海、香港、天津，既是中国近现代文化冲突和交融的前沿，也是现代器物最为发达的城市，同时是张爱玲写作的主要背景。“上海人是传统的中国人加上近代高压生活的磨练。新旧文化种种畸形产物的交流，结果也许是不甚健康的，但是这里有

① 详见隋元芬《西洋器物传入中国史话》目录，社会科学文献出版社2011年版。

② ［美］威廉·皮埃兹：《物恋问题》，见孟悦、罗钢主编《物质文化读本》，北京大学出版社2008年版，第60～62页。

一种奇异的智慧。”[①]乡村是情感的、道德的（根源于泥土的生长性），城市是理性的、智慧的（根源于石头的冷峻性）。这种“智慧”，既包括与陌生人交际的智慧，也包括“人”与“物”打交道的智慧。特别是女性，即便在最困苦的岁月，也能够从“物”中找到安慰，也会被一些与重大历史事件不相干的细节（颜色、味道、声音、线条等）所吸引。甚至在逃难的时候，也会因带上什么衣服的问题而犯愁。[②]张爱玲的散文中有大量关于“物”的内容。比如《更衣记》中关于服装的历史与身体的关系的描写。《童言无忌》直接讨论金钱和吃穿。《公寓生活记趣》更是表达了对现代都市物体系的迷恋，包括牛奶面包、抽水马桶、电灯电话、报纸书籍、社交娱乐、观看闲逛；还有对“市声”的敏感，爱听电车的响声，而不爱听松涛和海啸等自然声音；并认为现代都市的公寓，“是最合理想的逃世的地方”。[③]这背后有一种建立在现代社会分工、物质体系之上的，“反道德”意义上的“新道德”。

张爱玲迷恋都市生活，原因在于，她发现了都市的物质体系与乡村的物质体系有重大差别。除了“自然物”（食物、房舍、燃料、土地）是共同的，城市里最发达的，还是那些乡村生活中所缺乏的新的物质体系，可以称之为现代“功能物”。它主要是人的五官和肢体的延伸部分，以及为了身体的舒适而生产的东西，还有装饰身体的服饰和化妆品。张爱玲迷恋的，正是后面这一类“功能物”。但这种“功能物”也会产生变异，它衍生出一种与乡村的“道德物”相对立

① 张爱玲：《到底是上海人》，见《流言》，北京十月文艺出版社2009年版，第5页。

② 张爱玲：《烬余录》，见《流言》，北京十月文艺出版社2009年版，第49页。

③ 张爱玲：《公寓生活记趣》，见《流言》，北京十月文艺出版社2009年版，第27页。

的“反道德物”，比如奢侈品、鸦片、金钱、股票、期货、商品化了的土地和田产，等等。张爱玲的小说里，经常出现那些“反道德物质体系”对人的异化的刻画，比如，整日躺在鸦片榻上消耗时日的破落贵族。比如，被金钱锁住了的曹七巧的变态人格，及其对他人的控制和折磨。曹七巧的小家庭也是一个“偶合家庭”。无所依托的她，把身边的一切都视为“物”，连同一双儿女。当她试图把三少爷姜季泽视为“人”的时候，姜季泽却要把她视为“物”。她就这样生活在分裂之中，而她对普通俗世生活的渴望，一直压抑在心底，变成一滴泪珠“挂在腮上，渐渐自己干了”。研究者赞赏《金锁记》，就是因为它所写的是“反道德物质体系”的极端作用。在中国现代文学中，对资本主义社会的“反道德物质体系”的描写很多（《子夜》是其代表）。而相对于传统而言，那些现代“功能物”体系，具有一定的解放意义，关于这一点及其变异形式的描写比较少见。这也是张爱玲的重要特点。

事实上，“物”并不像我们想象的那样中立或者被动，它们也有自己的生命和历史：“物品—礼品—商品”，“必需物—奢侈物—功能物”，“自然物体系—道德物体系—反道德物体系”。这是一个极其复杂的变异过程。每一次“物”的变异，都会伴随着“整体人”灵魂的撕裂。那些因“家族—家庭”的分裂和亲情的匮乏，而逃往“物”之中的人们，无论他们抓住了哪一种类型的“物”，都不过是一种权宜之计，“人”都是寄生在物质“蟹壳”中的寄生者，其背后依然是深深的悲哀。就好比走进一件满是陈设的屋子，里面见不到“人”，只有荒凉。

现代化大都市的物质世界对人的异化，没有物质的赤贫状态对人的伤害，两种状况并置在同一时空之中，造成一种强烈的错位感。城市的荒凉，是心灵荒凉的比喻性说法，城市至少还有“物”的虚假繁荣，孤独的物与孤独的人，或许还能相依为命。乡村的荒凉，则是这个词的本义，既没有“人”也没有“物”，只有灰色天空下的农田和黄色尘土上的荒草。张爱玲写作的那个时代，中国乡土世界物质相当匮乏。如前所述，中国传统的乡土价值对“物”的理解，局限于生活的“必需物”和受到非议和排斥的“长物”（包括奢侈品和现代器物）。“必需物”里包括“自然物”和“道德物”。他们对“长物”和“功能物”没有什么清晰的概念，因为他们的价值体系或者词语系统中，没有这些“物”的位置。中国农民不可能去制作一件没有实用价值的东西，更不可能去栽种那些不能作为食物的植物或果实，他们不喜欢园艺，而喜欢用大粪浇灌稻田，能够从牛粪中闻出稻谷的香味。他们生命中的“关键词”很贫乏，只有：土地、房屋、儿子、粮、棉、油（20世纪，又增加了一些新的附属性关键词：梭镖、步枪、铁锤、钢铁等，目的是更好地占有或保护土地和粮食）。这就是传统中国普通民众，特别是农民，关于“物”的观念。尽管很贫乏，但都是性命攸关的。

张爱玲说：“厌倦了大都会的人们往往记着和平幽静的乡村，心心念念盼望着有一天能够告老归田，养蜂种菜，享点清福。殊不知在乡下多买半斤腊肉便要引起许多闲言闲语。”[①]这句话的意思是，“腊肉”在乡下已经不是一种单纯的“自然物”，而是一种“道德物”。在乡村生活的物质世界里，“自然物”（生存必需物）和“道德物”（由

① 张爱玲：《公寓生活记趣》，见《流言》，北京十月文艺出版社2009年版，第27页。

必需物的剩余部分转化而成的）之间充满了矛盾，或者说乡土社会的矛盾，常常体现在“物”的两种性质之间的转化关系，特别是在没有“剩余”的情况下。胡适从张爱玲一些小说中读出了“饥饿”二字[①]，感受是细致精到的。但仅从纯粹“饥饿”的角度，还不能涉及问题的实质，也不能揭示小说中诸多的意义层面。“饥饿”本身是一种超时间、超历史、超道德的肉体感受，任何人都可能有这种感受，无论富人还是穷人，胜利者还是失败者，因此是中性的，也可以理解为生物学的。“饥饿”的主题在当代文学中并不少见。很多出生于20世纪60年代之前的作家，都涉及过。作为故事材料的“饥饿”并不难处理，难的是写出超出生理学意义的、因情节偶然性而产生的“饥饿”主题，发掘出“饥饿”主题的历史、道德和心理内涵。张爱玲的独到之处便是揭示了“饥饿”的意识形态内涵，即作为“自然物”的食品，被迫转化为“道德物”的食品的过程。

人们越是生活在贫瘠中，越是喜欢将生活必需物（自然物）道德化，使“物”的性质和用途发生变化。正常情况下，转化为“道德物”的“自然物”，往往是剩余物。超出正常需要去积攒和储藏食物，是非道德的，甚至是一种耻辱。因此，在特定的时期，要将剩余的“自然物”耗散掉，“送礼”就是一种耗散的方式，此外还有“宴请”，大家一起尽情分享食物。送礼和宴请，是礼物社会的重要事项。但当人们没有剩余物，甚至连必需物都缺乏的时候，那么，作为“道德物”的“礼物”这一项就空缺。由于没有剩余物，于是任何物质都可能变成“道德物”，或者说“反道德物”。

① 见张爱玲《秧歌》扉页胡适书信手迹，皇冠出版社有限公司1997年版。

张爱玲创作中有关饥饿和物质的主题，表现的常是这类偏离生活常轨的反常情境，呈现出荒凉的人生境况。很多人只因张爱玲创作中的世俗生活和爱情主题，将她往“鸳鸯蝴蝶派”那边推，而有了这类“荒凉的呈现”，再往“鸳鸯蝴蝶派”那边推就没有道理了。

（九）遭遇大团圆的小团圆

中国文学中的爱情主题是一个值得进一步深入讨论的话题。描写没有爱情而产生的悲哀或悲伤情绪的作品并不少见，表现个体之间的爱情本身的作品则罕见（民间“口传”歌谣除外，那是没有文字的声音）。在集团社会秩序的建构过程中，“禁忌”是一个重要规则，包括性禁忌、乱伦禁忌，也包括爱情禁忌。越是强调集团生活的民族，越是迷恋“共同体”生活而非“社会”生活的国家，越是执着乡土文化而非城市文化的群体，就越是忌讳个体生活的倾向，越是要将它列为禁忌的内容，特别是那种，可能将个体引入另一种自足秩序（游离于现存社会秩序）之中的“爱情”。因为“爱情”是一种“违反”，是总体结构中的“离心力”，是集团生活秩序的“叛乱者”，是“家族—家国”总体文化秩序中的游离者。

法国哲学家乔治·巴塔耶在讨论“个体的爱与国家的关系”时说：“个体的爱本身并不与社会对立……不管怎么说，情人都有否定一个社会秩序的倾向，这个社会秩序通常否认自己没为他们提供生存的权力，而且从不在个人偏好这样无足轻重的琐事面前低头。……爱情本身也是对既定的主流秩序的一种反对。它反对这个秩序，如同个人的存在反对社会的存在一样。……如果我们爱一个女人，没有什么比社会形象，尤其是以国家利益为理由的社会形象，离我们所爱的人的形象更远了。”[①] 他接着在“个体的爱与文学”一节中讨论爱情与文学的关系：“爱情不需要文学……但是文学无法避免将个体的爱所承担但无法实现的丰富可能性与文学本身固有的丰富可能性联系起来。……没什么比为我们所经历的爱情添加传说的爱情更有意义了。由此，我们最终认识到爱情与宇宙是相同的。由此，爱情最终在我们身上描述了其无限的行程并神话般地指明这个从狭隘的现实世界分离出来的宇宙的含义，如果爱情改变了我们的面貌，我们就变成了这个宇宙。”[②] 这是一位经历过法国大革命、启蒙运动、现代化思潮洗礼的民族的思想家对爱情的阐释，也包含着对在当代阴魂不散的古典观念的批判。

前现代的中国，没有专属于爱情的词汇。《辞源》中没有“爱情”这个词汇。方言中也没有“爱情”这个词汇，大多用“喜欢”这个非专门术语代之（还有一个诡秘的术语，叫作“相好”），粤方言称“中意”。“爱”（爱惜、爱怜）、“情”（情绪、情感）、“恋”（恋家、恋母）、“恩”（恩爱、感恩）是有的，唯独没有专门表述男女之间恋情的“爱情”这个词汇。当然，没有这个词汇并不能证明没有这种情感，但是，没有语言的情感是不确定的，思维结构和情感方式很容易就被别的语言所改写（比如“恩爱”这个词汇，就会使情感在“恩”与“爱”之间纠缠不清）。中国古代作家擅长写“人鬼恋”或“人妓恋”这种反常化的恋情。在中国传统文人眼里，妓女不过是“鬼”的特殊形态。

① ［法］乔治·巴塔耶：《色情史》，刘晖译，商务印书馆2003年版，第135～136页。
② ［法］乔治·巴塔耶：《色情史》，刘晖译，商务印书馆2003年版，第140页。

鬼是被阎王判了死刑的人，妓女是被道德判了死刑的人，两者都排斥在集体的、家族的“团圆文化”之外。就明清古典小说而言，《三国演义》的斗争和权谋，《水浒传》的暴力叙事，《金瓶梅》的性欲故事，都与个体的情感无关。只有《红楼梦》是特例，将“爱情”写到炉火纯青的境界。无论“金玉良缘”或“木石前盟”的结局如何悲惨和悲观，其叙述的展开过程，包含着上乘的爱情描写，在中国文学中实在像是一座“飞来峰”。这正是张爱玲最看重的文学传统之一。

现代社会的爱情和婚姻问题，是张爱玲写作中最重要的主题，也是她的作品至今受青睐的重要原因。敏感早慧的女性身份，成熟独特的创作观念，现代大都会的世俗生活经验，以及对以《红楼梦》为代表的古典小说传统的继承，是成就张爱玲的现代爱情主题独特性的基础。这个基础的背后，隐藏着一个中国传统文化中最缺少的关于“人”的文化观念。鲁迅呼吁要将“沙聚之邦”转化为“人国”。而张爱玲则渴望将“沙聚之爱”转化为“人爱”。现代意义上的“人”，是一个形式上脱离传统“家族—家国”集体文化，同时还没有融入现代社会观念体系的、飘忽不定的存在形式。如果不能创造一种新语言，去捕捉这种全新的现代情感“形象”，那么，文学对个人与个人之间的爱情的描写，只能捉襟见肘、言不及义，甚至走火入魔：爱的激情转化为暴力和欲望的激情。

现代爱情主题的开山之作《伤逝》，与其说是一个现代爱情故事，不如说是社会转型期怪异的精神氛围的寓言，这是不肯“在个人偏好这样无足轻重的琐事面前低头”的结果。郭沫若一些关于爱情的诗歌，明确地将“家国”身体化，青年女郎成了“种族”的寓言，这是以集体利益为理由的社会形象，压倒了爱人形象的结果。废名的《桥》中爱情故事没有现代意义上的时间性，以禅意或佛性处理“爱”的情感，具有超时间特征。[①]沈从文的《边城》是空间意义上的偏移，一个用现代白话文讲述的远离时代的古老悲歌。徐讦的《鬼恋》是现代都市中一个偶然的“梦”，尽管带有一点现代“寓言”色彩，但依然是一个古典“传奇”格局。此外还有巴金、柔石、丁玲、庐隐等人的作品，“爱情”成了脱离“家族”的人群，重新组合为新的群体的一项重要指标，成了革命的侍从，成了新的集团生活的情感根据。爱情的觉醒，首先变成了种族觉醒的代名词（以20年代为起点）；爱的激情，接着演化为革命的激情（以30年代为滥觞）。两人之间的情感描写，尚未找到合法的依据，只能被指责为：“咀嚼着身边的小小的悲欢，而且就看这小悲欢为全世界。”[②]将个人的“小悲欢”转化为群体所谓的“大悲欢”，将爱的激情转化为革命的激情，将儿子的诞生想象为种族的延续，将对一个人的爱转化为对一个群体的爱，是“集团思维”中常用的手段。他们不打算创造一个“世界”去与那个恶习不改的“世界”对峙，而是准备在一个既成的“世界”中苟且偷生，并试图将因生命激情而迸发出来的情感做集团化的处理。

我们在上文中已经讨论过张爱玲笔下的人物系列，主要是“集团文化中的局外人”。随着“小说结构”和“家国结构”的高度整合性的破产，随着集团文化的虚假繁荣和“超稳定结构”的破碎，随着物质世界从“自然物”不断向“道德物”的强行转换，留给个人的空间已经很少了。这种五四新文化运动反复强调的“个人”，千呼万唤不

① 参见本书论废名相关章节。

② 鲁迅：《〈中国新文学大系〉小说二集序》，见《鲁迅全集》第6卷，人民文学出版社2005年版，第250页。

出来，一个个都夭折在“集团文化”险恶的歧路之中。剩下来的还有什么呢？一个是现代都市生活中的物质体系（被指责为俗物），还有一个就是男女之间的情感生活（被指责为个人“小小的悲欢”）。这种情感生活的遭遇，毫无疑问跟物质生活一样，同样不断地在遭受家族文化、集团文化的攻击、吞噬、消解。即使在张爱玲的笔下，要找到一段完整的爱情，几乎是不可能的。唯一的团圆美满的“爱情”，就是白流苏和范柳原的爱情。

如果白流苏和范柳原的“圆满”爱情没有障碍，仅仅是作家一厢情愿地建构起来的、专属二人的完满“小宇宙”，那它就像“鸳鸯蝴蝶派”等通俗小说一样。张爱玲的《倾城之恋》自然不是这样。它是一个用个人的能量去消耗“家族能量”或“家国能量”的搏斗过程，也就是集团文化的向心力，与个体生命力和情感产生的离心力之间的搏斗过程。白流苏一出场就被“家族”判了死刑，即使离婚回家，也要被“派往”去世的丈夫那里做“垫底”。白流苏靠的是自身的生命力，抵制了这种判决，并与范柳原相识，宣告家族判决的失效。白流苏第二次搏斗对象是范柳原。这位对爱情已经产生怀疑的“花花公子”，遇见了同样对爱情怀疑但尚存一丝希望的“剩女”白流苏。他们彼此吸引，又彼此猜疑，彼此都有控制欲。他们之间并不缺“性”，而是缺“爱”（白流苏的矜持和抵御，都是为了后者）。掌握对方的身体并不难，难的是控制对方的情感或灵魂，这对白流苏而言，实在太困难！越是把握不住对方，控制的欲望越是强烈。僵持不下是因为不安全、不放心，对己对人，彼此都在等待对方的妥协。“他们把彼此看得透明透亮。仅仅是一刹那的彻底的谅解，然而这一刹那够他们在一起和谐地活个十年八年。他不过是一个自私的男子，她不过是一个自私的女人。在这兵荒马乱的时代，个人主义者是无处容身的，可是总有地方容得下一对平凡的夫妻。”这对恋人最终的“成功”，代价非常昂贵：“香港的陷落成全了她。但是在这不可理喻的世界里，谁知道什么是因，什么是果？谁知道呢？也许就因为要成全她，一个大都市倾覆了。……到处都是传奇，可不见得有这么圆满的收场。胡琴咿咿哑哑拉着，在万盏灯的夜晚，拉过来又拉过去，说不尽的苍凉故事——不问也罢！”这是一次令人精疲力尽的、以一座城池的沦陷为代价的爱情。是不是每一次“小团圆”，都要付出如此重大的代价？白流苏审视着这“圆满收场”，衰老和苍凉之感，雾一样弥漫。在谈到爱情故事如何收场的时候，鲁迅说：“中国人底心理，是很喜欢团圆的……大概人生现实底缺陷，中国人也很知道，但不愿意说出来；因为一说出来，就要发生‘怎样补救这缺点’的问题，或者免不了要烦闷，要改良，事情就麻烦了。而中国人不大喜欢麻烦和烦闷，现在倘在小说里叙了人生底缺陷，便要使读者感着不快。所以凡是历史上不团圆的，在小说里往往给他团圆；没有报应的，给他报应，互相骗骗。——这实在是关于国民性底问题。”[①]

他们面对的问题相同，但处理方式则有差别。张爱玲反复强调的是“小团圆”而不是“大团圆”。但即使这个小小的团圆愿望，也往往是以悲凉收场。所以，张爱玲笔下“圆满收场”的爱情故事，毕竟罕见。《第一炉香》写情场失意女性的变态生活（试图将所有的人，包括自己的侄女，都作为自己的私产）；《茉莉香片》是一个“恋母情结”的故事；《心经》是一个“恋父情结”的故事；《第二炉香》和

① 鲁迅：《中国小说的历史的变迁》，见《鲁迅全集》第9卷，人民文学出版社2005年版，第326页。

《琉璃瓦》都是些家庭文化对爱情和婚姻的扭曲；《年轻的时候》写爱情幻觉；《红玫瑰与白玫瑰》写婚外恋；《连环套》写现代婚姻制度对女性的伤害；《五四遗事》是对现代爱情和婚姻理想的反讽，“三美团圆”的劣根性将主人公自己的理想彻底埋葬。《小团圆》是一个女性四处突围和苦苦追寻，渴求两个人的“小团圆”而不能的悲剧；“大团圆”的文化好像破产了，实际上已经进入了男人的潜意识，稍有变故，它就会从潜意识溜出来，进入他们的意识，从而毁掉“小团圆”。对女性而言，如张爱玲所写：“生在这世上，没有一样感情不是千疮百孔的。”[①]张爱玲所写的，与其说是爱情，不如说是爱情的渴望、爱情的不可能、爱情的遭遇，不如说是两人之间的“小团圆”在“大团圆”的包围之中遭受摧残的过程。她与其说是在写“爱情”，不如说是在写“战争”，一个人与众多人之间的“战争”，这个人往往是女性，因为男性可以轻而易举地反水到“集团”中去，或者反水到传统文化的堕落生活中去（如嫖赌纳妾）。因此，张爱玲从来也不将爱情当作与世隔绝的美梦。即便如此，张爱玲和她笔下的人物，也没有放弃对家族意义上的“大团圆”的逃离，没有放弃对个体生命意义上的“小团圆”的追求，也没有怀疑“爱情”本身的意义。《色·戒》就是一个例证。王佳芝，原本是要用爱情做诱饵，去实施暗杀敌人易先生的集体计划。但在最后的关头，“爱”的力量突然占了上风。“快跑！”二字，使得她拒绝了一次“大团圆”（或者说将被拒绝），完成了一次“小团圆”（或者说仅仅是在她自己的内心完成的）。而“小团圆”的另一方的易先生，并没有做这样的选择，而是选择了他们自己的“大

① 张爱玲：《留情》，见《红玫瑰与白玫瑰》，北京十月文艺出版社2009年版，第171页。

团圆”（盛九莉、顾曼桢等张爱玲笔下的女性，遭遇莫不如此）。

张爱玲笔下的每一个“爱情”故事，都仿佛是一场隐秘的“战争”，一次各种心理能量激烈的交战，一次“大团圆”的集团文化的词汇，与“小团圆”的个人文化的词汇之间的生死搏斗。但她和她的主人公几乎都是孤军奋战。当我们为她们清扫“战场”的时候，呈现在我们面前的是“尸横遍野”的情景，那正是“集团文化”词汇与“个人文化”词汇交战的结果。大量的词语的碎片，闪烁着现代智慧和美学的凄凉的光芒，这就是今天的年轻一代在反复抄写传诵的，广为流传的张爱玲关于爱情的“格言”。

（十）传奇的时间的诗学

我们已经从不同的角度讨论了张爱玲的小说及其观念世界，接下来要讨论她小说中的“时间”观念，或者叫“传奇的时间的诗学”。张爱玲为什么要将自己的第一本小说集命名为《传奇》呢？它是不是表明一种“文体学”的概念呢？先来讨论一下作为历史文体的“传奇”。无论中国古典文学的“传奇”，还是西方中世纪骑士时代的“传奇”（Romance，罗曼司），都是“宏大历史叙事”的对立面，它强调冒险和奇遇，强调“突然”的时间感，显示出它与历史整体性和时间连续性的脱节关系。中国传奇起源于唐代，但唐代并没有“传奇”的名称，其作品都是模仿史家“纪传体”命名法，如《霍小玉传》《任氏传》《古镜记》《枕中记》等（《金锁记》就像传奇的名字）。鲁迅指出，“传奇”之名初出是贬义的（“贬之曰‘传奇’”）[①]，因为它是一种“悖离史统而以情节新奇见长的叙事散文作品的文体类别”[②]。中国人素来迷恋“历史”的权威性，叙事文体受史传传统影响很深。他们贬低那些不能确证或眼见的事情。而鲁迅则将唐代的传奇文视为“小说”自觉时代的起点（就像他将魏晋时代视为“文的自觉的时代”一样），“小说亦如诗，至唐代而一变……叙述宛转，文辞华艳……在是时则始有意为小说”，并赞赏其“幻设为文”，“作意好奇”的文采、想象力和创造力。[③]经宋、元、明而至清代，还有人将《红楼梦》等涉及爱情婚姻的长篇小说称为传奇。[④]这与起源于西方中世纪的“传奇”概念相近，指的是“一种新的优雅的文学，这种文学把贵族的精神气质和对爱情的崇拜结合在一起”[⑤]。写关于贵族爱情故事的《红楼梦》，就是一个长篇传奇。它开篇就宣称要将“真事隐去”，以“假语村言”，以“荒唐言”和“辛酸泪”，敷衍出一段故事，这个故事“无朝代年纪可考”、“无大贤大忠的事迹”、“只有几个异样女子”。强调“传奇”，就是对“事实”“传记”“历史时间”的偏离，也是对“史统”之外的另一传统（虚构性和想象力）的强调。张爱玲似乎并不满足于将《红楼梦》作为创作中借鉴的起点，而是要回到真正意义上的中国“小说”源头（传奇）去。

① 鲁迅：《中国小说史略》，见《鲁迅全集》第9卷，人民文学出版社2005年版，第73～74页。
② 石昌渝：《中国小说源流论》，生活·读书·新知三联书店1994年版，第144页。
③ 鲁迅：《中国小说史略》，见《鲁迅全集》第9卷，人民文学出版社2005年版，第73页。
④ 石昌渝：《中国小说源流论》，生活·读书·新知三联书店1994年版，第145页。
⑤ ［美］杰拉德·吉列斯比：《欧洲小说的演化》，胡家峦、冯国忠译，生活·读书·新知三联书店1987年版，第7页。

在讨论传奇这一文体的艺术特征的时候，有研究者将“奇异性”（与志怪志人小说的关系）、“进步性”（由神怪世界转向现实人间世界）、“虚构性”（结构完备，情节跌宕，文采出众）等，作为例证。[①] 还有研究者指出，以实录和宗教为目的的志怪小说，压抑了以虚构和娱乐为目的的民间口传文学传统；而以虚构和娱乐为目的的传奇小说，是对志怪小说的实录和宗教特征的再一次反拨。[②] 如果按照这种价值判断和历史描述的尺度，来衡量张爱玲小说的“传奇”性特征，似乎勉强可以发现一些关联性：如人物由英雄（启蒙的，革命的）转向了普通人；功能由启蒙或革命的教化宣传，转向虚构或娱乐的审美。在当下讨论这些话题，其实用不着“传奇”这一概念，而且这种讨论并不能涉及传奇问题本身的观念层面。对张爱玲小说与“传奇”关系的讨论，应该另辟蹊径。

就张爱玲而言，她所说的传奇，与其说是一种历史的“叙事文体”，不如说是一种现代的“意义结构”。“结构”是情节的“空间”关系及其呈现形式。但是，将情节连贯起来的基本原则，是“时间”观念。“传奇空间”，是缺乏价值统一性之时间的空间并置。“传奇时间”，是试图在缺乏价值统一性的空间碎片之间，建立起连贯性的企图。巴赫金借用一个数学科学的概念“时空体”，来讨论小说叙事的时间（空间）主题，将它当作“形式兼内容的一个文学范畴……空间和时间标志融合在一个被认识了的具体的整体中。时间在这里浓缩、凝聚，变成艺术上可见的东西；空间则趋向紧张，被卷入时间、情节、

① 宁宗一主编：《中国小说学通论》，安徽教育出版社1995年版，第340～350页。

② 石昌渝：《中国小说源流论》，生活·读书·新知三联书店1994年版，第141～151页。

历史的运动之中。时间的标志要展现在空间里，而空间则要通过时间来理解和衡量”[①]。我们还是先来看看张爱玲小说中的“时间”要素。首先是“时间”与总体“结构”的关系：

> 请您寻出家传的霉绿斑斓的铜香炉，点上一炉沉香屑，听我说一支战前香港的故事。您这一炉沉香屑点完了，我的故事也该完了。(《第一炉香》开头)

> 这一段香港故事，就在这里结束……薇龙的一炉香，也就快烧完了。(《第一炉香》结尾)

> 克荔门婷兴奋地告诉我这一段故事的时候，我正在图书馆里阅读马卡德耐爵士出使中国谒见乾隆的记载。(《第二炉香》开头)

> 煤气所特有的幽幽的甜味，逐渐加浓，同时罗杰安白登的这一炉香却渐渐的淡了下去。沉香屑烧完了。火熄了，灰冷了。(《第二炉香》结尾)

故事情节的展开过程，无论多么漫长，无论多么复杂曲折，也不过是一炉“沉香屑”的“点燃—熄灭”过程。现代时间的破碎感、不确定感，被笼罩在一种统一的、完整的、没有疑问的烟雾般“时段”

① 《长篇小说的时间形式和时空体形式——历史诗学概述》，见［苏联］巴赫金著，钱中文主编《巴赫金全集》第3卷，河北教育出版社2009年版，第269～270页。

中。这是一种类似于古代说书人的时间感：惊堂木一拍，开始了；惊堂木再一拍，结束了。人世间的种种恩怨情仇，都随着“沉香屑”的烟雾的消失而消失。这与巴赫金所说的欧洲中世纪传奇的时间结构不同。中世纪传奇的情节展开模式，是将两个“时间点”（起点是“相识”，终点是“成婚”）中的“超时间空白”，用骑士冒险历程，即“得到—失去—得到”，来填满，以满足时间上的圆满性。而张爱玲的情节模式常常是“失去—得到—失去”，没有完满的结局。这在文化上是成立的，在心理上是不成立的。因此，赋予小说一个“完形心理学”意义上的圆满时间结构，是张爱玲小说的总体结构特点。这种特点跟《红楼梦》的总体结构是一脉相承的：形式上是梦幻（如黄粱一梦，太虚幻境）、烟雾（如点燃一炷香）、声响（如锣鼓开场，惊堂木一拍）；内容上则是虚无的、悲观的，甚至有点神秘的。

三十年前的上海，一个有月亮的晚上……我们也许没赶上看见三十年前的月亮。……然而隔着三十年的辛苦路望回看，再好的月色也不免带点凄凉。（《金锁记》开头）

三十年前的月亮早已沉下去，三十年前的人也死了，然而三十年前的故事还没完——完不了。（《金锁记》结尾）

上海为了“节省天光”，将所有的时钟都拨快了一小时，然而白公馆里说：“我们用的是老钟。”他们的十点钟是人家的十一点。他们唱歌唱走了板，跟不上生命的胡琴。胡琴咿咿哑哑拉着，在万盏灯的夜晚，拉过来又拉过去，说不尽的

苍凉的故事——不问也罢！（《倾城之恋》开头）

传奇里的倾国倾城的人大抵如此。到处都是传奇，可不见得有这么圆满的收场。胡琴咿咿哑哑拉着，在万盏灯的夜晚，拉过来又拉过去，说不尽的苍凉的故事——不问也罢！（《倾城之恋》结尾）

关于《金锁记》的开头，我在本文一开头就有过分析。《金锁记》和《倾城之恋》的总体结构和时间观，与《第一炉香》和《第二炉香》一样，也是在一瞬间的“时间”点上展开全部的情节。不同之处在于，这里不是“燃香”，而是用“月亮”这种亘古不变的意象，还有声音意象——拉二胡，一个惊心动魄的传奇故事结束了，那二胡“咿咿哑哑”地还在响着，就像人生那说不完的苍凉故事。还有一个特点，两个小说中都出现了“时间”上的错位感，一是永恒的月亮代表的不变的时间感，一是三十年的现代时间，从现在回望三十年前的月亮，产生了一种物是人非的感觉。二是白公馆用的是老钟的时间，全上海都在用的是新的“夏时制”，错开了一小时，所有的故事都发生了。这种对时间错位产生的感受，实际上是通过“空间位移”表现出来的“悲喜剧”。“空间位移”过程中的冒险和成败，也是传奇的重要特征。曹七巧的故事，就是她从“商人”的家庭空间，移到了“贵族”的家庭空间的故事。白流苏和范柳原的故事，就是他们从“贵族”家庭空间，移到脱离家庭的香港旅馆的故事。小说中，空间意义上的争斗成败，与时间意义上的总体结构和氛围是吻合在一起的。

电车轨道像两条光莹莹的，水里钻出来的曲蟮，抽长了，又缩短了；抽长了，又缩短了，就这么样往前移——柔滑的，老长老长的曲蟮，没有完，没有完……如果不碰到封锁，电车的进行是永远不会断的。封锁了。摇铃了。“叮玲玲玲玲玲”，每一个“玲”字是冷冷的一小点，一点一点连成一条虚线，切断了时间与空间。（《封锁》开头）

封锁开放了。“叮玲玲玲玲玲”摇着铃，每一个“玲”字是冷冷的一点，一点一点连成一条虚线，切断时间与空间……封锁期间的一切，等于没有发生。整个的上海打了个盹，做了个不近情理的梦。开电车的放声唱道：“可怜啊可怜！一个人啊没钱！可怜啊可——”（《封锁》结尾）

这是一个典型的时间幻觉结构，也是典型的“传奇时间”的结构，仿佛“洞中方七日，世上几千年”的感觉。一次奇遇，一次邂逅，借助于战争时期的轰炸和道路封锁导致的时间停止才能实现。这种意义指向，与《倾城之恋》也十分相似。

张爱玲为自己的小说所赋予的“时间结构”，具有特殊的意义。那种统一的、完整的、没有疑问的“自然时间”（巴赫金称之为“日常农事的循环时间”[①]），在现代生活和现代都市中的消失，本身就是一个重大的现代性事件。它们被各种各样新奇的现代时间观念所取代：启蒙时间（觉醒—懵懂—觉醒），革命时间（死亡—复活—死亡），

① 《长篇小说的时间形式和时空体形式——历史诗学概述》，见［苏联］巴赫金著，钱中文主编《巴赫金全集》第3卷，河北教育出版社2009年版，第315页。

商业时间（获得—丧失—获得）。剩下最后一个可供选择的时间，就是现代日常生活时间（欲望—宣泄—欲望，性—生育—性，补给—消耗—补给）。日常生活的恶俗细节的展开，也是张爱玲小说中的重要主题，它不可能提供救赎意义。按照巴赫金的观点，这种日常生活是“真正生活的对立面”[①]，在这里，时间不可能获得历史的完整性。张爱玲小说中时间的完整性，尽管不具备历史性，但那种特殊的悲凉美学和时间诗学，为现代启蒙文化和现代日常生活的时间观念，提供了一种新的参照。

（十一）结语：张爱玲的意义

本文通过对“张爱玲研究”的问题史的简略回顾和梳理，对张爱玲在现代文学史中的定位问题的历史反思，对从“文学史”到“小说史”的转换关系及其史学意义的探讨，对张爱玲小说的重新细读，提出从“观念”和“观念史”研究入手，重新审视张爱玲研究史和张爱玲创作的历史意义，并将多个相关的主题，进行了“历史考古”式的梳理。下面将本文的主要观点归纳一下，可能有断章取义的危险，但能够起到提示和备忘作用。

关于观念和观念史。在观念史研究中，要特别强调的是“观念”而不是“思想”。某位作家可能没有系统的“思想”，但不可能没有“观念”，观念是一个人说话（行动）的基本动力和起点。观念作为

① 《长篇小说的时间形式和时空体形式——历史诗学概述》，见［苏联］巴赫金著，钱中文主编《巴赫金全集》第3卷，河北教育出版社2009年版，第315页。

“漫长的历史时段里的中心概念”，“数代人共同世界观的一部分”，“最熟悉的价值”对于创作本身十分重要。张爱玲在创作中清晰传达了自己对人生、世界和历史的观念，以及呈现观念的美学方法。在相对立的观念系列：飞扬—安稳，斗争—和谐，力—美，快乐—悲哀，壮烈（完成）—苍凉（启示），英雄—凡人，浮华—素朴，等等中，张爱玲明显倾向后一组“超时间”观念：安稳、和谐、悲哀、苍凉（启示）、凡人、素朴，并认为这是凶险的历史和变异的人生的“底色”，也是她自己创作的“底子”。

关于风格。面对荒原般“沉重的时代”，张爱玲的写作，没有用碎片去批判碎片，没有用现实去指证现实，也没有用罪恶去审判罪恶，而是殚精竭虑地在收拾颓败的精神残局、整理碎裂的现实经验，就好比一位面对遭到洗劫过后的混乱房间的女人那样，一边承受苦难，一边继续她的日常工作。这是一个悲哀的“形象”，一种凄凉的“表情”，一个苍凉的“身姿”，因而它是属于“美学”，而不是伦理学、社会学和政治学。甚至不是“语言学”的，仅仅是“风格学”的。因为语言是共同的，风格则是作家个人的；语言是喧嚣的，风格是孤独的。张爱玲的写作无论怎样独特，从观念史和文学演化的角度看，其结构、主题、情节模式等，都是五四启蒙文学主潮的重要支脉。

家族糜烂结构。本文从历史角度切入，对张爱玲小说中的家族主题进行了探讨。在“家国结构”的宏大命题面前，张爱玲不选择那些带有暴烈色彩“兄弟争斗”“父子冲突”和“离家出走”的模式，而是部分地继承了《红楼梦》（她理解其悲观厌世的价值立场，但不采用那种解脱的方法）为代表的古典小说传统。张爱玲也不赞同《家》里面的两类典型人物，即传统家族的守灵者的高老太爷们（还有《子夜》中的吴老太爷等），以及他们的对立面、离家出走的高觉慧们，这两种极端的价值取向。张爱玲的笔触更倾向于生活的常态，也就是高家“克字辈”那些人的生活，这是值得浓彩重笔的地方。在巴金的《家》里，这一代人是被忽略的。张爱玲在保守和革命两种激进立场中，选择了普通人的常态的立场，与上文所说的“常态”观念相关，也与启蒙文学思潮的主流相关，只不过选择角度不同而已。因此，张爱玲的小说是一个“家族糜烂”的结构（叙事重心在状态的呈现），与《红楼梦》的“家族颓败”结构（叙事重心在过程的展开）相呼应。传统“家族”向现代“家庭”转型过程中出现的私人生活场景，以及在这一“结构性场景”中缓慢挣扎的人，在张爱玲的写作中占有重要的位置，这也是她的创作的重要贡献之一。

家族文化和团圆文化的局外人。“家国结构”统一性消失，“家族结构”完整性被毁坏，最终导致价值意义上的“无家无父”状态，以及思想观念上的“乱性”，其结果势必产生无数“文化私生子”，还有来历不明的价值观念和行为准则。这些就是中国现代文学史中大批“另类形象”——疯狂者、孤独者、零余者、漂泊者、革命者等——出现的缘由。张爱玲是一个例外。她塑造的是中国现代文学主流中的“另类形象”之外的“另类形象”，即“集团文化”或“家族团圆文化”的局外人，家庭盛宴的局外人，也是五花八门的新集团文化的局外人。她笔下的人物并不是摧毁者、叛逆者、逃亡者，而是集团文化边缘上的张看者、承受者、感知者。张爱玲的写作，正是瞄准了这样一些被忽略的人，一些唯一的精神寄托（家族文化）被剥夺殆尽的人，一些在“大团圆”文化的红烛照不到的阴影里埋怨的人，一些在大公馆客厅边缘的角落里啜泣的人，一些在“集团生活”之外的“局外人”。她写的是那些在阴魂不散的家族文化及其变种的“新集团文化”之中活着，却又被排除在外的“人”及其悲哀；写那些生活在物质之中的焦虑不安的灵魂。他们或许并不缺衣少食，或许并不缺乏居所，甚至也不是“无产阶级”。但他们的生活却疑问重重、问题多多，充满了悲哀和悲凉。她们或者同样有“家庭”有丈夫，却得不到正常的关爱，只有在时间的灰烬中慢慢地枯萎！张爱玲的选择，如果从“人的文学”角度看，毫无疑问属于五四文学的主流之一脉。

关于物质文化和匮乏主题。张爱玲生活过的地方：上海、香港、天津，既是中国近现代文化冲突和交融的前沿，也是现代器物最为发达的城市，又是张爱玲写作的主要背景。乡村是情感的和道德的，城市是理性的和智慧的。这种智慧，既包括与陌生人交际的智慧，也包括人与物打交道的智慧。特别是女性，即便在最困苦的岁月，也能够从“物”中找到安慰，也会被一些与重大历史事件不相干的细节（颜色、味道、声音、线条等）所吸引。张爱玲的作品中有大量关于“物”的内容。这背后有一种建立在现代社会分工、物质体系之上的，“反道德”意义上的“新道德”。与大都市的物质世界对人的“异化”相比，乡村的赤贫状态也是她关注的话题。城市的荒凉是心灵荒凉的比喻性说法。乡村的荒凉，则是这个词的本义。张爱玲写作的那个时代，中国乡土世界物质相当匮乏，她的一些小说看似写了“饥饿”主题，但在这一表象的底下，揭示了“饥饿”的意识形态内涵，即作为“自然物”的食品，被迫转化为“道德物”的食品的过程。

关于爱情主题。张爱玲所写的与其说是爱情，不如说是爱情的渴望、爱情的不可能、爱情的遭遇；不如说是两人之间的“小团圆”，在“大团圆”的包围之中遭受摧残的过程。她与其说是在写“爱情”，不如说是在写“战争”，一个人与众多人之间的“战争”，这个人往往是女性，因为男性可以轻而易举地反水到“集团”中去，或者反水到传统文化的堕落生活中去（如嫖赌纳妾）。因此，张爱玲从来也不将爱情当作与世隔绝的美梦。张爱玲的“爱情”故事，都是一场场隐秘的“战争”，一次心理能量激烈的交战，一次“大团圆”的集团文化词汇，与“小团圆”的个人文化词汇之间的生死搏斗。她和她的主人公几乎都是孤军奋战。当我们为她们清扫“战场”的时候，呈现在我们面前的是“尸横遍野”的情景，那正是“集团文化”词汇与“个人文化”词汇交战的结果。大量的“词语”的碎片，闪烁现代智慧和美学的凄凉光芒，这就是今天的年轻一代在反复抄写传诵的，广为流传的张爱玲关于爱情的“格言”。

关于时间感的问题。张爱玲为自己的小说所赋予的“时间感”，也就是一种“传奇时间结构”（燃香的时间、说书人的时间、静止的时间、封锁的时间，等等），具有特殊意义。那种统一的、完整的、没有疑问的“自然时间”，在现代生活和现代都市中的消失，本身就是一个重大的现代性事件。它被各种新奇的现代时间观念取代：启蒙时间（觉醒—懵懂—觉醒）、革命时间（死亡—复活—死亡）、商业时间（获得—丧失—获得）。剩下最后一个可供选择的，就是现代的日常生活时间（欲望—宣泄—欲望，性—生育—性，补给—消耗—补给）。日常生活的恶俗细节的展开，也是张爱玲小说中的重要主题，它不可能提供救赎意义。张爱玲小说中“时间结构”的完整性，尽管不具备历史性，但那种特殊的悲凉美学和时间诗学，为现代文化观念和日常生活的艺术化的可能性，提供了新的参照。

四

施蛰存的观念与艺术

（一）引论

2011年，我自己给自己设置了一个课题，叫“民国作家新论”，计划对民国时期的一些代表性作家进行再评价。所谓的“再评价”，当然不是做时髦的“翻案文章”，而是我自己与那些老作家及其老作品的“再相遇”，与20世纪文学和文学史的“再对话”。这个自设“课题”断断续续地持续了几年，如今来检阅成绩，不过几篇论文而已，一篇“废名论”，一篇“张爱玲论”，还有“阿Q新论”等几篇短文，合起来也就十几万字，实在是够慢的。慢的主要原因是阅读量太大，写每一个作家论，都要读完他们的全集和评价史的材料。而且我又没有把研究一位作家或一部作品的心得，写成一本书的习惯。更令人沮丧的是，并非每读完一位作家的作品之后都可以动笔，比如，读完李劼人和沈从文的全部文学作品之后，我当时并没有写作的冲动，只好暂时搁置。当我不打算再写这个“民国作家新论”系列的时候，遇到我的同事在主编“民国文学研究丛书”，力邀我加盟，我只好重新开始这个几近中断的课题，并答应再增加一到两篇“作家新论”。

这次我选择了“施蛰存论”这个题目。关于施蛰存[①]先生我想多说几句。他是我景仰的学者和作家，他的天真、随和、赤诚有口皆碑。读研究生的时候，中文系有一门“拜访名师”的选修课，算1个学分，主要是拜访当时健在的著名作家和学者，比如，文学研究会成员兼乡土文学代表作家之一的许杰先生；北京女子高师“四公子”[②]之一兼《诗经》研究专家程俊英先生；还有“新感觉派”作家兼唐诗宋词、金石碑帖研究专家施蛰存先生；等等。那时候，年近90岁的施蛰存先生，正蜗居在上海愚园路的“北山楼”，穿着加厚的棉睡袍，忙于接待来自国内外的学者、文化记者，还有各类学生，解说中国“现代派”。我的导师在讲授“比较文学导论”课的时候，也经常提到施先生的名字。但由于我自己的疏懒，错过了拜访施蛰存先生亲聆教诲的机会，现在想来颇有几分遗憾。

为中国现代作家作“论”是有难度的。因为那个时代的作家，大多集学者、作家、翻译家等多重身份于一身，他们学贯中西、文体多

① 施蛰存（1905—2003），原名施德普，笔名施青萍、安华等。现代作家、编辑家、翻译家、古典文学专家。江苏松江（1958年11月后属上海市）人，曾就读于之江大学、上海大学、震旦大学。民国时期任教于云南大学、厦门大学、暨南大学、光华大学，1952年后任华东师范大学教授。20世纪20年代参与《文学工场》《无轨列车》、水沫书店、第一线书店编辑出版工作，30年代主编《现代》杂志，成为中国“现代派”文学重要译介者和实践者，史称“新感觉派”之代表。1933年因“向青年推荐书目”事件与鲁迅发生争论。1949年后主要从事古典文学教学研究和文学翻译工作。1957年被错划为“右派”（1979年平反）。1986年退休。1993年获“上海市文学艺术杰出贡献奖”。1995年获“亚洲华文作家文艺基金会敬慰奖”，被誉为“中国新文学大师”。除翻译作品外，出版十卷本《施蛰存全集》。（主要参考沈建中编撰《施蛰存先生编年事录》，上海古籍出版社2013年版。）

② 苏雪林撰写的自传《浮生九四》（见《苏雪林自传》，江苏文艺出版社1996年版），还有程俊英与作家蒋丽萍合作撰写的《女生·妇人——“五四”四女性肖像》（上海文艺出版社1995年版）中，都提到北京女高师“四公子”为：庐隐、王世瑛、陈定秀、程俊英。

样、四面开花。鲁迅、郭沫若、茅盾自不待言，周作人、废名、钱锺书等人也莫不如是。施蛰存当然属于这种“四面开花”的学者型作家之一，为他作“论”的难度可想而知。施蛰存将自己的书斋，命名为“北山楼”（实为书斋、客厅、饭厅多功能合一的朝阳小居室[①]），因有“北山四窗”之说。据他自己的解释是这样的：“我的文学生活共有四个方面，特用四面窗来比喻：东窗指的是东方文化和中国古典文学的研究，西窗指的是西洋文学的翻译工作，南窗是指文艺创作，我是南方人，创作中有楚文化的传统，故称南窗。”[②]“北窗为金石碑版之学。”[③]“东窗”者，以《唐诗百话》《北山楼词话》等为代表；“西窗”者，以他所翻译的文学名著薄伽丘《十日谈选》、尼克索《征服者贝莱》、司各特《劫后英雄》、显尼志勒《多情的寡妇》等为代表；“北窗”者，以《金石丛话》《北山谈艺录》等为代表；“南窗”者，以《上元灯》《将军底头》《梅雨之夕》《善女人行品》《小珍集》等为代表。“九叶派”诗人王辛笛为施蛰存所写的百岁贺寿诗，浓缩地概括了施蛰存先生一生的成就和影响：“上元灯照北山诗，译海词章寓

① 参见倪蕊琴《难忘的教益——解读施蛰存先生这部浩瀚巨著的启示》，见陈子善编《夏日最后一朵玫瑰——记忆施蛰存》，上海书店出版社2008年版，第73页。

② 言昭：《北山楼头“四面窗”——访施蛰存》，《大公报》1988年7月16日，转引自施蛰存、孙康宜著，沈建中编《从北山楼到潜学斋》，上海书店出版社2014年版，第193页。

③ 陈文华：《百科全书式的文坛巨擘——追忆施蛰存先生》，见华东师范大学老教授协会组编《师魂——华东师范大学老一辈名师》，华东师范大学出版社2011年版。

蛰思。初度期颐春未老，人间共仰谪仙姿。”[①]

在施蛰存的“北山四窗”中，除“南窗”之“文学创作”外，其他“三窗”（古典文学研究、外国文学翻译、金石碑帖研究）本文置喙空间不大。本文仅以民国时期施蛰存的文学创作为研究对象。因此文章标题实在应该改为“民国作家施蛰存论”，这正合了“民国作家新论”之初衷。施蛰存的文学创作，主要集中在1923年至1937年之间，出版过9个单行本短篇小说集（收入《施蛰存全集》第1卷）[②]，散文集2部（《灯下集》《待旦录》），自编新诗集1部（名《纨扇集》，收录新诗25首，见《施蛰存全集》第10卷。1936年计划收入戴望舒主编的《新诗社丛书》，1984年又计划收入周良沛主编的《袖珍诗丛》，均未见出版）。这就是本文研究的大致范围。其他内容，只在必要时有所涉及，不做专门讨论。此外，除了开篇时对相关史料做简要陈述和分析，本文主要研究对象是施蛰存的文学创作，并特别将重点放在对他的创作的艺术分析上。

① 王辛笛：《奉祝蛰存先生期颐健康长寿》，转引自陈子善编《夏日最后一朵玫瑰——记忆施蛰存》，上海书店出版社2008年版，第372页。“人生十年曰‘幼’，学。二十曰‘弱’，冠。三十曰‘壮’，有室。四十曰‘强’，而仕。……百年曰‘期颐’。期犹要也。颐，养也。”（见《十三经注疏·礼记正义》，北京大学出版社1999年版）施蛰存2003年虚龄100岁，同年11月逝世。

② 9个小说集为：1923年自费出版的《江干集》，1928年上海亚细亚书局的《娟子姑娘》，1929年上海水沫书店的《追》，1929年上海水沫书店的《上元灯》，1932年上海新中国书店的《将军底头》，1932年上海良友图书公司的《李师师》，1933年上海新中国书店的《梅雨之夕》，1933年上海良友图书公司的《善女人行品》，1936年上海良友图书公司的《小珍集》。1996年，施蛰存将这些小说编为5集，共56篇，另有“集外”48篇（《江干集》24篇，其他24篇），共计100篇，题为《十年创作集》。

（二）施蛰存与鲁迅观念之异

在中国现代文学史上，特别是现代文学的“第二个十年”中，施蛰存是一位风云人物。究其原因，一是他的文学创作的探索性、前卫性引人注目；二是他身处上海这一“第二个十年”的文化中心，加上他参与或者主持的报刊出版社，当时产生的巨大影响力。因此，他经常自觉不自觉地卷入各种派系之争，尽管这并非他的本意。其中影响较大的论争有两次，一是关于“第三种人”的论争，二是关于“庄子与文选”的论争。前者与施蛰存没有直接的关系，后面这件事中施蛰存是主角之一。

1981年施蛰存就“第三种人”之争的问题写过文章予以澄清：“对于‘第三种人’问题的论辩，我一开头就决心不介入。一则是由于我不懂文学理论，从来没写理论文章。二则是由于我如果一介入，《现代》就成为‘第三种人’的同人杂志。在整个论辩过程中，我始终保持编者的立场，并不自己认为也属于‘第三种人’——作家之群。十多年来，鲁迅著作的注释中，以及许多批判文章中，屡见不鲜地说我是‘自称为“第三种人”’，这是毫无根据的，我从来没有‘自称’过。”[①]施蛰存既没有自称“第三种人”，也没有参与这一争论，但似乎也脱不了干系，施蛰存认为，这大概与“庄子与文选”事件有关。所以这里先插入一段施蛰存与鲁迅之间发生论争的往事。这件事情与本文并无直接关系，但因事关重大，所以要简略描述一下。

在论争之前，施蛰存与鲁迅的关系还算正常，属于编者与作者

① 施蛰存：《〈现代〉杂忆》，见《施蛰存全集》第2卷，华东师范大学出版社2011年版，第277页。

（施蛰存为《现代》杂志和“第一线书店”的编辑）的关系。1930年前后，施蛰存（经冯雪峰联络）和鲁迅合作编辑出版了《马克思主义文艺论丛》7种。《现代》杂志刊发过鲁迅不少文章，1933年2月，施蛰存还冒险刊发了鲁迅纪念“左联五烈士”的长文《为了忘却的纪念》。但1933年9月，突然祸起萧墙。起因是上海《大晚报》通过一张表格，向作家征集“目下在读什么书”和“要介绍给青年的书”。施蛰存在“目下在读什么书”一栏中填了一本“新批评”理论家李却兹（Richards，又译瑞恰慈）的书，一本佛教读物，一本传记。而在“要介绍给青年的书”一栏中，施蛰存填了《庄子》与《文选》（本来他还想填上《论语》《孟子》和《颜氏家训》三本，但因表格的空行太小而未写）。我们知道，鲁迅早在1925年就公开说，中国年轻人要少读甚至不读中国书，多读外国书。对此施蛰存好像并不赞成，因为外国书和中国书他都喜欢读，特别喜欢《庄子》，还说自己“以老庄思想为养生主”[①]。10月6日，鲁迅化名“丰之余”，在《申报·自由谈》上发表《重三感旧》，讽刺推荐《庄子》和《文选》的施蛰存为穿洋服缺少辫子的“老新党”。10月8日，施蛰存在《申报·自由谈》发表了《〈庄子〉与〈文选〉》，为自己的推荐书目作解释，说因为自己觉得年轻人写文章“太拙直，字汇太少”，能多读一些古代文学经典，至少“可以扩大一点字汇”，还可以增加文学修养。我认为，施蛰存这种想法非常正确，那种满脑子观念、对世界缺少感受力的人，最直接的一个表征，就是大脑里的词汇量太少，写的文章干枯、僵硬。后来“丰之余”在《申报·自由谈》上发表了上、下两篇《“感旧”

① 施蛰存:《怀念李白凤》，见《施蛰存全集》第2卷，华东师范大学出版社2011年版，第262页。

以后》，认为推荐古籍是用文言文打压白话文，是“拿出古字来嘲笑后进的青年”。10月19日，施蛰存在《大晚报》上发表《推荐者的立场》一文，对自己因推荐中国古典著作而惹出的口舌之祸深感烦恼，说当初如果将推荐书目改为鲁迅先生的书就好了，口气中暗含了对鲁迅的讽刺。10月20日，施蛰存在《申报·自由谈》上发表《致黎烈文先生书——兼示丰之余先生》，文章就鲁迅的读书主张进行了驳论。因为鲁迅说过：“要少——或者竟不——看中国书，多看外国书。少看中国书，其结果不过不能作文而已。但现在的青年最要紧的是‘行’，不是‘言’。只要是活人，不能作文算什么大不了的事。”[①]施蛰存推论，按照鲁迅的逻辑，不读中国书大不了不会写文章。这说明写文章与读中国书有关系。既然要讨论写文章的事，那还是要提倡读中国书的。鲁迅自己的文章中也有中国书《庄子》的影响。轮到“丰之余”写《扑空》一文的时候，52岁的鲁迅，已经没有耐心再跟28岁的施蛰存玩逻辑和修辞了，便突然露出了杀招，说施蛰存只有“无端的诬赖，自己的猜测，撒娇，装傻”。文章最后直斥施蛰存为“洋场恶少”。10月29日至11月1日，《申报·自由谈》连续4天刊载施蛰存的《突围》，对跟着“丰之余”起哄，一窝蜂地扑上来批评他的人（如曹聚仁、陈子展、高植、周木斋等），一一作了回应。[②]最后，施蛰存认为这种论争是“无谓”的，“凡是动了意气的争辩文字，写的

① 鲁迅：《青年必读书》，见《鲁迅全集》第3卷，人民文学出版社2005年版，第12页。

② 本文所引这次争论的材料，见《施蛰存全集》第3卷，华东师范大学出版社2011年版；《鲁迅全集》第5卷，人民文学出版社2005年版。

时候总是爽快的，但刊出了之后不免要后悔”[①]。

这次论争带来的后果之严重是难以估量的，尤其是“洋场恶少”的污名，在1949年之后的历次政治运动中，都成了施蛰存的一项重要“罪状”（这一切当然与鲁迅没有直接的关系）。[②]1956年，施蛰存拜谒虹口公园鲁迅墓之后，于10月23日在《文汇报》发表了古体诗《吊鲁迅先生诗并序》，诗中充满对鲁迅的尊重和怀念，评价也十分准确公允。这也是施蛰存的古体诗中我所钟爱者之一。诗云：“灵均好修姱，九死不违道。渊明矢夙愿，沾衣付一笑。谔谔会稽叟，肝胆古今照。沥血荐轩辕，风起猛虎啸。高文为时作，片言立其要。……我志在宏文，公意重儒效。青眼忽然白，横眉嗔恶少。……感旧不胜情，触物有余悼。朝阳在林薄，千秋励寒操。”[③]“灵均九死”，喻鲁迅先生。“渊明一笑”，施蛰存自比。“沥血”与“虎啸”，喻鲁迅之德行。“高文”兼“言要”，状鲁迅之风格。“宏文”对“儒效”，言彼此志向之差别，即诗序中“乐山乐水，识见偶殊。宏道宏文，志趣各别”之谓。“青眼”转“横眉”，鲁迅变脸貌也，陈二人交际与论争之往事。最后以“千秋励寒操”作结，呼应开篇之“九死不违道”，诗心高远，意深辞妙。“谔谔”者，直言雄辩、挺拔不阿貌，“会稽叟”如在目前，“旧恩怨”烟消云散。

施蛰存这首诗，集中地概括了他自己与鲁迅的价值观、人生观和

① 施蛰存：《突围》，见《施蛰存全集》第3卷，华东师范大学出版社2011年版，第481页。

② 对这次论争的深入评论，见王福湘《“洋场恶少”与文化传人之辨——施蛰存与鲁迅之争正名论》，《鲁迅研究月刊》2013年第2期。

③ 施蛰存：《吊鲁迅先生诗并序》，见《施蛰存全集》第10卷，华东师范大学出版社2012年版，第111～112页。

美学观之间的差异。时过境迁，水落石出。今天在我看来，在“庄子与文选”的争论之中，施蛰存的观点应该是可以接受的，而鲁迅“不读中国书，多读外国书”的观点则过于偏颇。如果今天再要给青年推荐书目，依然可以将《庄子》和《文选》列入，施蛰存当年没有填上的几本书，如《论语》《孟子》《颜氏家训》，也可以补上。

（三）评价史上的赞誉和贬损

对施蛰存的研究和评价，民国时期有郁达夫、沈从文、苏雪林、楼适夷、钱杏邨（阿英）等，当代有夏志清、司马长风、李欧梵、孙康宜、严家炎、吴福辉等。具体的观点本文不打算做详细述评，综述文章可参见黄德志《施蛰存研究述评》(《徐州师范学院学报》1996年第4期)、孔令云《近80年来施蛰存研究述评》(《鲁东大学学报》2008年第3期)等。但有一点很明显，研究者过多地关注施蛰存的创作与“新感觉主义”“现代主义”“心理分析小说”等概念之间纠缠不清的关系，当涉及作品研究的时候，却又出现两极分化、水火不容的观点。这一特点在民国时期就十分明显。我发现，以沈从文和苏雪林为代表的一方，以楼适夷和钱杏邨为代表的另一方，赞美与批评水火不容，实在是文学批评史上的一个典型案例。比如，沈从文赞美的作品，被楼适夷批得体无完肤；而被沈从文宣判为失败之作的《追》，在楼适夷那里却成了“刚捷矫逸的作品”。沈从文是从文学或者艺术感受的角度讨论问题，而楼适夷是从政治意识形态的角度、从观念的角度讨论问题。

沈从文[①]对施蛰存的创作评价极高。在《论施蛰存与罗黑芷》一文中，沈从文对施蛰存的创作有这样的评价："略近于纤细的文体，在描写上能尽其笔之所诣，清白而优美，施蛰存君在此等成就上，是只须把那《上元灯》一个集子在眼前展开，就可以明白的。柔和的线，画出一切人与物，同时能以安详的态度，把故事补充成为动人的故事，如《上元灯》中《渔人何长庆》《妻之生辰》《上元灯》诸篇，作者的成就，在中国现代短篇作家中似乎还无人可企及。《栗与芋》，从别人家庭中，见出一种秘密，因而对人生感到一点忧愁，作风近于受了一点周译日本小说集中之《乡愁》《到纲目去》等暗示而成。然作者所画出的背景，却分明的有作者故乡松江那种特殊的光与色。即如写《闵行秋日纪事》，以私贩一类题材，由作者笔下展开，也在通篇交织着诗的和谐。作者的技巧，可以说是完美无疵的。"沈从文认为施蛰存小说集《上元灯》的成就，在"中国现代短篇作家中似乎还无人可企及"，其小说技巧"完美无疵""较冯文炳尚为人欢喜"。沈从文特别提到作者的创作姿态，"仿佛作者是含着笑那样谦虚，而同时，还能有那种暇裕"，"安详的看一切，安详的写出，所谓从容，是《上元灯》作者的所有"。在总体肯定的基础上，沈从文也批评了施蛰存那篇"革命加恋爱"题材的小说《追》的失败之处，以及对底层社会的隔膜。[②]而苏雪林对沈从文所指出的施蛰存的这些"缺点"，却有另外

① 沈从文（1902—1988），原名沈岳焕，湖南凤凰人。现代著名作家、文物研究专家。1924年开始文学创作，著有小说《长河》《边城》，散文集《湘行散记》等，20世纪30年代在青岛大学任教。全面抗战爆发后到西南联大任教，1946年回北京大学任教，1949年后在中国历史博物馆和中国社会科学院历史研究所工作，主要从事中国古代历史文物研究。著有《沈从文全集》共32卷。

② 沈从文：《论施蛰存与罗黑芷》，见《沈从文全集》第16卷，北岳文艺出版社2002年版，第171～176页。

的解释。

苏雪林①对施蛰存的作品十分偏爱，视其小说集《将军底头》，为五四以后新文学中最优秀的作品之一，并说“叫我故作违心之论去赞美那些徒以善喊革命口号，徒以善于骂人而艺术粗糙拙劣不堪一读的大师们作品，宁可欣赏我所偏爱的东西”，“施蛰存以一身拥有‘文体作家’‘心理小说家’‘新感觉派作家’三个名号，虽然他自己对于这些名号一个也不承认，但就他已发表的文字看来，则他对于上所举的三派作风都有些相近，不过心理色彩更较其他为浓厚罢了”。在《心理小说家施蛰存》中，苏雪林通过“二重人格的冲突”“变态性欲的描写”“近代梦学的运用”三个角度，分析了施蛰存小说的“心理分析”特色，对《鸠摩罗什》《石秀》《阿襤公主》《将军底头》等小说，进行了细致分析，应该是最早研究施蛰存小说创作中的心理分析特色的论文。苏雪林分析《鸠摩罗什》的时候说：“施蛰存写鸠摩罗什天人交战之苦，都从正面落笔，细腻曲折，刻划入微。用了十二分魄力，十二分功夫，一步逼入一步，一层透进一层，把这个极不易写的题目写得鞭辟入里，毫发无遗憾而后止。”苏雪林还讨论了施蛰存小说的文体风格，特别提到其叙事文体与“旧文学”之间的继承关系：“他华丽的辞藻大都由旧文学得来。据他作品所述，我们知道他很爱李商隐的诗，而且自己所做的旧诗也是这一路。玉溪诗素有‘绮

① 苏雪林（1897—1999），女，现代作家、文学评论家、学者。祖籍安徽，又名苏梅，笔名绿漪。北京高等女子师范学校毕业，20世纪20年代留学法国，归国后任教于东吴大学、沪江大学、安徽大学、武汉大学。1952年后任台湾师范大学、成功大学教授，1973年退休。1999年8月归葬安徽黄山。著有散文集《绿天》（1928），长篇小说《棘心》（1929），历史小说集《蝉蜕集》（1945），学术著作《李义山恋爱事迹考》（1927）、《中国文学史》（1972）、《屈赋新探》（1973），四卷本《苏雪林文集》（1996），等等。

密瑰妍’之评，施氏创作小说，文藻的富丽与色泽的腴润，亦可当得起这四个字，则他的艺术一定大有得于李诗。”“结构的谨严与刻划的细腻，也是施蛰存艺术上的特色。粗疏、松懈、直率、浅露，大约是一般新文学家的通病，施氏独在结构刻划上用心。”“蒋心余题《袁枚诗集》云‘古今惟此笔数支，怪哉公以一手持’，作家仅能表现一种作风，不足称为大家，模拟他人或步趋时尚者，其作品形式亦不能推陈出新，戛戛独造。施氏文笔细致美丽，写古事小说固然游刃有余，写下等社会的情形，则好像有点不称，但他居然能在《将军底头》《李师师》之外，写出《追》《雄鸡》《宵行》《四喜子的生意》等篇，对于下等社会的简单的心理，粗野的态度，鄙俚的口吻，模拟尽致，于鲁迅等地方文艺之外另树一帜，不能不说难能了。”①

与沈从文和苏雪林等人的高度赞赏正相反，左翼文学界对施蛰存的批评，基本上是否定性的，其中以楼适夷的《施蛰存的新感觉主义——读了“在巴黎大戏院”与“魔道”之后》一文为代表。②该文刊登在左联外围杂志《文艺新闻》。文章说，《在巴黎大戏院》和《魔道》“几乎是完全不能捉摸的，一个有闲阶级的青年，和一个摩登女子在影戏院中的一段心理纠葛（《在巴黎大戏院》），或是一个作Week-end旅行的Salargn-an，一段怪异的心理幻象（《魔道》）”。“也许是受了法国最近流行的surrealism的影响，但比较猎涉了些日本文

① 苏雪林：《心理小说家施蛰存》，见沈晖编《苏雪林文集》第3卷，安徽文艺出版社1996年版，第342～347页。

② 楼适夷（1905—2001），现代作家、翻译家，浙江余姚人。早年参加太阳社，曾留学日本，1931年回国，从事左联和“文总”的党团工作。历任《新华日报》副刊编辑，中华全国文艺界抗敌协会理事，新四军浙东行署文教处副处长，《新华日报》编委。1949年后任人民文学出版社副社长、副总编辑。

学的我，在这儿很清晰地窥见了新感觉主义文学的面影，甚至是有一派所谓Nonsense文学者的面影，但是无论是surrealism或新感觉派和Nonsense文学，他之产生，是有共同的社会阶级的背景的。”“这便是金融资本主义底下吃利息生活者的文学，这种吃利息生活者，完全游离了社会的生产组织，生活对于他，是为着消费与享乐而存在的，然而他们相当深秘与复杂的教养，使他产生深秘与复杂的感觉，他们深深地感到旧社会的崩坏，但他们并不因这崩坏感得切身的危惧，他们只是张着有闲的眼，从这崩坏中发见新奇的美，用这种新奇的美，他们填补自己的空虚。”这种“新感觉主义的美，总是离不了浓郁的Erotic和Grotesque的”，“都是变态的性质”。“总之，这两篇作品所代表着的，乃是一种生活解消文学的倾向。在作者的心目之中，光瞧见崩坏的黑暗的一面，他始终看不见另一个在地底抬起头来的面层。从文学上说，我知道作者曾经写过《追》那样的刚捷矫逸的作品，也很写实地写过《阿秀》那样现实的作品，但是在一个巨大的白的狂岚之下，作者却不肯坚决地，找自己的生活，找自己的认识，只图向变态的幻象中作逃避，这实在是很不幸的事，以作者那样的文学的才智。”①这种不中不西、不文不白的评论文章，实在写得不怎么样。

钱杏邨②在写1931年度文学总结的时候，支持了楼适夷的观点，

① 楼适夷：《施蛰存的新感觉主义——读了“在巴黎大戏院”与“魔道”之后》，《文艺新闻》第33期，1931年10月26日。

② 钱杏邨（1900—1977），笔名阿英，安徽芜湖人。现代剧作家、文艺理论家、古典文学专家。1926年参加中国共产党，1927年与蒋光慈等发起组织“太阳社”。1941年在新四军参与文化领导工作，1946年任中共华东局文委书记，1949年后任天津市文化局长、全国文联副秘书长等职。著有小说《义冢》，散文集《夜航集》，剧本《碧血花》《李闯王》，学术著作《现代中国文学论》《晚清文学丛钞》等。

认为“适夷的批评与指示是完全正确的，不但他所论的两篇是如此，就是想尝尝丈夫所做的莼羹的味道的弗洛依特式的心理描写的《莼羹》（引按：此处分析似不恰当，详见后文），和由于爱不着潘巧云而加以杀害的变态恋爱心理描写的《石秀》也是如此。总之，施蛰存所代表的这一种新感觉主义的倾向，一面是在表示着资本主义社会崩溃的时期已经走到了烂熟的时代，一面是在敲着金融资本主义底下吃利生活者的丧钟。”①

从20世纪30年代开始，施蛰存本人从未接受过这个“新感觉主义”的命名，一再声明这是一种误解。1933年5月他就说过：“后两篇（引按：《在巴黎大戏院》《魔道》）的发表，因了适夷先生在《文艺新闻》上发表的夸张的批评，直到今天，使我还顶着一个新感觉主义者的头衔。我想，这是不十分确实的。我虽然不明白西洋或日本的新感觉主义是什么样的东西，但我知道我的小说不过是应用了一些Freudism（弗罗乙特的心理分析学说）的心理小说而已。”②关于施蛰存与“新感觉派”之关系的评价史，有学者做过详细考证和述评③，这里不再赘述。我尊重施蛰存自己的观点，并认为那种乱贴标签的批评是无效的。所谓的“新感觉派”的标签，还有“心理分析小说”等其他各种标签，除写论文、答考题之外，基本上没有什么意义。这种四处张贴的标签，就像城市街道上的“牛皮癣”广告一样，它严重影

① 钱杏邨：《一九三一年中国文坛的回顾》，见《阿英全集》第1卷，安徽教育出版社2003年版，第590页。

② 施蛰存：《我的创作生活之历程》，见《施蛰存全集》第1卷，华东师范大学出版社2011年版，第632页。

③ 王福湘：《心理分析与新感觉派之辨——为施蛰存正名，与严家炎商榷》，《南京师范大学文学院学报》2013年第2期。

响了对施蛰存的文学创作的评价。还有20世纪80至90年代，国内外的学者和记者不断地采访他，无非关心两个问题，一是作者的命运和遭遇，二是现代派文学的命运，要封他为中国现代派文学的鼻祖，所以总在纠缠着“新感觉”“心理分析”之类的概念上，把老人都弄糊涂了，不得不顺着提问者的思路走。1989年接受记者采访时，施蛰存说：“楼适夷把我一锤定音，说我是‘新感觉主义者’，其实这是不十分确实的。近年来，我又被严家炎、吴福辉等诸位同志发掘出来，居然成为时行的文风，在我自己是心里明白，觉得可悲。”①卷入意气之论、口号之辩、概念之争，实非他乐于见到的。因此，摆脱概念之争，摆脱观念上的既定成说，强化施蛰存研究中的文学（美学）视角，是急需的且有意义的工作。

（四）朴拙风格与“不适的诗学”

读民国时期作家的作品，跟读1949年之后或者1979年之后作家的作品，可以发现他们在叙事语言上的明显差别。我不想用语言上“成熟”“不成熟”这样简单的判词来评价，而是注意到语言表达与经验或者体验之间的关系。我有一种直观感受，阅读某些民国作家的作品，仿佛看到的是一位刚进城的乡下少年的形象，有点拘谨、寡言、木讷。他们不像上海洋场上那些汉语中夹杂着洋文的能说会道的人，

① 施蛰存:《用全新的文学意识创作具有现代意义的新小说——答〈解放日报〉记者查志华问》，见《施蛰存全集》第10卷，华东师范大学出版社2012年版，第479～480页。

也不像北京皇城根下见多识广的京油子。民国时期的一些作家，对剧变时代的新事物反应敏感，但在生活经验转化为艺术经验的过程中显得局促，语言似乎不够用，或者说他们无法随意地使用语言，更不愿放肆地使用语言，因而显得局促而“朴拙”。说到这类作家，我想到的是废名、沈从文、施蛰存等人。综观他们的创作，都有一个从“朴拙”开始，并逐渐将这种“朴拙”风格化的过程。周作人在谈到废名小说语言的时候说：废名的语言和叙事风格“平淡朴讷”，新文学不缺流畅华丽的风格，缺的是“简洁而有力的写法”，有中国文字传统中的含蓄之古典趣味，这在当时文学创作中欧化句式风靡的时刻，是难能可贵的。[①]周作人将“朴讷”与“平淡”“简洁”“有力”放在一起，其实就是肯定风格化之后“朴拙”所产生的总体艺术效果。“朴拙”，是一个带褒义色彩的词汇，其实就是“笨拙”，或者叫“可爱的愚笨”，或许是“大智若愚”的一种初级表现形式，如西方文学中有“傻子”原型，俄罗斯文学中有“圣愚”形象。[②]这几种说法，其内在精神是一脉相承的。在智性发达的现代文化中，它显得尤其难能可贵。废名、沈从文和施蛰存等人，创作初期的语言风格都显得“笨拙”。恰恰是这些从“笨拙”开始的作家，其写作一直持续到20世纪40年代末，显示出旺盛的创造力，并将经验意义上的“笨拙”，转化为风格意义上的“朴拙”。

当然也有非“朴拙”风格的作家，一开始创作就显示出“流畅”的语言风格。但是流畅也有不同的类型，一种是艺术上的流畅，一种

① 参见周作人《竹林的故事序》和《桃园跋》，见《苦雨斋序跋文》，河北教育出版社2002年版，第102～103页。

② 张柠：《为思想史中的异端立传——读〈理解俄国〉》，《励耘学刊（文学卷）》第19辑，学苑出版社2014年版，第100～110页。

是失控或鹦鹉学舌式的流畅。后面这一种比较常见，既没有显示出语言艺术才能，又不能够在经验和语言的差异性面前保持真诚、质朴的姿态，而是借助时髦的观念而信口开河，给人一种油滑、虚伪的感觉，他们仿佛不是自己在说话，而是用自己的嘴巴在说别人的话，语言变成了花招，变成了实现其他目标的工具，尽管初看上去很流畅似的，其实是一种违背艺术的“假流畅”。至于“艺术上的流畅”，可以鲁迅和张爱玲为代表。他们的成名之作《狂人日记》和《倾城之恋》，语言和叙事都是流畅的，更是以对“真问题”的艺术处理而一鸣惊人，由此区别于“假流畅”。其实他们跟“朴拙”风格的作家站在同一起跑线上，那就是对既定文化的“不适”，并着力于应对这种“不适”。鲁迅处理的主要是个体与社会历史之间的不适，张爱玲处理的主要是个体与家族（家庭）或他人之间的不适。鲁迅和张爱玲的共同之处在于，对“适应”本身的绝望感，并由此产生了对那些轻而易举就“适应”了的公众的“不适”。总体上而言，鲁迅走向了“批判”，张爱玲走向了“反讽”。无论批判还是反讽，都是“现代诗人”或“感伤诗人”的品质，而不是“古代诗人”或者“素朴（天真）诗人”的品质。[①]

德国诗人席勒说过，诗人“要么自己会成为自然，要么会去寻觅已失去的自然。从中产生出两个迥异的诗作方式，把诗的整个领域包

① 席勒在《论素朴的诗与感伤的诗》一文中，将“古代诗人”和“现代诗人”，称作“素朴的诗人”和“感伤的诗人”。（曹葆华译为“素朴的诗人”，见《古典文艺理论译丛》第2册，人民文学出版社1962年版。张佳珏译为“天真的诗人”，见《席勒文集》第6卷，人民文学出版社2005年版。）

容其中。所有真正的诗人……要么属于天真派，要么属于感伤派”[①]。与“古代诗”本身就是“自然”不同，“现代诗”或“感伤诗”所做的，不过是在寻找失去的“自然”。还可以换一种说法，“古代诗”呈现美，“现代诗”寻找失去的美，或者质疑：美到哪儿去了？谁毁了它？由此显示出一种智性或者思想的力量。席勒认为，古代（素朴、天真）的诗人所表现的，不过是相同的感受方式的不同程度；现代（感伤）的诗人，则表现不同的感受之间的冲突。[②]“现代诗”或“现代文学”，首先要面对的，就是一种对现代文化的强烈的“不适感”。因此，写“不适感”，就成了现代文学的基本起点，也是现代作家所要表达的重要内容，或者说是现代“诗学”中重要的、但讨论尚嫌不足的概念。

现代意义上的“不适”，至少可以从三个层面来理解。一是绝对层面的“不适”，它产生了“存在论”意义上的问题；二是经验层面的“不适”，它产生了“主题学”意义上的问题；三是表达层面的不适，它产生了“风格学”意义上的问题。“存在论”意义上的“不适”，是“现代派”文学的基本逻辑起点，也是爱伦·坡、波德莱尔、陀思妥耶夫斯基等现代派文学的初创者的重要起点。陀思妥耶夫斯基一生都在处理这个“不适”问题。在创作初期（《穷人》《白夜》），他试图通过对“爱”和“美”的幻想，来冲淡对存在的不适感。到《双重人格》中，强烈的不适感开始出现。《死屋手记》则是对“不适”的谨慎处理，不仅写了诸多的“不适”：对社会、对监狱环境、对他人，

① 《论天真的诗和感伤的诗》，见［德］席勒著，张玉书选编《席勒文集》第6卷，张玉书等译，人民文学出版社2005年版，第96页。

② 《论天真的诗和感伤的诗》，见［德］席勒著，张玉书选编《席勒文集》第6卷，张玉书等译，人民文学出版社2005年版，第105～106页。

等等。而且，重要的是出现了在“不适”中能“适应”的典范：纯洁少年形象（阿列伊）。[①]《罪与罚》中的主人公则因“不适”而出现了“变狼妄想”，《地下室手记》时期则出现了“变虫妄想”，他最后在宗教里寻找拯救的良方。到卡夫卡那里，这种“存在论”意义上的“不适感”，直接演化为拒绝现代文明的“变兽妄想症”（变成甲壳虫或者老鼠），并在文体上呈现拒绝交流的趋向，这是20世纪现代主义文学的共同标志。这一类“不适”，与20世纪中国文学的关系不甚密切，故不展开进一步讨论。“经验”和“表达”上的“不适”，是本文要讨论的范围。

与“存在论”意义上的“不适”相比，“经验”上的“不适”更古老。但我们要为讨论问题划定逻辑边界，即将这种“不适感”从一般心理学层面，转向历史诗学层面。诗学层面的“不适”，不是纯个人的，而是文学中的“人”（形象）与“历史”（环境）的关系。以近现代长篇小说为例，苏联理论家巴赫金根据小说人物形象建构原则，将它分为四类：漫游小说、考验小说、传记小说、教育（成长）小说。[②]我认为，漫游小说的核心在于“好奇”，主人公对陌生的外部世界的好奇。考验小说的核心在于“征服”，主人公克服外部环境的各种阻力，以显示自身的能力（包括身体、智慧和道德）。传记小说的核心在于“命运”，主人公在历史和时间中的总体命运。前面三种类型的

① 陀思妥耶夫斯基写道：“很难想象这样一位少年在整个服役期间，怎能保持着他那颗温柔的心，怎能变得那样淳朴诚实，那样温情脉脉，那样讨人喜欢，而没有变得粗野和放荡不羁。然而，他的禀性却是坚强而毫不动摇的……”见《死屋手记》，曾宪溥、王健夫译，人民文学出版社1981年版，第78页。

② 《教育小说及其在现实主义历史中的意义》，见［苏联］巴赫金著，钱中文主编《巴赫金全集》第3卷，河北教育出版社2009年版，第211页。

小说，并不处理“不适”问题，它们的总体价值在于，为“文学”从“诗的理想”走向“人的真实”提供证词，它们是文艺复兴时期的思想观念在文学中的表现：“个人通过知觉可以发现真理。”“小说家的根本任务就是要传达对人类经验的精确印象。”“自文艺复兴以来，一种用个人经验取代集体的传统作为现实的最权威的仲裁者的趋势也在日益增长，这种转变似乎构成了小说的兴起的总体文化背景的一个重要组成部分。”[①]真正开始直接面对“不适”的，是起源于18世纪下半叶、以歌德等人为代表的“教育（成长）小说”，它为“十九世纪综合型小说”（即现实主义小说）的出现创造了条件。[②]可见，历史诗学意义上的“不适”，至少在18世纪下半叶就出现了。教育（成长）小说“把世界视为经验、视为学校”[③]，主人公在“不适”之中学习“适应”，并逐步成长为社会人，实际上是一个将“不适”处理为“适应”的过程。19世纪现实主义小说的主人公，面对新世界、新经验的不适应感则十分强烈，由此产生了所谓的“批判性”，我将其视为“经验层面的不适”，以区别于现代主义文学的“不适”。

中国现代文学大致经历了相同的历史演变。晚清时期的小说中，现代经验要么是猎奇的对象，要么是嘲笑的对象，“不适感”并不明显。原因在于旧的力量依然强大，旧的观念依然占据主要地位，叙事者的根基（体验方式和表达方式）依然是旧的，新经验不过是旧表达

① ［美］伊恩·P.瓦特：《小说的兴起——笛福、理查逊、菲尔丁研究》，高原、董红钧译，生活·读书·新知三联书店1992年版，第4～7页。

② 《教育小说及其在现实主义历史中的意义》，见［苏联］巴赫金著，钱中文主编《巴赫金全集》第3卷，河北教育出版社2009年版，第222～223页。

③ 《教育小说及其在现实主义历史中的意义》，见［苏联］巴赫金著，钱中文主编《巴赫金全集》第3卷，河北教育出版社2009年版，第228页。

的材料。而在处于两个时代交叉点上的中国现代文学中，绝大多数作家的创作，都是从处理“不适感”开始的。本节开头已经提到了处理“不适”的两种类型，即鲁迅和张爱玲那一类，还有废名、沈从文和施蛰存这一类，尽管每一类的内部存在差别。而“朴拙”的风格，是面对“不适”的一种最直观的、诚实的、谨慎的处理方式。在这种“朴拙”尚未风格化之前，他们最直接的方法，跟中国古代诗人离开家乡的处理方法类似，即有一种朝着“熟悉”的事物返回的冲动。来自湖北黄梅的乡下人废名，来自湖南湘西的乡下人沈从文，面对城市生活，面对现代文明的全新经验，都感到极度的不适。所以，废名和沈从文的文学创作之“初始经验”，主要是强烈的“不适感”，对新事物和变化的世界的“不适感”，他们的第一篇小说都是写“哭泣”主题，一边哭一边给家乡的熟人写信诉说，甚至有逃跑的冲动。[①] 当他们试图直面大都市现代文明的陌生经验的时候，也就是说，当他们身心或感官上逐渐开始“适应”而试图去表达的时候，他们又遇到了一个新的“不适”，即表达上的“不适”，语言和词汇系统的不适，大脑词汇库中的词汇不够用，表达起来很别扭（沈从文尤甚）。只有面对熟悉的事物，他们的表达才开始流畅起来。这个熟悉的事物，就是熟悉的观念、乡村的人和事，特别是经过艺术处理的熟悉的乡土世界。废名和沈从文解决“不适”的方法，是重构一个“田园梦”：湖北黄梅的“桃园”和湘西的“边城”。废名的情况更特殊一些，他后来的创作有一个更大的写作野心：通过思想和言说，抵达“得道”与“救赎”。[②]

① 详见本书论废名相关章节。
② 详见本书论废名相关章节。

文学创作中对现代（陌生）经验的处理，是“不适的诗学”的重要任务。这是一种将现代思想观念、身心感受、言语发生方式综合在一起进行讨论的诗学视角。面对新的经验世界，不同的作家会有不同的选择：比如，通过回忆和呈现熟悉的生活场景而产生虚拟化的返回的心理补偿（古典诗人）[①]，或者将陌生经验凝固化、抽象化（卡夫卡、加缪），进而产生绝望颓废的情绪，或者典型化（鲁迅、张爱玲）进而批判反讽，或者不知所措（废名、沈从文）进而逃离做梦，或“惊奇”（施蛰存）进而亲近、审视、对话。这里说的是“惊奇”，而不是“震惊”，尽管它们都是面对“不适”的直观反映，但差别十分明显。为了区分这两个术语，先要讨论“震惊”这一概念。

（五）现代文明与“震惊体验”

不同的人面对陌生经验而产生的“不适”感，是有差异的。“震惊”应该是极端激烈的形式之一，这比废名和沈从文最初面对陌生世界（现代文明和城市）的“哭泣”要激烈得多。当然，还有一种更为极端的形式，就是瞬间休克晕倒，比如陀思妥耶夫斯基，遇到突如其来的“打击”（遇见圣彼得堡最美的沙龙女主人，得知父亲去世的消息），便诱发他的“癫痫症”。赌博或性爱，可能成为这种瞬间刺激产

① 详见张柠《中国节奏与精神秘密——古诗的遗传基因和新诗的遭遇》，《现代中国文化与文学》第9辑，巴蜀书社2011年版，第221～225页。

生的“震惊体验”的特殊转化形式。[①]陀思妥耶夫斯基同时代的伟大同行——爱伦·坡、波德莱尔、尼采等人——都不同程度地患病，都属于“病态的天才”，这种情形集中出现在19世纪或许并不偶然。将“震惊”（shock，医学上指遭受强烈打击之后的“休克”）经验，视为现代美学的重要范畴的人，是德国学者瓦尔特·本雅明。在《论波德莱尔的几个母题》（1939）一文中，本雅明“以‘震惊（shock）经验’为中心，揭示波德莱尔作品中所反映的个人与现代城市生活之间的紧张关系”[②]。本雅明说，“波德莱尔把震惊经验放在了他的艺术作品的中心”。梦想已久的诗句的出现，是一种在古老的郊区或城市角落寻找到的意外节奏，就像突然“绊倒”在鹅卵石上一样绊倒在词汇上而产生。“震惊属于那些被认为对波德莱尔的人格有决定意义的重要经验之列。”“波德莱尔的诗的那种暗地里的震惊；它们造成了词语间的缝。”“词与物之间的裂隙……才真正是波德莱尔诗的激动人心之处。”[③]按照本雅明的分析，波德莱尔将一种强烈的“不适感”，特别是“震惊经验”，在词语排列组合层面，转化成为一种新的艺术形式，他称之为“巴洛克寓言”的形式，震惊“因此成为这些文本的基本要素”[④]。这种艺术形式意义上的“破碎”或者“断裂”，并非作家自己一厢情愿。本雅明认为，通过“震惊”这一中介，映射出了

① 对陀思妥耶夫斯基的精神分析，详见弗洛伊德《陀思妥耶夫斯基与弑父者》一文。见［奥］弗洛伊德著，车文博主编《弗洛伊德文集》第7卷，长春出版社2004年版，第147～156页。

② 刘北成：《本雅明思想肖像》，上海人民出版社1998年版，第200页。

③ ［德］汉娜·阿伦特编：《启迪：本雅明文选》，张旭东、王斑译，生活·读书·新知三联书店2008年版，第176～177页。

④ ［英］特里·伊格尔顿：《沃尔特·本雅明——或走向革命批评》，郭国良、陆汉臻译，译林出版社2005年版，第29页。

现代生活的某种真相。这种“震惊经验”在现代文明或城市中具有普遍性，不仅包括作为“波希米亚人”“游逛者”的诗人在语言层面对“震惊”的应对方式，也包括“大众”，即现代大都市普通人的“害怕、厌恶和恐怖”感[①]，还包括在机器旁工作的工人的“震惊经验”：“过往者在大众中的震惊经验与工人在机器旁的经验是一致的。”甚至赌徒的“震惊经验”：“工人在机器旁的震颤的动作很像赌博中掷骰子的动作。”[②]

本雅明这篇文章，原本是“19世纪巴黎”研究的一部分，是应法兰克福社会研究所之约，并要求按照“辩证唯物主义”思想写作的一项计划。第一稿取名为《波德莱尔笔下的第二帝国的巴黎》，开篇就大段引用马克思的观点，并出现了二十多次与马克思、恩格斯的著作相关的注释，内容涉及《资本论》《哥达纲领批判》《路易·波拿巴的雾月十八日》等，结果被《社会学杂志》拒绝。法兰克福社会研究所的学者精明地发现，本雅明的这篇论文骨子里并不是“辩证唯物主义”的。阿多诺给本雅明写信说：“您同‘社会研究所’的团结使我感到非常高兴。这种团结诱使您歌颂马克思主义，但是这些歌功颂德无论对于马克思主义还是对于您本人，都是不相称的。”[③]本雅明只好重写，第二稿改为《论波德莱尔的几个母题》，文章尽管没有大段引用马克思的原文，思维方式却是“辩证唯物”的。这一稿直接从“诗

① ［德］汉娜·阿伦特编：《启迪：本雅明文选》，张旭东、王斑译，生活·读书·新知三联书店2008年版，第190页。

② ［德］汉娜·阿伦特编：《启迪：本雅明文选》，张旭东、王斑译，生活·读书·新知三联书店2008年版，第193页。

③ 董学文、荣伟编：《现代美学新维度——“西方马克思主义”美学论文精选》，北京大学出版社1990年版，第122页。

歌文本”与“社会文本”的关系入手，借助于柏格森的“记忆”的理论，并经由现代精神分析学对“经验与刺激”之关系的研究材料，讨论了波德莱尔为代表的现代诗歌的发生学问题，其中大量涉及资本主义文明、工业化和城市，对普通市民的伤害而产生的震惊经验，还有它在文本中的表现，由此显示出了这篇文章的“历史视野”和“辩证唯物”色彩，论文发表在《社会研究杂志》1939年第9期上。

作为“震惊美学”前提的“震惊体验”，固然与现代大都市新的经验对个人的激烈刺激有关，但要变成理论话语则需要研究讨论。就论文本身看，本雅明的直接理论来源，是奥地利精神分析学家弗洛伊德及其弟子T.赖克。但本雅明并没有对人应付刺激时产生的心理状态（比如惊奇、焦虑、惊悸），做细致的分辨，而是直奔他自己心爱的主题：“震惊”。弗洛伊德则做了更细致的区分，他在《超越唯乐原则》中指出，惊悸（德语schreck，英语fright）、恐惧（furcht，fera）、焦虑（angst，anxiety）这几个词汇有十分明显的区别——焦虑：“预期危险的出现，或者是准备应付危险，即使对这种危险还一无所知。”恐惧：“需要一个确定的、使人害怕的对象。”惊悸：“一个人在陷入一种危险时，对这种危险毫无思想准备。‘惊悸’一词强调的是惊愕的因素。”[①]对危险毫无思想准备而导致的“惊愕”，跟“震惊”体验比较接近。“震惊”是对“不适”的反应之一（且属于极端激烈的一种），但不是面对“不适”的全部反应类型，而且是属于精神分析要防范的对象，避免导致“创伤性神经症”。面对现代都市文明和工业文明等各种陌生经验，还有许多其他反应形式，为什么不关注其他类

① ［奥］西格蒙德·弗洛伊德：《超越唯乐原则》，见《弗洛伊德后期著作选》，林尘、张唤民、陈伟奇译，上海译文出版社1986年版，第9～10页。

型的“美学”而只关注“震惊美学”呢？本雅明在《论波德莱尔的几个母题》的第三节提到心理分析学家赖克的一本书，中译者将这本书名译为“震惊心理学”（莱顿，1935）。该书尚无中译本。心理学界的研究者找到了这本书的英译本，书名为*Surprise and the Psycho-Analyst: On the Conjecture and Comprehension of Unconscious Process*（伦敦，1936，可译为《惊奇与心理分析：对无意识过程的推论和理解》）。赖克指出，“精神分析过程的本质就是由一系列的震惊（shock）组成”。“是在个体认识到自身潜意识内容时发生的，是被个体体验为一种惊奇（surprise）的体验，这对患者和分析师来说都是如此。当患者感受到惊讶的时候，也就意味着他对自己有了深刻的理解，潜意识的压抑得到解除，正如他所说：‘在每个精神分析案例中，最重要、最深刻的理解都是一种令人感到惊讶的方式表现出来的……我将它视为精神分析技术的本质。……分析在本质上就是一连串的潜意识期望的实现。’他接受了弗洛伊德的观点，认为分析师每次都要像第一次见到患者那样来对待患者，强调理解患者的潜意识过程没有预先固定的路径，也没有捷径……反对分析师根据自己的已有知识对患者症状进行‘对号入座’的做法。”“当我们在意想不到的情形下意识到自己的思想中存在与自己的道德、审美或逻辑相冲突的想法，自我会产生一种短暂的抵抗反应，赖克称之为‘思想的震惊’（shock of thought）。这种排斥的反应代表着我们的理解是对理性禁忌的领域的一种侵袭，进入到一个被自己防御的心灵的秘密领域。”[①]赖克在这本著作中所讨论的“惊奇”（surprise）概念，是本雅明在研究“震惊”

① 郝江英：《西奥多·赖克的精神分析思想研究》，南京师范大学硕士学位论文，2014年，第28～30页。

经验之前所忽略的。这与他在写作《论波德莱尔的几个母题》一文时所选择的思想立场有关。因此，文中充满了“震惊”“断裂”“游逛者”“英雄”“大众”“街垒战”等词汇，丝毫也不奇怪。

就本文的论题而言，赖克《惊奇与心理分析》中的观点有几点特别值得强调：（1）在处理陌生经验带来的“不适感”的时候，“惊奇”属于“推测”和“理解”的范畴，是因“突如其来”“没有思想准备”而产生的短暂“抵抗”之后，并经由“思想的震惊”而抵达“理解”，而不是“拒绝”（“震惊”则是一种拒绝的姿态，并以“创伤性神经症”和“词语的断裂”等形式表现出来）。（2）从“惊奇”开始经由“推测”而抵达的“理解”，是对既定成说的理性领域的一种“侵袭”，是对潜意识压抑的“解除”，并对一个新的“秘密领域”、一个存在的谜团，产生好奇心，并进入对话的过程，因此，这是“治愈系”话语，而不是“神经症”话语。（3）面对新的、陌生的、甚至不可知的对象或谜团，首先要保持一种“原始的直接交流的能力”，就像第一次与对象相遇那样，因此要避免价值观念上的乃至理性上的先入为主，这是“惊奇”的基本前提，因此是“相遇”，而不是“逃亡”。

由此可以推论，“惊奇”是“震惊”的缓解形式，而不是程度上的增加。经过困难的概念穿越，我们终于离开了由本雅明为现代文学确立的“震惊美学”，而开始接近下文需要展开讨论的“惊奇的诗学”。上面的讨论主要涉及“惊奇的诗学”的心理层面。此外，它还涉及诸多其他层面的问题，下文将要详论。

顺便提一句，赖克是奥地利作家阿图尔·施尼茨勒的忠实崇拜者和朋友。施尼茨勒也是赖克的老师弗洛伊德的好朋友。以“心理分析小说”著称的施蛰存，则是施尼茨勒作品的中译者。[①]现在施蛰存和赖克在我的文章中相遇了。施蛰存说：“施尼茨勒的作品可以说全部都是以性爱为主题的。因为性爱对于人生的各方面都有密切的关系。但是他描写性爱并不是描写这一种事实或说行为，他大概都是注重在性心理的分析。关于他在这方面的成功，我们可以说他可以与他的同乡弗洛伊德媲美。或者有人会说他是有意地受了弗洛伊德的影响的，但弗洛伊德的理论之被实证在文艺上，使欧洲现代文艺因此而特辟一个新的蹊径，以致后来甚至在英国会产生了劳伦斯和乔也斯（引按：乔伊斯）这样的分析心理的大家，却是应该归功于他的。”[②]

（六）初始经验与“惊奇的诗学”

施蛰存的创作，也是从写经验层面的“不适感”开始的，并同样显示出一种谨慎的言语姿态和朴拙的叙事风格（集中体现在《江干集》中）。但他处理“不适”的方式，与废名和沈从文有很大的差别。首先是面对现代文化和城市文明的反应不一样。与废名和沈从文两个“土包子”不同，施蛰存是城里人（他出生于杭州，少年时代移居松江）。松江府为“上海之根”，民间有“先有松江府，后有上海滩”之说。明末清初的松江之繁华，施蛰存在《云间别志》中有集中的记

① 施蛰存翻译了阿图尔·施尼茨勒的作品5种，包括《薄命的戴丽莎》《自杀以前》《妇心三部曲》（包括3部小说：《蓓尔达夫人》《爱尔赛小姐》《戈斯特尔副官》）。

② 施蛰存：《〈薄命的戴丽莎〉译者序》，见《施蛰存全集》第4卷，华东师范大学出版社2011年版，第1325～1326页。

载："春秋佳日，画舫笙歌，惊莺织燕。……龙舟竞渡，士女阗咽，鼓吹鼎沸，船上岸上，百戏纷呈，耳目不暇款接。……官舫贾舶，多舣棹于此，送客迎宾，自然繁会。"晚清时期的松江府，一府领七县（包括娄县、上海县、华亭县、青浦县等）。清朝咸丰、同治之后则逐渐没落，"咸同兵燹以后，民物凋残"[①]。到民国时期，松江为江苏省所辖行政督察专员公署所在地，一度设为江苏省下辖的"特别行政区"（1958年11月划归上海市管辖，设为松江县）。施蛰存青少年时代生活的松江，距离繁华的现代化大都市上海市中心约三四十公里，使得他从小就有更多的机会接触新的人和新的事物。这些新的人和物，给他带来了强烈的刺激，有"不适"，但更多的是"惊奇"，而不是"震惊"。

施蛰存初学写作的成果收入《江干集》中。我不打算把这些作品简单地看作"不成熟的习作"，而是看作作者第一次面对世界和他人开始"说话"的分析样本。从《江干集》后面所附写于1923年的《创作余墨》一文中可以看出，18岁的施蛰存的"小说观念"已经非常明晰。施蛰存写道：

> 兰社社友钱塘郜说："一篇小说的情节，不在乎奇特，也不在乎真实。假使要讲奇特，还是看笔记好；要讲真实，还是看新闻好。"……在我这一集中，我并不将情节的奇特和真实贡献给读者。因为我并不将这一集当笔记和新闻卖给读者，我只将我随时所得的资料，思绪既定便随手将它写出

① 施蛰存：《云间别志》，见《施蛰存全集》第10卷，华东师范大学出版社2012年版，第315～316页。

> 来，尽我一枝笔描写我小说中的主角。但我并不刻意的描写，像塑造神像似的刻意的求像，终于失了本来面目。……所谓噜苏的地方正是描写得力的地方。一篇小说的艺术的好坏，有许多只看它所谓噜苏的地方，噜苏得好不好就能够断定。倘然以为噜苏小说不好而喜欢记账式的小说，那么每天的新闻纸，当然是一部最新最好的小说集了。……我也不愿立在旧派作家中，我更不希望立在新作家中，我也不愿做一个调和新旧者，我只是立在我自己的地位，操着合我自己意志的笔，做我自己的小说。[①]

我将施蛰存这篇文章中的主要观念归纳如下：（1）小说不是情节奇特的古代“笔记”，也不是追求所谓真实的现代“新闻”。（2）小说注重“描写”，但必须是对世界独特的观察和感悟之后的“描写”，因此“描写”不是“噜苏”，恰恰是小说中最精髓的部分。小说写得好不好，要看“噜苏”部分写得好不好。（3）叙事技术（语言和结构）很重要，但不要像雕塑一尊“神像”那样去刻意为之，而是要顺其自然“随手”写出来。（4）小说创作是很个人化的事情，不是某个团体流派的事情。

将这段文字中施蛰存对小说写作的要求，与前面第五节中提到的赖克对精神分析师的要求对比，我们可以发现两者之间有着奇妙的对应关系。第一，小说不是“笔记”和“新闻”（从“震惊”效果的角

① 施蛰存：《创作余墨》，见《施蛰存全集》第1卷，华东师范大学出版社2011年版，第560～561页。“兰社”为1922年在杭州成立的学生文学社团，成员有施蛰存、戴望舒、杜衡、张天翼等。

度看，“传奇”和“新闻”其实就是一个东西）。提供“震惊”体验的，不仅仅是现代城市、街垒、机器，“新闻”本身也是产生“震惊”体验的源头[①]，或者说也是产生“创伤性神经症”的一个新的源头。本雅明指出，“新闻”是为了向公众提供判断材料同时使公众“丧失判断”的东西，“新闻的时事性就是用这种专制主义确立对事物的主权的”。或者说，“沾满鲜血的新闻”就等于“震惊”。[②]第二，小说注重“描写”，对理性的归纳总结而言，对给予价值判断而言，小说就是“噜苏”的部分。“噜苏”是对“震惊”的延宕，也是对可能导致“创伤性神经症”的状况的缓释。是短暂的“震惊”之后对事物的细致观察、相遇和理解，因而它只属于“惊奇”的范畴。第三，讲究叙事技术但不刻意为之，是对个别事物本身的关注，特别是对其个别性、特殊性的尊重，从而阻止了将事物变成符号，将“故事”（完整）变成“寓言”（断裂）。

叙事的过程就是“治愈”的过程，是相遇、交流、理解的有机组成部分，而不是“创伤性神经症”或者“集体神经症”的催化剂。因此，面对新事物、新经验的初始反应，我们有必要再一次强调“惊奇”而非“震惊”的几个特点：“理解”而不是“拒绝”，“治愈”而不是“发疯”，“相遇”而不是“逃亡”，“连续”而不是“断裂”。

施蛰存初期创作的29篇短篇小说（施蛰存自编的《江干集》24篇，外加研究者后来搜集到的5篇），其中约一半写“不适”，一半写“惊奇”。《洋油》《上海来的客人》《进城》《礼拜堂内》《老画师》《寂寞

① ［德］本雅明：《发达资本主义时代的抒情诗人》，张旭东、魏文生译，生活·读书·新知三联书店1989年版，第44～46页。

② 《卡尔·克劳斯》，见［德］瓦尔特·本雅明著，陈永国、马海良编《本雅明文选》，中国社会科学出版社1999年版，第202～203页。

的街》等篇目，都是以对新事物、新人物、新经验的“惊奇”为主题的。《父与母》《梵村歌侣》《船厂主》《火钟的安放》《孤独者》《姐弟》等篇目，都是以对新经验的“不适”为主题的。施蛰存写“不适感”不是太有特色，经常会跑到他自己不大习惯的左翼思维中去（比如小说《追》就是一个失败的例子），写“惊喜”和“好奇”写得比较好。“惊喜”和“好奇”的能力，既是童心的，也是艺术的。从总体上看，《江干集》的叙事技术并不熟练，给人笨拙（朴拙）的感觉，对初学写作者来说，这很正常。正因为作者一开始就具备了较为成熟的创作观念（包括拒绝传奇和新闻，注重观察和描写，对事物不急于给出价值判断，力求观察、描述、理解新事物），使得这些小说有一种如沈从文所说的“安详”和“从容”的风格。

迄今为止发现的施蛰存的第一个短篇，是他16岁时写的《廉价的面包》（刊于1921年9月11日《民国日报》）。这篇小说无疑是写“不适感”的：饥饿的人用自己的鲜血换面包而不得，这是对“朱门酒肉臭，路有冻死骨”的古老话题的新演绎，形式上就是一个“现代寓言”，叙事上也比较幼稚，没有收入《江干集》。同样创作于十几岁时的《冷淡的心》（《江干集》第一篇），写一位“新青年”，在婚姻恋爱自由的观念影响下，对包办婚姻的妻子冷淡，对家庭生活强烈不适。但结尾出人意料，既不是鲁迅《伤逝》式的结尾，也不是巴金《寒夜》式的结尾，而是一个“和解”的结尾。和解的原因不是观念和理性，而是对一个“形象”产生的“惊奇感”：“在一个和暖的秋天的午后，陶雯回家来一脚进了房间。他妻子却不在里面，小小的摇床上，他儿子静静地睡着。苹果般的脸红得和玫瑰一般，雪白的手在薄被外面横着，虽然陶雯为着特殊的理由，冷淡他的妻子。但在这时，即使孩子不是他儿子，也免不得为了人类天性的爱，轻轻地吻他。……陶雯这时为一股不能忍耐的热情冲动了，立刻伸出他两手，将他儿子抱在怀里。”[①]两个被“观念”阻隔的心灵，因一个“令人惊奇”的形象而“和解”，本身就是一个可遇而不可求的奇迹。由“震惊”而“拒绝”乃至“仇恨”，和由“惊奇”而“理解”直至“和解”，是两条截然不同的道路。“震惊”的心灵是闭锁的，“惊奇”的心灵是开放的。“震惊”阻断了感官与外部世界的交流，“惊奇”是对外部信息的接纳和处理的过程。世界原本所具有的丰富性和多样性，它的“美”的形态和它的不解之“谜”，在“震惊”面前是不存在的。

相反，也有“不和解”的例子，小说《姐弟》就是一个不能和解导致的悲剧。弟弟保官（又叫“保罗”），遭受失去父母的“震惊性打击”之后不能自拔，并由此转化为强烈的不安全感和焦虑症，以至于他的双眼，对“美的世界”完全视而不见：“明媚的春天”“窗外的一朵朵招展着的花”“一声声唱歌儿的黄莺”，都变得“可厌”，“并不觉得是春天独有的好景物”。他只能一味沉浸在“伤害”的恐惧和“害怕伤害”的焦虑之中：他哭泣，感到焦虑不安，害怕姐姐离他而去，害怕没有人爱他。最后，弟弟保官承受刺激的能力越来越弱，患上了“强迫症”，整天都在疑心姐姐最终要抛弃他，以至于在姐姐的婚礼上，听到姐姐对姐夫说“我爱你”的时候，“这一声使保罗像中了一个霹雳一般”，“他哇的一声”“哭着就昏了过去”，“这种没有人能够想出来的思想，在保罗错乱的脑筋中细理出来之后，保罗终于也患了神经

① 施蛰存：《冷淡的心》，见《施蛰存全集》第1卷，华东师范大学出版社2011年版，第479页。

病”[1]。这就是“震惊”带来的后果之一。另一种后果就是转化为对外的暴力、攻击型精神病，这种类型的精神病一旦集团化，就会带来社会灾难。

小说《洋油》和《进城》，也都是典型的关于“惊奇”主题的例子。上文提到，在面对新的、陌生的、甚至不可知的对象或谜团之时，赖克认为，首先要保持一种“原始的直接交流”的能力，就像第一次与世界和事物相遇那样。这一观点，使我想起了电影《上帝也疯狂》（*The Gods Must Be Crazy*，南非，1980）开始的场景：居住在非洲卡拉哈里沙漠的原始部落布里希人，他们生活在未经现代文明“侵蚀”的原始黄金时代，没有私有财产观念。他们对世界充满了善意和好奇心。晴天听到雷声轰鸣，他们会说“上帝在打饱嗝”。他们第一次见到工业物品（一只从天而降的可口可乐玻璃瓶），经过短暂的“震惊”之后，开始感到吃惊（惊讶）：“哦？！上帝丢了什么东西下来了？”接着开始猜测并试图理解它：观察、接近、接纳。更为神奇的是，他们发现了玻璃瓶这个普通“容器”（布里希部落的人并没有将它当容器）之外的、原本存在的、被现代人忽略的其他诸多功能：玩具、乐器、工具，从而欣喜不已。当玻璃瓶给他们带来麻烦（即由容器、玩具、工具、乐器变成了“武器”）的时候，他们开始生上帝的气，让上帝赶紧把这个危险的东西拿回去。“上帝”不理睬他们的祈求，他们便设法把玻璃瓶丢到天外去。整部电影充满寓意，诙谐幽默。

施蛰存的少作《洋油》，几乎可以看作一个浓缩版的《上帝也疯

① 施蛰存:《姐弟》，见《施蛰存全集》第1卷，华东师范大学出版社2011年版，第502～504页。

狂》。生活在远离现代城市文明的王村的人，像布里希部落的人一样，过着原始、静态、自足、简单的生活，不知有汉，无论魏晋，连“民国”都不知道。村里每年只能见到四五个路过的陌生人。只要出现一些新奇的事物，他们就会“快活和欢呼”，“使我们看了真觉得是发狂”，见到陌生人便感到“惊奇”，远远地“迎将上去”。有一天，一位游走货郎来到了王村，送来一个类似“可口可乐玻璃瓶”的东西——洋油（煤油），让王村人惊奇不已，他们观察、琢磨、打量、讨论，最后决定买来试一试，并急着要见证卖洋油的货郎所说的“明亮”和“美丽”。他们没有煤油灯盏，而是用点豆油的灯盏来使用煤油。“好旺的一蓬火呀！”结果“满屋子都是黑的烟，迷漫得大家的眼睛都睁不开。他们惊异得不知说什么才好”。与被赞美光亮的话也用不上，只听见一声“微弱而战悚”的感叹：“这样可怕的美丽的光亮呀！”从此开始继续使用他们的豆油和松明了。[①]天真好奇、心理健全、没有敌意（攻击、诅咒、埋怨）的王村人，形象跃然纸上。小说写得幽默有趣，天真可爱，尽管技术上还欠成熟，艺术上略显单薄。面对外部世界的“陌生性”和现代文明的“新奇性”，由“震惊”转而“惊奇”（如赖克所说的“理解”）的过程，这一主题的“写法”，到了《梅雨之夕》和《小珍集》中逐步成熟起来。这两个小说集中的作品主题都与城市相关。

① 施蛰存:《洋油》，见《施蛰存全集》第1卷，华东师范大学出版社2011年版，第480～482页。

（七）城市：诅咒、摧毁或者治疗

这一节要讨论的不是新话题，而是上一节“惊奇的诗学”的延续，只不过将空间移到了现代都市而已。城市这个现代文明风暴的中心，这个现代人聚集的人工场所，在文学中已经变成了一个负面的典型而遭到批判。诅咒城市的主题，在文学中由来已久，我们先梳理一下它的演变过程。法国中世纪后期的城市文学，见证了抒情文学经由韵文叙事，再到散文故事的演变历程。现代城市文明的出现，是“田园诗世界”终结的一个重要标志，取而代之的是“城市小说”，其中，“个人主义和欺诈”①成了其重要主题。高雅的抒情主人公和传奇英雄，被城市市民中的“骗子、小丑、傻瓜”类型取代。②在《列那狐传奇》和《玫瑰传奇》为代表的城市文学中，“被骗的丈夫、淫猥的教士、肢体残缺不全的诱奸者和欲壑难填的淫妇，占据了重要的地位”③。这些讽刺型主人公的出现，既像是对中世纪贵族高雅文化（爱情）的一种曲折的怀念，也“似乎在为某种与最严格的正统观念相偏离的基督教社会的道德而辩护”。“其中表达了世俗的知识分子的观点，他们不怀好意地、但也并非以悲观的心情注视着人类社会。”④这些以贫民出身的知识分子和江湖艺人组成的队伍，正是对正统文化的一种“捣

① ［美］杰拉德·吉列斯比:《欧洲小说的演化》，胡家峦、冯国忠译，生活·读书·新知三联书店1987年版，第41页。

② 《长篇小说的时间形式和时空体形式——历史诗学概述》，见［苏联］巴赫金著，钱中文主编《巴赫金全集》第3卷，河北教育出版社2009年版，第347～349页。

③ ［法］让－皮埃尔·里乌、让－弗朗索瓦·西里内利主编:《法国文化史》第1卷，杨剑译，华东师范大学出版社2006年版，第196页。

④ ［法］让－皮埃尔·里乌、让－弗朗索瓦·西里内利主编:《法国文化史》第1卷，杨剑译，华东师范大学出版社2006年版，第219页。

乱”，也是对自身文化的一种“修正”。西班牙“流浪汉小说”尽管也写主人公（如“托美思河上的小拉撒路”）的缺点，也是“暴露社会黑暗的小说”[①]，流浪的过程亦是主人公“看破这个世界”的过程，当然，它还没有批判这个世界，而是“安于这个世界”。[②]英国的“感伤小说”既是对“不适”城市世界的直观反映，也包含着对“感伤的眼泪”的滥用。“‘感伤主义’在其十八世纪的含义中意味着在人所固有的仁慈中的某种非霍布斯主义的信仰……大量的眼泪中所表现出的仁慈是一种令人赞许的行为。”[③]这批作家中的笛福，“热情地投身到伦敦生活的荣耀和悲惨之中。……笛福的小说体现了都市化的许多积极的方面。他的男女主人公在寻求出路的过程中，在都市那充满竞争和邪恶的丛林之中获得了成功”。同时代的作家理查逊“对伦敦的描绘与笛福的完全不同。他的作品表现的不是整个共同体的生活，而是个人对城市环境深刻的怀疑甚至恐惧”。[④]这种“怀疑”或“恐惧”的情绪，是从“资本主义总体性神话”中游离出来的异质性因素，到了19世纪，则演变为对新文明和社会的怀疑、批判、诅咒，并产生“各种现代写作”：资产阶级的、无产阶级的、现代主义的，其观念的基础是“人的本质主义神话学”。[⑤]至此，现代都市完全变成了被诅咒的对象，是堕落和罪恶的深渊。

① 参见杨绛《杨绛文集》第7卷，人民文学出版社2004年版，第6页。

② 参见杨绛《杨绛文集》第8卷，人民文学出版社2004年版，第219～220页。

③ ［美］伊恩·P.瓦特：《小说的兴起——笛福、理查逊、菲尔丁研究》，高原、董红钧译，生活·读书·新知三联书店1992年版，第196页。

④ ［美］伊恩·P.瓦特：《小说的兴起——笛福、理查逊、菲尔丁研究》，高原、董红钧译，生活·读书·新知三联书店1992年版，第203～204页。

⑤ ［法］罗兰·巴特：《写作的零度》，李幼蒸译，中国人民大学出版社2008年版，第35～45页。

关于20世纪中国城市文学，我曾经在一本书中讨论过[①]，现将相关内容转述在下面：

中国现代城市文学的兴起，既与现代意义上的城市的兴起相关，又是一个与全球接轨的现代化过程。我们首先要提到的是“鸳鸯蝴蝶派”或“礼拜六”派。这是一个清末民初出现在中国现代大都会上海（后来也转移到北京和天津等城市）的通俗文学流派。它一方面考虑到中国受众的接受传统而继承了古典小说的表达手法（以长篇章回体和短篇传奇为主）；另一方面又是大都市现代传播媒介兴起的产物，作品主要刊登在《民权报》《申报》等报纸，《小说丛报》《礼拜六》等杂志。其主要作者为徐枕亚、包天笑、秦瘦鸥、张恨水、范烟桥、恽铁樵、周瘦鹃等。其内容也是五花八门，但以才子佳人、婚姻恋爱为主，“佳人已是良家女子了，和才子相悦相恋，分拆不开，柳阴花下，像一对胡蝶，一双鸳鸯一样”[②]。所以被称为“鸳鸯蝴蝶派”。其实这一流派并不限于恋爱小说，还有武侠小说、问题小说、讽刺小说、黑幕小说，等等。简单采用这一命名是为了快速解决掉他们，在文学评价的意义上是无效的。

这一流派曾遭到新文学运动的激烈批判，认为它是封建阶级和买办阶级趣味在文学上的反映，是封建遗老遗少的文学，是“十里洋场”这一殖民地租界的畸形胎儿，是帮闲的、消遣的、游戏的、金钱的文学。近年来，研究者对这一流派进行了重新评价，认为说它反映

① 张柠：《中国当代文学与文化研究》，北京师范大学出版社2008年版，第165～169页。

② 鲁迅：《上海文艺之一瞥》，见《鲁迅全集》第4卷，人民文学出版社2005年版，第301页。关于“鸳鸯蝴蝶派”的命名问题还有许多说法，无关宏旨，不再引述。

了封建地主和洋奴买办阶级的文学是缺乏依据的，从流派作品中可看出作家对劳工和劳农的悲惨生活充满了同情。还认为这一流派是以都市通俗小说为其主要特色。它继承了中国传统小说的衣钵，而又以反映都市生活为主，说它是一个中国传统风格的都市通俗小说流派是符合它的创作概貌的。①现代中国城市化（工业化、人口集中）过程是这一流派产生的背景，大众传播和文化消费的兴起是这一流派产生的动力。任何一个国家在现代化城市兴起之初，特别是大众传播媒介的勃兴，以及市民休闲娱乐生活的丰富，都会出现通俗市民文学。文学的社会功能、审美功能固然重要，但它的娱乐功能也是不可或缺的，尤其是对普通市民而言。这种情形与20世纪90年代中期市民通俗文学的兴起很相似，但总是遭到一些人的简单否定。鸳鸯蝴蝶派的问题当然很多，比如，它没有找到一种当时的语言和形式，而是像寄生蟹一样寄宿在传统文学的形式之中。创造一种新的形式，正是五四新文学运动、特别是鲁迅短篇小说的功绩。

20世纪20到40年代的上海出现了一次城市文学的高潮，其主要作家是叶灵凤、张资平、曾今可、章克标、刘呐鸥、穆时英、茅盾、丁玲、张爱玲、苏青、徐讦、无名氏等。这一批城市作家的小说，与京派的“乡土小说”和“乡土文化中的城市小说”构成了鲜明的对比。由于城市类型的不同，造成了其创作风格的巨大反差。活动在古都北京的京派小说的文化依据，是历史、传统或文化人类学的，其主题多为传统市井风俗，底层劳动者的遭遇。像《骆驼祥子》那样的小说，其主人公的核心价值就是传统的农民价值，以身体能量换取生活资料。

① 范伯群:《鸳鸯蝴蝶——〈礼拜六〉派新论（代序）》，见范伯群编选《鸳鸯蝴蝶——〈礼拜六〉派作品选》，人民文学出版社1991年版，“代序”第8页。

他身上没有觉醒的城市意识，更无法进入官僚城市的上层，因此只能是一个“个人主义的末路鬼”。

20世纪20到40年代的海派文学，无论早期的张资平、叶灵凤等，还是中期的刘呐鸥、穆时英等，抑或后期的徐訏、无名氏等，甚至茅盾、丁玲或者张爱玲、苏青，其作品都充分表现了现代都市主题。这些主题主要是建立在现代市民欲望基础上的“诱惑—女性”主题、“利益—商业”主题、“暴力—革命”主题；还有建立在个人感官基础上的“观看—流浪”主题、“休闲—消费”主题等。

茅盾的《子夜》集中表现了这些主题。小说一开篇，就展示了东方大都市夜晚的霓虹灯、“巨大的怪兽”一样的洋房、“闪着千百只小眼睛似的灯火”。在一位中国乡绅吴老太爷眼中的大都市就是“孽障”：“汽车发疯似的向前飞跑。吴老太爷向前看。天哪！几百个亮着灯光的窗洞像几百只怪眼睛，高耸碧霄的摩天建筑，排山倒海般地扑到吴老太爷眼前，忽地又没有了；光秃秃的平地拔立的路灯杆，无穷无尽地，一杆接一杆地，向吴老太爷脸前打来，忽地又没有了；长蛇阵似的一串黑怪物，头上都有一对大眼睛放射出叫人目眩的强光……闪电似的冲将过来，准对着吴老太爷坐的小箱子冲将过来！近了！近了！吴老太爷闭了眼睛，全身都抖了。他觉得他的头颅仿佛是在颈脖子上旋转；他眼前是红的，黄的，绿的，黑的，发光的，立方体的，圆锥形的，——混杂的一团，在那里跳，在那里转……猛烈嘈杂的声浪会叫人心跳出腔子似的。”[①] 此外，还有“公共汽车的罢工”“工厂的暴动”“共产党的标语”“女人裸露的手臂”“丰满的乳房”。吴老太

① 茅盾：《子夜》，人民文学出版社1960年版，第7页。

爷就这样被蜂拥而至的都市的速度、色彩、人群、女性、高楼窒息而死。这死，无疑象征着乡土文明之死。

在穆时英眼里，上海是一个“造在地狱上面的天堂”。看看一位都市打工者眼里的上海：“我们放了工，总坐在五角场那儿茶馆里喝着茶等她。五角场可真够玩儿的。人家把我们的镇叫做小上海，五角场就是小上海的南京路。……那儿的玩意儿多着哪，有卖解的，瞧西洋镜的；菜馆的对面是影戏院；电车，公共汽车绕着草地驶；到处挤满了人力车，偷空还来两辆汽车，脚踏车；到了三点钟，简直是挤不开的人了，工厂里的工人，走的，坐小车的，成群结队的来，镇末那大学校里的学生们也出来溜圈儿，瞧热闹。大学校里的学生，和我们真有点儿两样。他们里边穿中装的也有，穿西装的也有，但脚上都是一式的黑皮鞋，走起路来，又威武，又神气，可真有意思；他们的眼光真好……成千成百的女工里边，那个俏，那个村，他们一眼就瞧出来，一点儿也不会错。……我们抽着烟，喝着茶，凑着热闹，听着旁人嘴里的新闻，可真够乐儿哪。镇上的新闻真多，这月里顶哄动人的是黄家阿英嫁给学生的事。阿英，也是镇上的美人儿哪。谁不想吃天鹅肉？后来她和学生勾搭上了……我们的镇一边是店家，一边是河，河里小船上的江北妇人可真下流，把双臭小脚冲着你，那可要不得。”①

穆时英还写了一些另一风格的小说，表现了大都市的虚幻色彩、畸形文化。最虚幻和畸形的，当然是徐讦的人鬼恋故事《鬼恋》，细节那么真实，情节那么感人，情感那么真挚，但偏偏就不是真实的，

① 穆时英：《黑旋风》，见《南北极 公墓》，人民文学出版社1987年版，第5页。

它是一个阴间的故事，是一个梦幻。这或许正是大都市的精神写照?

（八）城市文学与“欲望的症候”

施蛰存则在现代白话汉语的城市文学中，创造了另外一种写法。对诸多的现代作家来说，城市要么作为“被欲望”的对象（如刘呐鸥和穆时英等的创作），要么作为将被自身的欲望所“摧毁”的对象（茅盾和蒋光慈等的创作），或者无奈地将它的物质性视为冷漠世界里的“避难所”（张爱玲的创作），等等。在施蛰存这里，城市不是“欲望”的对象，或者经验层面的欲望化符号，也不是要被摧毁的罪恶渊薮。施蛰存笔下的城市，是当作“欲望的症候”来处理的（就像赖克要求精神分析师面对对象时所做的那样），是作为“观照”的对象来理解的，是有待发现的“陌生化”的对象。我将它纳入“惊奇的诗学”的范畴。它的观念基础，就是对新事物、新环境保持“惊奇”的能力，而不是先入为主的敌视，或者也可称之为“原始人”的视角，与“惊奇的诗学”几乎可以看作同义词，它包含着对世界的“惊喜”“好奇”“天真”“朴拙”等与“诗”和“艺术”相关的视角——审美的而非功利的，情感的而非理性的。

我要选择两个短篇小说《梅雨之夕》和《鸥》来进行分析。先看写于30年代初期的短篇小说《梅雨之夕》。小说写一位写字楼里的小职员，下班后步行回家：从外滩附近的江西路南口，沿北四川路到文监师路（今塘沽路）口，约两个小时的经历。这是一个发生在现代大都市里的“漫游”故事和“邂逅”故事，是两个陌生人在陌生的世界中“纯净相遇”的故事。“我喜欢在滴沥的雨声中撑着伞……用一些暂时安逸的心境去看都市的雨景”，“在濛雾中来来往往的车辆人物，全都消失了清晰的轮廓，广阔的路上倒映着许多黄色的灯光，间或有几条警灯的红色和绿色在闪烁着行人的眼睛。雨大的时候，很近的人语声，即使声音很高，也好像在半空中了”，“朦胧的颇有些诗意”。在北四川路与文监师路交界处的公共汽车站旁，叙事者“我”遇见了一位姑娘，她不是戴望舒笔下“丁香一样的”，像一株草或者一朵花一样的姑娘。[①]而是活生生、有血有肉、能够直接诉诸感官的姑娘：“瘦削的，但并不露骨的双肩”，“肢体的停匀”，“薄薄的绸衣”，“容颜的姣好”，“细淡的修眉”，“眸子莹然”，“风仪的温雅”。她因为没有雨伞而“窘迫地走上人行路”。“我”认为，城里（上海）是个坏地方，“人与人都用了一种不信任的思想交际”。经过紧张的内心争斗（内心独白），“我”决定出手相助。打着雨伞去送她，闻到了她的发香，听到了她“柔软的苏州音”，想起了故乡初恋的少女。风将她的衣裙吹起，飘荡在她身后，她扭过脸去避风的样子，很是“娇媚”，是有“诗兴的姿态”。“我”想起了日本江户时代的画家铃木春信的《夜雨宫诣美人图》，还想起了宋代诗人朱翾的诗句“担簦亲送绮罗人”。[②]古典田园诗风格的诗句和意境，与现代都市嘈杂的场景嫁接在一起。一切都因为观察者本人的心境而发生了改变。小说叙事不露声

① 施蛰存说，他的同学、好友戴望舒“思想感性的基础是田园的”，也就是凝固的。参见《中国现代主义的曙光——答台湾作家郑明娳、林燿德问》，见《施蛰存全集》第10卷，华东师范大学出版社2012年版，第492页。

② 〔宋〕蔡居厚《诗史》：“朱翾仕江南，为县令，甚疏逸。有诗云：‘好是晚来香雨里，担簦亲送绮罗人。’”见郭绍虞辑《宋诗话辑佚》，中华书局1980年版，第440页。丰子恺40年代的漫画《雨中送行》中有这两句诗。

色，很节制。其实，“美”的背后充满了某种感伤和惆怅的心绪。从邂逅到粗浅的相识，再到突然的分别，也就几十分钟的时间，就像樱花绚烂地开放转而突然凋谢一样。这是一篇既不是建基于古典田园诗风格之上，更不是建基于诅咒都市的仇恨立场上，而是一次与陌生事物非功利的相遇和亲近。叙事者对邂逅的女性的视角，是一种“原始人”的视角，好奇而天真，单纯而执着，没有任何先入为主的成见和功利主义，因此是审美的。

另一个短篇小说叫《鸥》。施蛰存晚年接受记者采访时曾明确表示，这是“自己比较喜欢的”小说。[①]主人公也是一位上海写字楼里的小职员。按照常人思维，他工作和生活本身并没有问题，毕业不久，刚刚由练习生升为初级职员，工资加到了每月40元。他的问题出现在“潜意识”里：被重复的工作时间和一连串阿拉伯数字压下去的自由在蠢蠢欲动。被压抑的内容通过对阿拉伯数字的幻觉，幻化为海鸥在家乡海面上自由飞翔。“已经有两年没回家了。那个村庄，那个村前的海，那个与他一同站在夕暮的海边看白鸥展翅的女孩子，一时都呈显在他眼前。银行职员的小陆就这样地伏在他的大账簿上害着沉重的怀乡病。”他如飘荡的灵魂，看见了自己在时间中逐渐“腐朽的肉体”。“但这是一个白日梦。”其实，从理性的角度考虑，“他并不真的想回去”，但他的“白日梦”（非理想、潜意识）召唤他回到故乡去，那里有大海、蓝天、海鸥，还有他的女孩。结尾时，他在大光明电影院碰到也进城了的初恋女友，正在跟人约会。“那惟一的白鸥已经飞舞在都市的阳光里与暮色中”，所有的海鸥都飞到城里来了。“在乡下，

① 施蛰存：《中国现代主义的曙光——答台湾作家郑明娳、林燿德问》，见《施蛰存全集》第10卷，华东师范大学出版社2012年版，第494页。

那迷茫的海水上，是不是还有着那些足以偕隐的鸥鸟呢？”小说《鸥》与《梅雨之夕》相比，表面上好像差别较大，实际上是异曲同工。两篇小说都显示出面对僵化的日常生活场景，保持“惊奇”的能力，都具备在“异化”的都市生活背后发现“美”的能力。这正是一种没有被现代城市文明所扭曲的“原始人”的视角，它是天真好奇的，更是诗性的和艺术的。

施蛰存的小说中，也有大量对都市文化中“丑”和“恶”的描写。如《江干集》中的《船厂主》《梵村歌侣》《屠税局长》；还有此前没有收入过文集，后收入了《十年创作集》“集外”中的《追》《寂寞的街》和《圣诞艳遇》；《梅雨之夕》中的《在巴黎大戏院》《四喜子的生意》；《小珍集》中的《名片》《牛奶》《失业》《汽车路》；《善女人行品》中的《阿秀》；等等。施蛰存这类题材的总体风格是讽刺和幽默，而不是审判或者控诉。换句话说，这类题材在施蛰存的笔下，依然是作为“欲望的症候”而不是作为“欲望”本身来处理的。产生于现代文明和都市里的欲望，与其说是“内容”，不如说是“形式”。新文化与旧文化之间出现的“时间—空间”错位，导致失败和悲剧，对错位的关注产生了“滑稽”效果，其手法则是讽刺和幽默。这也是“鲁迅传统”的延续。写于1932年并受到当时左翼批评界赞赏的《追》，是一篇仿“革命文学”的失败之作，其中对“街垒战”的描写完全没有章法。街垒战是无产阶级的事业，是市民社会的故事，进城农民无法打街垒战，最适合街垒战的地方就是巴黎。《追》结尾还有苏联作家拉夫列尼约夫的小说《第四十一》的影子（所以施蛰存在编选文集的时候一直不选它）。《名片》则是现代版的《儒林外史》，小职员马家荣，通过在名片上虚拟自己的身份（科长）而导致的讽刺喜剧。《四喜子的生意》通篇都是对车夫四喜子的心理描写（自述），他对都市景物的好奇和幻想，还有对女人的性幻想。他将自己的遭遇（因骚扰一位外国女性乘客而被抓进了巡捕房），归结为自己的老婆双喜妞儿的凶悍，以至于自己不愿意回家，或者说没有足够的钱让老婆开心。这是一个“喜剧版”而非“悲剧版”的《骆驼祥子》，外加“都市版”而非“小镇版”的《阿Q正传》，或许还有一点西班牙流浪汉小说《小癞子》的味道。

当欲望的“错位”转化为“断裂”时，“欲望故事”就转化为“都市传奇”了。前者是讽刺幽默的对象，或者自我解嘲的对象；后者是侦探故事或者精神分析的故事。尽管施蛰存最初并不想使自己的小说成为“传奇”，但都市文化里的“传奇”是不可避免的。与乡土社会的熟人世界相比，在城市这个由陌生人临时组合在一起的空间里，仅仅依靠传统的道德已经无法维系这个现代社会的秩序，它需要的是侦探、警察、法官、慈善会、精神病医生。所以，正如本文第七节开篇提到的那样，在现代城市文学中，罪犯、骗子、妓女、乞丐、精神病患者，都是常见的类型，都是现代都市传奇的主人公。关于“现代传奇”，我在本书论张爱玲一章中已讨论过。认为它是宏大历史叙事的对立面，强调冒险和奇遇，强调“突然”的时间感，显示出它与历史整体性和时间连续性的脱节关系。人物由英雄（启蒙的，革命的）转向了普通人；功能由启蒙或革命的教化宣传，转向虚构或娱乐的审美。“传奇”，与其说是一种历史的“叙事文体”，不如说是一种现代的“意义结构”。将情节连贯起来的基本原则，是“时间”观念。“传奇空间”，是缺乏价值统一性之时间的空间并置。“传奇时间”，是试图在缺乏价值统一性的空间碎片之间，建立起连贯性的企图。[①]《闵行秋日纪事》《魔道》《旅舍》《夜叉》《凶宅》等，都可以列入“都市传奇”一类。对现代都市人的变态心理的捕捉和描写，并非施蛰存所喜欢的，只不过是在小说写法创新（“写各种心理”）驱动下的实验。这种写法从《在巴黎大戏院》开始一直到《凶宅》结束。《四喜子的生意》发表，作者自己当时（1933年）就在文章中予以了否定，认为那些小说“坏到不可言说”，“实在已可以休矣。但我没有肯承认，我还想利用一段老旧的新闻写出一点新的刺激的东西来。这就是《凶宅》。读者或许也会看得出我从《魔道》写到《凶宅》，实在是已经写到魔道里去了”[②]。可见作者内心并不十分认同那些时髦的写法。

（九）小说与女性：感伤的回忆

施蛰存认为《上元灯》是他的“第一个短篇集”。“在此以前，也曾写过几个短篇，甚至也曾刊行过一二种单行本，但自己觉得成绩太差了，所以很不愿意再提起它们。”后来又“继承着写《上元灯》及《周夫人》时的一种感怀往昔的情绪，写成了八个短篇，这就是在水沫书店出版的……《上元灯》。这是我正式的第一个短篇集”[③]。可见

① 参见本书论张爱玲相关章节。

② 施蛰存：《〈梅雨之夕〉后记》，见《施蛰存全集》第4卷，华东师范大学出版社2011年版，第1288～1289页。

③ 施蛰存：《〈上元灯〉改编再版自序》，见《施蛰存全集》第4卷；《我的创作生活之历程》，见《施蛰存全集》第1卷，华东师范大学出版社2011年版，第1282、630页。

他十分看重《上元灯》《周夫人》《扇》等小说，而对另一些小说则感到遗憾，如《娟子》《追》《妮侬》等。

1933年5月，施蛰存在《我的创作生活之历程》一文中，对十几年的创作进行了简单总结，并将自己的小说分为五种类型。第一类是写“感怀往昔的情绪”的，以《上元灯》《扇》《周夫人》等为代表。第二类是写“私人生活的琐事，及女子心理的分析的”，如《梅雨之夕》和《善女人行品》中的诸篇。第三类是“应用旧材料而为新作品的”，如《鸠摩罗什》《将军底头》《阿褴公主》《黄心大师》等。第四类是追随“普罗文学运动”的，比如《追》等篇目。第五类是“写变态的怪异的心理小说”，比如《魔道》《在巴黎大戏院》《夜叉》等（上文已经分析过）。第四类属于当时“时髦写法”，尝试了几篇之后，作者认为自己不适合这种写法：“我写了《阿秀》《花》这两个短篇。但是，在这两个短篇之后，我没有写过一篇所谓普罗小说。这并不是我不同情普罗文学运动，而实在是我自觉到自己没有向这方面发展的可能。甚至，有一个时候我曾想：我的生活，我的笔，恐怕连写实的小说都不容易做出来，倘若全中国的文艺读者只要求着一种文艺，那我惟有搁笔不写，否则，我只能写我的。”[①]这五个类别的写法，在早期的《江干集》中，也都或隐或现地出现过。接下来我主要分析第一、第二、第三这三个类型。

第一至第三这三种类型的写法，看上去差别很大，其实它们有一个共同之处——都与“女性”相关。作为人类的一半的女性，她们在文学创作中的重要性无须讨论。中国古典文学中的名篇，大多与女性

① 施蛰存：《我的创作生活之历程》，见《施蛰存全集》第1卷，华东师范大学出版社2011年版，第632页。

形象相关。它指向两个体系："家族体系"（悲剧形象）和"自然体系"（完美形象）。《诗经》中的女性形象是对这两个体系的理想化的调和，以抵达"温柔敦厚""乐而不淫哀而不伤"的"中和之美"，这不仅仅是"男女""阴阳"的标准，更是国家社稷和文化的标准。因此它成了中国文学传统中的一个重要的情感根基。现代社会的女性形象则指向另外两个新体系：一个是以情感和欲望为根基的"家庭体系"，一个是以身份和时尚为根基的"社会体系"。现代小说的兴起"似乎与现代社会中妇女的更大自由有着联系"[①]。如何在这个新文化背景下写女性，对新文学运动而言，是一个巨大的挑战。鲁迅笔下的子君（情人形象）和祥林嫂（母亲形象）指向"社会体系"，都是悲剧人物。张爱玲笔下的白流苏（反叛情人形象）和曹七巧（变态母亲形象）指向"家族体系"的残余。沈从文笔下的翠翠（恋人形象）指向"自然体系"（无时间感）。废名笔下的琴子（情人）和细竹（恋人），也是指向无时间感的"自然体系"，从而产生了古典诗意。茅盾笔下的女性（林佩瑶、徐曼丽们）指向现代"城市社会"，基本上是都市中欲望的化身。还有一些女性，她们既不在"传统家族"中，也不在"现代家庭"中，更不在"自然"中，她们在街道上、旅途中、亭子间、出租屋里，她们的行为有一种强烈的"去性别"冲动，所谓的"反叛的女性形象"由此而来。因本文论题关系而不再赘述。

施蛰存小说中的女性形象有其特殊性，这也是他文学创作的一个重要标志。那些女性形象主要是现代都市里的女性："恋人""情人""爱人""陌生人"。这里关于"女性"身份的命名，语义边界十

① [美]伊恩·P.瓦特:《小说的兴起——笛福、理查逊、菲尔丁研究》，高原、董红钧译，生活·读书·新知三联书店1992年版，第153页。

分模糊，本文要对其用法作一些限定。首先是“**恋人**”这个词，它是这一词汇系列的“基础”，是它们的“母本”。它表示对一个异性对象的“依恋”“爱恋”“恋恋不舍”的心理，是“合二为一”的皈依之梦想，是摆脱对外部世界“不适感”的最古老的方式，是“优雅爱情”的心理基础，因而，也是现代社会中最后的“精神依托”。它可以是没有具体的世俗生活内容的、想象的、梦幻的，因而它最具“精神性”。而“**情人**”则是在“恋人”的基础上，增加了物质性（肉体和情欲）因素，相应地，“恋”的成分则不同程度地有所减少，关系也不十分稳定。“**爱人**”是夫妻关系的代名词，它是在“情人”的基础上进一步增加了物质性（社会性）因素，相应地，“恋”的成分和“情”的成分则有所减少。由于它受到现代法律的保护，并通过心理习惯、社会责任、道德禁忌等外表与力量的约束，使其关系维系在一种相对稳定的状态。传统文化将它定位在“恩”的层面（“母亲形象”，就是一种生理学意义上的老化版的“爱人”形象，只有在两种前提下她才能够重放光彩，一是“男性化”层面，二是“恩情”层面。比如施蛰存的小说《猫头鹰》中的母亲形象）。最后一类是女性中的“**陌生人**”（邂逅的人，堕落的人，身份不明的人），这是最复杂的类型，因为其走向完全是不确定的、无法预料的，因此也最能考验作家的才能（《梅雨之夕》中的那位少妇，就是一位有可能发展为情人的“陌生人”）。

上文出现了“减少”和“增加”两种变化路径，世俗生活是沿着“增加”的路径走，精神生活是沿着“减少”的路径走。就纯粹的精神生活而言，在“恋人—情人—爱人”这个系列中，越是容易被减损的东西越是珍贵，越是容易被增加的东西越是廉价。但在世俗日常生活中，这个路径不可能总是直线型的，它有可能来回反复呈现为迷宫状态。至于回到那种没有被减损的、纯净的“恋”的状态，不过是一个梦想，一个白日梦，既令人“企慕”[①]，更令人“感伤”，或许只有通过“灵魂的回忆”才能“抵达”。所以，它总是得到文学艺术的青睐。

按照施蛰存自己的说法，小说集《上元灯》属于第一类写感怀往昔的情绪的感伤的回忆，是对“恋”的状态的一种回忆和重返的冲动。小说集《善女人行品》属于第二类写私人生活琐事和女性心理分析的作品，我将他的这些作品，视为带有某种“精神修炼”色彩的逆向而行的写作。“爱人—情人—恋人”，就像“道教内丹心性派”的逆向修炼那样：“万物—叁—贰—壹—道”，即所谓“炼精还气，炼气还神”的逆向修炼[②]，此则近于道矣。小说集《将军底头》属于第三类，是应用旧材料而为新作品的探索。如作者自己所说的，《鸠摩罗什》写两性之爱与“道”的冲突，《将军底头》是写两性之爱与“种族”的冲突，《石秀》写性欲心理分析，《阿襤公主》是“美丽的故事复活”[③]，都是处理作为“情人”的女性形象的。

除了第一类“恋人”在本节讨论，其余的类型“情人”“爱人”“陌生人”，将在下面两节中分而论之。

① 钱锺书论《诗经》之《蒹葭》《汉广》，谓“二诗所赋，皆西洋浪漫主义所谓企慕之情境也”。企慕，“可见而不可求”“隔河无船”之谓，“隔深渊而睹奇卉、闻远香，爱不能即”之谓，故“皎皎河汉女”亦如“迢迢牵牛星”“摇心失望，不见所欢”。参见钱锺书《管锥编》第1册，中华书局1979年版，第123、397页。

② 参见旧题八仙合著，松飞破译《天仙金丹心法》之“筑基”“炼己”“安炉”章节，中华书局1990年版，第36～92页。

③ 施蛰存：《〈将军底头〉自序》，见《施蛰存全集》第4卷，华东师范大学出版社2011年版，第1284页。

以写感怀往昔的情绪为主的《上元灯》，写的都是一些“感伤的回忆”，是“隔深渊而睹奇卉、闻远香，爱不能即”的“企慕”，是对“失落的珍宝”的追寻。对纯洁而朦胧恋情的回忆，写得纯净而感人。《扇》通过一件寄托初恋情感的礼物“一柄茜色轻纱的团扇”勾起的“感伤的回忆”，写“我”少年时代（9—13岁）与“生平第一个女朋友”金树珍（珍官）之间恋情初萌的往事。《上元灯》通过“我”对一件礼物（花灯）的失而复得，写两位少年之间的朦胧恋情。《旧梦》也是写“我”（微官）通过一件小礼物（玩具小铅兵）而忆起了自己与初恋女孩芷芳之间的朦胧恋情。17年后再见到她的时候，“垂髫时候的美丽”不再，见到的是一位“满面的憔悴的妇人”而伤怀惆怅不已。《周夫人》写的尽管是一位少年与一位成年女性之间的偶然事件，但少年回忆中的感觉与初恋情感相近。优秀作家都善于写女性，特别是通过女性在自己身上所引起的最初的、神秘的情感的记忆，写出人性中最隐秘的辉光，它成了灰暗的人生中的不可替代的亮色。这就是废名的《桃园》《桥》，沈从文的《边城》《月下小景》，张爱玲的《倾城之恋》，汪曾祺的《受戒》，白先勇的《永远的尹雪艳》等作品令人难以忘怀的原因。同样的题材，鲁迅的《伤逝》、茅盾的《蚀》三部曲、巴金的《寒夜》、丁玲的《莎菲女士的日记》等，走的是批判或启蒙的路线。按照丰子恺的说法，前者属于“显正”，后者属于“斥妄”（又称“破邪”）。[①]尽管这两者不好截然分开，但在表达（艺术）风格上的差别还是十分明显的。丰子恺在写于1947年的《我的漫画》

① 破邪（斥妄）即显正：“破邪计邪执者，为直显正道正见也。是为三论宗之眼目。……但论虽有三，义唯二辙：一曰显正，二曰破邪。破邪则下拯沉沦，显正则上弘大法。”见丁福保编《佛学大辞典》，上海书店1991年版，第1825页。

一文中，对自己早期批判的、斥妄的漫画有所反思。他说：“佛菩萨的说法，有‘显正’和‘斥妄’两途。……‘斥妄’之道，不宜多用，多用了感觉麻木，反而失效。于是我想，艺术毕竟是美的，人生毕竟是崇高的，自然毕竟是伟大的。我这些辛酸凄楚的作品，其实不是正常艺术，而是临时的权变。古人说：‘恶岁诗人无好语。’我现在正是恶岁画家；但我的眼也应该从恶岁转入永劫，我的笔也不妨从人生转向自然，寻求更深刻的画材。”[①]“永劫”亦为佛教术语，是计算世界成坏的时间概念，指很长久的时间。丰子恺同时将“永劫”与“自然”相提并论，要从“永劫”和“自然”中寻找人生更深刻久远的意义。从这个角度看，施蛰存倒像是一位京派作家，而不是海派作家。

施蛰存笔下最初的恋人形象所引起的感伤回忆，与爱尔兰作家乔伊斯的早期作品《阿拉比》有异曲同工之妙。比较一下他们的差别也很有意义，从中可以发现东西方作家在处理相同题材时的异同。《阿拉比》中的那位少年暗恋好友曼根的姐姐，每天都在偷偷地注视着她，一见她“心就怦怦跳”，“做祷告或唱赞美诗时，她的名字会从我嘴里脱口而出。我时常热泪盈眶。一股沸腾的激情从心底涌起，流入胸中”，又不知道“怎么向她倾诉我迷惘的爱慕”。直到有一天，她随口说了一声：你应该去阿拉比（集市的名字）看看。少年便开始了一次骑士般的冒险。世俗生活中的纯洁恋情，与神秘的宗教感和中世纪骑士风结合在一起，是西方文学自中世纪后期兴起的。“爱情的兴起之

① 丰子恺著，丰一吟编：《缘缘堂随笔集》，浙江文艺出版社1983年版，第312页。丰子恺（1898—1975），浙江人，漫画家、作家、艺术教育家、翻译家。毕业于浙江省立第一师范学校，曾师从弘一法师（李叔同），20年代留学日本，回国后任教于上海大学、复旦大学、浙江大学。1949年之后历任上海文史馆馆员、全国政协委员、上海文联副主席。

根源深植于基督教传统之中。”[1]施蛰存笔下的“恋情”故事，其中介不是宗教情感，而是“物”：团扇，玩具小铅人，花灯。得到这些与恋人相关的物件，是接近神秘恋情的津梁。尽管“爱屋及乌”的情感东西方皆然（亨利·菲尔丁的小说《弃儿汤姆·琼斯史》中，就写到汤姆爱苏菲娅而不得的时候，移情于苏菲娅的手笼和钱袋[2]），其诗学根源却有差别。东方美学中借“物件”为中介来表达情感，其根基在于一种“自然的诗学”：触物生情，借物起兴。“物件”，在这里并非简单的、可以移情的恋人的一部分，而是具有诗学意义上的总体性的，它变成了整体意象，比如“上元灯”就是一个恋人的象征。面对一个“物是人非”的“物件”，它所勾起的回忆，浸透在“感伤”的氛围之中。所谓“溯洄从之，道阻且长”，如“皎皎河汉女”对“迢迢牵牛星”。它产生的不是社会学意义上的“行动”，而是诗学意义上的“感叹”。对社会而言，“感叹”是无用的，但对历史或者“永劫”而言，“动天地，感鬼神”，莫近于叹（诗）。

（十）小说与女性：私人生活场景

黑格尔认为：具有“古老魅力”的古典世界，是“诗的世界”或“抒情的世界”，而丧失了“古老魅力”的现代世界或者市民社会，则

① ［美］伊恩·P.瓦特：《小说的兴起——笛福、理查逊、菲尔丁研究》，高原、董红钧译，生活·读书·新知三联书店1992年版，第151页。

② ［英］亨利·菲尔丁：《弃儿汤姆·琼斯史》，张谷若译，上海译文出版社1993年版，“代序”第13页。

是“散文的世界”或“叙事的世界”。[1]如果按照黑格尔的推论，我们不妨这样比喻：“恋人”是“诗的世界”的对象，“情人”或者“爱人”是“散文世界”的对象。人之所以总是怀念“初恋”，是因为那种情景中既缺少“物质性”，又缺少“社会性”，如水中之月雾中之花，可望而不可即，故也无冲突。写“恋人”的文学作品，多少都会带有一点浪漫主义甚至神秘主义色彩。它总是与现实生活构成强烈对比反差。现实生活中，“恋人”会因增加“物质性”成分而变成“情人”。“情人”会因增加“社会性”成分而变成“爱人”（夫妻）。所谓“爱人”，也有“佳耦”和“怨耦”之分。“佳耦曰逑”，“乐得淑女以配君子”。“怨耦曰仇”，“好逑”化为“寇仇”。[2]中国人用“冤家”描述“怨耦”，钱锺书称之为爱极恨极之“两端感情”[3]，夫妻久而成为“冤家”，“意识”里恨极而“潜意识”里爱极，两相抵牾不能相处，但又难以割舍无法分离，经常以打表情，以骂示爱。这是理想的“恋”与现实的“情”之间撕裂的结果。但毫无疑问，“恋人”是“爱情”和“婚姻”的底子，没有“恋”做底子，只以“德”做底子，就不可能有现代意义上的“爱情”“情人”“爱人”。中国传统文学中的女性形象，要么是自我限制而成为“德”[4]的典范，要么因“色”而魔，因

① 对此的详细讨论，可参见张柠《感伤时代的文学》，新星出版社2013年版，第246～252页。

② 参见《十三经注疏》整理委员会整理，李学勤主编《十三经注疏·毛诗正义》，北京大学出版社1999年版，第22～23页。

③ 钱锺书：《管锥编》第3册，中华书局1979年版，第1058～1059页。

④ 《诗大序》：“《关雎》，后妃之德也，风之始也，所以风天下而正夫妇也。……忧在进贤，不淫其色，哀窈窕，思贤才，而无伤善之心焉。是《关雎》之义也。”孔疏：“过其度量谓之为淫。男过爱女谓淫女色。女过求宠是自淫其色。”“妇德无厌，志不可满，凡有情欲，莫不妒忌。唯后妃之心，忧在进贤。”“后妃不妒忌，可共以事夫。”见《十三经注疏》整理委员会整理，李学勤主编《十三经注疏·毛诗正义》，北京大学出版社1999年版，第4～23页。

"情"而鬼（她们只出现在荒野、墓地、梦境中，如唐宋传奇和聊斋志异等小说野史中的女性）。而"德"的典范的活动场所，是"家族"（家族、乡里、邦国三位一体），这个场所是不安顿"情"和"欲"的。安顿"情"和"欲"的地方，只能是现代"家庭"。[①]它是宫廷和青楼之外，专门为现代"个人"而产生的文化场景。

一般而言，写"恋人"的作品，总是超越时空限制而带有一种单纯而素朴的色彩，写情爱婚姻的作品，则总是显示出残酷而感伤的色彩。这也是现代文化带来的新问题，从社会文化的总体角度看，其根本原因在于，强大的传统"家族文化"对萌芽状态的现代"家庭文化"的压抑。鲁迅的小说《伤逝》，就是写涓生对"佳耦化为怨耦"的忏悔，其根源在于"家庭"的建立受到各种阻碍。废名笔下的都市小家庭生活，经常因"不适"和"错位"而成了讽刺的对象。沈从文笔下的"小家庭"题材有一个特点，就是主人公经常出鼻血。他们两个人后来都将家庭和情爱故事的场景搬到乡下去了。左翼文学作品中的情爱题材，几乎都发生在脏臭的出租屋里、逼仄的亭子间里，无怪乎他们要到"十字街头"去，甚至到山里去。张爱玲笔下的"情爱"故事，尽管发生在"客厅"里，但几乎都带有一种强烈的撕裂感，她写的是"家族"阴影笼罩下的"家庭"，是"大公馆"之外的"小公馆"里的隐秘故事，是"大团圆"压抑下的"小团圆"的不可能性。[②]巴金的小说《家》，重在写高家这个"家族"中的祖孙冲突，高家的"觉"字辈（18岁左右）与老太爷（六七十岁）的矛盾。而作为日常

① 小说《金瓶梅》中的"家庭"是一个特例。对西门庆"家庭"性质的分析，见张柠《文学与快乐·文化的诗学》上编第三章，高等教育出版社2023年版。

② 参见本书论张爱玲相关章节。

生活的中坚力量的父辈，也就是“克”字辈（四五十岁），都忙着在“家族”之外组建小“家庭”，但这都是非常隐秘的事。可见，“家庭”生活极其相应的私人生活细节，成了一个禁忌的话题，一个秘密。因此，女性（特别是妻子）形象、家庭场景和私人生活，在现代文学中，具有实验性。

施蛰存的小说中，以小说集《善女人行品》为代表，写的就是家庭中的私人生活琐事，以及相应的女性心理分析。《江干集》第一篇《冷淡的心》，就是写妻子、家庭和私人生活场景的。上文已经从“惊奇”角度做过分析。在这篇小说中，“妻子”突然变成了“情人”乃至“恋人”的过程并没有详细展开，而是通过一个“美的形象”产生的惊奇效果抵达的，因而有一点浪漫主义的神秘感（这不也是“现实”的吗？）。早期的《牧歌》和《凤阳女》也带有浓郁的浪漫主义色彩。《善女人行品》则是真正的家庭场景中展开的私人生活琐事和女性心理。所谓“善女人”，是“好逑”，是“佳耦”，是“良人”。而所谓的“行品”，含有为女性撰写“行状”，为女性立传的意思。对女性如此冠名，在现代中国文学中也是破天荒的事情。我将他的这一系列作品，视为带有某种“精神修炼”色彩的逆向而行的写作：爱人—情人—恋人。

文学创作中的“妻子”形象是比较难写的，尤其是现代社会中的“家庭”和“妻子”形象。先分析《狮子座流星》。华夏银行国际部主任韩先生的妻子佩珊夫人，结婚几年还没有孩子，为此去看医生。她在公共汽车上看报纸新闻，说晚上有“狮子座流星”出现，听说看到“狮子座流星”的人会生孩子，可是又听说“狮子座流星”就是灾星“扫帚星”。为此她内心纠结万分。晚上，佩珊夫人带着期待和焦虑，等待“狮子座流星”的出现。小说的结尾这样写：“她一抬头，看见那颗发着幻异的光芒的星在飞下来了，很快地飞，一直往她窗口里飞进来。她害怕了，但是她木立着；她觉得不能动弹，眼前闪着强度的光，一个大声炸响着，这怪星投在她身上了。……睁开眼，刚对着朝日的光芒。丈夫已经起身了，半床被斜拖着，冷气直钻进来。丈夫正在梳头发，一个象牙梳掉落在地上。”其实，这是佩珊夫人的一个梦。家庭日常生活的场景和女性细腻而隐秘的心理，在梦中缓慢而细腻地展开，街道上的见闻，居室内的夫妻对话，丈夫抽烟读报，两人商议如何将沙发床移到窗边，以便睡在床上一起等待“狮子座流星”出现，等等。这些私人生活场景中有遗憾和不满，也有爱恋和温馨。她心里暗暗决定：“今天夜里再看。”《雾》里的素贞小姐，也是一个“善女人”，一位知书达理、多情美丽、守旧的佳人。她理想中的丈夫，是懂诗书文章，会说体己话，能一起“赏月饮酒”的男人。她渴望婚姻（28岁，表妹们都结婚了）又害怕婚姻（怕嫁错男人，表姐离婚了）。在从老家到上海探亲的火车上，她遇见了一位符合理想丈夫的男人，“邂逅”过程、素贞的心理活动，写得细腻而传神。当她从表妹那里得知这位男性是一位电影演员（公众情人），梦中的“恋人”突然变成雾中的“情人”，觉得自己受到“意外的袭击”似的，感到“很疲乏”。面对这个世界和人，她觉得自己如堕入云雾之中，什么也看不清。

小说《港内小景》《残秋的下弦月》《莼羹》《妻之生辰》《蝴蝶夫人》《散步》等，主角也都是现代家庭中的“妻子”，且多为“生病的”妻子。而“丈夫”总是心神不宁，如俗语所说的“吃着碗里的，瞧着锅里的”。《港内小景》和《残秋的下弦月》中，生病的妻子的善良和敏感，刺痛了打算出轨的丈夫的心。叙事过程实际上是对情感耗尽的焦虑，也是对逐渐冷漠的心的隐约的讽刺。每当丈夫开始变得冷漠的时候，妻子总是要回忆两人往日的恋情，试图唤醒丈夫。她们要通过回忆，将试图离开“床边”“卧室”，并打算走到街道上去的丈夫拉回来，拉进卧室乃至病床边：我的额头发烧吗？给我一杯水吧。打开窗户让我看看月亮吧。还记得那年秋天公园里红红的枫叶吗？等等。从“恋人”变成“情人”再变成“爱人”并不难，逆向的变化则十分困难，它需要男人也像女人一样，敏感、细腻、善良，或者说像他们相识的时候那样。《莼羹》中的妻子也可以说是一位标准的“善女人”，经常为换一些新鲜菜肴来满足丈夫的胃口而费尽心思，但因误解而遭到丈夫的“伤害”。但这位男子是一位有自我反思能力的人，更是一位有平等观念的人。面对伤心的妻子，这位丈夫想：“我好像骤然间失去了一切，感到通身的惆怅。潜伏在她秘密的心中的一重恋爱的新欲望到这时才揭露了出来。我是完全误会了她！我拿一个卑劣的男子的心去测度她了！……一个卑劣的男子的无礼貌的高傲壅塞了我的恋爱的灵感。”其实这不过是一个小小的疏忽，不过是爱人之间的“求全之毁，不虞之隙”。在安抚过妻子之后，这位丈夫又坐下来翻译意象派诗人理查德·奥尔丁顿的诗：“我的爱情也这样飘浮向你，/消失了，又重新升起。”这句诗也是这个小说所追求的境界：不断对“恋”的返回。这种现代家庭中的日常生活琐事，这种与我们每一个人都息息相关的生活中的微变，往往被我们的笔所忽略，只有心细如发的作者，才能够写出、写好。如果说前面几篇是“反写”，《妻之生辰》则属于“正写”，所谓“言事之道，直陈为正”也。男子因妻子的生辰日，拿不出钱来买礼物而感到忧伤，进而因这个“善女人”跟自己结合之后没能过上好日子而愧疚。生日这一天早晨起床的时候，“妻还是酣眠着。从她的安静又娇媚的睡相里，我隐然看出了她的寂寞”。“当初对于她的追求，是何等地热烈，人家怎么会相信她如今每天所过的生活……在空蒙的烟雾里，又浮现了妻的安静的容颜。我每一注视她，她常是微笑着。她是个好性子的人，她不愧为一个好的妻，她从不曾对于我这样艰难的生活露过一次愁颜，或即使是细微的颦眉蹙额。”仿佛是写初恋的情人一样的文字，整个叙事充满了温情，是一个柔软的而非坚硬的心灵的表露。

当然，施蛰存笔下的“妻子”形象中，也有不怎么善的人，比如《手套》中的那位爱虚荣的妻子（有包法利夫人的影子，也包含了对现代时尚文化的批评）；《春阳》中那位接受丈夫遗产过着虚无的生活的年轻寡妇（守财奴型的人物，但也带有一点农妇的单纯可爱）；《雄鸡》中以兴发婆婆为代表的泼妇群像（村妇的滑稽）；《阿秀》中被迫由“爱人”变成“妓女”的朱秀娟（有社会批判色彩）；等等。但与“恋人”或者“妻子”形象相比，这些作品中的反常化的形象，都不是最能代表施蛰存小说特色的。施蛰存自己也承认，他不善于写“变态人物”，而善于写“常态人物”（鲁迅和张爱玲，都善于写“变态人物”）。日常生活场景中的常态人物并不好写，特别是“妻子”这个很有难度的形象，作家必须要有对日常生活中私人生活场景的敏锐观察和心理分析能力，更要求有诗意的眼睛和心灵。恰恰在这里最能显示施蛰存的创作特色。此外，还有关于“情人”形象的问题，它是介于“恋人”与“爱人”之间的一个中间类型，也就是“恋情”与“恩情”之间出现的一个桥梁：“情欲”。施蛰存的小说创作中，没有专门写“情人”形象（《港内小景》《蝴蝶夫人》《散步》中都有涉及，但这几个小说并不是在写“情人”，而是在处理“情欲”）。所以，“情欲”是他的小说中的一个重要主题。对“恋情”的描写，可以看出一个作家的单纯风流与否。对“恩情”的描写，可以看出一个作家的敏感善良与否。对“情欲”的描写，可以看出一个作家的深刻犀利与否。在文学作品中的女性形象谱系（恋人—情人—爱人）之中，由“爱人”返回“情人”，是试图摆脱“社会性”（道德责任）的束缚。而由“情人”返回“恋人”，是试图摆脱“物质性”（肉体欲望）的束缚。这是一条由“社会人”返回“自然人”，梦想返回“精神人”的道路，它是属于“乌托邦”的道路。但是，“摆脱”过程本身是十分艰难的。摆脱“社会性”的责任，中国远古的隐士和近古的道士都能做到。摆脱“物质性”（欲望），理论上说只有宗教才能做到，比如佛教。对俗人而言，如何处理“情欲”，是现代文学创作中的一个难题。

（十一）武士石秀的“情欲秘密”

按照施蛰存的分类，小说集《将军底头》中的诸篇（外加稍迟发表的《黄心大师》），都属于第三类，也就是“应用旧材料而为新作品”的探索性写作。将历史题材改写为现代小说，就是恢复被历史叙事“删除”的细节，并搅乱“过去”与“现在”时间边界，还要把人性及其相应的行动和心理本身，变成历史的丰碑，并使之重新镌刻在人们的记忆之中。它撕裂了原有的“历史叙事”中“事件的完整性”，并试图重建“文学叙事”中的“人性的完整性”。鲁迅的《故事新编》和施蛰存的《将军底头》，都属于这一类现代文学意义上的“历史小说”。

施蛰存的这一系列历史小说中的人物形象，涉及的基本上是一些被文学理论家称为“高模仿类型”[1]主人公：高僧、英雄、将军、武士、公主、名尼。这其中包含着两种类型，一种是英雄（高僧、将军和公主）被自身具有的“凡人”属性所纠缠的线路（如《鸠摩罗什》《将军底头》《阿褴公主》)。另一种是凡人（妓女、流浪者、小官吏、莽汉）被自身所具有的“超人”性质所纠缠（如“正能量”的超越之于《黄心大师》和“负能量”的超越之于《石秀》)，后面会展开详细分析。施蛰存自己认为，《鸠摩罗什》是写爱与道的冲突；《将军底头》是写爱与种族的冲突；《石秀》是写性欲心理分析的；《阿褴公主》是“美丽的故事复活”[2]。不管这些人物是生活在宫廷里还是家庭中，抑或是寺庙里，他们都是作为背负“情欲”重负的英雄人物出现在世俗生活场景中。这几篇小说都是在处理“情欲”这一极端复杂的、边界模糊不定的“情感”及其相应的心理。

先分析现代文学史上的一篇极其独特的小说《石秀》。这是现代中国小说中第一次将人的情欲、爱恋这些复杂的情感，作为分析对象写进小说的。对人物心理变化过程的不同层次的揭示，达到了毫发毕现的程度；对“情欲”深层执着的心理分析，具有“追寇入巢”的风格。正如鲁迅讨论陀思妥耶夫斯基时所说的那样：“在甚深的灵魂中，无所谓‘残酷’，更无所谓‘慈悲’；但将这灵魂显示于人的，是‘在

① ［加拿大］诺斯罗普·弗莱：《批评的解剖》，陈慧、袁宪军、吴伟仁译，百花文艺出版社2006年版，第46页。

② 施蛰存：《〈将军底头〉自序》，见《施蛰存全集》第4卷，华东师范大学出版社2011年版，第1284页。

高的意义上的写实主义者'。"[①] 当然，施蛰存在这里要面对的，不是陀思妥耶夫斯基所面对的灵魂救赎问题，而是人的欲望及其自救的可能性问题。往来于城乡之间的樵夫石秀，是一位看上去粗俗、实则心细如发的人，还是一位情痴。他与城里一位下级军官杨雄结为兄弟，并在杨雄的资助下开了一家肉铺卖肉。石秀被杨雄的妻子潘巧云的美貌和娇艳吸引，但因"兄弟之义"的阻力而纠结不已。最后，因情生怨，潘巧云与石秀翻脸并与和尚裴如海勾搭。石秀为自保也为杨雄不平，而干起了告密和捉奸的勾当，并以"兄弟之义"的名誉，亲手杀死了潘巧云。故事本身并不新奇，是对《水浒传》中的一个片段的演绎。这个小说最重要的特点，是对人物情欲变化的深度心理分析。小说用了五个章节，层层展开石秀的情欲心理变化的复杂过程。

诱惑：杀猪卖肉的青年武士石秀，从未接触过女人，第一次面对娇艳的妇人潘巧云，就为她的声音、肤色、身姿等各种色相所诱惑。石秀"窘乱得不知如何是好，自己从来没有和这样的美妇人觌面交话过……自觉得脸上一阵的燥热起来，心头也不知怎地像有小鹿儿在内乱撞了"。尤其是晚上看到潘巧云趿着拖鞋的赤裸的脚踝，更是情不自禁，色迷心窍。他觉得这潘巧云，就像"充满着热力和欲望的一个可亲的精灵，是明知其含着剧毒而又自甘于被它的色泽和醇郁所魅惑的一盏鸩酒"。妇人的美色，变成了一种剧毒的芳香的气息，可见情欲一开始就进攻了石秀的"潜意识"。

抵抗：但石秀随即"意识"到，潘巧云是自己的义兄杨雄的妻子，"兄弟妻不可欺"的观念，让他觉得自己的非分之想是"不义的"。从

① 鲁迅:《〈穷人〉小引》，见《鲁迅全集》第7卷，人民文学出版社2005年版，第106页。

未见识过女人的石秀，“何以会在第一天结义的哥哥家里，初见了嫂子一面，就生着这样不经的妄念呢？这又岂不是很可卑的吗”？“凡是义兄的东西，做义弟的是不能有据为己有的希望的。”石秀用“兄弟之义”压抑着的自动萌发的情欲，但情欲已经开始进入“潜意识”。只不过潜意识中被诱惑着的欲望，暂时被意识中的道德压抑着，而且是用了石秀“最强的自制力”在压抑着。毫无疑问，只要自制力稍一松懈，情欲就会冒出来。

再诱惑：意识和潜意识的争斗，产生了一种可以称之为“两歧性”的东西。这种“两歧性”的东西，既可以是一个“词”或者“字”（“相反两意融会于一字”，特别是所谓的“背出或歧出分训”，“两义相违而亦相仇”[①]），也可以直接就是一个“形象”，换句话说，“形象”本身就带有“两歧性”。所以，第二天石秀见到潘巧云的丫鬟时，觉得这个美艳的丫鬟就是潘巧云自己，随即就出现了一种“神志不属”的状况，面对美女，石秀同时出现了“迷眩”和“恐怖”两种情感。石秀觉得，所有的美艳都是恐怖的：像雪亮的钢刀一样寒光四射，是美艳且恐怖的；像杀人时血花四溅那样，是美艳且恐怖的；像焚烧宫殿的大火那样，是美艳且恐怖的；像泛着嫣红的颜色的鸩酒那样，是美艳且恐怖的；像潘巧云和她的丫鬟那样，是美艳且恐怖的。越是美艳的对象诱惑越大，恐惧也越大。换句话说，恐怖越大的，诱惑也越大。石秀再一次堕入了情欲的漩涡中。

再抵抗：为了不违背“兄弟之义”，石秀不断地寻找拒绝潘巧云的理由。他又一次得到了机遇，听说潘巧云是二婚，从前是王押司的

① 钱锺书：《管锥编》第1册，中华书局1979年版，第1～2页。

妻子，在嫁给王押司之前还可能是妓女。自己的义兄杨雄，怎么会娶一个妓女出身的人做妻子呢？想来愤愤不平！但一转念，假如潘巧云真的是妓女，那倒也好了，我石秀与她之间的关系，也用不着背负那么重的道德包袱。于是石秀的潜意识里出现了第二种“两歧性”——对可能曾经是妓女的潘巧云，同时产生了“轻蔑”和“可恕”的双重态度。

情欲寇仇：潘巧云对石秀暧昧不明的态度产生反感并开始疏远他的时候，正是石秀内心斗争最激烈的时候。他“对于潘巧云的隐秘的情热，又急突地在心中蠢动起来”。甚至觉得“对着这样放肆的，淫佚相的美妇人，如果怀着守礼谨饬的心，倒反而好像是很寒酸相了”。面对“淫猥的，下流的飨宴，惟有沉醉似的去做一个享用这种佚乐的主人公，才是最最漂亮而得体的行为”。当他发现潘巧云已经跟和尚裴如海勾搭上了的时候，石秀一方面是欲火加妒火在胸中燃烧，同时又感到庆幸：潘巧云的出轨，与我并无必然的关系，我不跟她和尚也跟她了，所以我没什么对不起义兄的。倒是义兄很可悲了。“对于杨雄的怜悯和歉意，对于自己的思想的虚伪的呵责，下意识的嫉妒，炽热着的爱欲，纷纷地蹂躏着石秀的无主见的心。”“对于那个淫荡的潘巧云的轻蔑，对于这个奸夫裴如海的痛恨，对于杨雄的悲哀，还有对于自己的好像失恋而又受侮辱似的羞怍与懊丧，纷纷地在石秀的心中扰乱了。”石秀决定先向义兄杨雄告密，说潘巧云与裴如海勾搭上了，并自告奋勇去捉奸。

妓女的血：石秀逛妓院是小说叙事的一个重要过渡。它使得这段令石秀纠结万分、难以终结的恋情，转而终结在一场杀人游戏上，情欲的折磨转化为暴力的快感。石秀想，既然自己欲念着的潘巧云是妓女，那么到妓院里去找就行了，何苦背负着各种丧失道义的风险去勾引义兄之妻呢？可是，妓女怎么可以替代自己所恋着的潘巧云呢？欲望可以转移，力比多可以转移，但恋爱的情感是难以转移的。于是，石秀将妓女的脚踝看成潘巧云的脚踝，甚至是他人生第一次所注意到的那小巷里的少女的脚踝。于是，石秀将恋情转移到妓女身上，抱着她的脚狂吻，似乎已接近常人所谓的“变态心理学”范畴了。当他不小心让妓女的手碰上了削梨的水果刀而流血的时候，石秀“诧异着这样的女人的血之奇丽，又目击着她皱着眉头的痛苦相，石秀觉得对于女性的爱欲，尤其在胸中高潮着了”。因为妓女那白皙、细腻、光洁的皮肤上流出了一缕朱红的血，“像一粒透明的红宝石，又像疾飞而逝的夏夜之流星”。谁也无法阻止这种令人激动的美丽和毁灭。这与上面所说的“两歧性”相关。

杀戮游戏：石秀和杨雄一起策划了这次杀戮游戏。这都是他们的老本行（石秀是杀猪卖肉的，杨雄是执行死刑的刽子手）。但他们两个在实施杀戮过程中的心理状态不同。杨雄不过是报复妻子的外遇而已，小说中的杨雄本来就是一个平庸的人。石秀则不然，尽管他出身卑微，但经常有成为英雄的夙愿，成为义人的思维。石秀的杀人，大约可以归入为“激情杀人”的范畴。石秀认为，自己无疑是爱恋着这位美艳的女人潘巧云的，但想杀她的念头早就萌发了。在妓院里看到妓女手上流出鲜艳的血的时候，就“越发饥渴着要想试一试了”。以前是抱着“因为爱她，所以想睡她”的思想，现在则是抱着“因为爱她，所以要杀她”的奇妙想法。爱恋的“情欲的激情”，因受阻而发生了情感基因变异，转化为暴力的、“毁灭的激情”。它仿佛在将人类对爱欲的理解，诠释为对死亡的渴求和毁灭的冲动。

这种带有深度心理分析色彩的叙事，不是一个“变态心理”的价值判决所能解释的，它背后具有更深层的心理为依据。没有这种复杂的心理分析，我们或许永远也不能了解“情欲的秘密”。实际上它是将情欲这种我们自以为懂得了、理解了、能够解释了的最常见概念，变成一个令人惊奇的复杂“心理行为”和“两歧形象”而呈现出来了。这是现代文学中最精彩的心理分析的篇章，是艺术技巧最前卫的篇章，也是文学观念最现代的篇章。文学不仅仅是呈现美的，更呈现美之深层的诸多秘密。情欲无疑是诸多秘密之中，最令人着迷的一种，也是最复杂的一种。

（十二）鸠摩罗什与“爱的舍利”

施蛰存对小说集《将军底头》的自我评论，粗看上去，与那几篇小说的主题大致吻合，但也可以稍作补充或修正。《鸠摩罗什》固然写了“爱”与“道”的冲突，但这里的冲突不过是小说的“叙事动力”之一，而“冲突”本身，则是一个无须证明的古老的事实，它是宗教最顽固的敌手。如何解决这一冲突，似乎并不是文学的事情，文学也解决不了这一烦难的事，有宗教就够了，为什么还需要小说《鸠摩罗什》呢？问题在于，冲突的动力来自哪里？它来自人性本有的“情欲”和世俗生活中的“美”。因此，如果说小说有一个“叙事目标”的话，那么我宁愿说《鸠摩罗什》的“叙事目标”，是在道与爱的“冲突”困扰之下“情”的“赞美诗”。这是现代人文主义的重要内核（人类要过沉思默想的符合“道”的生活，还是过积极活跃的符合人性的“爱”的生活？西方文艺复兴运动选择了后者[①]），因而，这也可看作现代中国新文学运动的“解放话语”一个细致而复杂的注脚。此外，还如苏雪林所说的，《鸠摩罗什》写“天人交战”的悲壮的过程。信仰和爱都一样，它们看似冲突，实际上也有相通之处，即，它们不只是一个结局，更是一个艰难的修炼过程。《阿褴公主》与《鸠摩罗什》的写法不同、叙事角度不同，但“叙事目标”相同，也可以视为“爱”的赞美诗，也是战胜了“情”战胜了“理”。阿褴公主最后将宫廷秘密告诉丈夫，与张爱玲小说《色·戒》结尾王佳芝的一声“快跑”，有异曲同工之妙。施蛰存说《将军底头》写了爱欲与种族的冲突，当然也没有错，但我更愿意说，它是因集团生活要求“秩序”所产生的“禁忌”，与个人生活要求的“自由”所产生的“解放”的冲突，因此《将军底头》就成了“自由解放”的寓言，同样与五四新文学主流遥相呼应，不过写得更为曲折、更为“文学”而已，也就是说，重心在过程而非结局。《石秀》中的心理分析最为深刻，对人性的复杂性的探寻，真有“追寇入巢”之势，读来令人惊心动魄，同时因过于超前而被视为“变态心理分析”的标本，很像法国作家萨德作品的遭遇。这样一些总结性的语言，并不能代表小说艺术的全部。在对小说本身进行艺术分析的时候，我们还会发现许多惊喜。

先分析《鸠摩罗什》。小说演绎了一个姚秦弘始（引按：小说中写成弘治）年间（399—416，五胡十六国时期）的故事。主角是西域僧人鸠摩罗什，他被后秦皇帝姚兴聘为国师前往都城长安，青梅竹马

① 参见［英］阿伦·布洛克《西方人文主义传统》，董乐山译，生活·读书·新知三联书店1997年版，第31～32页。

的表妹，同时也是龟兹国公主和他的妻子（鸠摩罗什也称她为“善女人”）随同前往。小说开篇自西陲的凉州到长安的中途，描写大漠美景和龟兹国公主的美貌，语言犹如口吐莲花，读来令人心神摇曳。但一位有功德的僧人的苦恼，也写得十分细腻。之所以娶妻，一方面是后凉王吕光造的孽（小说中说，渎圣的吕光，在攻破龟兹国的时候，将鸠摩罗什和其表妹灌醉，并剥光衣服关在同一间屋子里[①]），另一方面也跟自己定力不足有关。所以，鸠摩罗什“一半怨着自己，一半恨着吕光”；一方面因自己毁坏了戒行而不安，另一方面又对妻子的美貌和爱恋之情完全接受。鸠摩罗什一度认为，娶妻食荤并没有什么，“正如从臭泥中会产生出高洁的莲花来，取莲花的人不会介意到臭泥的”[②]。于是，他开始像著名的在家菩萨维摩诘那样，“饮酒荤食，过着绝对与在家人一样的生活”。于是，凉州城里的人更加“信仰他的德行不凡，而他自己的心里却埋藏着不可告人的苦楚”。因为他感到最大的威胁不是世俗生活的“欲望”，而是对爱妻那种不可摆脱的、浸透在心灵深处的“恋情”。然而，他的爱妻病逝于即将抵达的都城之外，安息在鸠摩罗什的怀抱里。鸠摩罗什以为，这样他就能够做一位“功德快要完满的僧人，一切的人世间的牵引，一切的魔难，一切

① 《鸠摩罗什传》云：“光（引按：后凉王吕光，灭龟兹，杀其王白纯）既获什，未测其智量，见年齿尚少，乃凡人戏之，强妻以龟兹王女，什距而不受，辞甚苦到。……乃饮以醇酒，同闭密室。什被逼既至，遂亏其志。”见〔南朝梁〕释慧皎撰，汤用彤校注《高僧传》，中华书局1992年版，第50页。

② 《鸠摩罗什传》云：“什为人神情朗彻，傲岸出群，应机领会，鲜有伦匹者。笃性仁厚，泛爱为心，虚己善诱，终日无倦。姚主（引按：后秦高祖姚兴）常谓什曰：‘大师聪明超悟，天下莫二，若一旦后世，何可使法种无嗣。’遂以妓女十人，逼令受之。自尔以来，不住僧坊，别立廨舍，供给丰盈。每至讲说，常先自说譬喻：如臭泥中生莲花，但采莲花，勿取臭泥也。”见〔南朝梁〕释慧皎撰，汤用彤校注《高僧传》，中华书局1992年版，第53页。

的诱惑，全都勘破了。现在还真的做到了一尘不染，五蕴皆空的境地。他自信他将在秦国受着盛大的尊敬和欢迎而没有一些内疚"，并重新从苦修开始恢复功德。但是，鸠摩罗什在长安的弘法现场，被在座的美貌的宫女诱惑。关键在于，那些宫女勾起了他对逝去的妻子的思念，她们的脸上升起了爱妻的幻象。为了证明这不过是"欲望"而不是那种他最害怕的"爱恋"之情，鸠摩罗什甚至尝试着去逛妓院，并用越是俗世生活越能考验一个人的功德这样的念头来安慰自己。全城的僧人都知道这件事，都学他那样去过"淫乱"的生活。为了阻止其他僧人也去犯淫乱之罪，鸠摩罗什试图用曾经在术士那儿学来的左道魔法来显神通，来证明自己是有功德的僧人，而不是一般的僧人。当他显"神通"（吞针）的时候，还是被那个娇艳的妓女孟娇娘诱惑："吞到最后一把中间的最后一支针的时候，他一瞥眼，见旁边正立着那个孟娇娘，看见了她立刻又浮上了妻的幻象，于是觉得一阵欲念升了上来，那支针便刺着在舌头上再也吞不下去。""以后，永远是这样地，他的舌头刺痛着，常常提起他对于妻的记忆；而他自己也隐然以一个凡人自居，虽然对外俨然地乔装着是一个西域来的大德僧人。所以在他寂灭之后，弘治王替他依照外国方法举行火葬的时候，他的尸体是和凡人一样地枯烂了，只留着那个舌头没有焦朽，替代了舍利子，留给他的信徒。"①

作为"情感"或"爱欲"的人体器官之一，"舌头"居然变成了"舍利"。这是一个令人震惊的结尾，也是一个奇妙的、点睛的结尾。

① 鸠摩罗什临终遗言："今于众前发诚实誓，若所传无谬者，当使焚身之后，舌不焦烂。"鸠摩罗什死于姚秦弘始十一年（409），"依外国法，以火焚尸，薪灭形碎，唯舌不灰"。见〔南朝梁〕释慧皎撰，汤用彤校注《高僧传》，中华书局1992年版，第54页。

这个变成舍利的舌头，这感觉器官中的前沿哨兵（领受“五色”的五官之一），这个被临死前的爱妻含在嘴里的舌头，这个被妓女孟娇娘的娇艳诱惑并被刺伤的舌头，最后变成了舍利子（高僧一生的“戒定慧”修行的结晶物）永久留存下来，供他的信徒们纪念瞻仰，又像“情欲”的种子在人世间代代相传。因此，这个舍利子的意味，就是人世间的情感（爱欲或恋情）的象征物。所以我说，《鸠摩罗什》与其说是写爱与道的冲突，不如说是人间“情欲”或者“爱欲”的赞美诗。面对这样一个神奇的象征物——“**爱的舍利**”，我们已经不知道，应该赞美那永恒不坏的舍利，还是应该赞美那转瞬即逝的“爱欲”。或许正是这个既有永恒性又有瞬间性的事物，成了人类永远也摆脱不了的一个“孽”。它不是宗教的、哲学的，它是人世间的。

小说《将军底头》，写的是大唐贞观年间的故事。一位叫花惊定的将军，领兵到西南边陲去平定吐蕃入侵者，爱上了驻地小镇上一位汉族姑娘。小说在各种矛盾中展开：（1）一位有着吐蕃血统的汉族将军带兵去打吐蕃人，因讨厌汉族兵士“贪渎无义的根性”而打算逃到吐蕃去。（2）将军严格执行军法，处死了调戏汉族姑娘的部下，自己却也爱上了这位汉族姑娘。（3）杀吐蕃人得到恋人，还是杀汉族人失去恋人，吐蕃将军和汉族将军两颗人头都献给了那位汉族姑娘，花惊定的恋人。先讨论第一个矛盾：常胜将军花惊定，突然感到自己的汉族兵士不可爱，因为他们内心满是贪婪的欲望，这是将军所不能容忍的，是英雄性格所排斥的。每到一个新的驻扎之处，那些兵士常常奸淫抢掠。将军想，吐蕃人不会这样。因此，他突然怀念起自己原属的种族吐蕃，并打算叛逃回到自己的种族去。这位在成都出生长大的汉族将军，对吐蕃的了解，只不过是根据一些传说而已。他自己身上有没有他的兵士那样的贪念呢？第二个矛盾：将军杀死了调戏驻地汉族姑娘的部下，将他的头颅高挂在树上示众。随即，这位34岁的从未恋爱过的将军，爱上了那位汉族姑娘，话语中还“颇带一些狎亵的调侃”。将军“分明感觉到那个偶然邂逅的少女的可爱，而且已经进一步深深地爱着她了”。将军“第一次感到恋爱的苦痛和美味……才懂得恋爱原来是这样凶猛的东西”。将军“一方面苦思着那个黑衣裳的少女……又不禁要想起那个砍了首级的兵士。将军感到有些内疚了”。“将军骤然觉得侮辱那少女的人竟绝对不是别人……而是将军自己。”将军眼前同时浮现出两个幻象，一个是那位将军内心热恋着的姑娘，一个是被他斩首的兵士的头像。将军其实已经快要崩溃了，在想象中，他早就将自己的头砍了。第三个矛盾：杀吐蕃人得到恋人，还是杀汉族人失去恋人？换一种说法，究竟是用军法处置自己而为恋人牺牲，还是主动离开那位姑娘回到英雄的身份上去？“即使砍去首级，也一定还要来缠扰着姑娘。”这像一句谶言，最终得到了应验。花惊定将军和吐蕃将军两人同时砍下了彼此的头颅，这本不是花将军理智上的意愿。原因很像鸠摩罗什在显神通时遇到的诱惑：姑娘的哥哥战死了，将军怜悯那位将孤苦无依的女子，一分神，就被对方砍死。神奇的一幕出现了，像一个童话：无头将军骑着马、提着吐蕃将军的头，匆匆赶往小镇去见那位姑娘，路过小河的时候，还没忘记洗濯一下自己的身子。可是，姑娘见到那无头将军，并不害怕，就像《意大利童话》中“勇敢的小约翰”面对魔鬼时那样，她哈哈大笑起来：“喂！打了败仗了吗？头也给人家砍掉了，还要洗什么呢？还不快快地死了，想干什么呢？无头鬼还想做人么？”听到姑娘的话，将军感到一阵空虚，想起了前面自己说出的关于“头的谶言”，突然倒了下来。花将军手中吐蕃将军的头在笑，而他自己的头“却流着眼泪”。将军为了这34年来第一次遇见的“情爱”，献出了自己的“种族”，也献出了自己的头颅。假如这个头颅被拿去焚烧的话，我想，它也一定会变成一个“爱的舍利”。

（十三）黄心大师的烦恼和宏愿

小说《黄心大师》中的主角黄心，原本应该是一位弗莱所说的“低模仿人物”。但她与一般意义上的欧洲文学史中的“低模仿人物”不同。她是一位立志要成为“高模仿人物”甚至成为“传奇英雄”人物的“逆转型形象”。究其原因，是因为这位本名叫“马瑙儿”（玛瑙儿、恼儿、恼娘）的女子，天生具有“慧根”和“夙缘”，因而具有超越自我的秉性。故事由叙事者“我”转述，是“小说”（fiction）。作者说“这篇小说里的故事，百分之百是虚构的”[①]，并无史实可考察。但是它塑造了一位令人难以释怀的人物形象：黄心大师。她让我们想起了释宝唱《比丘尼传》中那位名叫安令首的尼姑，也是天生慧根，以出家为归宿。[②]这个故事被安排在南宋时期，起于

① 施蛰存：《一个永久的歉疚》，见《施蛰存全集》第2卷，华东师范大学出版社2011年版，第259页。

② “安令首，本姓徐，东莞（引按：今山东莒县东莞镇）人也。父忡，仕伪赵，为外兵郎。令首幼聪敏好学，言论清绮，雅性虚淡，不乐人间（引按：不乐人间，犹恼儿之恼人间也）……澄以茵支子磨麻油傅忡右掌，令忡视之。见一沙门在大众中说法，形状似女。具以白澄。澄曰：‘是君女先身……’”见〔南朝梁〕释宝唱著，王孺童校注《比丘尼传校注》，中华书局2006年版，第7页。另，尼姑出家之缘由多样，《比丘尼传》中所记65位尼姑，因“宿缘”而出家者有45位，占70%。

黄心大师诞辰之年（孝宗淳熙十二年，1185），止于黄心大师殉道之年（大约为理宗宝庆二年，1226）。以下为仿“索引派”之考证法，为黄心大师编写的简略年谱：

孝宗淳熙十二年，1185年，出生于南昌城，俗姓马，名瑙儿。父士才，母单氏。满月时被一老尼视为“有来历的人”，且“不免到花花世界里去走一遭”。

光宗绍熙三年，1192年，7岁，显露“恼”之性癖，不乐人间之事，被称为“恼儿”。天资聪颖，随父读经书，过目不忘。善作文。随母学女红。音乐则无师自通。

宁宗庆元四年，1198年，13岁，父病亡前，嘱单氏为瑙儿择夫，首选读书人，次为商人。

宁宗嘉泰元年，1201年，16岁，因性情乖僻而少有求婚者，嫁36岁季姓茶商为续弦。

宁宗嘉泰三年，1203年，18岁，母病亡，茶商丈夫因印制假钞获罪，流放岭南。送至长亭，态度漠然，轻语曰：“不要愁，都是数。”同年被南昌知府纳为第六妾。

宁宗开熙二年，1206年，21岁，前夫茶商“冤案”事发，南昌知府入狱，妻妾一律发为官妓，恼儿为歌妓，名“恼娘”。前夫茶商返南昌，恼娘拒绝其为她赎身。为南昌名妓，但冷漠烦恼依然。曾因风雅嫖客之诗句“恼娘心事古今愁”而破颜微笑，仅此一回。

宁宗嘉定十二年，1219年，34岁，于城外妙住庵削发为尼。原住持80岁老尼一直不选首座弟子，似在等待恼娘，待到恼娘削发便传衣钵，赐法名“黄心”，旋即坐化圆寂。

宁宗嘉定十五年，1222年，37岁，妙住庵因住持黄心大师的德行，而成为江东一大丛林，“比丘尼之数，逾三百众矣”。黄心大师发宏愿，要募铸一口四万八千斤之精铜大钟，超度三千里方圆内一切众生之亡灵，往生西方。

理宗宝庆二年，1226年，41岁，以身殉道。经多年努力，找到了捐助者（前夫茶商之现妻），开始铸造大钟，八次失败。第九次，黄心大师跃入沸腾铜液之中，大钟铸成。

从这个简略年谱中可以看出，黄心大师出身卑微，父亲为南昌城一贫士，名马士才者（妻单氏），年五十而得爱女，视为掌上明珠，取名马瑙儿，与“玛瑙儿”谐音。“瑙儿”与一般的孩子不一样，她时常“着恼”，所以人家又叫她“恼儿”。“恼”者，与安令首尼的“不乐人间”的意思相近。人降临这个世界，首先就是“不适”，就是“烦恼”，就是“大哭”，没有人降临世界的时候是“大笑”的。只不过常人很快就适应了，就开始学习笑。而另一些人则很难适应，一直保持着降临世界的时候所具有的那种“不适感”和“恼”（或烦恼，或恼怒）的状态。更有甚者，无论俗世中有着怎样的诱惑，都不能排解他的“恼”，比如“马瑙儿”就是这样。同时，这位“时常着恼”的女孩子，又被视为“有来历的人”，但她也难免要“到花花世界里去走一遭”，最后皈依空门，潜心修行，并发救世大宏愿。

因此，从小说的细部描写或者外观形态上看，《黄心大师》像一部“成长小说”，写恼儿的成长经历。但按中国传统文化的说法，恼儿并没有成长，因为她的性格并没有因时空的改变而变化，她并没有去适应这个世界而成长。无论在父母身边，还是在商人家里，抑或在官宦家族，甚至最后到了勾栏之中，她一直是“不以物喜，不以己悲”，一直在面对红尘“着恼”，一直在冷眼旁观。这里所谓成长的过程，不如说是她在“花花世界”里的遭遇和“历劫”过程。所以，从总体上看，这个小说就是一个“传奇”。这很像一个浓缩版的《红楼梦》。不同之处在于，宝玉堕入红尘，是主动要求来还愿的，是要来传递“情爱”的；而恼儿堕入红尘，是被动无助的，是来传递“恼”（烦恼、恼怒）的。最后的结局相同，都是“回家”去了。在红尘历劫的故事背后，都有着大慈悲作为垫底。那位回到了“妙住庵”的恼儿，才算是回到了她真正的去处。她的宏愿，就是要让那四万八千斤之黄钟大吕的梵音，传遍四方。

但《黄心大师》毕竟是一部小说，而不是真正意义上的“比丘尼传”，或者说，它比“比丘尼传”包含的信息更为丰富。其丰富之处表现在小说的细节上、行动上、形象上。小说结尾处黄心大师最后一跃的形象值得分析。这让我想起了文学史上的许多“纵身一跃”。刘兰芝“揽裙脱丝履，举身赴清池”的纵身一跃，为的是对爱情忠贞（焦仲卿最终是“徘徊庭树下，自挂东南枝”），是一个“罗密欧与朱丽叶”的爱情悲剧。杜十娘抱持宝匣向江心一跃，众人急呼捞救。但见云暗江心，波涛滚滚，杳无踪影。杜十娘让两件男人最心爱的事物（女人和财富）在一瞬间毁灭，是一个对“男权”之恶彻底否定的悲壮行为。而黄心大师像沸腾的铜液中纵身一跃的形象，实在比刘兰芝和杜十娘纵身一跃的形象，要复杂得多。首先，黄心大师的纵身一跃，是跨越了圣俗两界的。前面八次浇铸精铜大钟之所以失败，按照比丘尼们的解释，是“因为外道太强的缘故”，大师如果不“亲自去降服，佛法就会毁了，一辈子也铸不成这口大钟”。第九次之所以成功，是因为黄心大师带着自己的德行跳进铜液之中，降服了扰乱“圣界”的外道，所谓“师舍身入炉，魔孽遂败，始得成冶”者是也。于是那口精铜大钟，凝聚了黄心大师的“戒行”，她的“金刚不坏之身”和精铜大钟合二为一。另外，在黄心大师纵身一跃之前，小说中有一个细节值得注意。在第九次浇铸即将开始的时候，黄心大师才发现，铜钟的捐助者，竟然是她的结发前夫季氏茶商（茶商之现妻因病不能前来参加浇铸仪式，让丈夫来替她）。黄心大师“不觉一怔……心下就明白了一切的因缘。但她是个性癖孤洁的人，当年拒绝了合镜，如今却仍旧依仗他铸钟，心中老大的羞恼。……突然，出于众人意外地，纵身一跃，自跳入沸滚的火炉中，顷刻间，铜液像金波一般的晃动着，一会儿，不见了她的毫发”。这纵身一跃的“姿态”，实际上就是对那位茶商前夫的拒绝（就像当年她拒绝茶商为她赎身一样），也是对“情欲”的拒绝，更是对世俗生活本身的拒绝。“瑙儿”（恼儿、恼娘）只有对情欲和俗世采取最决绝的态度，才能够真正成为“黄心大师”。铜液中的黄心大师，固然是毫发不见，尸骨成灰，但是，黄心见到前夫时那“一怔”的心、“羞恼”的心，也会被烧毁吗？那“种子”会烧毁吗？因此，黄心大师的尸体熔烧在铜液之中后，与铜液一起凝固为又一个新的“舍利”（与鸠摩罗什的“不焦之舌”形成的舍利，还有花将军的“流泪的头颅”形成的舍利，遥相呼应），就是那口黄铜大钟，其中包含着无法烧毁的圣尼的心：“黄心”。

（十四）结语：诗人施蛰存

施蛰存是中国现代文学史上风格独特的作家。他留下的作品至今深受青睐。本文通过对施蛰存的文学创作（主要是小说）的分析，讨论了一位作家笔下的"初识世界"，并从"城市文学""小说与女性""情欲叙事"等多个角度切入，呈现作家的观念世界与其艺术世界之间的关联性。施蛰存被誉为"中国现代派文学"的重要开创者。但他面对现代世界给人带来的"不适感"的时候，与"现代派"有重大差别。他以自由的心境、敏锐的目光、雍容的姿态、悲悯的情怀，面对急剧变化着的时代。

施蛰存对世界充满了和解式的"惊奇"，而不是断裂性的"震惊"。惊奇与震惊的主要区别在于：（1）面对"不适"，"惊奇"属于"推测"和"理解"的范畴，是因"突如其来""没有思想准备"而产生的短暂"抵抗"之后，并经由"思想的震惊"而抵达"理解"，而不是"拒绝"。（2）从"惊奇"开始经由"推测"而抵达"理解"，是对既定成说的理性领域的一种"侵袭"，是对潜意识压抑的"解除"，对一个新的"秘密领域"、一个存在的谜团，产生好奇心，并进入对话的过程，因此是"治愈系"话语，而不是"神经症"话语。（3）面对新的、陌生的、甚至不可知的对象或谜团，首先要保持一种"原始的直接交流的能力"，就像第一次与对象相遇那样，因此要避免价值观念上的乃至理性上的先入为主，这是"惊奇"的基本前提，因此是"相遇"，而不是"逃亡"。与此相应的是施蛰存的小说观念（或称"惊奇的诗学"）：（1）小说不是"笔记"和"新闻"。提供"震惊"体验的，不仅仅是现代城市、街垒、机器，"新闻"本身也是产生"震惊”体验的源头，或者说也是产生“创伤性神经症”的一个新的源头。（2）小说注重“描写”，对理性的归纳总结而言，对给予价值判断而言，小说就是“噜苏”的部分。“噜苏”是对“震惊”的延宕，也是对可能导致“创伤性神经症”的状况的缓释。是短暂的“震惊”之后对事物的细致观察、相遇和理解，因而它只属于“惊奇”的范畴。（3）讲究叙事技术但不刻意为之，是对个别事物本身的关注，特别是对其个别性、特殊性的尊重，从而阻止了将事物变成符号。

施蛰存的目光是单纯而敏锐的，充满了赤子之情。他并不把“现代城市文明”先入为主地视为罪恶，而是冷静客观地将它作为观察的对象，勘破了生活在其中的人们的各种面相和心思。他对弱势群体充满了同情式的理解，并将人们所批判的现代社会的“欲望”，当作分析的“症候”来处理。施蛰存在现代白话汉语的城市文学中，创造了一种写法。对诸多的现代作家来说，城市要么作为“被欲望”的对象，要么作为将被自身的欲望所“摧毁”的对象，或者无奈地将它的物质性视为冷漠世界里的“避难所”。在施蛰存这里，城市不是“欲望”的对象，或者经验层面的欲望化符号，也不是要被摧毁的罪恶渊薮。施蛰存笔下的城市，是当作“欲望的症候”来处理的（就像精神分析师面对对象时所做的那样），是作为“观照”的对象来理解的，是有待发现的“陌生化”的对象。它亦属于“惊奇的诗学”的范畴。它的观念基础，就是对新事物、新环境保持“惊奇”的能力，而不是先入为主的敌视，或者也可称之为“原始人”的视角，与“惊奇的诗学”几乎可以看作同义词，它包含着对世界的“惊喜”“好奇”“天真”“朴拙”等与“诗”和“艺术”相关的视角——审美的而非功利的，情感的而非理性的。

施蛰存擅长描写女性形象。他小说中的女性形象有其特殊性，这也是他文学创作的一个重要标志。那些女性形象主要是现代都市里的女性："恋人""情人""爱人"。"恋人"可以是没有具体的世俗生活内容的、想象的、梦幻的，它最具"精神性"。"情人"是"恋人"基础上增加物质性因素，"恋"的成分则不同程度地有所减少。"爱人"是夫妻关系的代名词，它是在"情人"的基础上进一步增加了社会性因素，"恋"和"情"的成分则有所减少。施蛰存写女性形象，属于带有"精神修炼"色彩的逆向写作："爱人—情人—恋人"，就像"道教内丹心性派"的逆向修炼那样，即所谓"炼精还气，炼气还神"的逆向修炼，所以能将"爱人"或者"情人"形象写成"恋人"形象。对"恋情"的描写，可以看出一个作家的单纯风流与否。对"恩情"的描写，可以看出一个作家的敏感善良与否。对"情欲"的描写，可以看出一个作家的深刻犀利与否。

施蛰存还是写"情欲"的高手。他对现代社会的"欲望"的分析，既达到了现代"精神分析学"的深度，又有解决"欲望"的东方式的智慧。在关于情欲主题的篇章中，他对情欲的精神分析可谓追寇入巢、毫发毕现。所以，石秀的"性心理"的变化，堪称一份精神分析的典型病情诊断书。所以，鸠摩罗什的情欲之舌和花惊定将军的头颅，都变成了"爱的舍利"。黄心大师的"肉身"与黄铜液体一起，凝结成永不会坏的传播法音的大钟。

如果说鲁迅像屈原，那么施蛰存就像陶渊明；如果说鲁迅志在文学的社会批判功用，那么施蛰存志在文学的审美功用。正如他自己所说的："乐山乐水，识见偶殊。宏道宏文，志趣各别。"施蛰存还是一位文体家，叙事从容不迫，语言简洁华美，都源于他从自己的"养生主”庄子那里得到的“自由”的启蒙。他还立志通过自己的创作，将现代文化的优势与古典文化优势融会贯通，用中国式的文体写中国原来没有过的小说。尽管施蛰存的文学创作成就，主要是在小说和散文上，他甚至没有出版过一本诗集，但我觉得，他本质上就是一位诗人。他的小说充满了诗意，并且是“现代诗意”，而非废名的《竹林的故事》或者沈从文的《边城》中那种带有“田园色彩”的诗意。从这个角度看，你可以说他属于海派作家。但他思维精细，心境纯然，文脉悠长，胸存古今，他的作品中的现代故事，总是与古国文化那些悠久传统之间气息相应。从这个角度来看，你也可以说他属于京派作家。

如果说“抒情的古典世界”终结之后，它被“叙事的散文世界”替代，那并不意味着这个世界中“诗”也消亡了。“诗”乔装打扮混进了“散文”之中。就此而言，施蛰存的小说最能传递现代诗意。就此而言，我愿意称他为“诗人施蛰存”。

五

当代小说与文学观念

（一）莫言：民间性与中国经验

1. 肉体经验对阐释的挑战

在莫言的创作中，真正标志着他个人风格成熟的作品，是写于1987年的中篇小说《欢乐》和《红蝗》。但这两部小说在批评界引起的反应，与《透明的红萝卜》恰恰相反，不是赞赏，而是严厉的批评。写于1984年的《透明的红萝卜》，显示了莫言优秀的小说叙事才能，为迷恋美学的批评家提供了话题；写于1986年的《红高粱》，使莫言有了更多的读者，为电影和大众传媒提供了话题。“红萝卜”与其说是一种食物（尽管莫言对食物非常敏感），不如说是一个“美”的意象，而且是透明的，当然很容易被人接受。同样，《红高粱》里的高粱酒、抬花轿、性爱、暴力、泥巴气味等，更是招人喜爱的东西。而中篇小说《欢乐》（约七万字）和《红蝗》（约九万字）中，却没有那种“美”的意象，它更像一堆“牛杂碎”或者“猪下水”，高雅的人无疑要掩鼻而去。

批评界曾经用“童年视角”来评价《透明的红萝卜》等作品，这的确很方便，却是隔靴搔痒。有哪个作家在创作中不用童年视角呢？还有“童年经验”的说法，这同样不适用于《透明的红萝卜》。严格地说，那篇小说表达的不是经验，而是一个经验被压缩和扭曲之后的“梦幻”（莫言后来的小说中也经常出现这种梦幻）。梦是经验的虚幻化。《透明的红萝卜》正是采用这种虚幻化的艺术方式，并产生了让评论家喝彩的审美效果（“审美”就是在为“存在”挠痒痒）。当莫言突然从所谓的“艺术”和“审美”中抽身而出的时候，他才真正返回到经验的层面来了。这种经验，恰恰是梦幻的反面，或者说是艺术的反面。《欢乐》和《红蝗》，还包括同时期的《罪过》《飞艇》《粮食》《初恋》《筑路》等，才是真正的“经验”，一种与感官和肉体密切相关的、痛苦而又欢乐的悖谬经验。这种粗糙而有力的经验，带有一种“非文学”“非审美”的性质，它一直在文学与生活的边界线上游移不定，与“美学批评家”所设想的那些文学性（它的规范和标准）拉开了距离。因此，它遭到了拒绝。

关于《欢乐》的第一篇真正的评论文章，直到十年之后才出现，而这篇名为《谁是我们共同的母亲》的评论，却是出自一位作家余华之手。在这篇文章中，余华表现出了一位作家敏锐的直觉和感受力。在谈到1990年第一次读《欢乐》时，尤其是读到“母亲与跳蚤”那一段的时候，余华说，“我感动得浑身发抖……1995年3月第二次阅读到这里时，我再次流下了眼泪”，“莫言讲述的正是这样一个令人悲哀的事实，一个正在倒塌的形象……他歌唱的母亲是一个真实的母亲，一个时间和磨难已经驯服不了的母亲，一个已经山河破碎的母亲”。[①]这样一段因“亵渎母亲”之罪而遭到众多批评的文字，只有在真正的读者那里，才能引起的强烈共鸣。也就是说，自从《透明的红萝卜》之后，莫言的小说与批评界之间渐渐地形成了一道障碍。这道障碍，既是感受性的障碍，更是来自批评本身及其知识体系的障碍。障碍的

① 余华:《谁是我们共同的母亲？》,《天涯》1996年第4期。

直接后果，并不仅仅在于遗忘了哪位作家、哪部作品，而是使批评界丧失了一种重要的说话方式。

莫言的创作为这种“重要的说话方式”的出现提供了契机。这种说话方式溢出了既成建制（即各种权力的表现形式：意识形态的、学术的、思想的、江湖的、自然经济的、商品经济的等）的边界。它使以往所有的艺术经验和阐述方式变成了乞丐，饥肠辘辘地守着一堆虚假的知识财富。据说，饥饿超出了一定的时间限度，就会使人将饥饿遗忘，进入一种虚假的幻想状态。莫言小说叙事的话语方式，突然让我们记起了自己的“肠胃”，产生了“饥饿”的感觉。“肠胃”的蠕动，既包含着某种艺术经验产生的可能性，也包含着对这种经验重新阐述的可能性。但仅仅是“可能性”。

莫言的创作将这种可能性变成了现实。在莫言的整个创作中，我们似乎看到了一个巨大的胃在“欢乐”地蠕动，就像他笔下经常出现的牛羊的胃一样。一种反刍的经验在这种蠕动中铺天盖地向我们涌来。人与自然、与故乡、与他人，就这样在食物中痛苦地、绝望地、欢乐地相逢了。

但是，在特定的时候（比如1955—1976年，即“幼时饱受饥寒交迫之苦”的莫言从出生到当兵之前那段时间），人们向“胃的蠕动”所提供的原料，常常是一些糠、草、树叶，甚至观音土；当它不适的时候，就会呕吐，但它永远也不会停止工作。这是一个处于自然与人的边界上的胃，是一个严肃而又诙谐的胃，是一个荒唐而又合情合理的胃，是一个饱经苦难而又顽强无比的胃，是“时间和磨难都驯服不了”的胃，任何权力、恐吓、威严、道德、礼仪都不能阻止它。这还是一个能将物质和精神合而为一的、既善于赞美又善于批判，甚至造反的胃。“胃”的道德，并不指向“粗俗”或具体的物质性，而是指向那些抽象的理想，指向将物质和精神分离的二元论，指向脱离本源的理性。在既定的知识体系和思维方式中，这个“胃”是无法找到自己的位置的。它是一个尚未被既定知识体系吞噬的“民间”的“胃”。“胃”的“民间性”在乡土社会中更具有典型意义。因为在那里，它还没有蜕变成近现代社会的纯“个人主义”，而是与整个自然和礼俗社会密不可分的。在近现代社会，尤其是在商业的、理性的、法律的社会里，它迅地速堕落为脱离自然的、纯粹个人的、生理解剖学意义上的东西。所以，一提到“民间性”，人们更多的是联想到乡土社会。

陈思和曾经发表了两篇关于“民间”的文章①，显示了学者深刻的历史视野。但他更偏重文学史的视角，而对现实感性的理论分析兴趣不浓。到后来，民间这个术语，就像江湖骗子的梅毒治疗招贴一样，被四处张贴，像大街上闹鬼的幽灵。一些食古不化的批评家也在起哄，并开始糟蹋民间这个古老又新鲜的概念。他们先从地理学意义上给民间划了一个圈圈，然后往里面填料，但填进去的全是一些似是而非的东西，什么大地、母亲、苦难、眼泪、方言俚语，等等。他们用“纯否定性”这种与“民间性”格格不入的思维来谈论民间。“大地”这一词汇，只有与具体而丰富的、包含着多种可能性的、无法定型的“肉体—物质”因素联系在一起的时候，才可以作为民间性一个基本要素。但在更多的理论家那里，复杂而丰富的民间概念，不过是现成的、僵死了的东西，它成了一种隐喻或者象征，并且被先入为主地赋

① 参见陈思和《民间的浮沉：从抗战到“文革”文学史的一个解释》《民间的还原：新时期文学史某种走向的解释》，见《新文学整体观续编》（修订版），高等教育出版社2023年版。

予了一种“崇高”的性质。“民间”于是成了那些寻找“终极价值”而不得的人的暂时替代品。

利用“民间”作工具，为某种特定的政治意识形态、商品意识形态服务，这并不可怕，因为一个中等智商的人就能一目了然，连民间歌手王老九都知道这些（但王老九经不起利益的诱惑，投降了。与莫言的《天堂蒜薹之歌》中盲人歌手张扣相比，王老九应该感到羞愧）。可怕的是那些“伪民间”，那些整天谈论着“大地”“母亲”的伪君子，他们说的跟唱的一样。在他们那里，大地和绿叶好，街道和水泥就不好；苦难是崇高，快活就是卑俗；只能眼泪涟涟，不能开怀大笑。对于后者，他们常常表现出一种中世纪宗教裁判所式的嘴脸。那些所谓民间的作家和批评家，往往有着一脸苦相，严肃得就像一位中世纪僧侣或者一位官员，或者像一位“消极浪漫主义者”那样阴沉着脸。与“逻辑”一样，“严肃”就是一种获取权力的重要而又隐蔽的方式。可以说，民间性与这种严肃嘴脸毫不相干。

那些“假民间”学者，用庙堂里的严肃腔调，说着一些貌似民间的话。所有这些，与莫言的创作风格和文学精神都是格格不入的。因此，莫言也就不可能成为民间理论家的学术“草料”。因此，我们首要的任务，就是正视真正的“民间话语”，呈现真正的“民间精神”构造的原貌。

2. 民间话语方式之一：辱骂、贬低、同归于尽或返回自然

在谈论民间的时候，我强调的是“民间性”这个概念。民间性不是实体，不是仅仅靠眼睛就管用的，它需要“说”出来。莫言在《超越故乡》一文中，用一种比较朴素的语言表达了这个意思。他说：现实中的故乡已经面目全非了，与自己通过想象力丰富了的故乡不是一回事了；作家在“将故乡情感化的企图里，便萌动了超越故乡的希望”。这种超越，首先是揭示或发现，揭示隐藏在现实视角背后的某种民间性的因素，发现某种不因朝代或权势的更替而变化的永恒力量。德国作家君特·格拉斯说得更有意思：“我试图丈量我自己的失去的乡土，并且首先一层一层地铲平所谓的中产阶级的垃圾堆……用冷笑实实在在地打破了国家社会主义的魔力，瓦解了人们对它的虚假的敬畏感，并且重新赋予了迄今为止被缚的语言以行动自由。”[①]因此，民间性同样有其自身的内涵，有自己的世界观。

严格地说，地理学意义上的民间并不存在，或者说不过是一种想象的形式。那些与民间性相悖的因素（权力、暴力、决定论、目的论、进化论、本质论等），不仅存在于朝廷、庙堂，民间乡土社会里也有。莫言笔下的高密东北乡的社会形态之中，既有民间性的成分，更有反“民间性”的成分，两种成分像冤家一样交织在一起，密不可分。正如莫言所说的，“高密东北乡无疑是地球上最美丽最丑陋、最超脱最世俗、最圣洁最龌龊、最英雄好汉最王八蛋、最能喝酒最能爱的地方”（《红高粱》）[②]。对此，有人试图用“矛盾”这个概念来作评价吧？矛盾？好像谁对自己故乡的爱不坚定似的。莫言在《超越故乡》一文中，就表达了自己对故乡深深的眷恋之情。他还说，故乡是“一种寄托”，是“灵魂最后的避难所”，是“血地”。“血地”是一种同时交织着生与死、善与恶、毁灭与再生的因素。“矛盾”代表了两个不相容的、人为分裂开来的东西虎视眈眈地对抗着的状态，进而还产生

① ［德］君特·格拉斯：《回首〈铁皮鼓〉——关于我自己。小说的作者是可疑的见证人》，贺骥译，《世界文学》2000年第2期，第166页。

② 莫言：《红高粱》，见《莫言文集》第1卷，作家出版社1994年版，第2页。本节所引莫言作品除特殊注明外皆据此版本，后文不再出注。

所谓敌我矛盾、内部矛盾等东西。民间性与这种纯否定性的、你死我活的权力对抗状态是不相容的。在莫言笔下的民间世界里，各种悖谬性的东西，真实而残酷地交织在一起。莫言所做的，似乎仅仅是为这种真实而残酷的现实作一个见证，将它们展示、撕裂在我们的面前，这里没有人为的等级划分，更没有超人的道德审判。相反，莫言的创作倒是毫不留情地审判了那种与民间性相悖的东西。

我想到了《红高粱》中那位杀人不眨眼的土匪头目：花脖子。这种江湖黑帮式的"流氓英雄"，既是现存权力秩序的破坏者，又是现存权力秩序的延续者，他们是权力秩序上长出的毒瘤。他们是庙堂之外的另一种权力的拥有者，他们心狠手辣力气大（暴力），能说会道善于找借口（话语权），拉帮结伙另立山头（权力游戏或操练），并崇尚"时势造英雄"的信条。一旦时机成熟，他们转眼就变成了他们所要破坏的那种东西。"时势造英雄"就是历史中暴力革命的种子。中国历史的所谓"分久必合，合久必分"，正是这种权力的恶性循环。这种权力并不仅仅指社会政治领域，它在思想文化领域，乃至日常生活之中都有反映。

莫言曾经也歌颂过这种所谓民间的"流氓英雄"，像《红高粱》中的余占鳌这个特定历史时期的人物。但是，余占鳌这个形象是意识形态所无法利用的。因为莫言将余占鳌身上的暴力欲望英雄化的方式，并不是简单的机械写实的方式，而是借助了高粱酒，这种能将精神与物质、水与火合而为一的中介，从而使余占鳌这个形象获得了一种超出一般历史视角的意义，变成了一种在民族之"胃"里燃烧着的活力，使之在特定的历史时期（比如外族入侵）具有了更大的合理性。可是，在《欢乐》之后，莫言笔下的"英雄"已经完全成了一个笑料（如

《欢乐》中的退伍军人高大同、《我的七叔》中的那位参加过解放战争的英雄七叔等）。英雄和产生英雄的土壤都发生了变异。我发现，在莫言笔下的民间世界里，那种无处不在的民间性，是各种“时势英雄”的克星。让我们先来看看英雄是如何变成“笑料”的。

没有外族入侵的时候，英雄是没有用武之地的。于是，到处都成了阴谋的世界、无赖的世界、“无物之阵”的世界、“窝里斗”的世界。这在乡间“礼俗社会”“熟人社会”（费孝通语）里更为典型。曾经出生入死的英雄高大同，将表现英雄本色、宣泄暴力的方式，从手上转移到嘴皮子上，他大声叫骂：

> 你们这些蛤蟆种、兔子种、杂种配出来的害人虫！你们这些驴头大太子，花花驴屌日出来的牛鬼蛇神！你们不是有权吗？我砍掉脑袋碗大个疤瘌……你一肚子驴杂碎！就是你勾引了我老婆……你想跑？你能跑到哪里去，跑到耗子洞里去我在洞口支上铁夹子等着你，跑到猪耳朵眼里去我用蜂蜡把猪耳朵眼封起来，哈哈哈哈……阴谋和诡计、花言和巧语、赌咒与发誓、收买和拉拢、妓女和嫖客、海参与燕窝、驼蹄与熊掌、黄瓜与茄子……我高大同这种粗人莽汉把命看得轻如鸿毛……你是妓院的一只黑臭虫！妓女的腚也比你那脸干净……（《欢乐》）

毫无疑问，民间辱骂的对象，主要是民间社会中的权势者，或与权势勾结在一起的流氓无赖，他们背后还有更大的暴力机器作为支撑。莫言紧接着赞美了这种民间的骂：“高大同痛快淋漓的血骂像一条五彩缤纷的绸带，在你心里滑来滑去，熨着你心上深刻的伤口，在骂声中你看到了人类世界上最后一点真诚，最后一线黯淡无神的人性光芒。”莫言称这种骂为“血骂”，即一种与具体的肉体器官相关的、“刺刀见红”式的骂，而不是抽象的、定性的、审判式的骂。的确，人类的“真诚”“黯淡无神的人性”，只有在低级的层面才能更顽强地保存。与此相似的还有《野骡子》中，那位母亲对父亲和“野骡子”的辱骂（骚骡子、母狗、驴日死你）；齐文栋的嫂子对婆婆的辱骂；等等。这是一种真正的民间辱骂的方式。今天的文学界，也经常可以听到辱骂声，但与高密东北乡的骂相比，他们不过是小巫一个，还显得十分无耻。因为他们的骂不是民间的骂，而是露出一种学坏了的“文化人”的嘴脸（挖苦、嘲弄、阴毒、狡猾）的骂。他们的辱骂是有等级高下的、盛气凌人的教训式的、纯粹否定性的，带有一种让人感到陌生的恐惧，并且永远也不会忘记将自己置之度外。

高大同的这种民间式的辱骂，有几个明显的特点。首先，他尽量将被骂者贬为低等动物（比如蛤蟆、臭虫、害人虫等容易对付的小东西）；如果一旦出现高等哺乳动物（比如牛、马、驴），被骂者就只能（或只配）是它们的生殖器或身体上的某个器官。第二，将自己同骂的对象一起贬低，意思好像是：咱们都别活了，没有什么意思，都变成畜生算了。第三，不顾脸面，就是将平常视为秘密和禁忌的东西公开化，尤其是将生殖器官、性生活、下部的秽物公开化。所有这一切，都是他们在日常生活中经常接触的、十分熟悉的东西。辱骂是民间性因素里最激进的一种方式。

但是，民间的辱骂是通过将陌生化的东西（权力、暴力等），贬低为身边的动物和植物而熟悉化，将抽象的东西（善恶、高下），经肉体经验的还原而具体化，将崇高的东西（理想、革命等），拉向最基本的生理层面而俗世化。通过这些熟悉化、具体化、俗世化的方式，使那些民间社会稀罕的东西变得亲昵起来，借此帮助自己战胜那些外部世界（天堂、地狱、社会制度）强加在他们身上的恐惧，使自己（和辱骂的对象一起）紧紧地附着在熟悉的、能够把握的自然和生活层面上，而不是被推向恐惧的地狱或者高不可攀的天堂。这正是民间性要素中的基本而永恒的力量之一。

所以，面对这样一种同归于尽式的、刁钻古怪而又笨拙无比的辱骂方式，我们的第一反应并不是愤怒和厌恶，而是发笑，就像马戏节目间歇中出现了小丑一样让我们发笑（小丑常常将自己置于危险的、卑下的境地，并总是故意不小心地让私隐暴露给观众）。民间的英雄气概，就这样与笑联系到一起，成了笑料，从而汇进了民间的“欢乐”的世界。笑料的“料”，是物质性的，而不是精神性的。同时，这种笑料并不是贬义的，而是包含了一种积极的因素。在民间，片面的、精神性的严肃，从来也不为人称道。相反，人们认同这种与粗俗的“物质—肉体”因素相关的滑稽笑料，并与它之间迅速建立起了精神的联系，而不是敬而远之，像对严肃的村干部那样。

3. 民间话语方式之二：遗忘、反历史或记忆边界的丧失

民间的辱骂，它的物质性和贬低化，实际上也是辱骂者对自身的抚慰（比如《野骡子》中的母亲），同时是一种民间遗忘的特殊方式。记忆这种东西在民间并不像哲学家说的那么玄乎，它永远是具体的、与感官密切相关的。当某种价值判断与肉体记忆相违背时，肉体就要起来造反。当那些“伪民间”作家闭着眼睛歌颂“绿色的土地”时，《欢乐》中那位饱受饥饿、劳累折磨的农村少年齐文栋则有截然相反的感受：

> 强烈的绿色像扎眼的电焊火花刺激得你头脑灰白，口腔里充满苦涩清冷的青草味道。于是你的嘴里塞满了青草。你像骡马驴牛一样枯燥地咀嚼着青草……你在愤怒中无声中吼叫：我不赞美土地，谁赞美土地谁就是我不共戴天的仇敌；我厌恶绿色，谁歌颂绿色谁就是杀人不留血痕的屠棍。……你感到被人赞美的绿色非常肮脏，绿色是溷浊的藏污纳垢的大本营，是县种猪站的精液储藏桶。

这是一种真实的记忆，一种对自然、对土地、对绿色的“呕吐记忆”。最古老的心理学原理证明，只有那些不断地引起疼痛的肉体经验，才会被人记住。记住，也就意味着永远疼痛。文明败坏了人的胃口，使他们的舌头上长满了舌苔，并长期品味着一种恶心的苦涩。这种败坏了的胃和舌头所引起的生理反应，被知识分子称为“苦难记忆”。其结果是，人类在一边记忆苦难一边制造苦难。在人类文明中，那些真正让人记住的东西，永远是悲伤的多于欢乐的。因此，只要人们还忠实于自己的感官经验，记忆就只能是记仇。于是，更多的人牢牢地记住了他们极力想遗忘的痛苦的经验。而真正的记忆，或记忆的艺术（回忆），是一种能力，它不但需要一种个人气质，还需要一种公众文化背景，像普鲁斯特那样。更多的人不具备这种能力，尤其是普通人。费孝通在《乡土中国》中谈到记忆的时候说，那是一种“苦忆”，乡土社会的成员并不乐意接受。唯一的办法就是遗忘。遗忘就是民间社会幸福和欢乐的前提。

尼采在《论道德的谱系》中详细地讨论了这种“遗忘”。他说，遗忘“并不像人们通常所想象的那样，仅仅是一种惯性，它其实是一种活跃的，从最严格的意义上讲是积极主动的障碍力”。正是由于这种障碍力的存在，那些为我们所经历的苦难、所知道的阴谋、所接受的惰性，很难顺利地进入人的意识。“意识的门窗暂时地关闭起来了……从而使意识能够获得片刻的宁静、些许的空白。”尼采说，假如没有遗忘，“那么幸福、快乐、期望、骄傲、现实存在，所有这些在很大的程度上也不复存在……遗忘表现为一种力量，一种体魄强健的形式”①。假如一个人身上没有遗忘这种“积极主动的障碍力”，那么，他就会像一个消化不良的人，他将什么事情也做不成。他就会像“知识分子”一样神经兮兮，不但将“田地”荒废了，还会不停地骚扰他的邻居。“每当人们认为有必要留下记忆的时候，就会发生流血、酷刑和牺牲。”②这是权势者热爱的游戏。忘记了过去就意味着背叛！这是一句我们都十分熟悉的话。它的意思就是要让人有“记忆”，记住那些人们潜意识里要极力遗忘的经验，并且是以恐吓或者道德审判（“背叛”）的方式来强加于人的。可见，遗忘的力量是十分强大的。而民间社会恰恰就是最善于遗忘的；遗忘，成了民间性的又一重要特征。

既然疼痛是维持记忆的最强有力的手段，那么，对善于遗忘的人来说，只有通过惩罚，才能唤醒记忆的机制，让人们记住那些他们不愿意记住的、丑陋的东西。这种方式在莫言笔下的高密东北乡，可以说俯拾皆是。《飞艇》中的“忆苦思甜”场面，是其中比较有趣的例子。

① ［德］尼采：《论道德的谱系》，周红译，生活·读书·新知三联书店1992年版，第38～39页。

② ［德］尼采：《论道德的谱系》，周红译，生活·读书·新知三联书店1992年版，第41页。

中国20世纪六七十年代的忆苦思甜仪式，大概分为两大部分，实际上就是面对两个不同阶级的两种不同惩罚方式：首先是召开控诉大会，历数万恶的旧社会的种种恶行，一般都会拉上一个“坏人”作为具体的靶子，有时还诉诸暴力，这是惩罚坏人，让他记起从前的恶行（客观上增加了新的仇恨）。接下来就是吃忆苦饭（莫言说是杂粮面拌野菜。我吃过在白大米饭里加进糠、菜，甚至掺沙子的忆苦饭），这是惩罚那些容易健忘的革命群众，让他们不要“好了伤疤忘了疼”，要保持“记忆”。但在民间，在莫言笔下的高密东北乡，忆苦思甜这个仪式简直成了一个滑稽剧：

> 我特别盼望着开忆苦大会吃忆苦饭。吃忆苦饭，是我青少年时期几件有数的欢乐事中最大的欢乐。实际上，每次忆苦大会都是欢声笑语，自始至终，洋溢着愉快的气氛，吃忆苦饭无疑也成了全村人的盛典。
>
> 究其根本，忆苦饭比我们家里的幸福饭要好吃得多。

吃忆苦饭之前，生产队长请方家七老妈上台忆苦。七老妈说：

> “乡亲们呐，自从嫁给方老七，就没吃过一顿饱饭，前些年去南山要饭，一上午就能要一篓子瓜干，这些年一上午连半篓子也要不到了……要饭的太多了，这群小杂种，一出村就操着冷的娘，操着热的爹，跑得比兔子还快，头水鱼早让他们拿了。”
>
> 队长说：“七老妈，你说说解放前的事儿。”

七老妈说："说什么呢？说什么呢？解放前，我去南山要饭……"

接着七老妈就说起了人们平常不知听了多少次的故事：她在要饭途中的磨房生孩子的故事。并且事无巨细，没完没了，越说越有劲，还说得声泪俱下。

队长振臂高呼："不忘阶级苦，牢记血泪仇！……老妈老妈，您下去歇歇吧，歇歇就吃忆苦饭。"

方家七老妈横着眼说："就是为着这顿忆苦饭，要不谁跟你唠叨这些陈茄子烂芝麻的破事！盼星星盼月亮，就盼着这顿忆苦饭啦！"(《飞艇》)

七老妈的记忆永远都与饥饿和吃的欲望相关，再加上对生育经验的记忆。这种肉体记忆是无时间性的，因此既不是观念（意识形态）的，也不是艺术化的，它不过是一些记忆的碎片。即使这样的记忆碎片，七老妈也不会总是挂在心上。"忆苦"不过是在吃的驱动下的强迫记忆。她的意识之门依然是关闭着的，倒是她的味腺这一感官开放了。开放了的感官，就像一位门神，将记忆挡在了遗忘之门的外面。由于忆苦思甜的仪式与吃有关，这个仪式就变成了一个欢乐的节日。节日，作为历史时间中的一个节点，在本质上就是反记忆的。无论在什么样的历史背景下，民间之所以都能顽强地保持着自己强盛的生命力，就是因为它"健忘"。民间性中"遗忘"这一要素，就这样成了文明和教化的、各种意识形态的敌人。所有的权力和暴力、控制和统治、教育和教训等，包括精神病的治疗方法，都是通过肉体惩罚来建立记忆，反对遗忘。记忆是可以利用的，而遗忘是无法利用的。在这里，遗忘成功地抵御了意识形态的侵略。从这个意义上看，遗忘就是一种积极主动的力量。

4. 民间话语方式之三：滑稽、狂欢或心血来潮

记忆试图将过去变成现在，就像幻想试图将未来的可能性的东西当成现成的东西一样。只有遗忘无须依赖过去和未来，它不想利用任何过去的东西来安慰现在，也不想借助任何理想的、彼岸的东西来修补现世的不足。它紧紧地贴近现实（包括自己的肉体及其外部世界），挣扎着忍耐着哭着笑着欢乐着。在这里，生活成了一个滑稽且荒谬的游戏，一个将自身当作目的的节日。在吃（胃）和生育（子宫）经验的支配下，高密东北乡的人，不但能将忆苦思甜仪式变成一次"盛典"，还成功地演出了一场关于记忆的滑稽剧。

在长期的放纵无度中，突然转向瞬间的巨大的恐惧，就产生悲剧，这是都市市民生活最典型的特征。在繁华的、不分日夜的街道上，似乎永远没有令人惧怕的东西，而事实上白天的街道上都在闹鬼，那些巨大的恐惧一直在跟随着人们，并像抢劫者一样突然降临在面前。比如死亡。乡村的死亡与生存紧紧联系在一起，居所的后面就是墓地和亲人的遗骨。城里人死后用车拖往郊外的火葬场烧成灰，还要撒在祖国的江河之中，让活人从此将死亡遗忘掉（莫言在《十三步》中描写过火葬场）。所以，都市人最需要的就是记忆，记住他们力图回避和遗忘的东西。

相反，在长久的重负和恐惧中，突然转向瞬间的放纵，就产生了滑稽和荒谬。这就是民间乡土社会生活的典型特征。在那里，白天和黑夜、劳动和休息、生活和节日，都是泾渭分明的。白天是劳动的重负，夜晚是黑暗的恐惧，还伴随着来自社会组织的各种严肃的管制和恐吓、来自自然的各种灾祸，还有饥饿和寒冷。他们需要的是遗忘、放纵、肆无忌惮、心血来潮，就像在死亡和恐惧面前跳舞。正是这种心血来潮式的放纵，突然使经验转化成经验的反面（比如，七老妈的讲述，突然将一种严肃的东西转化成了带有滑稽色彩的欢乐），将合目的转化为无目的，将必然的转化为任意的，使自己从那些长久盘桓在心头的恐惧，那些必然的、合目的性的、恐惧经验的压迫下解放出来。在莫言笔下的高密东北乡，这种心血来潮式的放纵，及其带来的滑稽、荒谬和欢乐，随时随地都可以发生，即使在极其严肃的官方活动场所，也是如此。

心血来潮，正是莫言小说叙述的一个典型特征，或者可以借用陈思和的一个术语来形容，心血来潮就是莫言小说的"隐形结构"[①]；它处于肉体经验和意志力、叙事和抒情的边缘地带，这是莫言流连忘返的、最心爱的地方。

在这种自由的、任意的、心血来潮式的叙述中，经验变成了一桶火药，燃炸开了，闪光的碎片满天飞溅，并在飞溅中变了形。先来看看小说《红蝗》中的一个片段：

> 我继承着我们这个大便无臭的庞大凌乱家族（引按：因为这是个食草家族，莫言在前面详细写到他们的食物粗糙，写到他们大便的味道像干燥的青草味道，不像那些有钱有权

① 参见陈思和《民间的浮沉：从抗战到"文革"文学史的一个解释》，见《新文学整体观续编》（修订版），高等教育出版社2023年版。

有势的肉食者的，不清爽、奇臭无比）的混乱的思维习惯，想到了四老爷和九老爷为那个穿红衣的女子争风吃醋的事情，想到了画眉和斑马。

太阳出来了。

太阳是慢慢出来的。

当太阳从荒地东北边缘上刚刚冒出一线红边时，我的双腿自动地弹跳了一下。杂念消除，肺里的噪音消失，站在家乡的荒地上，我感到像睡在母亲的子宫里一样安全，我们的家庭有表达感情的独特方式，我们美丽的语言被人骂成：粗俗、污秽、不堪入目、不堪入耳，我们很委屈。我们歌颂大便、歌颂大便时幸福时，肛门里积满锈垢的人骂我们肮脏、下流，我们更委屈。我们的大便像贴着商标的香蕉一样美丽为什么不能歌颂，我们大便时往往联想到爱情的最高形式、甚至升华成一种宗教仪式为什么不能歌颂?

太阳冒出了一半，金光与红光，草地上光彩辉煌……光柱像强有力的巨臂拨扫着大气中的尘埃，晴空万里，没有半缕云丝，一如碧波荡漾的蔚蓝大海。

久旱无雨的高密东北乡在蓝天下颤抖。

我立在荒地上，踩着干燥的黑土，让阳光询问着我的眼睛。

荒草地曾是我当年放牧牛羊的地方，曾是我排泄过美丽大便的地方……红色的淤泥里埋藏着高密东北乡庞大凌乱、大便无臭美丽家族的过去、现在和未来，它是一种独特文化的积淀，是红色蝗虫、网络大便、动物尸体和人类性分泌液的混合物。

这种叙事方式看起来的确有些滑稽和荒谬。感受的随意性和瞬间性打乱了思维的连续性；任意而自由的经验蜂拥而至，将经验的历时性瓦解成断片，而不是在冷静的、深思熟虑的过程中，将经验纳入时间之流，使之符合某种目的。大胆而自由的话语方式，不但穿越了现实秩序化的形态，也冲击着文学话语系统本身所固有的规则和逻辑。这的确带有一种巴赫金在讨论拉伯雷的创作时所说的“狂欢化”的色彩。小说叙事的欢乐原则，与生命本身的“惟乐原则”之间，进而与民间性中坚不可摧的欢乐原则之间，有着一种深刻的契合和本质上的同构性。

但必须指出的是，莫言小说叙事中的“狂欢”世界，或者高密东北乡的“狂欢”世界，与巴赫金所描绘的中世纪和文艺复兴时期的，以及拉伯雷笔下的“狂欢”世界不一样。在拉伯雷那里，一切场景和道具都是现成的：那么多嬉笑的人，那么多享之不尽的食物、酒和各种饮料，那么多拿碗递杓抬轿的用人。拉伯雷利用这些道具和场景，演出吃喝狂欢的喜剧。

莫言笔下的高密东北乡呢？那是一个贫瘠得连兔子都不拉屎的地方，除了暴力和权力，似乎什么也不生长，只有一些野草还在不屈地挺着。凭什么狂欢呢？哪里有节日庆典呢？要做到这一点，就必须付出代价！

事实上在莫言那里，狂欢化的效果依然产生了，在一种不可能中产生了！这才是真正的现实的、激进的、顽强的民间性。但代价也是十分沉重的。莫言采用“降格”的方式，将那些餐风饮露的神仙，降格为吃肉拉屎的人，没有肉和饭吃的人就成了“食草动物”（像牛羊马驴一样），与那些不屈的野草共生共存。莫言极力赞美着家乡的

“食草家族”，并为这个家族的黄金时代一去不返而伤悼。他十分厌恶吃肉而“不吃青草的高级动物”。莫言描绘了一种令人揪心的降了格的欢乐（狂欢）：在那个残酷的“节日庆典”上，高密东北乡人用青草和树叶，中和着胃的激情，中和着心血的来潮。这不是文艺复兴的理想主义，而是20世纪的“怪诞现实主义”。因此，“心血来潮”的叙事方式或者“隐形结构”，将民间社会的想象和现实、欢乐和苦难、高雅和卑俗、遗忘和记忆，以及作家的批判与赞美紧紧地交织在一起了。

拉伯雷将人无限地放大，高康大、胖大官儿都是巨人（真不知道巨人们每天消费的大量食品、饮料从哪里来的）。而莫言则是将人缩小，缩小成动物，最后缩小成只会吃草的蝗虫。（是不是物质太匮乏的缘故呢？）与拉伯雷那种理想的人文主义相比，莫言似乎更带有反记忆的“历史主义”、精神分裂式的“历史主义”的倾向。不过，透过莫言小说的具体叙事就可以发现，莫言好像隐隐地藏着一种十分凶恶的念头：恨不得让那些铺天盖地的红蝗，将这肮脏土地上的一切，草根、树叶，尤其是那些可恶的肉食者，全部都啃掉，甚至将“历史”也吞噬掉。那才真正是一次末世的盛宴、一个节日、一次狂欢呢！

5. 民间话语方式之四：批判性或肉体现实主义的代价

我现在十分警惕“反讽”这个词。因为它已经堕落成一种修辞的手法，一种目的性很强的工具，甚至一种可以炫耀的花招，一种冷嘲热讽的写作技术。这是一种退化了的反讽形式，成为某些当代作家用来瓦解历史的工具。看看那些“瓦解”吧，晦涩而又无趣，装神弄鬼玩语言花招，更重要的是，它又很严肃，就连“反讽”这样一种诙谐幽默的、具有民间性的东西，都被严肃化了，被人缴械了（正像巴赫金所形容的那样：丰收魔鬼被割掉了生殖器）。真的那么严肃？我不想探讨，留给我们每一个人自己去思考。至于真正的严肃性，后面还会涉及。

莫言的创作就是要瓦解这种“严肃性”，利用民间的幽默、诙谐这种“肉体现实主义”的品质，瓦解二元对立的权力，给权力戴上夸张而丑陋的面具。这种“肉体现实主义”有两个主要特征：诙谐语言和滑稽肉体。先看看语言的例子：

> 刘副主任还在训话……为了农业学大寨，水利是农业的命脉，八字宪法水是一法，没有水的农业就像没有娘的孩子，有了娘，这个娘也没有奶子，有了奶子，这个奶子也是个瞎奶子，没有奶水，孩子活不了，活了也像那个瘦猴（引按：指黑孩）。(《透明的红萝卜》)

守备区四十三团徐团长训话：

> 从来没有见过你们单位这种兵……在我们冬青树后小便，有一天早晨我起来散步，发现马路上有一泡屎，我研究了半点钟，坚决认为那不是狗屎是人屎……一定是你们“七九一”的人拉的，我们四十三团的战士没有那么粗的肛门……笑什么，亲爱的同志们！你们“七九一”直属北京，架大气粗，肛门才粗。当前全国全军形势大好，反击右倾翻案风运动如火如荼……你们不去如火如荼，反而到我们团里

去蹲屎橛子，像话不像话！还有，你们的群众纪律问题……

反击右倾翻案风动员会到此结束。(《苍蝇·门牙》)

训话的主题无疑是严肃的，声调同样是严肃的。但由于他们的比喻或谈论对象涉及了与抽象、严肃不相容的肉体，特别是一些有语言禁忌的器官（奶子、肛门），使得“严肃性”把持不住自身，才产生了反讽或者滑稽的效果。从小说的层面看，这种语言方式的确具有一种瓦解力，将权力的威严一下子就消解了。但是，从现实层面看，问题会显得更加复杂。

训话者的话语方式中所具有的那种民间色彩，也许是情不自禁，也许是有意为之；他们的嘴皮子很民间，但他们的声音和脸色（身体）却很威严，让人一时真假难辨。而不明真相的听众则顿时与威严的训话者亲近起来。因为他们将训话者视为了同类。

因此，我们必须要清醒地认识到语言的局限性。巴赫金以为民间的语言（粗话）就能瓦解权力，还说醉酒能瓦解权力，酒醒了呢？亲近是暂时的，疏远才是本质，不疏远就不可能达到严肃的效果。有些训话者最善于借用民间语言来与听众套近乎，进而达到控制听众的戏剧性效果。他们来自民间，最了解民间，因而也就最善于利用民间性。什么时候诙谐，什么时候严肃，他们比谁都明白，刚刚还诙谐呢，一转身依然是严肃的。

莫言笔下的高密东北乡的那些村长乡长们，都是这个德行。因此，反讽也好、幽默也好，在莫言这里与修辞术没有什么关系，而是一种对肉体本质的深刻表达，对严肃和权威的嘲弄，对放纵和自由的渴望，对反放纵和专制的抑制，是将各种抽象物进行肉体还原的残酷经验主义。在这里，肉体常常会付出被贬低和丑化的代价。所以，比语言更为本质的滑稽和诙谐，是肉体本身。看看徐团长的样子：

> 头上是一根从南窗拉到北窗的铁丝，铁丝上伏着连篇累牍的苍蝇，铁丝变得像根顶花带刺的小黄瓜那么粗。……苍蝇们一哄而起，满饭堂乌云翻滚，苍蝇们愤怒地叫着……徐团长慌忙蹲下……团长那么委曲地蹲着，我看到他的腿在哆嗦……

在小说《野骡子》里，莫言写到村长老兰，"一个身材高大、肌肉发达的汉子"，他敢于欺负村里的任何人，甚至敢当众对着人撒尿，但他却被一头黄牛制服了。"老兰终于放下了英雄好汉的架子，虚张声势地喊叫了一声，转身就跑。"[①]徐团长再英雄，村长老兰再狠，终于还是敌不过一群苍蝇、一头鲁西黄牛。

作为一个在军队里混了近20年的人，莫言对人体语言与权力的关系无疑不陌生。每天上操，操什么？操练肉体。经过操练的肉体是力量和权威的象征：一群人迈着正步、昂首挺胸、无所畏惧。单个地看，这种肉体有着一种威严，集合到一起，就是暴力和战争的恐怖（打、杀、革命！《白杨林里的战斗》就是对这种肉体暴力的解构）。在这个残缺的世界里，体格健壮与人格健康合而为一的自然状态似乎一去不返了。健壮肉体与健康自然生存环境分离的结果是，威严的肉体往往与邪恶的人格结合在一起。在《红高粱》中，年轻的"我奶

① 莫言：《野骡子》，见《司令的女人》，云南人民出版社2002年版，第152、157页。

奶”临死前对着上天大声喊叫：“……我爱力量，我爱美，我的身体是我的，我为自己做主，我不怕罪，不怕罚，我不怕进你的十八层地狱……”这似乎是健康的肉体最后的呐喊。

自从《红高粱》之后，莫言很少描写这种象征着权力的肉体了。即使写到了，也往往是些民间恶势力的代表。相反，他笔下经常出现的是一些残缺不全的人：黑孩不像人，简直就是一只猴子（《透明的红萝卜》）；纯洁的小女孩没有腿（《屠夫的女儿》）；既是劳动能手，又善于讲滑稽故事的老猴子是麻脸，张大力体格倒像是军人，他却是麻疯病的儿子（《麻疯的儿子》）；绰号为“狗”的张国梁尽管高大，但面孔丑陋，而且是个有名的傻子（《模式与原型》）；一身技艺的朱老师是罗锅子（《三十年前的一次长跑比赛》）；余占鳌体格的确很健壮，他的儿子豆官，却被狗咬掉了一颗睾丸（《红高粱》）……

与肉体残缺相应的是肉体过剩，即身体的某一器官出奇的发达。比如，王十千有一对十分奇怪的大耳朵（《红耳朵》）；同桌的女同学“双脚都是六个趾头，脚掌宽阔，像小蒲扇一样”（《初恋》）；铁孩的牙齿坚硬得能吃铁（《铁孩》）；高密东北乡人的胃功能极强，任何树皮草根都能消化（《红蝗》）；女孩燕燕长了翅膀（《翱翔》）；金刚钻的嗅觉出奇灵敏（《酒国》）……过剩与残缺一样，都是人的身体对现实世界和自然世界的残酷回应。

并且，莫言笔下的人物大多都有绰号（黄毛、麻叔、罗锅老刘、大金牙、王癞子、高疤子、野骡子、小轱辘子、聂鱼头、痨病四、猪尾巴棍子……），这些绰号大体上就是将个人的肉体缺陷或性格弱点当众说出来，大家都不忌讳。他们彼此之间很少以名字称呼，只有在生气的时候，或者特定的、严肃的场合才直呼其名：“村主任说……

齐文梁……不要敬酒不吃吃罚酒！”（《欢乐》）从来就没有人称呼过“狗”的本名，一旦有人称他的本名张国梁，那他就惨了，八成是公安局的人。大家都叫乡派出所吴所长“吴老尿”（他没有什么架子，与乡里人相处得比较融洽），叫的人意思很暧昧，吴所长生气的态度也很暧昧，因为绰号既是贬低又是亲昵的意思。（《模式与原型》）知识青年一下来，就被打上了民间的印记：绰号（宋鬼子、茶壶盖儿）。巴赫金指出：名字使人圣洁；绰号对人亵渎，背地里叫。名字用作称呼人，召人过来；绰号却用来撵人走。[①]但在民间社会里恰恰相反，绰号并不一定是亵渎，但肯定是对你的接受和亲近，并当众称呼；而称呼名字就是疏远你、驱逐你，甚至就是决裂或惩罚的信号。

莫言赋予这些民间社会中肉体残缺者许多善良美好的品性。但他并不是简单地、直接地唱赞歌，而是将诙谐、滑稽与严肃性结合在一起。朱老师（《三十年前的一次长跑比赛》）、张大力（《麻疯的儿子》《姑妈的宝刀》），还有民间盲人歌手张扣（《天堂蒜薹之歌》）等，都是集滑稽和严肃于一身的角色。看一段关于盲人张扣的描写：

> 张扣凹陷的眼窝里睫毛眨动着，脖子伸直，瘦脸往后仰着，好像眺望满天的繁星……二胡像哭声一样响起来，但这哭声是柔软的、像丝绸一样光滑流利，轻轻地擦拭着人心上的积垢，擦拭着肌肤上的尘土。大家看到张扣的嘴夸张地张开，一句沙哑的、高亢的歌唱从那大张着的嘴巴里

① 《弗朗索瓦·拉伯雷的创作与中世纪和文艺复兴时期的民间文化》，见［苏联］巴赫金著，钱中文主编《巴赫金全集》第6卷，河北教育出版社2009年版，第568～569页。

流出来：表的是（这个“是”字高扬上去，又缓缓地降下来……）——……人群里发出窃窃笑声。都在笑张扣因歌唱而咧得极大的嘴……（引按：张扣在县城的青石大街上高唱着）“乡亲们种蒜薹发家致富/惹恼了一大群红眼虎狼/收税的派捐的成群结队/欺压得众百姓哭爹叫娘。”

张扣的严肃性，与其说是寓于诙谐的民歌形式中，还不如说是根植于荒诞的生存之中的。这种荒诞的生存状况与滑稽的肉体形式结合在一起，使现实的严酷性给人一种更难以释怀的感受，一种柔软而又尖锐的感受。在莫言那里，滑稽性并不是针对残缺的肉体，而恰恰是针对健壮的肉体（像上面提到的徐团长、村长老兰）。健壮肉体是完美的、严肃的、权力化了的，符合现代人体规范的，因而也是与民间社会格格不入的。民间肉体的夸张形态，是不登大雅之堂的、不能进入官方正式场合的，但它真正是残酷现实的肉体写照。因此，莫言写到这些残缺肉体的时候，在诙谐和滑稽的背后，总是饱含着一种真正的悲剧的严肃性。同时，这种真正的悲剧的严肃性又不是阴森可怕的、故作沉重的、给人制造恐惧的、埋下仇恨种子的，而是与诙谐和滑稽交织在一起的。诙谐与严肃互为补充，从而防止纯严肃蜕变为恐吓、纯滑稽流于嘲弄和油滑。

6. 民间话语方式之五：反抒情或对残酷经验的迷恋

莫言的创作中也有许多浪漫主义要素，比如夸张、幻想、超现实的离奇故事等。据说他继承了他的老乡、《聊斋》的作者蒲松龄的一些品质。莫言的一些具有浪漫主义色彩的故事，偏离了简单的现实，偏离了静止的日常生活，偏离了写实主义，将生活的另一面（它的神奇性）展现出来，并拓展了（创造了）故乡的“现实”这个概念。如早期的《夜渔》《奇遇》《怀抱鲜花的女人》《翱翔》等，后来的《长安大道上的骑驴美人》《藏宝图》等，都是这方面的代表作品。

但是，莫言的创作抛弃了浪漫主义艺术的一个最重要的东西——抒情性，或者说他有意抑制了这种抒情性。像《夜渔》中的那种抒情的片段，在他的小说中可以说是绝无仅有的了。这种少有的抒情性，常常是与少年和梦境这两个要素相关：

> 荷花的出现使我忘记了恐惧，使我沉浸在一种从未体验过的洁白清凉的情绪中……后来，月亮的光辉突然洒满河道，一瞬间，我看到它颤抖两下，放射出几道比闪电还要亮的灼目白光，然后，那些宛若玉贝雕琢成的花瓣纷纷落下。花瓣打在水面上，碎成细小的圆片，旋转着消逝在光闪闪的河水中……我不知不觉中眼睛里流淌出滚滚的热泪，心里充满甜蜜的忧伤。我心中并无悲痛，仅仅是忧伤。眼前发生的一切，宛若一个美丽的梦境……

在梦一般迷离的自然面前，突然忘记了恐惧，甚至忘记了自身，身体仿佛一瞬间化作一种虚幻的情绪飘动起来了，内心涌起抑制不住的忧伤、感动和眼泪。蒲宁的小说中经常出现这种情境。托马斯·曼的《死于威尼斯》，恐怕是人类最后一次少年浪漫式的忧伤吧。如今这种情绪越来越成为稀罕物了。这种感动可能带有某种神秘性，与世俗生活里的爱与恨关系不大。这是抒情性最本质的表现。抒情性要求经验具有整体性，而不是纯肉体经验的碎片。无疑，少年和梦境都是维持这种整体性的基本保证。成年或世俗的肉体，是整体性经验的克星。除非在艺术舞蹈中肉体才具有抒情性，因为此时世俗的肉体经验被遗忘，肉体的表演排斥了目的性，而仅仅是为了某种整体的形式，经验的整体性因此而得到维护。还有一种特例，就是列队操练，此刻个人的肉体经验也被遗忘，众人迈着整齐的步子（1、2、3——4！），很抒情、很艺术似的，实际上它在为一种更大的反抒情的目的服务。

个人的纯真时代的消逝，就像社会的纯朴时代之消逝一样。经验的破碎和残缺，已经到了不可收拾的地步。于是，经验的整体性，或者抒情性就这样退到了幕后，退到了心灵的深处（但并没有消失）。曾经拓展了现实概念的浪漫主义者，在今天已经变得不合时宜，其根本原因在于，他们漠视现实（自然、社会、肉体）的残酷性和荒诞性，将幻想的自由变成凌驾于物质之上的力量，将眼泪变成了鳄鱼落泪式的生理反应，将抒情变成了一种思维惯性，一种脱离现实经验的陈腐的词汇和符号系统（比如：啊、哦、“！”、大地母亲等）。

如果说抒情性与自然、与农业文明相关，那么，莫言最有理由成为一个乡土浪漫主义作家了，最有理由动辄抒情了。事实上“乡土”已经被破坏了，就像自然被破坏了一样。剩下的只有那些在被破坏了的土地上顽强地生活和挣扎的人。莫言之所以一再逃避抒情，道理很简单，残酷的生存在左右着抒情性，肉体的整体性被分解，变得残缺不全或者怪诞了，抒情的眼睛变得无足轻重，嘴巴和胃的功能凸现出来了。来看看下面带有抒情性的描写：

每当这时候，我的眼里就饱含着泪水，村子里的人经常看到我一个人坐在村头那棵粗大的柳树下独自垂泪，他们便叹息着走开，有的人嘴里还唠叨着：嗨，这个可怜的孩子！我知道他们对我的垂泪作出了错误的判断，但我也不能纠正他们，即便我对他们说，我的垂泪是被肉馋的，他们也不会相信。他们不可能理解一个男孩对肉的渴望竟然能够强烈到泪如雨下的程度。(《野骡子》)[1]

眼泪的功能是多样的，爱与感伤的眼泪不过是其中的一种，而且是常常夹杂着欺骗性、让人真假莫辨的一种。人们陈旧的灵魂将眼泪的功能简单化了、固定化了，似乎只能是抒情，不能是叙事。那是一种被废了的、僵化的抒情，是作为一种肉体的异己力量的抽象抒情。这种"抒情性"在民间，尤其是在乡土社会从来也不存在。

民间在本质上是逃避、惧怕抒情的。在乡间，抒情是专职民间艺人（如《天堂蒜薹之歌》中天堂县的盲人歌手张扣，还有一些业余的有唱歌才能的人）的事情。"尊一声众乡亲细听端详/张扣俺表一表人间天堂……"民间抒情所要"表的"，大多是一种对肉体欢乐的感受或者希冀，并且没有什么禁忌。所以，他们的抒情与浪漫主义者的抒情依然不是一回事。浪漫主义者的抒情，在盲目美化抒情对象的同时，不断地抽去了对象的感性和肉体的内容，最后将它变成了一股飘然的气体。民间在面对一个满意的对象的时候，不是说"爱"，而是说"迷"，后者与肉体经验相关。民间的抒情，在本质上还是叙事的。他们将过去的经验再现出来，并且通过声调、节奏、韵律，将经验形式化。

① 莫言：《野骡子》，见《司令的女人》，云南人民出版社2002年版，第131～132页。

那是多么浪漫的岁月呵。（引按：莫言后面所写的内容，应该是小说主人公用民间小调吟唱出来的。）哎哟我的姐你方碧玉！你额头光光，好像青天没云彩；双眉弯弯，好像新月挂西天；腰儿纤纤，如同柳枝风中颤；肚脐圆圆，宛若一枚金制钱——这都是淫秽小调《十八摸》中的词儿，依次往下，渐入流氓境界。（《白棉花》）

开始当然是抒情和赞美，渐渐地，肉体的欢乐经验越来越强烈地冒了出来。抒情不就是通过比喻的方式，将情绪不断地延续到欢乐经验的最深层去吗？民间抒情甚至就是对肉体禁忌的解放，是对肉体长期受到社会、自然压迫的一种补偿。暴力和色情成分是肉体解放的两个重要因素。奇怪的是那些采风的文人，他们热衷于阉割民间性，将其形式的整体性按照他们的标准分割。旧文人只留下一些他们认为优雅的、抒情的、“思无邪”的东西；新文人最热衷的，就是保留暴力成分。采风的文人们的脑子，就像一桶漂白粉似的，将民间漂洗得十分白净。

但是，对浪漫主义的抒情性的抑制，并不是要让人变得冷酷无情。其实莫言是当代作家中最善于抒情的作家之一。莫言把自己的根，扎在故乡那片黑色的土地中。“那片黑土地对庄稼的种子来说是贫瘠的，对感情的种子来说是肥沃的。”（小说集《神聊》作者自序）“高密东北乡/生我养我的地方/尽管你让我饱经苦难/我还是为你泣血歌唱”（《天堂蒜薹之歌》作者题记）。

在莫言笔下，民间式抒情的载体，就是真实的母亲的形象。无论他那支笔下出现了多少荒诞的东西：滑稽、遗忘、瓦解、批判、颓败……所有这一切，似乎都成了母亲形象的“服饰”。《红蝗》中的四妈、《红高粱》中的“我奶奶”、《姑妈的宝刀》中的孙姑妈、《粮食》中的“梅生娘”、《野骡子》中的母亲、《司令的女人》中的大婶、《丰乳肥臀》中的母亲……都是一些具有强大的生命力、旺盛的生殖力的形象。这不是一种个体形象，而是一种集体形象。她们默默无闻地活着，其生存方式本身就是抒情的。但她们不是以抒情主体的方式，而是以自然肉体的形象呈现在我们面前。对抒情主体的放弃，并不是一个理论问题，在民间社会里，尤其是在饥荒、战争的年代里，它往往就是一个道德姿态。小说《粮食》尽管是用一种冷静的叙事语调在讲述，但其中带有强烈的悲剧抒情性。在大饥荒年代里，“梅生娘”从生产队偷食豌豆（完整地吞进肚子），回家呕吐出来喂给孩子们吃：

> 伊回到家，找来一只瓦盆，盆里倒了几瓢清水，又找来一根筷子，低下头，弯下腰，将筷子伸到咽喉深处，用力拨了几拨，一群豌豆粒儿，伴随着伊的胃液，抖簌簌落在瓦盆里……伊吐完豌豆，死蛇一样躺在草上，幸福地看着，孩子和婆母，围着盆抢食。

这段文字所传达的，与《丰乳肥臀》中，关于上官吕氏生孩子之后的感觉的描写颇为相似。“梅生娘”的呕吐，就像生育一样，将死亡变成了复活。在这个过程之中，她不但放弃了自己的全部的尊严（受到王瘸子的污辱），而且还将自己衰败的胃变成了子宫，使三个饥饿的孩子和婆婆活了下来。叙事和抒情，在肉体的变异中奇妙地结合在一起。这种“自然肉体形象”和它的抒情性，在齐文栋的母亲

(《欢乐》)身上，也表现得十分强烈。所以，余华读了这篇小说，才会“感动得浑身发抖”，“再一次流下了眼泪”。

因此，在母亲这个形象中，抒情性是以一种十分独特的、悖谬的、民间性的方式呈现出来的。也就是说，自然肉体形象是一种“对象化”了的东西，它在本质上就是一种叙事性的因素，因为它同时包含着美丽与丑陋、生育与毁灭、生长与衰亡、高雅与卑俗等。但是，它恰恰又表现出了强烈的抒情性。这种叙事之中的抒情，将抒情性隐藏在叙事形式之中。母亲的生存形象，将这种隐蔽的形式凸现出来了：她们不只是“胃”，还有“子宫”——这个将生育与埋葬、颓败与生长，吐故与纳新混合在一起的奇特的肉体。就像那片贫瘠而又荒芜的土地、将摇篮和墓地连接在一起的土地一样，孕育着民间不朽的主题、永恒的历史和欢乐的力量。

特殊年代的母亲，这一颓败的肉体形象所体现的力量（生存的力量和爱的力量），是什么也不能比拟的。但是，一位优秀的作家只有超越了个人情感、只有残酷地在自己的意识中消灭僵化的偶像，他才有可能接近更博大的、无限的东西。对莫言的创作来说，“母亲”颓败的形象，正是故乡荒芜贫瘠的土地上一颗救赎的种子。

7. 民间话语方式之六：死亡与复活，欢乐与信念

从总体上看，莫言的文体，就是一种生长在真正的民间性土壤上的“欢乐文体”。他对民间悲苦的生活的表达和讲述，既不是哭诉，也不是记账式的恐吓，没有给人制造压力，没有给心灵投下阴影，而是给人一种欢乐的、继续活下去的力量。

莫言曾经将他的一个由13篇小说结集而成的小说集，命名为《欢乐十三章》（作家出版社1989年版）。其实，那里面写的都是一些苦难的，或者苦中作乐的故事，另一本小说集《神聊》也是如此。故乡的农民，每一个人都拖着一个饥肠辘辘的肚子，顶着各种各样的压力、欺凌和恐惧“寻欢作乐”：吃喝、劳动竞技、打架、辱骂、与村干部较劲儿、哭和笑、聚餐、交易、追女人、通奸、生育、丧葬、互相折磨、彼此争斗……所有这些既是日常的又是反常的生活事件，在莫言笔下变得热闹非凡。而且，这些事件与民间社会的日常生活、生产劳动，紧密地交织在一起，甚至就是他们的日常生活本身，并不是什么特殊的节日里才有的。

莫言第一次提到“欢乐”感受，是在小说《欢乐》中。欢乐产生在一个特殊的时刻：齐文栋的哥哥和嫂子被村干部强行带走、母亲被打之后，他一边用喷粉器给庄稼喷药粉，一边产生了欢乐的感觉。事实上，那是一种在毁灭的激情支配下的疯狂感受，是一种激烈的情绪反应，表现出生命本能在一种过于强烈的重负压抑下，出现的狂乱状态，透露出一种弱者的心态。在莫言后来的创作中，“欢乐”渐渐地“形式化”了，变成了一种更感人、更有力量、无所畏惧的文体形式，我称它为“欢乐文体”。近期小说《司令的女人》《野骡子》《我的七叔》等，都是这种“欢乐文体”的集中体现。

在《司令的女人》中，悲苦的也罢，严肃的也罢，莫言常常用一种四言的句式（有点像《诗经·国风》中的句式）叙述出来。那种文体形式和语言节奏，就是将情节形式化。它的内容是悲剧性的，它的叙事节奏却是喜剧性的。这种形式化的本质，带有一种游戏的精神。真正的形式，就这样既凸现了生活的残酷性和荒诞性，同时消解了残酷生活的阴沉、死亡气息，或它的片面的严肃性，从而体现了民间性中最本质的欢乐精神。

巴赫金把狂欢节看成民间文化最集中的体现，它的嘲笑、诙谐、戏谑、贬低……汇成了一条永恒欢乐的河流。巴赫金的民间文化理论中有两个最主要的主题，第一是与“肉体—物质”因素相关的民间诙谐文化。它在文学模式、文体上的表现就是“怪诞现实主义”。第二是诙谐文化或怪诞现实主义文体所依赖的、必不可少的背景和场所，也就是一种乌托邦式的社会体制：多样化的民间节日（最典型的是狂欢节及其相关的广场、街道、筵席、厨房等）。巴赫金试图将各种民间节日形式都描写成一种具有狂欢节色彩的形式，他的节日形式“狂欢节化”，带有乌托邦或者浪漫主义色彩。巴赫金认为，民间节日形式“狂欢节化”的过程，在不同国家和不同城市，“以各自不同的方式在不同的时期完成的”。最早是意大利的罗马，接着是法国的巴黎，还有更晚时候的纽伦堡、科隆等。而在俄国，“这个过程却完全没有发生……没有形成什么类似于西欧狂欢节的主导形式”。[①]事实上，巴赫金也注意到了节日形式“狂欢节化”过程没有发生的俄国的情况，在《拉伯雷与果戈理》一文中，他讨论了这个主题。

巴赫金似乎过于强调了“节日”这种生活之中的特殊日子，他羡慕地说道：“中世纪的大城市每年欢庆狂欢节的时间长达三个月之久。”[②]巴赫金在想象中将日常生活通过节日的理想“反常化”“陌生化”了。进而，他将“狂欢化”视为一种理想的社会制度或文化形态，

① 《弗朗索瓦·拉伯雷的创作与中世纪和文艺复兴时期的民间文化》，见［苏联］巴赫金著，钱中文主编《巴赫金全集》第6卷，河北教育出版社2009年版，第246页。

② 《弗朗索瓦·拉伯雷的创作与中世纪和文艺复兴时期的民间文化》，见［苏联］巴赫金著，钱中文主编《巴赫金全集》第6卷，河北教育出版社2009年版，第15页。

与之相应的就是“怪诞现实主义”的文学叙事模式，给人造成这样的感觉：似乎拉伯雷、果戈理的创作直接就是那种理想社会模式的反映。巴赫金说：“人与世界在食物中的相逢，是令人高兴和欢愉的。”[①]因为通过吞食自然，消除人与自然的界线。巴赫金这种乌托邦的理论模式，更多的是一种理想的假定性，恰恰是与民间性相悖的！

把生活变成节日（狂欢的节日），这的确是民间性中最本质的方面。但我要提出的是，在更多的民间文化形态中，尽管节日的精神依然存在，但理想的节日精神并没有形式化，它与生活的边界，与劳动的边界是模糊不清的。中国就没有狂欢节形式的民间节日。问题并不在这里。

为什么一定要讨论狭义的节日形式呢？日常生活中的节日精神，离开了狭义的节日形式是否可能实现？巴赫金的确是敏感而且深刻的，他似乎已经注意到了这一点。在《小说理论》中，他专门用了一节“小说中田园诗的时空体”，来讨论乡土小说中日常生活的时空体问题。但他重点在于讨论自然社会生活的情节化的问题，并且充满诗意的描述，与他在《拉伯雷研究》中体现出来的激进的民间性（狂欢化）没有什么关系。

民间的力量来源于自然（土地、生长、衰败、枯荣、肉体、生育、死亡、复活），也来自于他们将自己视为土地的一分子、集体的一分子。他们甚至不需要狭义节日，他们能将生活变成节日，将沉重的生存变成游戏。他们不断地将生存游戏化，并且世世代代不断地为这种

① 《弗朗索瓦·拉伯雷的创作与中世纪和文艺复兴时期的民间文化》，见［苏联］巴赫金著，钱中文主编《巴赫金全集》第6卷，河北教育出版社2009年版，第320页。

游戏化付出代价。他们采用的方法，就是上面反复地论述过的东西：反英雄化（贬低）、遗忘（反线性历史时间、反进化观）、心血来潮（任性、符合自然的节奏）、尊重肉体经验、叙事的而非抒情的……

如果说拉伯雷可以称为怪诞现实主义，像巴赫金所说的那样，那么，莫言就可以称为“残酷现实主义”。莫言的目的并不在于对肉体的怪诞性津津乐道，他更关注的是怪诞肉体的残酷的现实基础。如果说拉伯雷的“狂欢化”表现在对反常化的生活（狂欢节精神）的依赖，那么，莫言的“欢乐”，是建立在现实的日常生活基础上的残酷的欢乐，它不是狭义的“高兴”“快活”，而是将这些因素的对立面融合在一起，正如前面提到的，是“一种令人揪心的欢乐”。

莫言的创作与巴赫金的理论论述，在细节上的确有许多的吻合之处，但从总体上来看，恰恰是相反的：“怪诞现实主义”及其相应的“物质—肉体”形象，在莫言那里，不是一种文学模式，不是一种文体，而恰恰是社会形态、民间文化形态的表现（即莫言小说的“残酷现实主义”的背景）。同时，“狂欢化”（节日及其相关的狂欢精神）作为一种乌托邦理想，在莫言这里，无论从现实性的角度还是假定性的角度，都不是一种社会形态、一种文化模式，而恰恰是一种文学模式，一种文体和语言形式。

我的意思是，在一种狂欢化的文化背景下和社会形态基础上，产生怪诞现实主义的文体丝毫也不奇怪。而在“残酷现实”（其中充满了严肃、阴暗和恐怖）的文化背景下和社会形态基础上产生的“欢乐文体”，才是令人深思的，才具有真正的民间性的气质。正因为这种逆反式的表现模式，赋予了莫言创作的独特性、形式的独特性、艺术经验的独特性（对此的专门分析，包括它在乡土社会之外的社会形态中的意义和表现，已经超出了本文的范围）。

更重要的是，莫言用自己独特的文体超越了故乡这个狭义的乡土概念，超越了故乡日常生活的简单的自然主义，超越了转瞬即逝的、空洞的、无意义的琐屑形象，超越了“怪诞现实”的物质形态，也超越了历史时间的盲目乐观（进化）和悲观（末世论），并赋予了这些被超越的东西以真正的民间气质、信念和意义。

（二）史铁生：叙事中的东方美学

1. 题解

史铁生的长篇小说《务虚笔记》，可以视为一部当代中国的《情感教育》。史铁生在小说中所讲的爱情故事、童年生活栩栩如生，达到了写实的上乘境界。但是，他开宗明义地宣称，这是一部“务虚”的笔记，“写实”并不是他的目的，“务虚”才是。写实的故事，只要将素材稍作加工，再加上些文字功夫和真情实感就成，写起来方便，读者也容易接受，为什么要去“务虚”呢？高明的作家都是这样自找苦吃，他们不但增加了写作的难度，也制造了阅读障碍。就像陀思妥耶夫斯基写《罪与罚》，把一部侦探小说，写成了对“心灵之原罪”的侦破一样。史铁生在第7节中说：

> 真实是什么呢？……想在变幻不住的历史中寻找真实，要在纷纷纭纭的生命中看出些真实，真实便成为一个严重的问题。真实便随着你的追寻在你的面前破碎、分解、融化、

重组……如烟如尘，如幻如梦。[①]

破碎了的真实故事在梦幻中重组，梦幻般的思绪又在现实中破碎。这种争斗使整部小说已经不局限于普通的讲述，而是一边讲述，一边对讲述进行质疑，从而显示出了一种内在的紧张局势。史铁生在小说中所务之“虚”，大概试图从真实中窥见幻梦的真相，在幻想中发现真实的奥秘。《金刚经》说：“一切有为法，如梦幻泡影。”这个“梦幻泡影”并不是说什么也没有的“虚妄空境”，而是指肉眼凡胎看不见摸不着的东西，但其中隐含着“道”“真如实相”。只有那些对这幻梦置之不理的人，才会堕入彻底的“虚无”（执空相、枯禅）的深渊。

在古汉语中，“虚”的本义是山丘的“丘”，但不是一般的小丘，而是极大的丘（比如，古代人就把“昆仑丘”称为“昆仑虚”）。大得无边无际的东西，当然会变得虚无（比如宇宙），就像小到肉眼不能看见的东西叫“幻”一样。“幻”是一个象形字，形如一个刚刚成形的人体的胚胎。（“虚”与“幻”的解释皆参见许慎的《说文解字》。）比基本粒子还要小的物质世界，对我们来说，不像梦幻一样吗。真实的世界和人生，正是处在这极大的“虚”与极小的“幻”之间的一种“色相”。这种变动不居的色相究竟有什么意义呢？《维摩诘经》说：“无离文字说解脱。”借助于语言文字，对于处于“虚”与“幻”之间的真实世界的追问和质疑，就是在现世生活中对自由的向往和对解脱的追求。这既是一个“在世间”的人的无奈，又是一个有胸怀、有慈悲心的人的大愿。史铁生就是在借真实的历史事件、个人命运、爱的

① 本节所引《务虚笔记》皆据人民文学出版社2007年版，后文不再出注。

苦乐等各种遭遇，去寻求虚幻的意义和解脱；借小的事物（一个细节，一个词）去领悟宏大的“道体”。不过，“典型环境中的典型人物”“个性与共性”“表现与再现”这些翻译过来的西方理论术语，似乎不足以概括史铁生的创作。倒是“多在一中，一在多中”的“一多互摄律”，或者说《周易》中的“简易”“变易”“不易”合而为一的道理，似乎更能与之贴近。

2. 符号的全息性

一般来说，我们讨论一部长篇小说，肯定要涉及典型人物的分析。比如，《战争与和平》中的娜塔莎、《百年孤独》中的布恩地亚上校、《日瓦戈医生》中的拉拉、昆德拉笔下的特丽莎，还有堂吉诃德、哈姆雷特，等等。在《务虚笔记》中，我们找不到这样一种将众多矛盾集于一身的典型人物。《务虚笔记》塑造了很多人物：医生F和导演N、教师O和画家Z、诗人L和T、残疾人C和他的恋人X、无名无姓的O的前夫，等等。在一部40万字的长篇小说中能塑造这么多的典型人物吗？按照传统的写法，即使像托尔斯泰这样的大手笔，写了一百多万字，也只写十几个人的故事。难道史铁生有什么更隐秘的法门吗？实际上史铁生只写了两个人物——男人和女人。先看看下面几段文字：

> 那个缥缥缈缈的男孩儿就像是我，就像是所有男人的童年记忆，在传说般的往昔岁月……走进过一座美丽的房子。（第31节）

> 她可以是但不一定非是Z的母亲不可，也许她是所有

> 可敬可爱的女人的化身…… 她们应该来自南方又回到南方，她们由那块魅人的水土生成又化入那块水土的神秘，使北方的男人皓首穷梦翘望终生。（第59节）

> 甚至谁是谁，谁一定是谁，这样的逻辑也很无聊。亿万个名字早已在历史中湮灭了，但人群依然存在，一些男人的踪迹依然存在，一些女人的踪迹依然存在，使人梦想纷呈，使历史得以延展。（第91节）

史铁生用这样一些诡魅的文字，极力地消除事件与人物之间一一对应的界线，把单个人的苦乐和梦想、爱与恨的折磨，交织到每一个人身上去。我甚至设想，当医生F因失恋一夜之间变得满头白发时，残疾人C、画家Z或诗人L，他们的头发也都在一根根地变白。当L的欲望在膨胀时，F、C或Z也在蠢蠢欲动。这些都应了中国的古老观念：牵一发而动全身，一爻变而全卦皆变。所以我说，《务虚笔记》中的任何一个符号（人物、语言、事件等）都带有全息的意味，用解剖学的方法将它们中的任何一项单独提出来分析，信息就会丧失殆尽。中国古代的批评传统，用的是老中医搭脉的方法，去触摸人体系统的总体信息，即所谓点评式的批评。这种方法有可取之处，它对批评者个人的感悟力有较高的要求。但对于越来越趋于复杂的当代小说文本，它已经显得力不从心了。

全息性结构本身是有十分周密的要求的。因为不断变化的符号信息，在这里已经变成了一个“简易”的空间结构；同时，结构内部又要隐含“变易”（个体的历史或命运）的气机。

我从虚无中出生，同时世界从虚无中显现。我分分秒秒地长大，世界分分秒秒地拓展。（第43节）

每一个人在意识初生之前都一样，来自虚无，这是“不易”的道理。所以,《务虚笔记》是从两个孩子（一男一女）开始写的。某个下午，9岁的男孩（他是谁并不重要）走进一座迷宫般的、有着许多神秘之门的美丽的房子，去寻找一个9岁的女孩。这个开头的故事，成了所有人物成年后故事变化的共同前提。但它事实上已经隐含了“变易”开始的秘密。或者说，从寻找开始，他们就被拒之在梦想的门外，这就是差别和伤害的发端。他们各自的故事，也就此开始了：画家Z只记住了那根羽毛和色彩；诗人只记住了歌声；叙述者“我”只留下了恐惧；残疾人C尽管也走在回家的路上，但他的双腿将断的厄运正在无声无息地朝他滚来。在共同的起点上，每一个人只要稍稍偏离一丁点儿，差别就产生了，从此，他们便走上各自坎坷的命运之途。

我们读过的许多作品，总是对这种“差别”十分着迷，甚至极力地去渲染它。尽管这种差别一旦被典型化了，也能引起读者的深思，但作者的残酷也暴露无遗。所以，我总是对《喧哗与骚动》和《白鲸》耿耿于怀；相反，对陀思妥耶夫斯基的《白痴》和安德森的《小城畸人》更有亲切的感觉。《务虚笔记》对差别的描写也十分精彩。但史铁生的清醒之处在于，他并没有执着于差别，而是像前面提到的，力图将每一种差别交织到所有人的身上，以达到消解这种差别的目的。或者也可以说，他把因“变易”产生的复杂个体命运，纳入一个“简易”的叙事符号结构中（人物的名字也很简易，只用字母代替），使它能传递出“不易”的、虚幻的声音。所以，他反复强调，讲一个人的故事，就是在讲所有人的故事；所有人的故事，也正是一个人的故事。因此，当他讲爱情故事时，尤其是在分别时，女人们所用的誓言、咒语几乎是一种类型；孩子们在某个下午去那座神秘房子的路上的对话也很相近；甚至他们每个人都采用相同的“长跑”方式去接近那幢梦幻般的房子。

这里要强调的是，这种“一多互摄”，这种全息性的结构，与“典型论”是根本不同的两种观念。典型论的创作方法，看起来好像是把许多人的命运或性格集中到一个人的身上，使人物性格充分地复杂化（黑格尔叫“这一个”）。但这种复杂性很容易掩盖命运或存在的真相，让人迷失在所谓的复杂之中。并且，这种方法正是英雄史观在文学创作上的表现。从人物看，有悲剧英雄、喜剧英雄、善恶英雄；从形式上看，有全知全能的上帝叙事视角。20世纪西方文学尽管已经不怎么热衷于全知视角，但又出现了所谓的“内视角”“后视角”“斜视角”，等等。反正都是看见了芝麻，丢了西瓜，以至于他们不断地发明各种各样奇怪的视角来看，最终也依然只看出了一片黑暗（精神分析）和虚妄（后现代主义）。如果硬要用这种分析的思路去为史铁生的叙事安上一个视角的名称，我只能称它为“交叉视角”（俗称“斗鸡眼”）。从前学地质的时候，老师教我如何用“斗鸡眼”的方式去看航空地质照片，如何把平面的看成立体的。后来流行的“魔幻贺年卡”也要用这种方法去看，才能看出隐蔽着的图案，而原有的图案则被幻化了。这种把虚看成实，而把实又看成虚的视角，正是史铁生的叙事视角。

史铁生的叙事姿态十分谦卑，他在叙事中对差别的瓦解，体现了佛教的平等观，作品中的每一个符号都是平等的、全息性的，并不能孤立出来。即使写到O的前夫和F的前妻也是如此，到了结尾处，史铁生还没有忘记让他们把一蓬素朴的野花散落在坟上，好让死去的人能“在夕阳的深远和宁静里，执拗于一个美丽的梦想”。这种平等观不完全是我们经常叫喊的那种“自由平等”，它只能说是一种大平等观、大慈悲观。这是从人际关系的角度看。如果从文字符号的角度看，这平等观是与《周易》文化血脉相连的。比如，每一卦象都是平等的（有凶有吉），也是全息性的（一爻动全卦变）。当然，凶吉是俗人的观念。有人一见到乾卦，就说好哇好哇，且不说乾卦中本身就已经包含了阴阳吉凶的两端气象，任何一个卦象，只要你以僵化、死寂的心态去对待它，它从根本上就是一个凶卦。在《易经》中，只有一个卦：谦卦，才是六爻皆吉。这个谦，就是谦卑的谦，“谦谦君子，卑以自牧”的谦。[①]它谦卑到了“无我”的程度，则与佛教中的平等观相通了。从艺术构思的大角度看，史铁生在创作中表现出的东方思维方式，使他没有落入传统现实主义或现代主义的老套路之中。他以这样一种全息性符号的结构呈现“务虚”的意义，去表达他的审美理想，尤其是去传达对“差别”作平等观的境界，都体现了“符号全息性”的文化意义。

但是，艺术作品中符号的全息性对“简易”的要求，并不排斥符号“变易”的复杂性、丰富性。否则，就会使符号僵死（也就是“概念化”）。对此，西方文学传统中有许多极值得借鉴的经验，如对个体生命的丰富性、复杂性的表达。我总觉得，“宇宙论”与“心性论”

① 周振甫译注：《周易译注》，中华书局1991年版，第60～63页。

贯通为一的中国文化哲学，尽管也十分注重“变易”的道理，但它视天变为“求其全”，视人变为“得其偏”，所以，对人性的复杂变易性缺少更深的关注和反思。这或许正是今天的文学、甚至今天的生活中要进一步发扬之处。在这一点上，史铁生也作了有益的探索。

3. 虚实互变

就艺术表达的丰富性而言，“变易”似乎显得更重要。这种“变易”在史铁生的创作中，就是一种“虚实互变”的方法。它隐含在每一个符号的内部，或人物的灵肉冲突之中。艺术创作中的“虚—实—虚……”的过程，就像生命的“生—死—复活……”的轮回一样。这种虚实互变的轮回，是人类必须担当的命运，也是人的生命（或艺术表达）最具丰富性的根本。我认为，纯粹的写实或模仿，是“执色相”；纯粹的写虚或表现，是“执空相”。在《格非与当代长篇小说》一文中，我曾将迷恋于自我表现、自我意识或感官欲望发挥到淋漓尽致的西方现代派文学，称为“小乘自了境界”的文学。艺术创造中的“色空一如”或“梵我一如”，是一种伟大的境界。从现在开始到下一世纪，中国文学必须超越19世纪批判现实主义的写实方法，和20世纪西方现代派文学迷恋自我表现的窠臼，探索自己独特的表达方法。[①]

史铁生的《务虚笔记》，极力绕开纯粹的写实或写虚这两个陷阱，或者说力图化解虚实的界线，以虚实互变的法门，铺筑他的“务虚”之途。同时，他将化虚为实和化实为虚，视为一种通向自由境界的方法。

① 张柠：《格非与当代长篇小说》，《当代作家评论》1996年第2期。

什么才能使我们成为人？什么才能使我们的生命得以扩展？什么才能使我们独特？……唯有欲望和梦想！……欲望和梦想，把我们引领进一片虚幻、空白，和不确定的真实，一片自由的无限可能之域。（第184节）

毫无疑问，“欲望”是人之为人的一个根本特征，它在叙事中表现为，通过欲望的故事“化虚为实”。但欲望叙事这一根本特征，最终都会进入一片虚幻、空白或“自由”之域，它在叙事中表现为“化实为虚”。《务虚笔记》中最令人感动、最丰富的细节，就是欲望与梦想之间那种缓慢和隐秘的变化。史铁生在将欲望变成梦想、或将梦想化为欲望的过程之中，是借用了“词的歧义性联想”这一方便法门来实现的。

医生F一辈子都在为写一篇论文而做准备。这篇论文中除了“灵魂”，还有一个关键词：“欲望”。医生认为，欲望隐藏在细胞的结构之中，它看不见摸不着，与灵魂异曲同工。“那里面有着最神秘的意志，那是整个宇宙共有的欲望……人们迷恋着各种力，怎么不注意一下欲望呢，欲望是多么伟大神奇的力量呀，它才是无处不在的呢……”（第205节）“欲望不会死，而欲望的名字永远叫做‘我’。”（第162节）史铁生在对关于欲望故事的讲述过程之中，不仅仅是对呈现自我意识的感官欲望的描写（它为小说的全息结构提供了极为丰富的细节），更重要的是，史铁生将被人们的观念所分解的两个词：“灵”与“欲”，还原为一体了。

看哪这就是我，我的灵魂我的肉体，我的胸，我的腰，我的腿我的脚丫，我的屁股，我的旺盛我的茂密我的欲望……那便是爱的仪式。……这仪式使远去的梦想回来。……使那近乎枯萎的现实猛地醒来。……但是……就在C的手伸向他的恋人之际，无边的梦想变成了一个具体的噩梦……她已经远走他乡。相隔千山万水。（第120节）

欲望要在辽远的梦想里，才能找回它的语言。直接走向性，只能毁掉无边的梦想。史铁生拒绝了那种以“性”术语进行连续叙述、并最终让分解了的欲望或个别器官，在文本阅读中得到虚假满足的方式。这应该是欲望叙事的正途。中国文坛出过大量的所谓欲望故事，作家们看到了现实生活中欲望的膨胀，于是便迷恋于对分解到手、眼、嘴等各种器官上的欲望故事，并自视为“现实主义”。事实上，他们在为世俗欲望的膨胀助威，是商业功利主义或工具理性在文学叙事中的回声。史铁生清醒地看到，“现实不能拯救现实……甚至，也不能指望梦境。正如诗人L所说：梦境与梦想，并不等同”。（第120节）可以看出，史铁生力图用欲望消解梦想的虚无，用梦想化解欲望的堕落。

诗人L还向F医生指出了梦想与梦境的区别：梦想意味着创造，是承认人的自由，而梦境意味着逃避，是承认自己的无能。（第119节）

这里的“梦境”，有点接近于弗洛伊德的“潜意识”概念了。潜意识只能是一个肉体迷宫的黑暗深渊，一旦坠入，便很难找到归途。

当代的文学界也有人标榜一种所谓的“女性化写作”，即肉体感觉的写作。这种耽于梦境或潜意识迷宫不思归途的写作，或一种感官欲望恶性膨胀的写作，只能算是“肉体的敏感”，而不是“肉体的智慧”。弗洛伊德对梦境的分析，也只能使人越来越悲观，他最终也只好跳进康德“道德律令在我心中”的传统圈套。“梦想”，是一种自由和创造，是作家“词的歧义性联想”的智慧。在佛教中有一种“修梦成就法”，修炼者可以达到“醒梦一如”的境界，可将水梦成莲花，将火梦成琉璃。这正是“梦想”一词要强调的主体自由境界。“词的歧义性联想”，正是这样一种自由的“幻化”过程。

在《务虚笔记》中，这一幻化过程是双向的。第一是“化实为虚”。比如，一个欲望故事，渐渐变成了一种对某个词（爱、性、淫乱、圣洁等）的联想（或质疑），从而，原来的写实故事或某个具体的场景最终被虚化了。例如第175节中诗人和恋人之间关于爱情本质的对话，使爱的故事变成了一个罪恶的陷阱；第190节中画家Z与教师O关于差别的讨论，将他们的故事引向了死亡的深渊。可以说，史铁生在讲述欲望故事的同时，就瓦解了欲望。

第二是“化虚为实”，即将一个虚幻的观念、或一个词，化为一个实在的故事。这是史铁生的“解咒”方法。“葵林故事”那一段，就是典型的例子。事实上，画家的叔叔与恋人的爱情故事中，几乎所有的情节，都曾在F与N、C与X等人的故事中，以不同的方式出现过。葵林故事的目的就是要从另一个角度（化虚为实）来重新讲述。但我宁愿把这个故事看作对“背叛—忠诚”这一对矛盾性的词汇的重新诠释，对咒语——“叛徒”一词的解构。那个受尽了侮辱和磨难的女人，为了救母亲和妹妹，而殃及了她的同志，从此，她一生都被“叛徒”

这个词的阴影笼罩。当所有的人都不讲信仰的时候，她却依然被“信仰—背叛”的念头折磨。

> 如果她高尚她就必须去死，如果她活着她就不再高尚；如果她死了她就不能享受幸福，如果她没死她就只能受到惩罚。（第153节）

当她的灵魂化作一片片葵叶的时候，每一片葵叶都在为她的爱和忠诚作证。此外，在《务虚笔记》中，作者还做了大量的词的瓦解工作，如：爱、恨、性、惧怕、差别、孤独与孤单，等等。同时，这些词汇一个个像咒语一样被说了出来。作者似乎在坚持一个古老的信念：咒语要被施咒者说出来（不停地发出声音），就是解咒的唯一方法。用一句时髦的话来说，大概可以叫作“解符码”。

史铁生在小说叙事中体现出来的虚实互变的变易观，不仅仅为叙事的全息结构提供了丰富感人的细节，更重要的是，它承担了具有强烈批判的色彩的“解构”功能，使得无论“实”还是“虚”，都没有片刻停驻，都在变化不居的叙述中由幻入化。这是一个解与构同时并存的双向活动。所以，我不喜欢今天流行的“解构”这个词。这个词只相当于“破执”“扫相”。我宁愿用“幻化”这个词，即当一个故事、一个细节或一个观念（通过“词的歧义性联想”）变得接近于虚无时，突然幻化出另一番景象来。这正是我前面提到的交叉视角，从虚中看出实相，从实中化出虚境。史铁生的“务虚”，包含了这样一种幻化的功能，才使得他的创作没有“截断六根、直奔空境”，落入概念化或假激情的俗套，而是让自由想象和人性的复杂性发挥得淋漓尽致，也没有在现实色相或肉体迷宫中不可自拔。

即使一般地从写实的角度去看,《务虚笔记》中人物性格的变化,也写得十分精彩。其中,最典型的是医生F。医生F迫于环境和父母的压力,与恋人N(“右派”的女儿)分手。N施与他的是“你的骨头,没有一点儿男人”的“咒语”。F在回家的路上,头发就开始褪色,竟然在一夜之间“乌发踪影不留”。F对自己的父母说:“有时候头发和心脏一样都不是一个医学问题。……不过,你们的账我已经还清。”(第34节。这与传说中的哪吒故事——将肉身还给父母,而化为莲花之身——的原型接近。)F从此告别实现与梦想的边缘,生活归于死寂,并热衷于研究大脑与灵魂、欲望的关系。F的第二次变化,是因为“love story”这个词,突然触发了他对往事的回忆,使他混淆了现实与梦想的界线,加速了他的死亡。史铁生写这些人物性格的变化,其“精微知几”,全都是附着在一个细节、一个词的嬗变之上的。

在《务虚笔记》之中,“虚实互变”只不过是表达了符号内部隐秘气机的变化过程,它最终的目的在于要去“务虚”的“道体”。这正好比山川之有“龙脉”,起伏开合,皆是万变而一以贯之。这“一以贯之”,就是我要说的“虚的意义”。

4. 虚的意义或“写作之夜”

在《务虚笔记》中有一个最令我难忘的故事:N的父亲,一个被打成“右派”的老作家,20年后被释放回家。但他的近期记忆完全丧失,连二十多年在大西北的“劳改”生活也全记不住。他记住的不是那些生活的磨难、那些仇恨,而是一些辽远的、朦胧的事情。他把这些叫作“过去”“昨天”。他决心用自己的笔将“昨天”写下来。这或许就是柏拉图所说的“灵魂的回忆”(这让我想起了作家路翎从监狱出来后的写作状态)。

父亲坐在书桌前，铺开稿纸，定一定神，立刻文思如涌，发狂般地写起来。(第132节)

到处都是一摞摞的稿纸，像是山峦叠嶂，几千几万页稿纸上密密麻麻写满了字。母亲走近去细看：却没有一个字是中文，也没有一个字像是这个星球上有过的字。(第155节)

“随便他写什么吧……别告诉他真相，行吗？……因为要是告诉了他，他倒活不成了。”……“他要写什么？”“一部真正的童话。”……“就让他，死也不明真相？”“这也是一个悖论。”(第234节)

上面是母亲与一位来访者的对话。他们都是很有同情心却很平凡的世俗之人。只有那位经历了劫难的父亲，才知道自己在写什么。他那些谁也看不懂的“虚假”文字果真毫无意义？我们只能说它像佛经中的咒语真言一样，无法解释，但可救命！对话者用三维(或者四维)的逻辑去对待他的写作，并自以为知道某种事情的“真相”。如果他们真的把所谓真相告诉了写作的老者，老者可能当即疯狂。他们认定的所谓真相，只不过是施与老者的一种外道邪魔的咒语，使其终生都在为解咒而受磨难。这是《务虚笔记》的一个恰如其分的隐喻。那位老者的写作，正是《务虚笔记》文本深层的一个互文，一个高远难及的互文。

前面已经谈到，“虚”与“幻”并不是绝对无意义，或许还是新的更高的意义的起点。《红楼梦》中的贾宝玉，也不过是一块幻形入世，被渺渺真人携入红尘、引登彼岸的石头；林黛玉也不过一株仙草降凡。他们的爱情故事也只是一段“木石前盟”。但多少代、多少人，“假作真时真亦假，无为有处有还无”。明人袁于令（幔亭过客）在《西游记题词》中就说：“文不幻不文，幻不极不幻。是知天下极幻之事，乃极真之事；极幻之理，乃极真之理。故言真不如言幻，言佛不如言魔。”[①]这个“幻”（小）与“虚”（大），在更深的层面是一而二、二而一的东西，就好比史铁生写灵魂与欲望在深层上可以相通一样。

史铁生的《务虚笔记》，粗看上去的确很像一部西方的爱情抒情小说，但其背后也有深厚的东方美学观作为支撑。正如他在题中点明的：务虚，或者叫幻化。其幻化的基本方法就是“词的歧义性联想”，或者叫“词的还原”。如《尚书》“予有乱臣十人”中的“乱”字，本为一人理丝之状，训为“治”。另如，“冤家”一词，可分别训为“爱人”和“仇敌”。[②]词的歧义性联想或还原，就是从“破执”到“幻化”的工作。

这里所说的“还原”，与有些人经常提到的“生活的原生状态”根本不是一回事。我想，史铁生对这种原生态是十分清楚的。他甚至还用了很美的文字，去描写那种原生态，那些“美丽动物亘古不变的消息”。如第180节中，对鹿群生活的描写，俨然一幅伊甸乐园的图像。但他随即否定了这种回归自然的古老理想，并认为，人类偷吃禁

① 〔明〕袁于令：《西游记题词》，见刘荫柏编《西游记研究资料》，上海古籍出版社1990年版，第557页。

② 参见钱锺书《管锥编》第1册、第3册，中华书局1979年版，第1~2、1058~1059页。

果之后的苦难是对动物苦难的分担，是人，担起了这个重负，才使得动物永远生活在没有阴谋和仇恨，只有上苍神秘律令的世界之中。留给人的，只有“眺望”！眺望乐园。但是，写作之夜是黑暗而虚无的，是一种对苦难的担当的慈悲情怀：

> 写作之夜，为了给爱的语言找到性的词汇，或者是为了使性的激动回到爱的家园，我常处于同诗人L一样的困境。（第185节）

> 在一个故事结束的地方，必有其他的故事开始了……绝对的虚无片刻也不能存在的。（第4节）

> 我大约难免要在这本书中，用我的纸和笔，把那些美丽的可敬可爱的女人最终都送得远远的，送回她们的南方。现在这一心愿已经完成。（第235节）

是的，绝对的虚无片刻也不存在。写作就是在为爱的语言找到性的词汇。这些词汇的弥散性、歧义性，阻止了欲望的分解，不使“性的词汇”被欲望吞没。美的东西，只有送得远远的，送往南方，“让北方的男人皓首空梦翘望终生”，才不至于被现实的欲望毁灭。也就是说，只有将她幻化成另一种风景，比如一个词：南方，一个梦想，甚至一个大咒语，才不至于被瓦解。这应了中国一句老话：万古不坏，唯有虚空。这样，只有虚幻，才是真实。史铁生在整个“写作之夜”所做的，除了将人类因为执迷造成的二元对立的各种概念：生与死、爱与恨、忠诚与背叛……还原、消解，他更热衷的还是保护那些最令人感动的童年之梦、美好的瞬间，并不断地用文字之舟，将它们“送得远远的”，不让现实的法则去破坏它。假如古老的梦想和气息完好地保存着，它即使有些神秘，有些高远难及，又有何妨！在古老的文明被肢解、分析得体无完肤的今天，艺术辉光的消失，就是文明的厄运的典型注脚。

（三）韩少功：词语的建构与解构

1

死或散发

我在小标题中戏仿了《马桥词典》词条，使用一个马桥词汇：散发。从韩少功的叙述中我们知道，如果简单地将“散发”译成“死亡”，那真是白费了马桥人的一番苦心。马桥人并非不知道有“死亡”这个词，但他们坚持使用“散发”。死亡，表示了一种终极状态，是一个十分抽象的词。我们有谁经历过死亡呢？正如哲学家加缪所说：“现实中没有死亡的经验。”而“散发”这个词则表示生命从生到死的过程。“比如血肉腐变成泥土和流水，蒸腾为空气和云雾”（《马桥词典》[①]），即渐渐地分解成了各种元素融进自然。事实上，这个“散发”（死）的过程，也正是“活”的过程。在生活中，我们的肉体时刻在散发；我们的欲望也时刻在散发，只不过常人难以觉察而已。所

① 本节所引《马桥词典》皆据上海文艺出版社1997年版，后文不再出注。

以，佛教强调要修“不净观”，以便随时看出生命腐变的过程。但人类生存的基本欲望满足的过程尽管也是在散发，对此，马桥人却可能缄默不语。只有当工业文明将人的欲望激发得极度膨胀，以至于飞速地加快散发的进程时（如将欲望不断地分解到各种具体器官上去，使人在占有中变得疯狂），马桥人才可能会提醒你：要“散发”了！这是一种对死亡或毁灭的警觉，而不是一个禁止的指令，因为没有任何理由阻止人们的欲望散发。

死亡，是一个不可言说的秘密。对这个秘密的畏惧，产生了马桥人的语言禁忌。他们似乎总是在“死”这个词的边缘说来说去，比如：散发、放转生（杀死牲畜），等等，唯独不愿说死。哲学家和科学家是人类理性的集大成者。他们分析、解剖、综合、归纳；他们每天都在分析死亡的原因，论证死亡的意义。他们将“死”这个秘密的咒语大声地喊出来，并将它编进各种权力的公词典之中，时刻在伤害着我们。只有生活在湖南省边缘地区某处的马桥人，在使用“散发”这个词，既是提醒，也是安抚。

延宕

当我们用一种标准的词典句式说“散发就是死亡的意思”时，“散发”这个词同样僵死了。因为散发过程中的各种可能性，此刻都聚合、敛结、归纳为一个终极状态：死亡（生命的终结）。在《马桥词典》中，“散发”这个词之所以给人一种“活”的感觉，就是因为在韩少功的叙述中，或在马桥人的使用中，它始终保持着一种“原始词义的两歧性”。这种词打破二元对立的思维方式，模糊生与死的界线（关于这一点，在后文还会详论），并且使“意义”延宕在一个过程的中途，不让抽象的概念将它窒息。

延宕，正是艺术表达的基本要求。俄国理论家什克洛夫斯基指出："艺术的手法就是使事物奇特化的手法，是使形式变得模糊、增加感觉的困难和时间的手法，因为艺术中的感觉行为本身就是目的，应该延长。"[①] 作家在讲述中，并非要给出一个结局，而是在增加对生活的感受的长度。这就好像生命在出生和死亡这两个秘密之间缓慢地"散发"一样。但是，生命的散发是一个渐渐走向死亡的努力。也就是说，它不服从日常生活的物理时间。所以，艺术表达中的延宕不仅十分关注生命缓慢的散发过程，而且在不断地创造永恒的时间结构。或者说，艺术表达不仅仅只要求回避僵死的词汇所表达的终极结局，更要求借助于词的歧义性联想（如原始词义的两歧性、词的虚实互变等），去不断地复活词语，并让向死的生命幻化出种种生机。

复活

20世纪20年代，年轻的什克洛夫斯基在谈到"词语的复活"时，曾使用了一个术语：остранение，一般译成"陌生化"或者"奇特化"，意思是将人们习以为常的、熟视无睹的日常事物描述成奇特的东西，使人们感到好像第一次与之相见一样。于是，词语与事物便同时复活了。但是，20世纪的文学，从技巧的创新（陌生化）到作品变得越来越晦涩，最后落入形式主义的泥沼，这是什克洛夫斯基所没有预料到的。到了20世纪80年代，这位老人才发现自己犯了一个错误，没有强调"陌生化"这个词的来源，使得它"像一只被割掉耳朵的狗，到处跑窜"。[②]"陌生化"一词来源于странный，意思是"奇怪的""在

① 转引自［法］茨维坦·托多罗夫编选《俄苏形式主义文论选》，蔡鸿滨译，中国社会科学出版社1989年版，第65页。

② ［俄］维·什克洛夫斯基：《散文理论》，百花洲文艺出版社1994年版，第81页。

大地上流浪的”或“朝圣的”，其中包含了童话或神奇故事中，那种既奇怪而又明朗的要素，而不是指那种神经衰弱、见神见鬼的“奇怪”。神奇故事中的奇怪因素，来自于词义的奇妙转换；神经衰弱的奇怪来自于感官的极度灵感，以至于眼耳互通。后面这种奇怪，马桥人称为“火焰低”（参见“火焰”词条）。从某种意义上说，哲学家、科学家、社会经济学家都是些“火焰高”的人。而“火焰低”的人（如现代派诗人、神经衰弱的人）往往会迷失在肉体或梦幻的迷宫里（词语表达的私人化，包括各种象征、隐喻、深度意象等）。“火焰高”的人则容易迷失在社会或自然的迷宫里。他们的词语选择越来越抽象化、公众化，最终形成各种语言暴力。我想，一定有一种能消解“火焰”高低对立的人，或不依赖“火焰”的人。他们能在各种迷宫里点燃慧灯，照亮走出迷宫的道路。

俄语“复活”（воскресение）一词与“礼拜天”（воскресенье）一词不但同源，而且几乎同音。礼拜天的生存状态与日常生活是相反的，人们不是工作而休息，不是分散而是集中，集中到教堂里，去聆听上帝关于死亡（或复活）的暗示。换句话说，也是聆听圣言中词语在死与活之间的奇异转换。词语的复活，不仅包含了表达生命“散发”（死）过程的叙述“延宕”（像“陌生化”所要求的那样），还包括了语词的奇异化（странный）的一面。后面这一点，恰恰是词语复活中的一个十分重要的关节。这在中国的童话或神奇故事中，表现得尤为典型。这种变化，在《易》之卦象的变易中也可以看到（如乾—姤—遁）。这种复杂的现象在本文中无法展开讨论。

神奇故事

民间神奇故事的原型，是一切叙事艺术的根源，只是后来创作越来越远离它，走了上“散发”（死）之路。抽象化、概念化或过分宣泄潜意识的梦象都是走向死亡或神经的原因。艺术的陌生化并不难，但能在词的日常用法中隐含神奇变化、并使之复活并不容易。中国的“神奇故事”往往不以十分怪诞的面目出现，恰恰相反，它经常以一种十分平常的样子出现。当故事的叙事从日常生活场景渐渐走向怪诞之中时，它可能会借助于词自身的歧义性联想，转入另一日常生活场景，即在一瞬间幻化出另一番景象（很像变魔术）。所以，神奇故事主要是关于“复活”的故事，并且是指词语层面的复活，而不是人们所说的尸体复活的“诈尸”。这里有一个重要原则，就是“保守秘密”。

人与狐、蛇与女人、现实与非现实、时间与空间、阴与阳，可以互不冲突、和平共处。这是一个故事的世界、词语的世界。它有自身的逻辑完整性、自身的变化规律，不容解剖学去分析、去破坏，或者说得保守秘密。狐狸化作美少女与书生共同生活（《聊斋志异》）；活人在阴府的街道上散步（《何典》）；书生出入于洞庭湖底的龙宫，与龙女婚配（《柳毅传》）等，究其原因，都是秘密。

还有一个“田螺姑娘”的传说。田螺可以从螺壳里钻出来，变成美丽的少女，为一位过着死一般的生活的农夫做饭洗衣，晚上她又钻回壳的世界去了。至于为什么她能生活在两个世界之中，也是一个秘密。痴汉并不珍惜，而是想破获这个秘密，并用世俗的观念或方法，想将姑娘占为己有（将螺壳藏起来），结果是一段美好的生活连同姑娘一起“散发”了。

世俗的观念，包括二元对立的思维方式、性别的过分强化、时空界线的划分、人与人的对立、虚与实的区别、词义的词典式界定……都是在试图破获秘密，但最终都只能使词语的世界死寂、使词僵死。

词语的复活与此相反，它在保守秘密的前提下，延宕在生命的世界之中，并不断地借助词义自身的演化，幻化出各种可能的生机。它可能采用自己独特的逻辑或者手法，来实现这一目的，并保存自身，如：词义的两歧性或混沌性。（这里面包含了各种东方人的观念——阴阳合一、雌雄同体、生死醒梦一如、虚实互变、时空交错、色即是空……）

将世界和生命的秘密提示出来是科学的荣耀，但科学演化出来的工业文明，包括核武器都在给这种荣耀时时抹黑。将这个秘密保护起来是艺术的荣耀。《马桥词典》就保护了许多词语的秘密，并使它们在故事中复活，下面便要谈谈"复活"的一些基本方式。

2

两歧词

维护词义的两歧性，是"保密法"的一个基本要求。精神分析学家弗洛伊德在《精神分析引论》中，曾以"原始文字的两歧之意"为例，印证梦的工作特征或语言特征。[①]因此，"两歧性"在弗洛伊德那里似乎是一个十分被动的词。人们堕入不可把握的梦境或潜意识之中，就像落入原始词汇的两歧之义中一样。钱锺书在《管锥编》第一册开篇就提到了"相反两意融会于一字"的现象，又在第三册中精辟地分析了"冤家"一词，这颇似马桥人的"冤头"一词。钱锺书说这个词体现了一种既爱又恨、爱极恨极的两端感情，我们可称之为"情感辩证法"或"艺术辩证法"。所以，"词的两歧性"引出的词义复活，也

① [奥]弗洛伊德：《精神分析引论》，高觉敷译，商务印书馆2009年版，第137页。

正是艺术感觉或生命情感的复活。我们并不否定弗洛伊德所说的，“词义两歧性”与梦的关系，只是艺术不想认同这种潜意识梦魇，而是力图表现“艺术辩证法”中所包含的作家主体性。进入梦境与走出梦境都是作者不愿放弃的工作。佛教中有一种“修梦成就法”，即力求达到“醒梦一如”的境界：要梦见水就梦见水，要梦见火就梦见火；还可以将水梦成莲花，将火梦成琉璃。这对作家而言，就是一种建立在“两歧性”基础上的词义想象或“修梦法”。马桥人在使用“两歧词”时可能是在说梦话（广东人叫“发梦”）。但韩少功在《马桥词典》中所做的，则可以说是一种“词义两歧性”联想的“修梦成就法”。所以，他的小说不会落入怪诞的梦魇。

在马桥人的词汇系统中，“散发”就是一个同时包含了死与活“两歧之义”的词汇。此外还有“醒”“觉”“元”“冤头”“怜相”“神”“现”，等等。

比如，他们把愚蠢叫“醒”，与我们通常的用法（觉悟、梦觉）恰恰相反。是不是指太觉醒太聪明了，聪明反被聪明误呢？屈原的自杀是觉醒了（通常用法），还是“醒子”（马桥人称呼傻瓜的词）的愚蠢行为呢？他们把“聪明”称为“觉”（马桥人读如“jo”，普通话的本义读作“jiao”）。“烂杆子”马鸣（参见“神仙府”词条）过着一种昏聩、糊涂、迷乱的生活，按常理的确可以说是“觉”（jiao，通常用法）；但谁能说他不是“觉”（jo）呢？马桥人就不认为他愚蠢。或许马桥人在用“觉”（jo）这个词时，指的是“难得糊涂”“大智若愚”的意思呢。

在词的语音上也存在两歧性。马桥人把“元”（初始）和“完”（结束）两个字都读成“yuan”（粤语也将“完”字读若yuan）。开始和结束，两个相反词义的词汇在一个声音上合二为一。“归元”就是完结；“完结”恰恰又是开始。这与东方观念中的“万法归一”“一念三千”是吻合的，与爱因斯坦的时空观也是吻合的。我们可以将它看作对线性历史时间，或牛顿的时空观的超越。马桥人还把“现”（此在、当下的意思，这是迷恋西方术语的人的用法；普通话中是现在、此刻的意思）用作：过去的、旧的、老的，比如“现饭”“现话”（参见该词条。江西一些地方也是这样用“现”字）。

我们还可以看到，马桥人在使用“怜相”（漂亮）一词时，包含着对美的哀怜之情（古人有“可叹停机德，堪怜咏絮才”之句，互文见义，既有可爱和美的意思，也有可悲，同情的意思）。此外，“冤头”（相当于“冤家”）一词中包含的爱极与恨极的两端情感，或情感的两歧性，也是一例。我们惊奇地发现，只有在这种独特的词语使用中，才能感受到一种十分复杂的词语或情感的复活，而不是用一种二元对立（看似复杂）的思维方式，将词语或情感原有的两歧性或复杂性钉死在一个极端上。

雌雄同体

雌雄同体（bisexuality）也是一个隐秘的事物。西方女权主义文学理论中经常出现这个词汇。但女权主义理论界，或执着于社会运动（英美派），或执着于艺术表达的本质（法国派），一直在争吵不休。更有一种“女性写作”论者，由于过于强调感觉的弥散性，使写作落入肉体的迷宫而找不到归途。雌雄同体也可以看作中国传统文化中的“阴阳合一”观念。

我们并不知道世界上先有男人还是先有女人，就像不知道先有鸡还是先有蛋。我们只能假设男女开始是同睡在一个壳儿里。男女的出现就像太极之中生出了阴阳一样，就像美丑、善恶、苦乐这些二元对立的因素同时出现一样，它带领着人类，从此走上了“散发”之路：太极—阴阳—四象—八卦……。道教徒试图通过个体的修炼，走出一条逆着“散发”而行的道路：“……八卦—四象—阴阳（两仪）—无极（太极）”，这就像练气功的人想返老还童一样，事实上也是想回归一种雌雄未分的状态（老子称此为“婴儿”或者“赤子”）。遗憾的是，这在实践中并未找到例子，只能在文学文本（比如，金庸的小说《天龙八部》中的天山童姥）或词语中去找。

小说《马桥词典》的词汇，保持了一种雌雄同体的特征，最典型的是“嬲”字（普通话读“niao”上声，方言词典标为“nian”，马桥人读“nia”）。这是一个表示人与人（尤其是男女）之间的情感交流或肉体交流的词。它还可以根据汉语语音的“四声”读出四个相关而又有细微差别的词来。它不能译成北方话的“cao”这个带有暴力性的词。韩少功说：“‘嬲’的发音则是柔软的、缠绵的、舒缓的，暗示一种温存的过程。……‘嬲’的状态，当然是指一种粘连、贴近、缠绕、亲热、戏弄的状态……”（见“嬲”词条）

但是，我们不能就此断定这是一个“女权主义”的词汇，只能说它较为准确地表达了一种两性相怡的情境。通过这个词汇，不但激活了男性身上隐含着的“阿尼玛”（anima，荣格的术语，指男性生理中的女性因素，或者指雌性荷尔蒙），也激活了女性身上的“阿尼姆斯”（animus，指女性生理中的男性因素，或指雄性荷尔蒙）。也就是说，“嬲”这个词暗含了词义两歧性中的雌雄同体特征。

此外，马桥人还称少女为“小哥”，称少妇为“小叔”。我并不认为这是什么“男性中心”的话语。这恰恰是想通过词语的魔力来调节女性身上的“阿尼姆斯”，以防止过于女性化而变成“梦婆”（马桥人对女精神病人的称呼，比如“铁香”，详见该词条）。女性往往对自己的性别过于迷恋，这就是她们变成梦婆（或艺术表达的梦幻化）的根源。但是女性应该有调节性格的独特方式。俄罗斯作家笔下的女性，可视为调节得比较好的例证，如陀思妥耶夫斯基笔下的娜斯塔谢，肖洛霍夫笔下的阿克西尼亚，帕斯捷尔纳克笔下的拉拉，等等。如果女人采用了男人的方式，那就很可怕了。马桥人称此为“煞”（详见该词条，万姐就是代表，类似的还有《龙江颂》中的江水英、《杜鹃山》里面的柯湘）。

那么，马桥人不是要称青年男子为小姐，称汉子为小姑了吗？尽管他们中没有这样的称呼，但“觉觉佬”万玉（一位喜欢唱情歌的人）的故事可为一注（参见“发歌”“觉觉佬”“撞红”“龙”等词条）。从韩少功的叙述中可以看出，万玉是一个有些女性化的男人，他甚至丧失了男根。万玉喜欢同女人“黐”在一起，而厌恶公共活动（包括官方组织的艺术活动）。他唯一的公共活动就是在众人面前唱情歌。万玉就是马桥的艺术家。马桥人最主要的艺术活动——唱情歌，是万玉的专利。女人与艺术在万玉身上合二为一。我们发现，万玉没有将欲望分解到具体器官上去的能力，这一缺陷恰恰成全了他的艺术梦想，使他免去了修炼之苦，在无意中开出了一朵不结果的艺术之花。万玉并不把“觉觉歌”当作调情的工具，而是当作他的全部事业，以至于终生在为艺术殉道。艺术成了他意识深层的一种欲望叙事。就此而言，雌雄同体论，也暗合了艺术本质的一个方面。

虚词与实词

按照常理，现实生活中的事物都有一个与之对应的词，这个词就是实词。对事物的命名就是对事物的捕捉或利用。事实上，一个活生生的事物是不可能用一个词汇去概括的。生活中的情感盲点，就是实词不能表达的地方。大的宇宙（虚）和小的粒子世界（幻）背后，也是实词不能抵达的地方。实的意义就建立在这不可捉摸的虚幻之上。这就是虚词的意义或来源（佛教咒语与不可捉摸的虚幻对应）。中国艺术强调处理虚实关系，并不是文人自找麻烦，而是有现实根据的。那些不能细腻地感悟到虚实互变之间隐秘气机的人，只会把词一一弄死。马桥词汇中也有许多虚词，最典型的就是“哩咯啷”。韩少功写道：

> 哩咯啷是象声词，描述五音阶小调时常用，在马桥词汇里也代指情人以及谈情说爱的活动。更准确地说，它表示不那么正规、认真、专心的情爱，较多游戏色彩……不大说得清楚。……只能用哩咯啷这种含混不清若定若移的符号来给以敷衍……草丛里的野合是哩咯啷。男女之间随意打闹调笑一下，也可以被称之为哩咯啷。

可见，马桥人使用虚词的能力是十分高超的。“哩咯啷”这个词，为马桥人男女之间某种说不清的情感关系提供了许多新的生长点、许多禁忌的开放。这个词的背后隐含了无数的事实，不过是一些说不清的事实。如果他们用通奸、野合、乱伦、性骚扰这些词，那是很可怕的事。类似的词还有“栀子花，茉莉花”“呀哇嘴巴”“嗯”“你老人家”“茹饭”，等等。

如果说“哩咯啷”这个词表示了词语的虚中有实，那么，“你老人家”这个词则表示了词的由实化虚的特点。本来是一个敬重或谦卑的表示，但被人用滥了，就变得毫无意义，最后成了说话间歇中的一声咳嗽，并趋于死亡。所以，词语在虚与实之间的互动，也是防止词语死亡的一种方式。什克洛夫斯基说："词使受压迫的心灵自由。"[①] 这种虚实变换的方式，或许也是韩少功的词典编撰法之一吧。

新词与旧词

文明世代积累、演化、沉淀，最后落实到词上的数量是有限的。几千年的华夏文明落到伏羲手上，只剩下"乾、坤、巽、震、兑、泽、坎、艮"8个字（词，符号）。后来到了周文王手里，可能是嫌太少了不够用，便按照8个符号特有的内在规律，演化出64个字（词）来，即《周易》的64个卦名。旧词不但生命力极强，而且具有自身的演变逻辑；它还能包容各种新词。也就是说，它有高度的全息性、歧义性、多解性。它的每一个符号，不是"一次方程"，而是"多次方程"。旧词的符号系统，往往包含了生存的最本质的东西。就此而言，"原始词义的两歧性"便可以理解为"多歧性"了。

新词与旧词之间的连续性，是新词增生的一条规律。今天的新词产生则不是这样。许多新词雪片似的飞来，表面上看，似乎是增加了生活的可能性、感觉的丰富性，实质上是将原有旧词多歧性中的某一面发展到了极致，以至于新旧断裂。于是，一个词就可以演化出许多十分刺目和凶恶的词。

比如，"懒"这个词有两种意思：第一，懒洋洋的，很舒畅；第二，懒惰，舒畅得过了头，产生了惰性，这是贬义。魁元将第一义引申到了极致，变成了一种自我夸耀的口实、一枚勋章。这样，叙述者的"我"当然会想到其对义：懒汉、堕落、不光彩、无赖，等等。

① ［俄］维·什克洛夫斯基：《散文理论》，百花洲文艺出版社1994年版，第74页。

把词的歧义性的某一面发展到极致，似乎成了新的生活的证明。比如：官倒、走私、嫖娼、贪污、绑票、电脑、信息高速公路……新词铺天盖地地压向我们。它们与旧词之间原有的联系无影无踪，变成了一个自足的新词系。面对这种现象，词语的复活显得尤为艰难。有一种做法是以新反新，用许多新的命名方法去捕捉新词：商业化、后工业、大众文化、后殖民、后现代……这些新的学术词汇与世俗生活的新词一起，在为社会"力比多"加油。或许应该像拉康所说的那样：恢复词语的秩序，以治疗社会神经症。《马桥词典》所做的，正是这一工作。否则，一味地制造新词，就会像韩少功所说的：

> 这个世纪还喷涌出无数的传媒和语言：电视、报纸、交互网络，每周都在出版和翻新着哲学和流行语，正在推动着语言的疯长和语言的爆炸……谁能担保这些语言中的一部分，不会成为新的伤害？

3

词与故事

一个好的词不但不会伤害故事，反而会给故事的圆满结尾带来契机。在一个传说中，有人预言说，国王只有遇到骨头的天、铁的地时才会死去。于是，国王推论自己永远不会死。最后，他死在一座象牙顶的房子里的一面铁盾上。这是一个词之歧义转换与故事之间的关系的范例。

伤害来自语言暴力。马桥人称为"话份"，相当于话语权力（参见该词条）。"话份"并不是指说话人说得多么美（像诗一样），而是借助于一些外部条件（如政治权力、力气大、样子凶等）夺取了话语权力，使他们的词变成了真理。这正是艺术时刻警觉的东西。如果不把词当作真理或一个概念，情形则大不一样。韩少功在后记中说：

> 词是有生命的东西。它们密密繁殖，频频蜕变，聚散无常，沉浮不定，有迁移和婚合，有疾病和遗传，有性格和情感，有兴旺有衰竭还有死亡。它们在特定的事实情境里度过或长或短的生命。

正因为如此，才有了一个个关于词、马桥人的词的故事。这些故事与马桥人的词和生活互为表里，互为印证。是词，激活了故事。对于每一个含有各种歧义性的词，在不可用概念言说时，就产生了一个马桥人的故事。沉寂的马桥乡村的一草一木都在这些词的故事中复活了。如果仅此而已也不新鲜，好像词反而比人重要一样。所以，另一面是故事激活了词。生活中各种不可言说的情感、事变、无数种可能性，为一个词的注释提供了无数可能性。这是一个互动的过程。

如果说《马桥词典》作为一部“长篇小说”（像《小说界》的编辑认为的那样），应该要有人物形象的话，我们只能说它是一系列马桥词汇。但是，“词只是人的种种事件的回声，如果它从这个语境中抽离出来，就失去价值，词就会贬值”[①]。只有在马桥人活生生的语境中，我们才能感受到词汇背后那些动人的艺术要素。只有在词的深层的歧义性联想中，我们才能更深地了解马桥人生活的真相。如果按生

① ［俄］维·什克洛夫斯基：《散文理论》，百花洲文艺出版社1994年版，第163页。

活的本来面目去模仿，马桥人的故事可能并不美妙。因此，这不是一部普通的农村小说。这当然要感谢词这个有生命的事物。

词的差异或转换

词典语言，是一种关于语言的语言，用时髦的称呼可以叫“元语言”。但词典是建立在差异性的基础之上的，即用另一系列词语来解释某个词语。至于解释某个词语的另一些词究竟是什么意思，那你还得再到另一些词条中去寻找。这里，词与词之间并没有连续性。如果按照词条首字笔画多少的排列顺序去读，就可能产生读词典的效果。但是《马桥词典》无疑不是仅仅建立在一种语言的差异性或任意性的基础之上的词汇序列。尽管作者反复地对比《马桥词典》与现有的各种汉语词典差异，但这不过是一个叙事的引子，或者说也是小说体例上的要求。

《马桥词典》中一个个独立的词条背后，有着一种严密的内在连续性（刊物的编辑不可能调整得出来）。首先，是前面提到的“词语”作为这部小说的主角，产生了一种具有内在变化的连续性，即词义的“原始两歧性”联想。如：“话份→格→煞”是一例，“神仙府→科学→醒→觉”也是一例。其次，人物命运或故事的变化，将词串联起来。如：铁香的故事将“不和气→神→背钉→根→打车子”这些词连在一起。最后，人物故事和词的歧义演化双重连续性。“发歌→撞红→觉觉佬→哩咯啷→龙”这个词系列，与万玉的故事完全融为一体。当然也有断裂的地方，如“龙（续）”→“枫鬼”。这可以看作小说的另一章的开始。

所以，《马桥词典》的连续性，不但借助了词自身的歧义变化，也借助了人物故事（行动）的连续性进行转换。当然，我们也不能阻止那些从小酷爱后现代主义的人，按照笔画顺序去读，读出后现代主义的各种特征来：零散化、平面化、纸牌式的游戏，然后再在这个平面化的基础上产生一种他们称之为“释义期待”的东西，经过误读，找到了意义深度。我不愿这样读。不过，我对编者序中所说的“事实脉络”的兴趣，远不如对词语歧义性、虚与实转换的机制的兴趣。对“事实脉络”的关注的阅读，可以让喜欢读传统现实主义作品的人去读：一位知青下放到马桥，看到了马桥人生活中的各种悲喜剧，反映了农村生活，批判了那个时代对人性的扼杀，等等。

长篇或短篇

长篇小说叙事中对历史时间的要求，是一个十分古老的观念。比如《战争与和平》和《约翰·克利斯朵夫》，都是线性叙事时间的范例。小说的叙事时间往往与各种时间形态重合，如个人成长史或民族史、流浪汉的经历、案件的侦破、一个人的梦或回忆过程，等等。长篇小说的结尾往往是不大重要的问题，它经常像交响乐的结尾一样，声音平缓地、慢慢地消失。而短篇小说总是强调一种巧妙的、突然的结局。其实，用短篇小说的结构来写长篇，并不是没有先例。霍桑的《红字》就是例证。三个主要人物：丁梅斯代尔、白兰、珠儿的故事，隐藏在一种秘密的关系之中，只是霍桑不愿过早地公开这个秘密，直到小说结尾，才揭开谜底。叙事一直在这个秘密的周围延宕，否则，他只能写一个短篇小说。

《马桥词典》中的有些词条（章节），完全可以看成标准的短篇小说。比如，“神仙府”和“九袋”这两个词条，曾以《栏杆子》为题发表在《湖南文学》上。当时，我就是把它当作两个自足的短篇来读的。但把它们放到《马桥词典》，以“词”作为叙事的主要对象，如何表现叙事时间的连续性，是一个没有先例的探索。

如果说作为一个符号的词语，能包含时间因素，只有在《易经》的卦象中才有所体现。乾卦中“初九”到“用九”；坤卦中“初六”到“用六”的变化，传达了一种时间变化的隐秘气机。一个卦象可以看作一个时间上圆满自足的小圆。六十四卦的变化可以看成一个包含了许多小圆的大圆。这是一种时空合一的时间结构。如果想获得感性的视象，可以参看《薄伽梵歌》前的彩色插图“克里希纳幻化宇宙图”。①

在《马桥词典》中，每一个词的歧义变化所承载的故事自身的时间感，是一个自足的小圆；而整部词典中词的演变则可以看作包含了每一个词的时间小圆的大圆。小说的最后几个词条中有“归元”和“官路”。“归元”即“归完”（同音歧义），即既是结束，又是开始。所以，在“官路”这最后一个词中，“我”才开始以一个知青的身份，跟随一位马桥人“一步步走进陌生”的马桥生活和马桥词汇里去了。这种首尾相接的圆形时间，是典型的中国式（或者说东方式的）的时间观：一年四季，循环往复，轮回不断。佛教的时空观，也是时间在空间里，空间在时间中，组成大宇宙的小宇宙中，也可以幻化出大宇宙来。

看来，长篇小说的叙事时间也不能有严格划一的规定。《马桥词典》就瓦解了传统的长篇小说的叙事时间观。

批评文本的互文性

不管作品是现实主义的，还是现代派的，或是后现代的，只要是一个优秀的文本，它都可能有无数个互文。也就是说，解读可以从多

① 《薄伽梵歌》书前插图，张保胜译，中国社会科学出版社1989年版。

个不同的角度进行。《马桥词典》的这一特征尤为明显。像前面提到的，人们可以从后现代的角度切入（像读博尔赫斯《巴别图书馆》一样），把《马桥词典》作为一个解构主义文本，也可以按叙事中人物与事件的连续性去读。另外，可以去读人物条目、动物条目等。我关注词语深层或精神深层的隐秘关联，也不过是众多互文中一种。我的本意在于注意韩少功的创作，为困境中的当代中国长篇小说创作所提供的新思路。我相信，会有更多的批评互文出现，从而使《马桥词典》的意义更加昭然。

六

当代诗歌的观念变革

（一）胡宽：口语诗歌的拓荒者

1

胡宽不是知识分子，他对逻辑和理性有着天然的警惕；但他也不是普通的市民，他常常咬牙切齿地面对自己所留恋的“日常生活”。胡宽是当代文学中的一个奇特现象。如果说当代文学的现状正常的话，那么，胡宽就不正常，否则，我们只能得出相反的结论。胡宽的诗歌不是流畅的语言的河流，他很少编织回忆和憧憬未来。他的诗是语言的沼泽地。面对此时此刻混乱的生活场景，他在自己的那个“沼泽地”里，将腐烂和生长的因素残酷地剥露给我们，并展示了一种同时交织着绝望和希望的深刻悖谬。但我要特别指出的是，胡宽在诗歌中对“此时此刻”的现实的关注，不能简单地说成所谓的敏感。（当代的人多么敏感，广告策划者多么敏感，股票经纪人多么敏感！）也就是说，他不是那种对当代生活中的各种新奇事物敏感地进行追踪（赶时髦）的诗人，而是将对外部事物的表达，变成对自我意识、对表达过程，乃至对语言本身的质疑。这一点，正是胡宽作为一个杰出诗人的纹章。

我们见到胡宽的最早一首诗，是写于1979年的《冬日》。表面上看，他跟当时的朦胧诗人一样，喜欢对历史、对命运提出一些看似尖锐的问题，然后又由自己激情满怀地（用带有“是”或“不是”的判断句式）做出一串串的回答。胡宽也向命运提出了问题，但不同之处在于，他不是以自足的、没有疑问的主体“我”的名义提问，而是以“欲望”的名义开始说话的（“欲望的树，朝着慵倦的天空，/摇动着枯萎的手：‘……’”[①]）。也就是说，具体的欲望是作为抽象的“我”与“问题”之间的中介出现的。他所给出的回答，也令人感到意外：“天空泛起了灰色的笑容，/打着长长的、冷漠的呵欠，/又从它身上扯下了几片干瘪的黄叶，/丢在惨淡的路上，/算是回答了它‘庄严’的请求。”枯萎的欲望无力的疑问，灰色的天空冷漠的回答，在这里显出了双重的暧昧性。我认为胡宽这种暧昧的疑问和回答是清醒的、自觉的。

> 饥饿的欲望/鼓动着两腮/把灵感/咬得遍体鳞伤。/诗歌常常接受/语言的贿赂/溜进低级的饭馆/大口大口地喝光了/腐烂的菜汤。
>
> （胡宽《不是题目的题目的题目》，1980）

在这首写于1980年的诗里，我们已经可以看出胡宽与同时代诗人相比，而显出的独特风格和气质。真理、灵感，乃至语言和诗，都成了问题。“灵感”不再是一种可以期待的、带有浪漫色彩的幻觉。它或许已经存在着，却被“欲望”毁了，最起码是异化了。“诗”与语言也不再具有同一性，“诗”因语言而堕落，语言成了可疑的东西。我们甚至可以说，这种质疑不只是针对外部世界，而更是针对“人”

① 本节所引胡宽诗皆据《胡宽诗集》，漓江出版社1996年版，后文不再出注。

的内在世界。这样一种对“诗歌本体”问题进行质疑的“内在批判方式”，在70年代末、80年代初的中国诗歌界，可以说是绝无仅有的。诗人北岛曾经也发出过强烈的怀疑之声：“告诉你吧，世界/我——不——相——信！”（《回答》，1978）他不相信的是那个外部的世界，是那一段疯狂的历史。但对自我、对表达自我的声音和语言，他非但没有产生怀疑，反而表现出十足的信心。此外，还有一种比较单纯的理想主义的声音，比如食指的“我相信未来”，事实上这种“未来”往往成了蔑视现在的“赌注”。法国诗人波德莱尔认为，对“现在”的态度，标志着“现代性”与“古典性”之间的分野，对于“过渡、短暂、偶然”的现代性，“你们没有权利蔑视和忽略”，因为它是“艺术的一半，另一半是永恒和不变”。[①]为了使上面的比较显得更加清晰，让我们来看看一些创作时间和主题相近的著名诗句：

中国，我的钥匙丢了。/天，又开始下雨，/我的钥匙啊，/你躺在哪里？……/我要顽强地寻找，/希望能把你重新找到。

（梁小斌《中国，我的钥匙丢了》，1980）

一棵迷途的蒲公英/把我引向蓝灰色的湖泊/在微微摇晃的倒影中/我找到了你/那深不可测的眼睛

（北岛《迷途》，1980）

① ［法］波德莱尔：《现代生活的画家》，见《波德莱尔美学论文选》，郭宏安译，人民文学出版社1987年版，第484～487页。

黑夜给了我黑色的眼睛/我却用它寻找光明

（顾城《一代人》，大约写于70年代末）

我在茫茫的路途上/寻找　寻找/寻找我失掉的眼珠

（胡宽《无法改变的徒劳的KUAN》，1980）

呵，夜，我知道了，知道了/你在这里，/在我的心脏/我的肺腑

（胡宽《漂亮的几声呐喊》，1980）

梁小斌能“沿着红色大街疯狂地奔跑”，眼睛大概也不会差。他少的只是一把“芝麻开门、芝麻开门”的钥匙。于是他大叫：“中国，我的钥匙丢了。”他要用那把钥匙去找“儿童时代的画片”，去寻找用作与恋人约会暗号的《海涅歌谣》。他之所以要那样大喊大叫，大概是认为“祖国妈妈”可以给他那把钥匙。整首诗充满了撒娇式的语气，给人一种精神上没有断奶的感觉。北岛和顾城相对要成熟些，但两个人都有一种青春期的带有怀疑色彩的“忧郁综合征”。在他们那里，“自我”没有什么问题，似乎只要努力就能达到目的。北岛在“迷途的蒲公英”引导下，终于找到了一双观察历史、展望未来的“深不可测的眼睛”。顾城有一双没有问题的，由黑夜给予他的，可以用来寻找光明的“黑色的眼睛”。正像批评家李劼所说的那样，黑夜给了他一双黑色的眼睛，也给了他一颗黑暗的心，“按说，在黑夜里长大的孩子有一颗黑暗的心也是一个很正常的现象”。但是，顾城对后者没有足够的批判意识，以致一旦黑暗的压力有所减弱，“心的黑暗也就

像火山一样地喷发出来了”。[①]“内在的批判”在多年之后，才越发显出了其重要性。

当所有的那一代人都在向外部世界寻找，并常常以人民的名义要求得到回报，比如给他钥匙、光明、理想、理性等（福柯将这种方式称为“对启蒙的敲诈”[②]，也就是敲“启蒙”的竹杠子）的时候，胡宽却在忙于寻找自己“失掉的眼珠”。在《无法改变的徒劳的KUAN》这首诗歌中，他成了“盲者”“瞎叔叔”。在这里，他尽管表现出一种既坚定又无望的努力（即使在爱情、荣誉、各种压力和诱惑面前也“没有动摇”），但感官的残缺无疑使“自我”成了问题（他清醒地发现黑夜在“我的心脏”和“我的肺腑”里）。胡宽的诗歌，一开始就透露出一种早熟的“成人气质”（既不是儿童式的撒娇，也没有染上青春忧郁症）。同时，他展现了“现在”的瞬间性与永恒时间之间的紧张关系，也就是建立在“感官”和“人”的不完满性，与抽象的理性和理想之间的紧张关系。由此，他的诗歌的内部常常隐含着一种内在的批判气质。福柯将这种气质称为与现代性相关的、积极的当代“启蒙”气质之一，即“通过我们自身的历史本体论，对我们之所说、所思、所做进行批判”[③]。

2

有一种最大的幻觉：人们都以为自己生活在一个独一无二的时代。这个时代要么是了不起的伟大，要么是暗无天日的堕落，总之，它应

① 李劼、于坚：《回到常识走向事物本身》，《南方文坛》1998年第5期。
② ［法］米歇尔·福柯：《何为启蒙》，见杜小真编选《福柯集》，上海远东出版社2003年版，第537页。
③ ［法］米歇尔·福柯：《何为启蒙》，见杜小真编选《福柯集》，上海远东出版社2003年版，第539页。

该是非同寻常的。由于这种根深蒂固的自恋情结在作梗，他们内心总是莫名其妙地翻滚着一股子激情，并且往往偏向于将自己视为时代的英雄。他们用革命的理论来造反，又用人道主义的理论来造革命者的反，紧接着，再用市场理论和交换价值将人道主义者统统干掉。深谙此道的诗人们，总是能跟上时代的潮流，将现代性像兜售降价的内衣一样抖搂给我们（他们称此为“敏感”）。所以胡宽才说“欲望将灵感咬得遍体鳞伤”，“诗歌受了语言的贿赂而堕落”。只要稍有些对语言的自觉，我们就可以发现一些诗的破绽，“我活着，我微笑，骄傲地率领你们征服死亡/——用自己的血，给历史签名，装饰废墟和仪式/……于是让血流尽：赴死的光荣，比死更强大”[①]。这是一种推理力和想象力的双重幻觉，从自我到历史从欲望到理想之间的推理，从流血到荣耀、从平民到皇帝之间的想象。

对形而上学的迷恋，对“理性”和“真理”的幻觉，事实上正是来自于对历史的开端和结局的幻觉——开端和结局都是完美的，只有“现在”才是残缺不全的、要遭唾弃的。尽管我们不能将这句话反过来说，但一位“成人”必须面对“现在”，前提就是将开端和结局的完美假象撕破。用过去和未来的幻觉来挤压和稳住“现在”（这是专制和极权社会惯用的伎俩），也就是“用一种‘彼岸的’‘更好的’生活向生命复仇”[②]。

① 杨炼的长诗《诺日朗》，见阎月君、高岩、梁云等编选《朦胧诗选》，春风文艺出版社1985年版，第262页。“诺日朗”即藏语“男神”之意。这首诗歌通篇回荡着豪言壮语式的音调，又隐藏着一种《荒原》外表下的虚张声势的野心。（《荒原》中有许多现代都市中的日常生活场景，而《诺日朗》用神圣的祭奠仪式取而代之。）

② ［德］尼采：《偶像的黄昏》，周国平译，湖南人民出版社1987年版，第28页。

> 戈壁滩被太阳涤得黑黝黝的/山峦上镌刻着“人面兽心”几个字/……土拨鼠尊重历史历史也尊重土拨鼠/……土拨鼠是垃圾艺术家/……土拨鼠吹嘘他有医治百病的仙丹妙药而他自己则常常咳嗽久治不愈/……未来是什么呢土拨鼠满怀信心地说未来就是大地上竖立一根木头木头上面插上几根烧焦了的鹅毛鹅毛上面沾满了唾沫/……土拨鼠惶惶不可终日/……土拨鼠胸怀大志/土拨鼠多愁善感/土拨鼠五毒俱全/……土拨鼠幻想革命　土拨鼠大器晚成　土拨鼠自命不凡
>
> （胡宽《土拨鼠》，1981）

历史的未来和终端没有什么了不起的，就像土拨鼠所说的那样。它不能成为我们蔑视现代生活的“赌注”。那么，过去和开端呢？尼采认为，历史的开端是卑微的……是微不足道、具有讽刺意义、足以消除一切自命不凡的卑微，“人们试图通过展示人的神圣的降生来唤醒他的自主感：现在这成了一条死路；因为在它的入口处站着一只猴子”[①]。说这些话的目的，就是要摧毁起源、进步和永恒真理的优越地位。在现实生活中，人们由于绝望而去追忆过去、构想未来，或者期待着与之相关的完美无缺的“人”，以致他们常常将现实乃至自己遗忘了。于是，历史入口处的那只“猴子”就成了一种标识，一个提示。

不要简单地将这一点解释为“进化论”。“这盏现代的灯笼在一切

① ［法］米歇尔·福柯：《尼采、谱系学、历史》，见杜小真编选《福柯集》，上海远东出版社2003年版，第149页。引号中的文字为福柯所引尼采《漫游者和他的影子》中的话。

认识对象上投下了黑影……谁想看清楚历史，谁就应该首先熄灭这盏阴险的灯笼。”[①]不是吗？历史的入口之处的那只“猴子”，一直像影子一样追逐着人，拽着人的衣角一同前行。动物是人的另一半，这是一些真正敏感的作家所常常铭记的一桩心事。“卡夫卡把来自内脏器官的咳嗽称之为‘动物’。咳嗽是大的兽群中最前列的岗哨。”[②]也就是说，内在的“动物”——咳嗽（胡宽还经常用“伤寒”“失眠”“发烧”等症状来代替它），充当了发现自我的哨兵的作用。这里所说的咳嗽既是一种生理现象，又是一种比喻的说法，与中国人日常生活中经常听到的一种暗号性的、威胁性的、社会学或者意识形态化了的咳嗽（比如，书房里的父亲、讲台上的领导、策划谋反的阴谋家就经常发出那种咳嗽声）要区别开来。后面这种咳嗽常常是要起到生理性咳嗽相反的效果：不是让你发现自己，而是让你遗忘自己，回到文化或历史之中、回到权力建制中来。胡宽也发现了那种“意识形态化的咳嗽”：

> 是谁树起“禁止通行”的标志/好像总有什么不对劲的地方/是否因为我贸然闯入的缘故/阴暗之中有咳嗽和击掌声传来
>
> （胡宽《无痛分娩》，1990）

胡宽的诗中有很多动物意象。在他那里，“猴子”“大狗熊”“土

① ［法］波德莱尔：《论一八五五年世界博览会美术部分》，见《波德莱尔美学论文选》，郭宏安译，人民文学出版社1987年版，第363页。

② ［德］本雅明：《弗兰茨·卡夫卡》，见孙冰编《本雅明：作品与画像》，文汇出版社1999年版，第75页。

拨鼠”“猩猩”等各种动物，几乎就是“人”的代名词。动物最可爱也是最可恨的地方就在于：它离人的真实状态的距离最短，它表现人的特性的速度最快，就像人在咳嗽或生病的时候离“自己”最近一样。在胡宽那里，“人面兽心”与其说是贬义的，不如说恰恰是一种对真实性的描述。在他的“动物”世界里，最有代表性的就是“土拨鼠”。土拨鼠集中了人身上许多悖谬的特性：乖僻、癫狂、神经质、胸怀大志、多愁善感、自傲而又自卑、健忘而又敏感、务实而又超然等等。在这种残酷而真实的状况面前，“人文主义者”[①]看样子急不可耐地要跳出来了。胡宽叙述了土拨鼠的各种行为和奇思怪想之后反问：

土拨鼠盯着你/……你也鼓足勇气盯着土拨鼠/你感觉到了对方冰冷的目光/你心潮起伏/你悔愧难当/你们的暧昧友谊可以追溯到古生代/……你说　土拨鼠恶贯满盈吗　你说/你说　土拨鼠贪得无厌吗　你说/你说　土拨鼠名声狼藉吗　你说/你说　土拨鼠利欲熏心吗　你说/你说　土拨鼠背信弃义吗　你说/你说　土拨鼠十恶不赦吗　你说/……土拨鼠盯着你/你咬着舌头和他对峙目前不想退缩土拨鼠和你僵持不下/土拨鼠提出要去拳击场决一雄雌/你想打开煤气炉划根火柴和这狗日的同归于尽/……土

① “人文主义这个主题本身太灵活，太多样化，太不一贯，以致不可用作反思的纲目。……可以把对我们自身的批判以及在我们的自主性中的持久的创造原则同这个经常被重提的、始终有所依赖的人文主义主题对立起来。……在‘启蒙’和人文主义之间是一种紧张状态而不是同一性。”参见［法］米歇尔·福柯《何为启蒙》，见杜小真编选《福柯集》，上海远东出版社2003年版，第538页。

拨鼠摸摸你/你摸摸土拨鼠/你们俩都会心地笑了

（胡宽《土拨鼠》）

在这首诗中，“你”跟土拨鼠之间无疑有一种同一性，一种镜像关系。因而，“你”无权作道德评判，甚至无权怜悯。土拨鼠就是“你”的“内在的咳嗽”，或者说“你”就是土拨鼠的“内在的焦虑”。因此，“你”在一连串的反问面前，只好与土拨鼠合而为一了。是土拨鼠让“你”记住了自己应该记住的（自身），遗忘了那些外部世界强加给“你”的。

毫无疑问，“记忆”是一种让人多愁善感、敏于思索、痛苦绝望的因素，而“遗忘”则是幸福快乐的生活的前提。卡夫卡的确夸大了动物（他笔下的老鼠、甲虫、蝴蝶等）身上记忆、思索、惊慌不安、绝望的一面。“卡夫卡塑造的所有形象中，动物是最爱动脑子思考问题的。……它们思考的特征就是恐惧。恐惧能使成事不足，败事有余，然而却不失为唯一的希望。”[①] 事实上，这只是像波德莱尔、普鲁斯特、卡夫卡、本雅明这样一类忧郁的、行动滞缓的，带有“土星气质”[②] 的诗人的特征。尼采并不认为沉思和恐惧是“唯一的希望”。他十分重视动物善于健忘、长于行动的一面。尼采指出，动物的身上有一种“积极健忘的功用”“积极主动的障碍力”，“恰恰是在这个必须要健忘

① ［德］本雅明：《弗兰茨·卡夫卡》，见孙冰编《本雅明：作品与画像》，文汇出版社1999年版，第75页。

② ［美］苏珊·桑塔格：《〈单向街及其他作品〉英译本序言》，见刘北成《本雅明思想肖像》附录，上海人民出版社1998年版，第283页。

的动物身上，遗忘表现为一种力量，一种体魄强健的形式”[①]。这种“积极健忘的功用”，既是能使人摆脱恐惧，又是生命活跃状态（自我意识的基本前提）的保证。

胡宽笔下的土拨鼠将“记忆”和“遗忘”这两者奇妙地集于一身。土拨鼠善于思索，“土拨鼠说这是为什么　我在干什么　什么在找我　我得到了些什么　我失去了些什么　我在思索什么　我为什么思索”；土拨鼠也善于遗忘，“土拨鼠对于陈规陋习通常要破口大骂后来就忘掉了”。更重要的是，土拨鼠善于行动。它尊重历史，尊重科学，尊重日常生活，身体健康，精神抖擞，胃口很好，看电视的时候还要嗑点葵花子儿，还不喝隔夜的红茶，读宗教书籍，想超验问题，唱流行歌曲，穿着入时，挽着情人裸露的手臂，喜欢旅游（像19世纪巴黎左岸区的流浪诗人一样）；它也关注“公共性”问题和“交往理性”，热衷于社会活动；等等。它的强盛的生命力，来自于它的欲望，来自于它世俗生活的行为，也来自于它对所谓理性、理想等外在于它的东西的遗忘。这是“你”这“人”（“土星气质”的人）所不具备，因而需要认真学习的地方。

3

前面说过，动物意象只不过是一种标识、一个提示。也就是说，它就像唤醒我们身体的时钟，一旦醒来，那就将这时钟忘掉吧。咱们玩了它一把。这就是人的特权和狡诈之处，也是人与动物的区别。正像胡宽在诗中面对动物（一群运往屠宰场的黄牛）所说的那样：

① ［德］尼采:《论道德的谱系》，周红译，生活·读书·新知三联书店1992年版，第38～39页。

一大堆的谜萦绕在心里　我忍不住地脱口而出　但说/出来的却是另外一套/驾驾　吁吁　挨刀货　从口腔眼里挤出来的恫吓/但我还是想/揪着它们善于摇摆的耳朵/告诉一桩推心置腹的秘密/这个星球让你们知道的太少了/而你们看到的却很多

（胡宽《自认高明》，1985）

动物的确见的很多。它们看见了人所能见的部分，还看见了人不能见的那一部分，就像阿普列乌斯的《金驴记》中的那头由鲁巧变成的毛驴一样。但它们知道得很少。因为在它们那里，记忆和遗忘可能是同时发生的。牛所反刍的只是草，而不是记忆。因此，日常图像的汇聚在它们那里不构成对比、鉴别和冲突，后者恰恰是人所擅长的。“人在自己体内培植了繁多的彼此对立的欲望和冲动。”[①] 由于人的这一“高级动物”的特征，人类离尼采所说的“积极健忘的功用”的距离尚十分遥远。但谁能说这不恰恰是诗人语言的源泉呢？当肉体苏醒了的时候，人与动物则表现出不同的反应，后者的苏醒同时就是遗忘和行动，而人则产生了记忆和迟疑，以及由此带来的内心尖锐的冲突。这种在文明压抑之下的苏醒和冲突，在情爱主题中表现得尤为突出。

她凝视着我，这个美丽妖娆的女人，/那令人心醉的晚霞似的双颊，雪花般的胸脯。/“喂，把衣服脱掉吧，脱掉，/赤

① ［德］弗里德里希·尼采：《80年代遗稿选编》，见《权力意志——重估一切价值的尝试》，张念东、凌素心译，商务印书馆1991年版，第114页。

身裸体是现代的文明，快一点。”/柔软的，高耸的部位逼近了，微微地震颤，/怎么办，这该死的诱惑……/……我恨自己的胆怯，像一只战战兢兢的驯兽，/在命运的皮鞭下表演得多么笨拙。/……多么巨大的威力呵，神秘的、权力的手指，/在它轻盈的弹拨下，出现了许多畸形的归宿。/……我的身上有血腥的铁蹄的印记，/我的爱的种子却是饱满的，无所畏惧。

（胡宽《追忆》，1980）

这世界需要顾忌的东西真不少，/他和你以及你们与时代的微妙关系你们总在/掩饰、伪装，/是何种原因使得你们如此羞于启齿，见不得天日？/……他试图对异性保持戒备保持矜持，/骨子里却轰轰烈烈，雷鸣电闪，/一旦撕破面具，狰狞嘴脸也就暴露无遗了。/……当然，他和你都无法改变这整个事件的悲剧性质。

（胡宽《黑屋》，1993）

这是胡宽二十多岁和四十多岁时写的两首“爱情”诗。我们先看看他的同龄人所写的著名爱情诗句吧：“我必须是你近旁的一株木棉，/作为树的形象和你站在一起。/……我们分担寒潮、风雷、霹雳；/我们共享雾霭、流岚、虹霓。/……这才是伟大的爱情……”（舒婷《致橡树》，1977）与这种爱情诗相比，胡宽的“爱情”诗写得相当“酷”

（cool）[①]。这里说胡宽“酷”，并不是说他赶上了时髦，而是说他的诗提前触及了“酷”的美学深层的悖谬经验：与死亡（骷髅、黑色）相联系的活跃状态，埋藏在冷酷深层的激情，将欲望精神化或将精神欲望化的表达方式，将自我像祭品一样供出去的批判姿态。“酷”，既是现代性的，又是反抗现代性的；它以一种与时代貌似同一性（介入）的外表，来强化跟时代的疏离关系。这种将外在的压抑机制与欲望的关系，变成内在各种悖谬性的焦虑和冲突，正是胡宽表达“情爱”的一种典型方式。

据了解，《黑屋》是他对十年前一次短暂而又疯狂的爱情的回忆，是在“哀恸”的心境下写的。[②]在回忆的过程之中，胡宽还特别写道：“诗人的屁股里插洋葱，玩弄词藻，逃避/真实……”（《黑屋》）的确，那些令人难堪的、虚假浪漫主义的、迎风流泪的爱情诗，我们没有少见。它表面上好像是记忆起了某一次难忘的爱情，但它善于忽略（隐瞒）真实情景，消除冲突，害怕对立的因素，只留下一些颂神仪式上的赞歌似的东西。这不是记忆，而恰恰是遗忘！真实，是胡宽诗歌之所以“酷”的一个重要因素。十年前哀恸的记忆从那遥远的地方翩翩降临，但与此同时，肉体、欲望、现实的真实情景一起残酷地苏醒了！“往事像巫师在施展魔法”，对爱情的回忆成了对令人压抑的“黑屋”的展览（两只惊恐不安的土拨鼠啊），成了将十年前“谷仓里发

① “酷”，当代流行时尚术语，是英文“cool”的音译，原意是：凉快的、沉着的、冷淡的、缺乏感情的（形容词），使变凉、使失去热情（使动用法），持清高冷漠态度（美国俚语），等等。译成汉语残酷、冷酷的“酷”，音和义都有接近之处，但实际上该词的意义更含混、复杂。比如，“朋克”音乐；比如，红色与黑色口红相比、收藏漂亮娃娃与收藏金属骷髅相比、长辫刘海与短发甚至光头相比，后者就是“酷”。

② 沈奇、林宇编：《胡宽生平与写作年表》，《芙蓉》1999年第3期。

霉的爱情刨出来曝光示众！”的自虐行为；同样，内在狂乱的激情与外在的怯懦、忧郁、胆怯，肉体的苏醒与行动的无力，是对外部世界压抑的“曝光示众”。

在胡宽这里，传统的爱情神话早早地就破灭了。是爱的意志毁掉了欲望，还是欲望将爱扭曲了，或者是“神秘的、权力的手指”在播弄着他们呢？这是一个相互撕咬和冲突的过程、彼此缺一不可又相互敌视的关系，也是一种隐形的权力争斗关系。这就好比传统“爱”与“美”的神话破灭之后，当代青年抛弃了可爱的小宠物（它已经变得矫情、虚伪、带有商人味儿了），而迷上了黑色金属骷髅一样，他们用死亡意象来表现生存的意趣。事实上这与胡宽所说的：欲望将灵感咬得遍体鳞伤，诗歌因语言的贿赂而堕落，在本质上是一个意思。

对情感方式的质疑，对表达“爱”的腐朽语言的不信任和拒绝，既成了诗人表达情感的一个重大障碍，但也是增加诗人情感强度的催化剂，或者说还是对诗人如何表达自己最珍惜的情感的挑战。尤其是在涉及母爱这种类型的情感时，这一点表现得尤其清晰。胡宽的这一类诗中，最有代表性的就是《献给我亲爱的婆婆》。1955年胡宽3岁的时候，父母因“胡风反革命集团”案而双双被捕入狱，“家被抄逐。胡宽被迫随外婆、哥哥、表姨流落西安郊外，靠外婆、表姨给人缝补为生”。1980年11月，胡宽的外婆去世，“含悲写短诗《献给我亲爱的婆婆》”。[①]

今天晚上月亮真好／有骨气／您，我慈祥的外祖母／已经不屑于和这个世界谈话／……此刻，您大概坐在庭院里乘

① 沈奇、林宇编：《胡宽生平与写作年表》，《芙蓉》1999年第3期。

凉/扇子悠闲地晃着/踏死几个苍蝇和别的家伙/庭院整洁、幽静/也许相反/脏污、纷乱、缺乏思想/我就会调集大批大批的诗/安进炮口/发射喷嚏的导弹/援助/(这儿和那儿不存在遥远的边界)/今天晚上月亮真好/有骨气/温和地落在了您的枕边。/永远怀念您的孙子胡宽

(胡宽《献给我亲爱的婆婆》, 1980)

最深刻的纪念，就是想象你永远跟你最爱的人在一起，没有离别，没有隔阂的边界，连措辞用句也没有丝毫改变，生活好像依然在进行。对这样一首给独一无二的人的独特的诗，任何解释都是多余的。但我还是想强调地指出胡宽在表达情感时的独一无二性。胡宽将“情爱”这种大家都看作幸福的主题，通过欲望、权力的中介，转换成痛苦的、受虐的甚至死亡的主题。相反，“外婆去世”这个被大家都看作死亡、痛苦的主题，在他笔下却变成了一个日常生活般亲切的、宁静的、语言风格带有一点欢乐色彩的主题。那悲伤最深层的宁静的幸福，或许就是诗人的“护身符”。只有在此时此刻，在远离人群、市场和大街的小屋里，在外婆幽静庭院的树下，在“奶奶舞动着扫帚驱鬼”的游戏时刻，在少年纯朴的心灵里，被成人世界和都市文明压迫得气喘吁吁的诗人，才获得了一丝喘息。但是，在人口稠密、街道逼仄、慌乱不堪的大都市里，这种喘息的机会只会越来越少的。

4

西安这个中国乃至世界农业文明的老巢，与其说是一个大都市，不如说是一个大村庄。规整的、棋盘格式的街道布局，就像一块大的

井田，躺在渭河平原肥沃的土地上。博物馆里浓缩着几千年农业文明的精髓，像“铀”元素中的放射性一样，向一代又一代的市民释放，使这座城市的内部，隐藏着一种根深蒂固的农民意识和田园风味。可是自20世纪70年代末以来，它在数年之间变成了一个现代文明的大城市。面对这座已经露出“现代”面孔的大都市，胡宽批判的依据是什么？批判的武器是什么？前面所说的“内在批判气质”在面临外部世界时还是否有效？先来看看胡宽在诗句中流露出的激烈的情绪：

啊，西安/透明的情妇（《有形的和无形的》）

两座楼房夹扁了太阳（《W乐章　自供状》）

车开了/……好像淌也淌不完的废血（《W乐章　改头换面的奏鸣曲》）

城市/像正在收缩的子宫（《无痛分娩》）

城市——疲惫的妓女（《自述　我是寒流》）

被垃圾噎满了食管的/城市和立体灵魂（《无形的诱饵》）

街灯/一条发光的蛇（《要不要我帮你脱掉大衣》）

是在E城铁一般冷峻的日子里（《阉人节》）

这座由于这个老猫而免于死亡的城市（《死城》）

成群的蝗虫 / 喜气洋洋地贴广告（《广告与诚实》）

风骚的售报亭 / 鼻子上坠着 / 色情救生圈（《圈套》）

姑娘们也变得越来越刁滑了 / 束假乳房 / 胸脯 / 一本正经（《疼痛将会消失吗》）

这些诗句表面上看与波德莱尔的十分接近，实际上它们有着本质的区别。波德莱尔将诗人称为无家可归的浪荡子，“流浪的波希米亚人”“拾垃圾者”[①]，即具有一种游牧民族的气质，他们心里在想：“哪里好，哪里就是家！”因而显示出了一种智性的批判和自由心态。典型的大都市人与这种气质有着天然的联系。因而，这些西方大都市的流浪者就成了人中之人（人精）。胡宽则将诗人称为“修鞋匠”（《超级巨片 丽丽》）。修鞋匠是农民的变种，最初出现在村落附近的大镇子里，后来，他们中的精明能干者流进了都市。即使在大都市里，他

① ［法］波德莱尔：《葡萄酒与印度大麻》，见《波德莱尔散文选》，怀宇译，百花文艺出版社1992年版，第142～148页。本雅明认为，拾垃圾者不是波希米亚人的一部分，但波希米亚人身上有拾垃圾者的影子。（［德］本雅明：《发达资本主义时代的抒情诗人》，张旭东、魏文生译，生活·读书·新知三联书店1989年版，第38页）“修鞋匠”因街道对市民的磨损而得到双重回报：进账和幸灾乐祸（他们心里在嘀咕：走吧走吧，走得越多越快，磨损得越厉害，你们就越会跟我套近乎。他们自己不行走，坐收渔利）；而“拾垃圾者”则是靠大城市的排泄物生活（本雅明语）。这两者身上有着相似的批判性。但修鞋匠的流浪姿态显得十分暧昧（他们内心拒绝流浪，渴望安定）。与拾垃圾者的相比，他俨然一位正人君子。

们也保留了一种根深蒂固的土地情结——数年如一日地坐在同一座立交桥下“守株待兔”“占山为寇”。修鞋匠与大都市的行人之间有着天然的敌意。他们在穿针引线时想：“这里不好，暂且在这里呆着！”并咬牙切齿地用力敲打着散发出脚臭的鞋跟，内心却梦想着衣锦还乡的日子。寻根的打算始终在心头。

胡宽没有像今天的时髦诗人那样，鹦鹉学舌地说自己是波希米亚人、流浪者（修鞋匠、本土性，这是胡宽的真诚之处，也是他的一桩心病）。修鞋匠的意象是他内心深处的集体记忆。作为农民中的游离分子、大都市中的异类，“修鞋匠”（诗人）在城市日常生活中的卑微地位，以及他们独特的观察视角（坐在不引人注目的树荫下、街道的拐角处、立交桥边），决定了他们批判气质的独特性。胡宽一直在“野心勃勃”地写作，就像一位勤奋劳作的修鞋匠一样。内心傲岸气质却常常泄露出来：

> 胡宽/从金灿灿的历史的破镜中/反射出来/一副铮铮作响的骨架/随时可以送给化肥厂/或外贸公司/出口/肝脏/足以占据/10座楼的仓库/……我对着挤眉弄眼的大海高呼/好大的胆子/竟敢淹死太阳/人类早已形成了/成群结伙的习性
>
> （胡宽《圈套》，1982）

胡宽把自己作为一名“英雄”从人群中分离出来，这一点与波德莱尔以来的现代主义诗人是相似的。但与波德莱尔的不同之处在于，胡宽的“英雄”自始至终是人群的对立物（下面的对话很像废名笔下的莫须有先生与西山老娘们儿的对话）：

> 我说/蠢货/她们说/听不清楚/我吃掉了附近的500吨尘土壮了壮胆/我说/与婊子无关的老不死的/她们说/怕羞的瘦鬼嗓子眼这么小/她们说/你有裹尸布吗/我说/有/她们说/是什么/我说/文学/你们有没有/她们说/有/她们说/就是你/她们说/嫩脸蛋儿坏心眼我要拿你当缠脚布呢/我/在她们威严的目光中低下了头/土壤/被夏天/冻得非常残酷
>
> （胡宽《玄武岩》，1980）

而波德莱尔的“英雄”，是一位全新的现代人。他将人群大众看作“现代英雄”轮廓借以显现的背景，当作流浪者（逍遥法外的人）最后的避难所，并使自己“麻醉”在人群之中乐而忘返。波德莱尔说：“谁要是在人群中感到厌烦，谁就是蠢蛋。我再重复一遍：谁就是蠢蛋，一个不值一顾的蠢蛋。”[①]

与“流浪的波希米亚人”不同，“修鞋匠”是不需要人群的，他想单干、独自解决。他与人群是对抗关系。他的孤独和英勇，本质上是宁静的土地与躁动的城市对立的产物，是沉默的农民与饶舌的市民对立的产物，这就是中国式的“现代英雄”。中国的主要问题，就是农民或变种农民的问题，而不是游牧民族、波希米亚人的问题。因此，所谓的现代性问题，同样与农业文明有着千丝万缕的联系。

① [德]本雅明：《发达资本主义时代的抒情诗人》，张旭东、魏文生译，生活·读书·新知三联书店1989年版，第55页。

城市与农村的区别，不是街道的大小，也不是市场的有无，关键在于它们所表现出的“内在精神”。施宾格勒认为，乡村的本质就是“土地”，城市的本质就是“石头”。对农民来说，“人自己变成了植物——即变成了农民。他生根在他所照料的土地上……敌对的自然变成了朋友；土地变成了家乡。在播种与生育、收获与死亡、孩子与谷粒间产生了一种深厚的因缘”[①]。“土地”是实在的、自然的、感性的，是一个具有生长性的意象。“石头”（经过青铜最后变成黄金——金钱，还有水泥那种人工石头）则是抽象的、人为的、理性的、隐蔽欲望的，是一个带有强烈欲望色彩的“死亡”意象。由于感官、肉体的诱惑，对这样一种最本质的冲突的发现，并不是每一个人都有自觉意识的。当代青年农民的多数人，宁愿死在水泥马路上，也不愿回到泥泞的乡村小路上去。

草垛垒起的美梦/金黄、辛辣。/火颤动着灵活的神经/在少年纯朴的瞳孔中/游戏。/五更/农人的节日的序幕/拥抱起肿瘤似的/土块、丘陵。/……痉挛着身躯的犁铧/在沙土中擦掉了/父辈的泪水。/花枝招展的青春/对着冷酷的站台/告别。/……城市里又增加了/新的歇斯底里的形式。/醒了，二十八岁/醒了、醒了。

（胡宽《我们已不再幼稚》，1981）

这首诗充满农业文明的意象。这些意象与城市“新的歇斯底里的

① ［德］奥斯瓦尔德·斯宾格勒：《西方的没落：世界历史的透视》上册，齐世荣、田农、林传鼎等译，商务印书馆1963年版，第198～211页。

形式”造成的对比和冲突，是胡宽觉醒的信号。对一个在大城市里出生长大的人来说，胡宽对城市文明的激烈批判，伴随着自己多年来在街道上行走时练就的熟练步伐；而对农业文明的深层依恋（比如对动物和植物的自然情感），又伴随着对传统的“古老故事里包含着不幸”的记忆。在特定的时候，这种记忆，还会变得温情脉脉起来：“二十三、祭灶官。/二十四、扫房子。/二十五、磨豆腐。/……年三十、包饺子。”念着念着，他们“感动得潸然泪下”。（《死城》）这种对日常生活的依恋之情，在他对城市的描述中也同样可见。胡宽的这一类诗（如《赌棍》等）带有一种“口语”风格，与第三代诗人的“口语诗”十分相近。[①]农耕文明与现代文明之间的暧昧性，都市文明与具体的日常生活之间的暧昧性，使得胡宽对现代性的态度也显得十分暧昧。

这种暧昧性，在胡宽之后的中国现代主义作家中也依然有各种不同的反映。韩少功一直在大量吸收西方现代文明，这是对中国农业文明中近亲繁殖可能产生智障者的内在恐惧（《爸爸爸》）。在刘恒土地、粮食、血缘关系等亲缘主题背后，有一种对“血缘变异”的惊慌和焦虑。这种“血缘变异”的第一个直接后果，就是因辈分的混乱带来的财产归属权的混乱（《伏羲伏羲》）。格非的小说充满了植物意象，还有与之相关的水的意象；水之于植物，就像土地之于农民，它根本不是时间意象的替代物，而恰恰是农业文明的反时间、反历史的特性（历史和时间是都市文明的专利）。残雪和余华早期的小说中

① 第三代诗人的代表作家韩东、丁当等人，80年代初、中期都生活在西安，他们与胡宽的关系有待考证；不过，他们的“口语诗”比较接近胡宽的《赌棍》《夕阳下 活剥大狗熊》《531》《对你的爱无限赤诚》等诗的风格。

的动物意象，还有与之相关的暴力主题和血的意象，都与农业文明的“自然节奏”与“生命节奏”的紧张关系密切相关。莫言干脆就是以表现农民主题自居的，并将一种农业文明中的人对自然的感受表达得淋漓尽致。只有马原的小说带有一种“游牧民族”的气质，这是他在青藏高原牧场上“神游”时学来的，而不是遗传的。我猜，这批作家最终的精神皈依大概有两种，一种是干脆进入农业文明，变成它的兄弟和敌人；还有一种就是迷上宗教，显示出一种超然的大师气派（这都是“择水而居”心态的变种）。因此，中国作家要彻底摆脱农业文明的束缚，而有能力直接面对现代性问题，还需要一定的时间。

胡宽对动物（象征一种生命本能的机智和批判精神），或人（比如市民的智性精神）与动物的内在冲突具有敏锐的洞察。同时，他有一种将自己“变成植物”的愿望。动物的活跃状态，更像人充满紧张和焦虑的内心世界；而植物的沉默、寂静状态，就是外部世界的自然状态。当然，在大都市那狭小的笼子般的居室里，我们常见的不过是些小盆景、仙人掌等带有手工痕迹的东西。

> 妈妈屋前的阳台上，放着一盆仙人掌。/……盯着它的时候觉得它和我并无区别，/我们都是上帝的宠物，/活着，呼吸着，需要同样的女人的爱抚，/共同在狭窄的空间里抛掷光阴。/……人们赞美它们是从沙漠、砾石里钻出来的高贵的头颅/并把它们划归神仙界/……动植物的遗传因子的变动组合我们/……生命物种的坐标系究竟指向何方？/……仙人掌闯入了我的世界，/……它流淌着汩汩绿血，/刷清我

混沌的意识，/将孔雀初次绽开的七彩羽屏装扮得璀璨夺目。/了不起的家伙！

（胡宽《同呼吸，共命运》，1995）

对动物和植物的情感只是一种被强化的姿态，它是意识与现实欲望挤压的产物，它的背景是现代都市文明。一位融洽在自然之中的农民是不会表现这种姿态的，除非他离开自然，进入一种人为的文化之中。当胡宽最终将这种隐秘的姿态表现出来的时候，我想，那恰恰就是他内心最虚弱的时候。“阳台”“妈妈”“仙人掌”“家庭这古老的元素”，等等，蜂拥而至的是一种渴望抚摸的信息，就像一位进入中年、锐气大减的人热衷于按摩一样。

农业文明与现代文明的冲突，实际上就是永恒时间与历史理性之间的冲突。这是一个历史哲学的陷阱。当它越来越变得具有腐朽的经院气质的时候，精明的人及时地抛弃了它。实用主义由此而诞生（最开始是19世纪末的美国，接着是20世纪80年代初的中国）。实用主义的结果是，将欲望这种自为的生命状态（就像动植物一样）的东西，变成了一种供理性精打细算的对象，进而，还套上了一件具有普遍性的公允、合法的外衣。人（欲望）既是可以消费的商品，又是兜售自己的推销员。这正是当代文化的“妓女本色”。“人”就这样成了问题。

胡宽一生都在与那个陷阱纠缠不清。这与其说是他的晦涩之处，不如说正是他的魅力所在。换句话说，局部混乱和晦涩，在胡宽的一生的创作中，构成了一个清晰的整体，对应着那些局部清晰、规整而整体混乱的“现代性”文明——商品经济社会，就是这样一个局部清晰的、理性的，但整体混乱的、非理性的社会。[①]胡宽对自己在诗歌中所表现出来的全部悖谬，以及由此带来的混乱的迷恋，一直处于一种放任自流的状态。事实上这种悖谬的根源在于欲望与权力的对抗关系之中。在胡宽生活的时代，权力的表现形态已经发生了很大的变化，而更多是以一种微观形式出现，或者说，它乔装打扮地钻进了“话语”之中。怪不得胡宽在语言使用中总是感到别扭，用他的话说：“像总有什么不对劲的地方。”直到最后一首诗《受虐者》，胡宽才开始对此有了更清晰的思考。

5

哪里有欲望，哪里就有压迫和虐待（惩罚），哪里就有权力。这似乎是米歇尔·福柯思想的主题。这也恰恰是长诗《受虐者》的主题。胡宽生前大概并没有接触过福柯的著作。[②]但对一个被生命的欲望与外部世界的紧张关系问题折磨终生的人来说，这并不是问题。胡宽也许永远不可能与拉康、罗兰·巴特、德里达、哈贝马斯等人相遇。但他与福柯的想法不谋而合有什么令人吃惊的呢。巴黎的福柯对权力的洞察，靠的是他极度敏感的感受力、犀利的哲学眼光。胡宽与福柯更为

① 零星地阅读胡宽的诗歌，的确给人一种混乱、破碎、晦涩，乃至形式粗糙的感觉。与那种将标题当作主题提示标志的诗歌相比，他的许多诗的标题也是随意安上的，“文不对题”，跟整首诗有一种游离关系，就像他自己跟整个文学界的游离关系一样。但整体地看，他的诗歌则是清晰的。一位对胡宽极为推崇的青年诗人对我说：有些诗人以一首诗作为他诗歌的节奏，而胡宽是以一生作为他诗歌的节奏。胡宽的最后一首诗《受虐者》，是他对自己一生的“清晰性”的一次综合。

② “胡宽遗作编辑委员会”的主要成员之一沈奇先生说：胡宽不大可能研读过福柯；并认为，胡宽的教育训练程度也使他不大可能去读福柯那些艰涩费解的哲学著作；如果有什么巧合之处的话，那完全是诗人敏锐的直觉造成的。

接近的地方在于，他们并不将目光集中在“宏观权力”上，而是集中在“微观权力”的生理学和物理学上。“为了分析对肉体的政治干预和权力微观物理学，在权力问题上，我们必须抛弃暴力—意识形态对立……模式。”[①]对权力的暴力式的关注，通过取消感官欲望这一中介，最后成为一种完全抹去个人印记的阶级斗争的权力理论。相反，权力微观物理学“恰恰是要驻足于细枝末节、驻足于开端的偶然性；要专注于它们微不足道的邪恶；要倾心于观看它们在面具打碎后以另一副面目的涌现……”[②]事实上这种微观分析并不排斥对宏观权力（监狱、酷刑、暴力革命等）的注意，而是把它看作自身的一种极度变形。

在胡宽的《受虐者》这首600多行的长诗中，权力和历史的主题，首先是通过“缩微技术”（将世界小化，将称呼变成指小表爱的称呼或者卑称）来表现的。缩微不只是为了便于把握，将世界缩小得便于收藏（像桑塔格论本雅明时所说的那样），这是一种纯粹的儿童游戏心态（比如童话王国，“缩小也意味着使其无用”，成为把玩的对象）。但是，“把一件东西缩小到不可思议的地步，也就把它从原来的意义中解放了出来。它的缩微物就成了一个象征它的引人注目的东西”。[③]胡宽在诗中将压抑、对抗的过程，转换成一次哺乳过程，进而变成了一个婴儿与母亲的乳房之间的对抗关系。后者就是权力运行过程的微观象征物。在这个微观权力运行的过程中所产生的各种复杂变化，就

① ［法］米歇尔·福柯：《规训与惩罚：监狱的诞生》，刘北成、杨远婴译，生活·读书·新知三联书店1999年版，第30页。

② ［法］米歇尔·福柯：《尼采、谱系学、历史》，见杜小真编选《福柯集》，上海远东出版社2003年版，第150页。

③ ［美］苏珊·桑塔格：《〈单向街及其他作品〉英译本序言》，见刘北成《本雅明思想肖像》附录，上海人民出版社1998年版，第289页。

这样避免了宏观权力对它的简化、利用和吞噬。同时，在胡宽这里还出现了一个值得注意的逆向观察视角——放大：在婴儿的眼中，母亲的乳房就是宏观世界，这是他唯一可以面对的亲切而又凶险的“玩具”。婴儿视角对“缩微物”（象征权力关系的母亲与婴儿的对抗）的放大，使一件看似轻描淡写的事件变得严重起来了。胡宽无疑不想让这种“缩微”变成一个便于收藏的无为的童话，而是使之成为一种镌刻在肉体上的历史记忆。

> 张开嘴，徐徐吐出肺叶里的陈旧气体，他用舌尖/试探性地碰了一下左边乳房。没有异常情况发生/一切如旧！/或者说，试探起码没有引起/“上峰”——他母亲——的反感！/他盯着靠近唇边的突出部位——深赭色的/乳晕，宛如墨枣泛着光泽又深刻皱褶，/中央的神秘小孔便是力量的宝藏、/……能够源源不断地为竞争、掠夺、欺诈、杀戮、繁殖提供/永不枯竭的养料。/……他无法体会母亲低垂双乳精心喂养婴儿/的酸甜苦辣，/那汩汩乳汁流淌时沁人肺腑的快感、/疼楚或更为复杂和难以言喻的点点滴滴。/这感受是母系氏族们独自拥有的专利，/她们的实力和垄断性毋庸置疑。
>
> （胡宽《受虐者》，1995）

胡宽的长诗《受虐者》，采用了一个婴儿的视角来叙述。这种视角隐含着一种真正的、包含着批判和质疑的“启蒙”意图。康德认为，启蒙就是人类从“未成年”状态摆脱出来的过程。在福柯看来，西方的实际情况是，“‘启蒙’这一历史事件并没有使我们变成成年，而且，我们现在仍未成年”[①]。因为理性变成了一种新的蒙昧人的“神学”。中国的情况有些特别，理性在这里早就变成了一门艺术、一个阴谋。胡宽干脆用婴儿的视角来对抗那熟烂了的、阴险的“理性成年”。

在传统诗歌中，“母亲”是一个抽象的词，神圣而又崇高。最后，它越来越变成了一个与母亲无关的东西，一个对不可捉摸的宏观事物（山、水、土地、国家）的泛指。胡宽在诗中首先通过肉体记忆让母亲变得具体可感、触手可摸的对象。同时，母亲又是外部世界威严的权力的象征（“上峰”），乳汁为人类的各种行径提供了养料。与神圣之物相比，这就是个体史起源的邪恶和卑微之处。

婴儿的欲望其实少得可怜：由于左边的乳量不足而想转向右边的那一只，但这个愿望常常遇到来自母亲那里的阻力。于是，“他尽量地控制自己，装得若无其事，/避免其饥饿、嗜吃之状暴露无遗。/这样做当然很困难，/要付出一定的代价：压抑、扭曲、变形！”在接近右乳的过程中，每一次即将成功的时候，压抑和虐待就出现了。

来自“母亲”的阻力，正是微观权力压抑形式的表现。通过对以下几种类型的分析，我们可以将微观权力惩罚的暧昧面孔勾勒得更清晰一些。

（1）展示人的肉体的隐秘之处，也就是用人类最古老的惩罚形式之一来使他降格，让他出丑，将他的非分之想压抑在萌芽状态：

> 柔软细腻的纤手摸索着，伸进他的/大腿根底，轻盈地

① ［法］米歇尔·福柯：《何为启蒙》，见杜小真编选《福柯集》，上海远东出版社2003年版，第542页。

抬起了他的臀部，抽/出了铺垫在下面的尿布。/尿布被揭开来展示在大庭广众之下/（这时他毅然取消了攻击右边的计划）。/他首先想到了啼哭。

（胡宽《受虐者》）

这里的一个致命的动作就是换尿布。尿布就是婴儿的一个把柄，无法摆脱的把柄，一桩隐秘的心病。换尿布就是给他一个提醒：别忘了你！就好像一位阴险的、记忆力惊人的档案管理员一样。她只要轻轻提示一下就够你受的了。婴儿只好暂时取消预定的计划，改守为攻：大声哭，反抗。与酷刑比较，这种惩罚看似温和，其实更加诡秘阴毒。

（2）甜言蜜语是一种经过了伪装的压抑形式。其方法是首先用温柔的降低了的语气（喃喃地）来麻痹你的戒备，然后缩短距离（凑近），进入一种貌似平等交流的姿态。她试图先自我降格，从高高在上的权力的位置降到“情人”的位置来调情。跟上面的相比，这是一种稍稍有点让步的姿态。就好像上司拍你的肩膀一下，很亲切，实际上是想使你遗忘你跟他之间的权力关系，放松警惕，不要产生对抗的念头。

把自己的脸庞凑近他，喃喃地/呼唤着浩浩（他的尊名），/这是“上峰”发出的亲昵的信号，/他们母子之间的交流惯常就这样拉开了序幕。/“上峰”的神情祥和庄重，/欢悦蕴藏于无言之中，/犹如狮身人面像具有永恒的魅力。/他们之间的纽带既坚固又脆弱，/……他疑虑重重、心有余悸。

（胡宽《受虐者》）

看来这个婴儿比我们大多数成年人都要成熟得多。我们中的许多成人，只要听到一些花言巧语的思想工作，就乖乖地就范了。婴儿觉察到了话语控制形式这种微观权力出现的先兆——欲擒故纵的策略，并有所警惕。母亲的阴谋被识破了，在斗争实践中，婴儿已经显示了初步的精明。

（3）哭泣是一种比花言巧语更隐蔽的控制形式。母亲的伎俩被识破之后，她只好进一步降格：将自己变成比他更低一等的孩子。哭泣就是一种撒娇的形式，想获得怜悯：

> 母亲在流泪。/像从岩缝中渗漏出的亮丽的水珠，/滴落在他的额头、脸颊又顺着腮/帮滚落下去。/据说泪水中的盐巴源于大海，/可以洗涤灵魂的尘垢，祛除锈蚀、污痕，/他警惕起来了！决不是什么好兆头。/不敢轻举妄动！
>
> （胡宽《受虐者》）

哭泣看似无力，事实上是想达到更有力地控制的目的。最终还似乎要用眼泪来洗涤他灵魂内部的尘垢（生命欲望的各种形态），使他变成没有欲望的“莲花身”。这能不警惕吗？婴儿的精明中加进了理性成分。

（4）哭也不灵了，那就只好动用最残忍的一招了，一种奇特的微观权力形式：掏耳朵。它挑起了你最隐秘的肉体享受欲望。它使你感激不尽，羞辱万分，爱恨交加，恐慌不安，不想动，尤其是他再也不敢动了。肉体享受的资产阶级秉性在这里暴露无遗：

她还有一招整治他的绝技，/就是定期不定期地给他掏耳屎——/她将小拇指尖轻轻地捅入他的耳孔，/有计划、有步骤地，使用毒辣卑劣的手段/来破坏他的视听神经系统，切断信息来源/进而达到控制、操纵、奴役他整个/青春和生命的目的。

（胡宽《受虐者》）

对母亲的伎俩，胡宽在这里已经说得很直白了，用不着再多作解释。可是那婴儿已经变得近乎狡猾了。

（5）微观权力的无处不在，并不能保证它不向宏观权力转换。事实上这种转换是必然的，权力不会永远温文尔雅。终于动手了（动手，是权力的必然结果。在动手之前，还伴随着一系列的暗示：咳嗽、翻眼睛、屁股不安地挪动、像苍蝇一样搓手，等等）。尽管母亲采用的并不是直接的暴力行为，但它是藏在非暴力草丛中的一只露出点小尾巴的狐狸：

“上峰”纤纤玉掌在他的屁股上拍打了两下/——把他从漫无边际的遐想拉回到了现实/惩戒不轻也不重，目的是让思索不至于逃逸得太远。/“上峰”睁大了锐眼开始对他进行新一轮/的扫描、透视。/……与炯炯目光的“上峰”对峙了几十秒钟，/终于还是功败垂成，退下阵来。

（胡宽《受虐者》）

此外还有教育（唱儿歌、加评语、奖小红花：权力的符码化），父子关系的隐秘冲突等微观权力形式，大家都很熟悉，这里不再详说。微观权力事实上比宏观权力更具有威慑力。这婴儿一直处于弱势，所以，像一只土拨鼠一样（我们每一个人内心都有一只土拨鼠！），焦虑恐慌一直伴随着他。他的“上峰”母亲，每每只需要一个微小的动作、一次暗示、一个眼神，就足以将他蓄谋已久的计划粉碎。在上面的那些例子中我们已经发现，婴儿的阴谋的确是一次又一次地被母亲轻描淡写地粉碎了。但是我们注意到：母亲那些鸡零狗碎的伎俩同样一次又一次地被婴儿识破。这是一个双向的权力争斗过程。最后你会发现，他们俩都成了颇有经验的阴谋家！婴儿也被权力异化了。还有什么比面对一位幼年阴谋家更令人恐惧和战栗的事情呢？

胡宽，你在天国安宁地睡了，却将恐惧留给了我们。

在这样的人性深处，我们隐约听到了远远传来的厮杀声！①

（二）于坚：观察词语的多视角

1

语言词汇的杂乱无章状态，可以视为一个时代的精神症候。“词语沙龙”里的词语不会杂乱，相对应的是词语的“监禁室”。在那里，充满了拥挤、碰撞、混乱、方言、粗口、格言、警句、争斗、检查、

① 福柯：“在这种人性中，我们应该能听到隐约传来的战斗厮杀声。”见［法］米歇尔·福柯《规训与惩罚：监狱的诞生》，刘北成、杨远婴译，生活·读书·新知三联书店1999年版，第354页。

阴谋、告密、审讯、吵闹、暴力、酷刑、死亡的活力、杂乱的丰富，等等等等，一切不和谐的因素都在这里汇聚。这就是远在西南边陲的诗人于坚在其长诗《0档案》中所干的事。那真像是一个当代汉语词汇的“清仓订货会”。

《0档案》写于1992年，1994年刊于《大家》杂志的创刊号。开始，整个诗歌批评界有过一阵短暂的抽搐和骚动，旋即便沉默无语。此后，这首诗就像一份存放在布满尘埃的档案馆里的卷宗，一直没有公布于世的机会（到1999年2月才收入诗集《一枚穿过天空的钉子》，唐山出版社），只有少数密探式的人物偶尔光顾它，对着它含混地嘀咕一两声，又悄悄地离开了。偶尔也看到一些关于这首诗的议论、对话，不是隔靴搔痒，就是站在诗歌的门外探头探脑地瞧热闹。

1996年，我请于坚把《0档案》寄给我，而他寄来了一本奇怪的小册子：一摞跟明信片差不多的东西，十张硬纸板，外加一个硬纸封皮。海带绿颜色的封皮上印着四个繁体老宋字：戏剧车间。于坚在信中告诉我，“戏剧车间”是北京一位独立戏剧导演牟森的工作室名。原来，这本小册子是1994年北京演出由长诗《0档案》改编的小剧场实验剧时，发给观众的辅助读物，正面是彩色剧照（人、钢丝绞车、一根根竖着的钢筋上都穿插着一只苹果、鼓风机、电焊场面等），背面印着于坚的诗歌《0档案》的全文。

也就是说，于坚寄给我的不是诗歌《0档案》，而是小剧场实验剧《0档案》的一个部分、一个不算重要的细节：沉默的、静止的辅助读物。于坚好像要让我来将长诗《0档案》从那种带有超现实色彩的画面中剥离出来似的。可是，当时对我来说，实验剧《0档案》的剧照非但不能拉近我与《0档案》诗歌文本的距离，反而增加了我与它之间的障碍。因为它既无法让我感受到实验剧演出现场那活的气氛、对话、动作这些至关重要的东西，又分散了我对词语本身的注意力。我试图找到1994年第一次读长诗《0档案》时的那种尽管粗糙，却很直接的感觉。但由于这本绿色小册子的出现，我的“试图”事实上已经不可能了。小册子作为小剧场演出的一个有机部分，如今已离开了它的母体，像一块飞来的陨石突然来到了我的面前，它的元素中包含了各种词性的词汇、演员和动作。

当我们正视而不是回避障碍的时候，障碍就是道路。

为什么实验剧《0档案》会在我们与长诗《0档案》之间构成障碍呢？首先是因为我们先入为主地将实验剧看成是前卫的、探索的、先锋的。这种前卫性和探索性表现在它的“反戏剧”上。传统的戏剧所对应的是与故事和情节相关的“表演”（人们喜欢表演），实验剧所对应的是与词汇相关的“动作”（人们害怕动作）。故事情节可以是虚构的，词汇却是最根本的东西。当故事情节的“表演”走向升华的时候，它难免会变得越来越接近虚假化、意识形态化；而与词汇相关的“动作”，则是向最基本的常识靠近，向生命最真实的状态靠近。也就是说，由于人们遗忘了常识，接近常识的东西才成了前卫的、探索的，才成了“障碍”。迷恋“情节”而遗忘“动作”的人一时还难以适应。

与此相关的是构成障碍的第二个原因，即对“动词”的理解。动作对实验剧来说是唯一的，或者说，实验剧就是对动词的呈现。动词不但要对付形容词，还要力图保护名词的纯洁性。名词与事物相对应，但它常常在命名的过程中成了占有欲、权力欲的工具，而形容词则通过修饰和限制来强化它。奇怪的是，人们一方面迷恋于动词，另一方面又那么害怕动词。人们迷恋的是在名词和形容词的掩护下的动词（为革命杀人，为祖国赚钱，为贫农说话），人们害怕的是那种纯粹的、赤裸裸的动词。纯粹的动作不是对权力的强化，而是将自己赤裸裸地交出去。第一次进舞厅的人为什么躲在角落里不敢乱动呢？坐在电视里讲话的领导为什么不敢乱动呢？因为一动，身份、风度、尊严、权威等一切文化面具全部都宣布作废，既得的体面就要受损了，弱点就要暴露出来了，抽象和玄思也无法展开了。于坚在一篇文章中写到他参与实验剧演出时对“动”的害怕心情：当导演牟森叫他动一动的时候，他“心惊肉跳……就像立即被剥光了似的”。经过20天的适应，他在舞台上才开始敢于动起来，才能像平常一样说话。动，既是一种自我批判，又成了真正的自由交流和身体解放的基本前提。所以，只有“动词”“动作”才最具有颠覆性，也最具有创造性。于坚的独幕诗剧《关于〈彼岸〉的一回汉语词性讨论》，就是在对名词“彼岸”的质疑中强调动词。

在诗歌界，有人说长诗《0档案》是“一个巨大的语言肿瘤”。如果真是一块肿瘤，那也不是于坚旅欧时带来的，而是我们自己的、本土的语言中旧有的痼疾。许多人对此却视而不见，只顾着说英语，偶尔还溜出一个法语或德语词汇（这叫“全球化”）。还有人说它是“一堆语言垃圾”，为什么说它是“垃圾”，而不说它是“垃圾处理站”呢？所有这些说法都十分不到位。相反，那些从事实验剧编导、演出的朋友们，却从于坚的诗歌中找到了对自己生存状态、对艺术、对汉语言的不谋而合的常识性理解。戏剧具有教育功能，通过动作的呈现乃至亲自参与这一“教育”过程的方式，通过动作和能力的展现让人

“回到常识”，消除心与心的敌视和戒备，开始真正的自由的交流，这就是实验剧或者诗歌的一个共同目的。他们又一起被那些遗忘常识的人称作“前卫”“先锋”，意思是说，这与日常生活无关，是艺术家和诗人玩的。

其实，所谓“回到常识”，首先就是要清除覆盖在词语层面上的文化和意识形态的尘垢，使人有能力回到事物和生命本身的最基本状态，有能力动作。但是，在一个人人都很有文化很有知识的今天，要将一个常识问题讲清楚，已经不容易，甚至是很困难的了。这就是于坚和当代诗歌写作所面临的最大尴尬。

令我吃惊的是，许多人在练气功的时候能表现出高度的机智和能耐。当气功师指导他们坐下、盘腿、静心、清除意念、进入一种“无意义”状态的时候，还不到一分钟他们就说OK，三分钟之后他们就说有气感了。如此飞速地进入了一种非常识状态，能不令人吃惊？然而我们不能。我们只要一闭眼，各种声音、各种画面、各种狂暴的场景、各种语言或词汇都蜂拥而至，左右着我们的大脑、喉咙和舌头，占领了我们大脑的每一个角落。意念看来是无法清除的，除非你“动”起来，处于一种摇摆状态。

我们似乎在对“障碍”的凝视中，找到了一条通往诗歌的道路。对这条道路的真正理解，靠的不是知识，更重要的是诚实，不要滑头。当然，实验剧和诗歌是不能互相取代的，对实验剧的理解也代替不了对诗歌的理解。原因是实验剧可能、而诗歌却不可能是纯粹的动词、动作，诗歌还得面对上面说的那些蜂拥而至的东西，将它们呈现出来。好了，让我们开始回到长诗《0档案》上面来吧。

2

从整体上看，长诗《0档案》具有一种叙事式的风格：

建筑物的五楼　锁和锁后面　密室里　他的那一份
装在文件袋里　它作为一个人的证据　隔着他本人两层楼
他在二楼上班　那一袋　距离他50米过道　30级台阶
与众不同的房间　6面钢筋水泥灌注　3道门　没有窗子
1盏日光灯　4个红色消防瓶　200平方米　一千多把锁[①]

叙事式风格意味着什么呢？它意味着注视和呈现，意味着将可见的和不可见的、过去的和现在的，都变成一种正在眼前呈现的图像和正在发生的事件和动作，意味着对麻木的记忆神经的刺激。实现叙事式风格的基本前提是眼睛，还有白天（或者说现实和历史）。于坚说他的眼睛极好，耳朵却很差，这或许与他幼年时被注射了过量的链霉素有关。因此，一旦不能看，一旦面对着黑夜，他就失去了根本。也就是说，他只能面对白天（现实和历史）。他与事物面对面地相遇，对峙，并使之成为语言图像呈现在我们面前。不单是《0档案》，他的许多诗（如关于"事件"的一组诗，《尚义街六号》《堕落的声音》《啤酒瓶盖》等），都有叙事和呈现的特点。

我曾在《飞翔的蝙蝠》[②]一文中讨论了另一位当代优秀诗人翟永明的写作方式。与于坚相反，翟永明背对着现实、历史和白天，沉到了黑夜的深层，闭上眼睛聆听来自生命深处的、嘈杂混乱的现实的、

① 本节所引《0档案》皆据《大家》1994年第1期，后文不再出注。
② 张柠：《飞翔的蝙蝠——翟永明论》，《诗探索》1999年第1期。更名后收入本书。

自然之中隐秘的各种声音，并在聆听中获得了一种能对付黑暗的属灵（抒情整体性）的语言。她的写作本质上是一种聆听的、音乐的、抒情式的。也就是说，她基本上不呈现外部（社会、历史、现实）的图像，因而就不表现破碎断裂的现实，而是让一种内在的声音与外部的声音产生回响，让一种最深层的声音与最遥远的声音产生呼应。

奇怪的是，于坚（他的叙事）在白天睁大眼睛凝视，却看到了现实图像背后的黑暗；翟永明（她的抒情）在黑暗中闭目聆听，却感到了黑暗深处的光亮。两种截然不同的写作，在特定的场合意外地相逢了。这就是真正的诗歌的意义所在。这两种写作方式尽管有各种各样的变体，但共同之处在于，他们忠实和珍惜上苍赋予他们的敏锐的感官，而不是刻意地去夸大智性和逻辑的力量。

此外，我们特别要警惕的一些写作是：面对白天抒情的虚假浪漫主义，这种写作者除了嘴巴，所有的感官都是闭塞的，他们会莫名其妙地激动起来，比如，对着一个伪节日的早晨抒情，对着一棵被污染的小草，看到水珠里映出了自己的面孔，便惊奇得思如泉涌：真是“一花一天国，一沙一世界”啊！并且极力培养一种迎风流泪的习惯，他们对白天的破碎图像不关注，而是固执地关心自己个人的虚假的抒情完整性。还有一种面对黑夜叙事的痴人说梦，这种写作者是黑暗中的失聪者，他们既无法观看，又不能倾听，因此是一些经常无奈地离开诗歌的狂暴的、可怜的人；当他们在瞬间清醒起来的时候发现自己丧失了感知，便学会了过度地使用智力和逻辑，并固执地认为：这也是一种诗的方式，你们无权剥夺我写作的自由。上述问题，本文不拟展开详细讨论。

抒情是一种瞬间完整的、因而也是永恒的情感；叙事则逃不脱对时间的要求。为了满足叙事对时间的要求,《0档案》模仿了一种档案式的文体格式。全诗300多行，通过对一位活了30年的人的档案的展览，呈现了他的“出生史”“成长史”“恋爱史”和“日常生活”的过程。这无疑是一种戏仿。因为我们立即看出了这种编年史式的档案“时间”的虚假性：

> 他那30年　1800个抽屉中的一袋　被一把钥匙 掌握着
> 并不算太厚　此人正年轻　只有50多页　4万余字
> 外加　十多个公章　七八张相片　一些手印　净重1000克
> ……
> 从一个部首到另一个部首　都是关于他的名词　定义和状语
> 他一生的三分之一　他的时间　地点　事件　人物和活动规律
> 没有动词的一堆　可靠地呆在黑暗里　不会移动　不会曝光

“叙述时间”是情节的移动，而情节就是一个行为过程。但作为个体秘史的档案，恰恰就是为消除个人的行为而设的，用名词、形容词来涂抹动词的过程。档案，与其说是时间，还不如说是一种强权的现存秩序的镜像物，一群具有杀伤性的符号。符号对人的控制是隐形的，因而也是更可怕的。

在我们的一生中，每一个人都永远见不到自己的档案（只有人事科长和组织干事们例外），它是你生命中的一个可怕的幽灵。当人们眼不见为净、习以为常的时候，于坚突然将一份没有动词的档案呈现在你的面前。这种呈现同时就是一种对记忆的触发。患深度健忘症的人还依然在争辩：谁说我没动？

……每天八点钟来上班　使用各种纸张　墨水和涂改液
构思　开篇　布局　修改　校对　使一切循着规范的语法
……从动词到名词　从直白到暗喻……
一个墨水渐尽的过程　一种好人的动作　有人叫道“0”
他的肉体负载着他　像0那样转身回应……

于坚善于发现虚假整体性中的缝隙，并及时地在缝隙中塞进一个楔子。他当即就揭穿了这种“假动”的秘密，是“从动词到名词”的一个不知不觉的过程。生命就是动作、动词，任何试图限制动作、消除动词的行为都是对生命的伤害和扼杀。因此，档案袋里那“没有动词的一堆”就是僵死的一堆，那种码放得整整齐齐的、很有先后次序的、看似一个连续过程的东西，看似具有整体性的东西，其实是毫无时间感的，是破碎不堪的。

那黑暗的　那混沌的　那朦胧的　那血肉模糊的一团
清晰起来　明白起来　懂得了　进入一个个方格　一页页稿纸
成为名词　虚词　音节　过去时　词组　被动语态
词缀　成为意思　意义　定义　本义　引义　歧义

成为疑问句　陈述句　并列复合句　语言修辞学　语义标记

词的寄生者　再也无法不听到词　不看到词　不碰到词

……

……从幼稚到成熟　从生涩到练达　这个小人

一岁断奶　二岁进托儿所　四岁上幼儿园　六岁成了文化人

……

鉴定：尊敬老师　关心同学　反对个人主义　不迟到

遵守纪律　热爱劳动　不早退　不讲脏话　不调戏妇女

不说谎　灭四害　讲卫生　不拿群众一针一线　积极肯干

……

不足之处：不喜欢体育课　有时上课讲小话　不经常刷牙

小字条：报告老师　他在路上拾到一分钱　没交民警叔叔

评语：这个同学思想好　只是不爱讲话　不知道他想什么

希望家长　检查他的日记　随时向我们汇报　配合培养

一份检查：1968年11月2日这一天　做了一件坏事

名词（包括名词性词组），这些断裂的碎片肢解了人的一生，却有了一个貌似完整的、连续不断的外表。事实上从内部看，“时间的整体性”破产了，词的断片蜂拥而至。因而，传统叙事的惯性（连续的、统一的、充满细节的情节模式）遇到了摩擦阻力，并且因此改变了方向。诗在本质上是“民主”的，因而它往往缺少逻辑上的清晰而显得“混乱”。散文（叙事）在本质上则是“极权”的，因为它要求内在的统一性和完整性。《0档案》尽管有着叙事的外表，但它本质上是诗的。这是由诗歌内部的词语关系和词的排列方式决定的，而不是由某个人的理解力和感受力决定的。这首诗内部的词（词组）与词（词组）之间，有着许多裂隙。如果将这些裂隙充填起来，那么，它就成了一篇真正的叙事性作品——很有可能是一部批判现实主义的长篇小说。于坚没有充填裂隙，而是留下了这些裂隙（尽管他不反对读者自己去充填词——比如“报告会”“左中右”“砸烂”“反戈一击”“造反”“花天酒地”“搞”“整”等等——之间的裂隙），并且，让词与词面对面地对峙，形成一种类似音乐的“对位”关系。这种对位关系既产生了“混乱”的场面，又造成了“对话”的可能性。对话就是一种语言（词）与语言（词）的紧张关系，混乱则是一种躯体动作与外部世界秩序的关系。这也就是《0档案》的一个巨大的内在矛盾。一方面是叙事性对连续时间、对整体的要求，另一方面是诗人对感官的忠实和对图像的呈现。于是，档案编年史的时间就成了一个外壳，一个起围圈作用的栅栏，或者说一个“集中营”的围墙。就这样，词汇被囚禁在那围墙的内部，它们在那里列队、交谈、辩驳、争斗、相互撕咬。就这样，长诗《0档案》将一个极权主义的秩序外壳，与一个民主主义的混乱内核奇妙地交织在一起了。

3

让我暂时离开主旨来谈谈长篇小说问题。自从叙事长诗（比如史诗）背后的统一世界（神话世界、英雄事迹、黄金时代等等）瓦解之后，近代意义上的长篇小说就承担起了叙事的任务。长篇小说尽管找到了“个体成长史”（生命在世界中的展开、遭遇）这样一个方便的对象，但它始终没有解决时间与情节、结构的统一性与个体生命体验多样性之间的矛盾。综观世界文论史，没有谁给长篇小说下过定义，事实上也不可能。因为随着文明的进程，“整体”的虚假性越来越暴露无遗。当人们忍受不了破碎的图像时（他们根本没有面对虚无的能力和勇气），因此就假定各种各样的虚假整体性来作为叙事的结构中心。为了结构的完整而牺牲个人体验的丰富性，为了避免“混乱”而删除真正的对话（剩下独白）。同时，人们习以为常地认为，对现实中个体生命的整体关注只是长篇小说的事情，而与诗歌无关，诗歌只要捕捉一些意象（一种瞬间的、碎片式的东西）就行了。

《0档案》的意义之一在于，它重新在真正的诗的层面关注了“个体成长史”（个体的遭遇），并且将问题置换成“词的争斗和演变史”这样一个更本质的诗的问题。生命在孕育之初，直到出生的时刻，就是一个动词，一系列动作：

> 他的起源和书写无关　他来自一位妇女在28岁的阵痛
> ……
> 嚎叫　挣扎　输液　注射　传递　呻吟　涂抹
> 扭曲　抓住　拉扯　割开　撕裂　奔跑　松开　滴　淌　流
> 这些动词　全在现场　现场全是动词　浸在血泊中的动词
> ……
> 这些来自无数动词中的活动物　被命名为一个实词0

此后，一个活动物的一生，就是一个被实词化的、便于记录的归档过程，但又是一个无法逃脱的绝望的过程。按照于坚的说法：“写作是对词的伤害和治疗。你不可能消灭一个词，但是你可以治疗它，伤害它。……如果不伤害，又怎么可以建立起真正的关系。伤害是由于彼此关系的形而下化、具体化、现场化。"[①]"形而下化"与躯体语言（动作）相关，"具体化"和"现场化"，就是将一切都变成此时此地的"事件"，就是感性图像的具象化呈现。

既然如此，《0档案》就不可能是标准化的档案文体了。于坚无疑采用了"掺沙子"的伎俩。他在档案中掺进了与躯体（生命的活跃状态）相关的动词，使之与名词发生了角逐。动词的意义在上文已经反复地讨论过了。我们现在要具体地来看看这些"词语集中营"内部的各种争斗和骚乱，事实上就是动词的遭遇。我将这些动词分成被档案彻底删除的、外力造成意识形态化的、向名词自然蜕化因而是难以觉察的等几种情况。

（1）在《0档案》全诗中，最充满活力的一个片段是"卷三　恋爱史（青春期）"，你甚至可以隐约感到一种艾略特式的抒情（"四月是最残忍的一个月，荒地上/长着丁香，把回忆和欲望/参合在一起，又让春雨/催促那些迟钝的根芽……"[②]）：

在那悬浮于阳光中的一日　世界的温度正适于一切活物
四月的正午　一种骚动的温度　一种乱伦的温度　一种
盛开勃起的温度　凡是活着的东西都想动　动引诱着
那么多肌体　那么多关节　那么多手　那么多腿　到处
都是无以命名的行为　不能言说的动作　没有呐喊　没有

① 于坚：《棕皮手记》，北京邮电大学出版社2014年版，第164～165页。
② ［英］T. S. 艾略特：《荒原》，赵萝蕤译，中国工人出版社1995年版，第1页。

喧嚣　没有宣言　没有口号　平庸的一日　历史从未记载

只是动作的各种细节　行为的各种局部　只是和肉体有关

和皮肤有关　和四肢有关　和茎有关　和根有关　和圆的有关

和长的有关　和弹性的有关　和柔软的有关　和坚硬的有关

……

批复：把以上23行全部删去　不得复印　发表　出版

于坚恰恰没有直接描写这些仅仅与躯体相关的动作，而是用名词等词语暗示出来，这却是一些真正的动词。但它们也没有逃脱被删除的命运。最令“档案”感到惊恐不安的、也是与生命密切相关因而是最有生命力的，就是这些还没有说出、但正在蠢蠢欲动的动词。因此，这些包含在名词背后的动作，尽管与生命紧密相关，但是，因为它们是一些没有意义（没有升华和彼岸，没有理想和崇高，没有历史责任感，而是“平庸的一日”）的，又没有找到借口（如呐喊、宣言、为了……）的动作，也是“少儿不宜”的，所以要被“档案”毫不犹豫地删除。布鲁克斯和华伦在《理解诗》一书中论及艾略特的《荒原》时说：“这个世界是倦怠和怯懦的，无聊而不安，喜欢冬天的半死不活而规避春天生命力的激烈的复苏。这个世界害怕死亡，把它看作是最大的坏事，可是想到诞生又使它不安。”[①]也就是说，一个在诞生和死亡面前同时感到惊恐不安的世界，是渴望安宁和平静的，是要将动

① 《英国现代诗选》，查良铮译，湖南人民出版社1985年版，第71页。

词删除的。当然，有些动词则必须要保留。

（2）带有意识形态色彩的动词，档案不会删除它们：

（根据掌握底细的同志推测　怀疑　揭发整理）

他想喊反动口号　他想违法乱纪　他想丧心病狂　他想堕落

他想强奸　他想裸体　他想杀掉一批人　他想抢银行

……

他想投降　他想叛变　他想自首　他想变节　他想反戈一击

他想暴乱　频繁活动　骚动　造反　推翻一个阶级

一组隐藏在阴暗思想中的动词

砸烂　勃起　插入　收拾　陷害　诬告　落井下石

干　搞　整　声嘶力竭……

……冲啊　上啊

批示：此人应内部控制使用　注意观察动向　抄送　绝密　内参　注意保存　不得外传　“你知道就行了 不要告诉他”

这些动词不但不会删除，反而会“注意保存”，放在档案的隐秘之处。“档案”不但丝毫也不害怕它们，反而会因它们的出现而偷偷地感到高兴。“档案”在窃窃私语：对手来了！他想“暴乱”“投降”“喊反动口号”？我们就可以消灭他了。毫无疑问，这些动词已经不是一般意义上的动词了，而是成了政治的筹码，或者说成了一枚枚子弹，随时都可以射向某一个人而将他置于死地。

同时，在一个特定的时候，这些子弹可以变成“勋章”，这是因为新的意识形态出现了，新的词语理论出现了，新的解释方法出现了。于是，原来动词的意义顷刻之间全都发生了两极化的转变：“投降”成了“起义”，“造反”成了“革命”，“暴乱”成了“正义”，“阴暗思想”成了“明亮思想”，“违法乱纪”成了“反抗权力”，“落井下石”成了“彻底革命”……

意识形态化了的动词，就是一条变色龙，可以在红色和黑色之间随意变动。它不可能无色透明，而是黑暗的渊薮。

如果我们换一个角度，即从写作角度来看这些动词，就会发现，这些动词恰恰是“档案”无可奈何的东西，也是“叙事的整体性”无法包容的东西。“一组隐藏在思想深处的动词”，如何载入档案呢?“他想杀人”“他想强奸”“勃起”“插入”之类的话，就是一种故意的自我暴露。自我暴露的结果就是让“档案”难堪，让“整体性”难堪。于坚在这里采用了恶作剧式的戏仿手法，模仿了一个领导“批示”的口气：内部控制使用！也就是说，要让那些头疼的动词成为秘密。他就这样来对档案进行瓦解，对动词进行肯定。我们也由此看到了动词的力量。

（3）动词向名词蜕化的过程，是一个隐蔽的、难以觉察的过程，事实上也就是日常生活的权力在起作用的过程。在这里，日常生活起到了一种意识形态的作用。实质上，就是将个人的动作，变成一个便于把握、归类、命名的公众动作，然后，再经过这种公众动作而走向名词——天堂、彼岸、黄金世界。这些东西都很好，但有一个前提，就是不要折磨人，让人在此时此刻无法生存。

法定的年纪　18岁可以谈论结婚　谈出恋爱 再把证件领取

恋与爱　个人问题　这是一个谈的过程　一个一群人递减为几个人

递减为三个人　递减为两个人的过程　一个舌背接触硬颚的过程

……

言此意彼词近旨远敌进我退敌退我扰道高一尺魔高一丈

表态：（大会　小会　居委会　登记的　同志们　亲人们

朋友们　守门的　负责的　签字的　盖章的）

安全　要得　随便　没说的　真棒　放心　般配

同意　点头　赞成　举手　鼓掌　签字

可以　不错　好咧　真棒　行嘛　一致通过

动词"爱"（目光交流、拥抱、抚摸、接吻等）在日常生活中蜕化成了一个公众的仪式。同样，动词"学习"（模仿的实践）通过所谓的教育，变成了一个公众名义之下的阴谋：

……报告会　故事会　大会　五千年　半个世纪　十年来

连续三年　左中右　初叶　中叶　最近　红烧　冰镇　黄焖

……

的耻辱　的光荣　的继续　的必然　的胜利　的伟大　的信心

言谈和带目的性的公众动作占据了生活的舞台，将没有升华的、与个人躯体相关的、形而下的、没有人文精神的动词赶到了幕后。这个舞台，看似喧哗，实则是沉默无语的大寂静。人像影子一样整齐划一地动着：革命、批判、练气功、传销、炒股、集体神经质……人就这样在日常生活中被名词化、形容词化、档案化，成了各种名词性词组上的饰物：好（坏）孩子、好（坏）学生、先进（后进）的同志、模范（落后）爱人，等等。当然，躯体的动词并不会因此而沉默、而消失，它会永远在解放的路上奔跑，并成为一条永远的、潜在的生活激流。它所依赖的母体就是民间。

4

《0档案》卷五列举了“档案人”的各种表格和生活物品的清单。表格是对人在日常生活中被名词化过程的奖励的记录。物品是日常生活给名词化过程的实物奖赏。如果物品能成为一位充满虚无主义激情的人的眼中之物，那就另当别论了。就像瓦尔特·本雅明那样，他充满了收藏的欲望，并始终有着对物品的忠诚（把物品仅作为物品看待），通过对物的把握和交流来同时证明自己的存在和物的存在，而不是通过对物的占有、对人的控制来证明权力的威严。

相反，在“档案人”这里，物品不但成了生命的唯一证据、成了权力的象征，更重要的是，他自己已经不知不觉地在日常生活中物化了。比如，一块手表作为一件物品的独立性已经不存在了。人们在日常生活中被物化，并将自己的物性强行附着到手表上去，久而久之他就不自觉地成了手表上的一个零件了，成了手表的装饰物了。手表一到晚上 9 点他就睡觉，手表一到早上 6 点他就起床。这样一个物化的过程，就是一个生命的动作、动词向名词蜕化的过程。由于它具有难以觉察的性质，所以它的力量就更加强大。也就是说，动词与名词的争斗，实际上也包括了自身与自身的激烈争斗。正因为存在这种不知不觉的物化过程，所以人们对物化、异化、公众化就习以为常，反而认为真正的个人动作是奇怪的不可理解的。

可是，生活就是“日常”的，它的目的并不是要为别人提供“诗意”的。生活的物化、不完满状况，也绝不是我们拒绝生活、逃避生活的理由。事实情况是，生活越是具体，就越成问题、越复杂、越零碎得无法把握，因此也就越具有活力。正像巴赫金所说的：肉体是不完满光滑的球体，它有许多孔洞和突出的肉芽。将这些孔洞填平，将突出部位削平，它就完满了，但也死了。[①]文学、诗歌不是哲学和伦理学，它恰恰要求的是具体、复杂、零星、不可言说的。当为了整体性而牺牲丰富性的时候，诗歌就不存在了；当诗人不尊重生活的混乱、无目的、无意义、无升华，而成了生活的审判者、概括者、提升者的时候，诗歌就不存在了。那些急于想把人们带进天堂的人，总是试图阉割生活的日常性，而变成了一台“神圣机器”。于坚也说：“中国文化对日常人生采取的是一种回避的态度。这种文化总认为人生是诗意的，而以为它的日常性毫无诗意。诗意的人生观导致了近代中国人的猎奇癖……”[②]

当读着《0档案》的“物品清单”，并将这份清单放进档案文体的大背景中去的时候，我们就可以发现，那些物品、蜂拥而至的物品，

① 参见《弗朗索瓦·拉伯雷的创作与中世纪和文艺复兴时期的民间文化》，见［苏联］巴赫金著，钱中文主编《巴赫金全集》第6卷，河北教育出版社2009年版，第365页。

② 于坚：《棕皮手记》，北京邮电大学出版社2014年版，第159页。

琐屑的、无法计量的物品，恰恰是最散发着人性气息的东西（本雅明对此最有体会），它们又是使档案感到棘手的、无法对付的，无法收编的成分（就像个体动词一样）。如果说档案就像传说中恐怖的城堡，那么，这些词语就像一群小精灵；于坚吹响了魔笛，领着它们，一路跳着舞，离开城堡，朝着生活的村庄走去，以免遭受城堡里面的人的折磨和欺凌：

日记本　粮票　饭菜票　洗澡票　购物票
工作证　身份证　病历本　圆珠笔　钢笔
…… ……
去痛粉20包　感冒清1瓶　利眠灵半瓶　甘油1
瓶　肤轻松
零散的丸药　针剂　粉　膏　糖衣片　若干
方格稿纸3本　黑墨水1瓶　蓝墨水1瓶　红墨水1瓶
…… ……
黑白电视机1台　军用水壶1个　汽车轮子内胎1
个　痰盂缸1个
空瓶13个　手电筒1个　拖鞋8双（5双已不能使用）
旅游鞋1只（另一只去向不明，幸存的九成新）

你可以批判：世俗、庸俗、没有理想、没有灵魂、没有苦难感、苦难之后还写诗就是野蛮，等等。但是，你有什么权力批判物品呢？有什么权力批判已经不成对的“旅游鞋”呢？有什么权力批判一只“痰盂缸”呢？于坚的诗歌思维就在这种日常性中、物品清单中悄然而至（误解也因此而来），而那种简化的、偷工减料的档案思维（或者叫作统一的神话思维）也就破产了。正像戏剧家安东尼·阿尔托（1894—1948）所说的："在简化和秩序统治的地方，既无戏剧也无戏剧性，真正的戏剧，也像诗一样——尽管是通过其他的方式——是在一种组织化的无政府之外诞生的。"[①]

5

《0档案》就像一个词语的"集中营"，一切不和谐的、异质性的因素都在这里聚集。这个聚集的地方，是词与词之间争斗和较量的舞台，一个有着外部完整性的舞台。但是，这里上演的是一出残酷的戏剧。它的内部是一个"无政府主义"的状态：充满了喧哗与骚动、斗争和肉搏。在于坚的诗歌呈现给我们的画面中，或者说在戴着权威面具的档案里，名词毅然地删除、缓慢地吞噬着动词，而动词则利用自身的力量搅乱了档案虚假的完整性和合法性，从而将自身的意义突显出来了。

更重要的是，这出残酷的戏剧并不是对生活的表演，而是生活本身，它的奴役和解放。表演是需要导演和剧本的。导演是意义的解说者，剧本（作者）是统一的情节的设置者和矛盾的解决者。他们用高度抽象的意义（彼岸）和形而上学的整体性（情节的统一性）来指挥着表演。所有这一切，都是《0档案》所要反对的。因此，表演的戏剧仅仅是表演，而不是生活本身。表演的戏剧不需要观众的参与，它只是需要安然就座的秩序和优雅的掌声，它为窥视癖者提供服务（心

① 转引自［法］雅克·德里达《文学行动》，赵兴国等译，中国社会科学出版社1998年版，第361页。

灵按摩）。返回生活本身就意味着：离开表演、导演、抒情、隐喻、修辞（包括与这些东西合谋的日常生活），回到动作、动词和真正的生活本身。正像于坚所反复声明的那样：这不是先锋，而恰恰是“后退”（“我实际上更愿意读者把我看成一个后退的诗人”[①]），退回或者说坚守到与生命的基本常识上来。

我要再一次回到我在第一部分中谈到的话题。为什么《0档案》在引起读者共鸣的时候，首先不是在诗歌界、文学界，而是在戏剧界呢？这是因为实验剧所追求的“动作”和“身体解放”，与《0档案》所追求的词语解放的不谋而合。他们共同抵制了传统的表演、导演、升华、抒情、整体性、生命的不在场等形而上的怪物。戏剧现场所呈现的一切都是戏剧本身；诗歌所呈现的所有的词，也都是诗歌本身。所有的用先在的观念来削足适履的做法，在这里都是注定不合时宜的。当然，《0档案》这个残酷的剧场中的争斗，比实验剧要更残酷、更复杂，有时候甚至更隐蔽。小剧场实验剧所涉及的观众很少，而《0档案》已经变成铅字，进入了传媒的流通领域。

《0档案》在诗学的意义上对当代汉语词汇所进行的清理工作，其意义是巨大的。这种清理工作的意义，首先就在于为更年轻的诗人提供了选择、辨别词汇的方法论依据。不管你愿意与否，也不管你是否读过《0档案》，一种真正的新的诗歌创作，都必须在一种经过清理、甄别之后的词语层面重新起步。（顺便提到当代另一位具有代表性的诗人韩东。他在诗歌创作中无疑是进行了大量的这种清理和甄别工作的，只不过他没有对这种工作本身进行诗学表达而已，他的写作

① 于坚：《棕皮手记》，北京邮电大学出版社2014年版，第155页。

是直奔核心部位的，因而，他的诗歌表面上很平静、甚至很节制，实际上却隐藏着一种戏剧式的，不是叙事式的紧张。）

诗评家谢冕在充分肯定了《0档案》的意义之后，担忧地说：“我最终想知道的是，作为《0档案》这样‘自杀性’的创作事件，对诗人于坚的创作生涯意味着什么？于坚和他所代表的这批诗人，下一步写什么？怎样写？”[①]我觉得这种担忧既很有道理，又似乎没有什么意思。在谈到《0档案》的时候，于坚说：“我是一个为人们指出被他们视而不见的地狱的诗人。”[②]如果真是这样的话，那么就继续将人们视而不见的地狱指出来就是了。难道这还不够吗？我很难相信看不见地狱的人（一些盲视者）能看见天堂。我认为，对一位诗人来说，无论将地狱，或者将天堂指示给人们看，都是十分了不起的，换句话说，这两种诗人所做的是同一件事情。写地狱式的诗的波德莱尔，与写天堂般的诗的马拉美，都是伟大的诗人。

我要奉劝正在写作的人：不要急于奔向“天堂”，要有足够的耐心，面对“地狱”的耐心，用对待日常生活的家常便饭一样的心态。更何况最可怕的并不是所谓的地狱，而是人。对此，民间故事中讲得最生动具体：

勇敢的小约翰什么也不怕。他连魔鬼巨人也不怕，敢独自一人住进有魔鬼巨人出没的老房子里，还在黑暗中吹着口哨、跷着腿跟魔鬼巨人聊天。村里人都很崇拜他。后来有一天，他偶尔回头一看，看见自己的影子，就吓得魂不附体，死了。

① 转引自沈奇《飞行的高度——论于坚从〈0档案〉到〈飞行〉的诗学价值》，《当代作家评论》1999年第2期。

② 于坚：《棕皮手记》，北京邮电大学出版社2014年版，第155页。

（三）翟永明：女性梦幻中的诗意

1

1994年，翟永明也悄悄地出版了一本诗集，收集了她自1984年至1993年以来的主要诗作。诗集的印刷和装帧十分精美，但印数极少。我猜，她是想送给那些还愿读诗、但又看不惯手抄本的朋友们。

前面所附的几帧转黑白照片，的确为诗集增色不少，但就像她本人的性别一样，继续在起着错误导向的作用，以至于许多人还在津津乐道："女性诗歌。女性诗歌。"好像诗也分了性别似的。我很遗憾不能看到她1981年至1983年的诗歌练习簿，其中肯定有她如何从一个普通的女性变成一个诗人的印迹。但这又有什么关系呢？我想，对一个诗人来说，性别远不如其语言或词汇重要。

说到词汇，也有许多牵强的议论。"黑裙子、黑鸟、黑夜、黑风景……：女性词汇。"这种分赃式的思维方式，看似大家都有所得，但结果是使诗一无所有。当一位男诗人大量使用"黑色"词汇，一位女诗人大量使用"白色"词汇（如翟永明后期诗歌）时，是不是要用"阴阳同体"或"性倒错"的观念来评价呢？从一般的经验层面来看，黑色、白色、彩色，对荷马、弥尔顿、博尔赫斯这些伟大的盲诗人来说有什么区别呢？何况翟永明一开始就宣称自己像一位盲人：

> 我一向有着不同寻常的平静/犹如盲者，因此我在白天看见黑夜（《预感》）[①]

① 本节所引翟永明诗皆据《翟永明诗集》，成都出版社1994年版，后文不再出注。

可见，她并不只是从一般的经验层面使用“黑色”词汇，这与“女性”这个词没有必然的联系。在这个对性别十分敏感，对诗十分迟钝的时代，我们可以少谈些性别，多谈些诗。这恐怕是一个“不明智”的选择，就像一个人选择了写诗而不是别的一样。在梦中曾经抵达了天堂或地狱，醒来后一无所获，诗的花朵却捏在手中。换句话说，在梦中，“世界闯进了我的身体”（《世界》）；在诗中，词语抵达了事物（包括自己的躯体）和世界。因此，诗人就是一位梦想家。[①]对他们来说，现实世界和梦的世界是不可收拾的。他们用精疲力竭的词汇收拾和组合那混乱的局面，却在词汇之间留下了许多裂隙。这裂隙的背后是深渊，但词语依然跳了过去，在抵达事物和世界的中途行走。所以，在诗人的整个创作过程中，每一个词都可以看作一条通道。它们有的在中途夭折（落入深渊而消失），有的则一直走到了底。在这里，诗人抵达事物的方式，或者说对待自身、生命和世界的根本姿态，是词的检查官。这是一个诗人最根本性的因素。翟永明在这一点上是很独特的。

2

有人认为，照片是进行微精神分析的极好的材料，要求是照片要成一个系列，并且还得借助一些特殊的放大设备，最后能发现照片上的人与世界之间有某种隐秘的关系。[②]这当然不是每一个人都能做到

① 这也与性别无关。博尔赫斯就是一个梦想家，他多梦且经常失眠。而他的妻子玛丽亚·埃丝特则很少做梦，即使偶尔有梦，她也记不住。这对一个梦想家来说，无疑是一个不小的打击。三年后他们分手了。

② 瑞士当代微精神分析学家西尔维奥·方迪认为，分析幼儿照片系列，可以发现他与母亲的关系；分析成人的照片系列，可以发现他与世界的关系。参见［瑞士］西尔维奥·方迪《微精神分析学》，尚衡译，生活·读书·新知三联书店1993年版。

的事。但我们在《翟永明诗集》前面的照片上可以发现，翟永明的眼睛是大得出奇的。但是，在她的诗中，我们没有看到她像利用广角镜一样利用她的眼睛，即伸出眼球，扩展视野，加大诗歌画面的幅度和生活的广度；也没有发现她增加视点的焦距，加深视觉的深度，从一般的事物发掘历史的价值或哲学的启迪；更没有“像市民一样思考”，睁着茫然的眼睛，看见什么就是什么（上面几种现象都可以在中国当代诗歌思潮中找到对应的例证）。恰恰相反的是，翟永明闭上了眼睛（“犹如盲者”）。

“闭眼”是对窥视的反应方式之一。美国作家爱伦·坡的小说《泄密的心》中那位青年男子对窥视的反应是一个特例。他由于不能忍受邻居的窥视而歇斯底里。开始，他掩饰自己，用一种虚假的行为方式来对抗窥视。但他终于因不能忍受精神的重负而杀死了那个“善良的老头”。对窥视这种“视觉占有”行为，还可以采用另一种姿态，即用亲切、温柔而又坚定的目光与对方交流，并达到诱导的效果。最常见的对策是用视觉反视觉，将窥视者变成被窥视者，也就是常人所说的“以眼还眼，以牙还牙”。这的确需要勇气，并且是心甘情愿地采用“占有”的方式。这对一个在“秘密的一瞥”面前就“精疲力竭”（《预感》）的人来说，实在是一件很困难的事。

我们并不敢断言翟永明曾采用过什么具体的对策，却敢断言她在“视觉占有”行为面前最终是一个逃亡者。我们可以设想，周围有无数个像枪眼一样的眼睛，枪眼背后是不为人知的黑暗或深渊，其中潜伏着各种毁灭性力量，并且随时都可能将一个人吞没。我们会怎样呢？

那些巨大的鸟从空中向我俯视／带着人类的眼神／在

一种秘而不宣的野蛮空气中/冬天起伏着残酷的雄性意识（《预感》）

我将怎样瞭望一朵蔷薇？/在它粉红色的眼睛里/我是一粒沙，在我之上和/在我之下，岁月正在屠杀（《臆想》）

我想，任何一个稍有惧怕、敬畏和同情心的人，都可能闭上眼睛的。但闭上眼睛的人并不比睁大眼睛的人糊涂。我们很少看到一位盲人掉进田沟里，却经常见到聋人撞在电线杆子上。因为有的人看见了光，内心却一片幽暗；有的人看不见，内心却是敞亮的。盲人总是凭着听觉（加上触觉）在世界的迷宫里行走。他周围一片黑暗，但他自己点亮了躯体的灯盏。你在他心目中，是一些与过去和现在交织在一起的声音和气息，而不是服装、名片、高矮、美丑、和善或凶残。所以，闭上眼睛并不能说明他斩断了与外部世界的交往。他恰恰是以一种或许更好的方式在交往。

“仿生学”不一定能给人类带来神迹，但为写诗和读诗提供了某种暗示。我们可以发现，翟永明一直对蝙蝠对待事物和世界的姿态有着十分浓郁的兴趣。蝙蝠是翼手目的具翼哺乳动物。它是哺乳动物中唯一可以飞翔的，它的双翼手既是皮肤，又是翅膀；它的眼睛就是耳朵（接受声波，或者可以称为“观音”），它的耳朵就是眼睛（接受声波，选择飞行的线路）。所以，蝙蝠对外部的反应就是耳朵（和皮肤）等各种器官对声波的反应。它的世界就是黑夜，但并不宁静，各种声音的喧响是它飞行的必要条件。正是在这个意义上，声音成了一个闭眼在黑暗中摸索，在梦境中挣扎的依凭。翟永明在一首诗中说：

蝙蝠是古老的故事/是梦中最后的发现/是一个畸形的伪装的鸟/高贵的心难以着陆/他的重大的　肉感的形态/始终与我有关/这一切幼时多么熟悉/现在也依然存在（《我的蝙蝠》）

蝙蝠对事物和世界的反应方式有三种：第一是用特别发达的耳朵接受声波；第二是用吻部、鼻尖和皮肤接受声波（这两种经常是夜间的方式）；第三是用干枯的瘦小的脚倒挂起来的姿态，这是它观察和休息的方式（往往是在白天）。在翟永明的诗中，我们到处都可以看到她借助听觉表达事物的诗句：

心惊肉跳地倾听蟋蟀的抱怨声/空气中有青铜色牝马的咳嗽声（《臆想》）

咯血的黄昏（《瞬间》）

我来到这里，听见双鱼星的哞叫/又听到敏感的夜抖动不已（《第一月》）

黑驴们靠着石磨商量明天（《第一月》）

赤裸的街道发出响声（《第八月》）

死者当中无休无止的哭声（《永久的秘密》）

爱生病的女子是怎么回事？/她耳中定然装满全世界的噪声（《敏感的萨克斯》）

并且，她对“雨打芭蕉”“黄鹂啼鸣”这些直观的、动相的声音不大感兴趣，而对静相中的声音[①]有着高度的敏感。如：马的咳嗽、黄昏的咯血声、街道的声响、死者的哭泣、夜的抖动声。这些都是翟永明心爱的词汇。它们的确与黑夜乃至梦境有关，而不属于白昼的或日常生活的词汇。通过这些词汇，诗人像蝙蝠一样，既把握了作为声源的事物，又准确地绕开了这些事物的迷宫，使飞翔时不至于在事物上撞伤。翟永明就这样用自己对记忆中的黑夜恐惧和怨诉作为胶液，将这些词汇黏合到一起了。我们无疑能清楚地看到其中的裂隙。但正是这些裂隙中断了习以为常的连续，使词超越了历史性，而指向了她个体的史前史：对黑暗、子宫、死亡的追忆。在这种敏感的听觉中，现在与过去遥远的事物重逢了。重逢的喜悦像节日一样，化解了他的惧怕和怨恨，使诗的语调变得温柔而又宽厚：

为那些原始的岩层种下黑色梦想的根/它们/靠我的血液生长/我目睹了世界（《世界》）

在寂静的声音间歇中听到了声音，一些并不都有物理学依据的声音，这完全是心智或幻觉的产物。精神分析学和佛教理论都把这

① 佛教将听觉分为外闻与内闻。外闻关注耳朵与物理声音的关系，内闻关注耳朵与“闻性”的关系。动相指可以直接听到物理声音，静相指常人耳朵能听见的物理声音的间断。

种强行伸张听力的结果视为病态。因为这些声音是介于精神分析（引向日常的物理声音）和佛教（引向耳根圆通：天籁之声）之间的[①]，如果硬从医学的角度判断这是病态，我宁愿称它为一种非但不使生命贬值、反而使之升华的"病态"。诗人就是用自己的"病态"和诗行，驮起了黑夜的重负，使黑夜变得清晰起来了。她曾毅然地代表诗人宣称：

> 我创造黑夜使人类幸免于难（《世界》）

把个人深重的苦难融入人类的不幸之中，这是诗和生命的升华。在这个意义上，所有曾为黑夜和恐怖伤害过的人都应感激她，将她引为知己和同类。

3

但是，作为黑夜的囚徒的同类们，如何进入翟永明的诗歌呢？耳朵出奇发达者的听觉，往往能在中耳和内耳部位轻易地沟通大脑和神经系统。最终，他们可能成为一个越来越沉浸于内部世界的"通灵者"。这种方式造成的语言晦涩，增加了读者的困难（尤其是耳根阻塞者）。诗人曾经说过，"把自己纳入孤独的境地/不停留在带蛛网的角落/不关心外界的荣辱/它独自醒着/浑身带着晦涩的语言"（《蝙蝠》）。所以，读者将翟永明的作品当作古典抒情诗来吟诵的时代似乎

① 《庄子》中有"天籁"，《阿弥陀经》中有所谓"天乐"。但翟永明听到的声音与这些并不相同。她听到的，无论生与死、自然与肉体，都与"黑夜"有关，都是她和她的同类精神创伤的记录。对她来说，并不需要医生和教士，诗歌充当了这两种角色。

还没有到来。如果增加一些与外部交流的通道，对于读者的理解或许是一种弥补，但对诗人自己来说，真是前途未卜啊！

耳朵的确不是人与外部世界的唯一联系。研究表明，在电子显微镜下，“皮肤表面像一个粗网眼的筛网，又像一个令人目眩的坑洼地”[①]。人通过这些孔洞的呼吸与外部进行交流，尤其是那些组织结构比较复杂的部位（中医称之为“穴”，如头顶“百会穴”，脚心“涌泉穴”，等等）。

被泡沫溢满的躯体半开半闭（《臆想》）

“半开半闭”与其说是一种犹豫的表白，不如说是一个被动的姿态。当翟永明闭眼倾听黑夜的声音时，她的躯体没有完全闭锁，也无力沉入黑暗的寂静孤独之中，而是在强力的冲击下被动地感受。

太阳用独裁者的目光保持它愤怒的广度/并寻找我的头顶和脚底/……世界闯进了我的身体/使我惊慌，使我迷惑，使我感到某种程度/的狂喜（《世界》）

全身每个毛孔都张开/不可捉摸的意义/星星在夜空毫无人性地闪耀（《渴望》）

① 西尔维奥·方迪的研究表明，身体与外部世界本来就没有界线。人体的虚空组织与宇宙的虚空组织是相连的。这是人体“小宇宙”与外部“大宇宙”的同性这一东方信念的佐证。

“狂喜”“惊慌”“迷惑”都来自阳光、风、星月、异性和一切外部事物的侵入。它们打破了夜的静寂和深度。孤独的飞翔的耳朵坠落在“赤裸的土地上”(《证明》)。这是白天对黑夜、身体对耳朵背叛的一种不能持久的方式。所以，诗人旋即就以一种十分矛盾的心情表达了自己的态度：

身体波澜般起伏/仿佛抵抗整个世界的侵入(《生命》)

你整个是充满堕落颜色的梦/你在早上出现，使天空生了锈(《噩梦》)

当你走时，我的痛苦/要把我的心从口中呕出(《独白》)

一阵呕吐似的情节/把它的弧形光悬在空中(《生命》)

对窥视的抗拒，可以采用闭眼的方式。但这种方式也有无能为力的时候，光、风、热、性的侵入可以让你精疲力竭。问题并不在于真诚与否，而在于有没有新的姿态。如果除了对声波的反应，你对身体的迷宫和世界的迷宫一无所知，那么，你就可能时时感受到外物的伤害。于是，向黑夜逃遁便成了最后一着。所以说，翟永明开始对蝙蝠的偏爱，只是集中在它那黑夜的幽灵、飞翔的激情、倒挂的姿态上：

天真的翅膀被刮伤/只在夜里出没/……腋下有一片反

抗的情绪（《蝙蝠》）

而对于它两栖性的另一面：哺乳动物，则有着天然的警惕和敌意。这种感受是完全可以理解的，就好像我们看见蝙蝠粉红色的小乳房而不快，看到它在夜空中奋翅飞翔而激动不已一样。所以，当她写到“夕阳在你们/两腿之间燃烧”的诗句之后，马上就说“蝙蝠在空中微笑/说着一种并非人类的语言”（《边缘》）。

看来，躯体向世界敞开是短暂的，向黑夜和天空逃遁成了一种宿命。我把她看成最后一批理想主义者中的一员。

只有我在死亡的怀中发现隐秘/我微笑因为还有最后的黑夜/……我生来是一只鸟，只死于天空/你是侵犯我栖身之地的阴影（《七月》）

充满了喧响和回忆的黑夜与肉体的虚无、事物的虚空之间一直是一种争斗的力量。仿佛黑夜成了她的宗教，而肉体则成了一个不断发出诘难的虚无主义者。但是，翟永明总是把理想和诗情，把最心爱的词汇给了黑夜：

夜里总有一只蝴蝶叫着她的名字/……月亮很冷，很古典，已与她天生的/禀赋合为一体/……越来越多的燕子在你家筑巢/黑罂粟被当作饰物挂在窗口（《沉默》）

蝙蝠的窘境，是这个时代人类理想的遭遇的最好隐喻。飞翔的欲望使“高贵的心难以着陆”，但“重大的　肉感的形态”下坠的力量，使它“执意的飞行永远无法接近鸟类”（《我的蝙蝠》）。这个窘迫的境遇像一块沉重的巨石抑制着她，并深化了她诗的主题。因此，翟永明既没有在黑夜的声音中流连忘返，也没有像赌徒一样全身心地投入躯体的虚空。她开始学会睁开解剖刀一样的眼睛：

血从地下涌来使我升高/现在我睁开崭新的眼睛（《结束》）

“崭新的眼睛”有两层含义：一是外视，一是内视，但都不能从一般的经验层面来理解。这是翟永明第一次以主动的姿态（而不是被动的抗拒或闭目不视）面对自身，面对生命和外部世界。

4

表面上看，外视在翟永明这里的确像常人那样，利用眼球和焦距成像：外部世界的事物通过眼球晶体，在视网膜上投下一个倒影，有如一张感光胶片。人们习惯于把这张虚幻的没有显影的底片当作真实的事物对待。但翟永明采用的是倒立的姿态（视网膜留下正立的影像），像蝙蝠一样，在“睡不着的夜里　他倒挂着”（《我的蝙蝠》）。或者也可以说是婴儿的第一个姿态，“保存这头朝地的事实我已长得这般大”（《旋转》）。所以，她才能“在白天看见黑夜”，才能“在贪婪的朝霞中”看到古老的哀愁（《母亲》）。

按照一般的理解，人的基本姿态应该是头上脚下、天上地下、阳上阴下。这的确是一个傲慢而又诱人的姿态。《易经》中的否卦（䷋）正是对这种姿态的抽象表达。“否”在经文中解释为“否之匪人。不利君子贞。大往小来”[1]。在“十二辟卦”中它代表七月，“否”的本义为干坏事。纯洁的人（君子）干坏事，成了匪人，真是因小失大啊（大往小来）。“否”的卦象与七月互比，恰恰暗示了人的这种姿态的尴尬处境。翟永明或许也感觉到了这一点：

你是一个不被理解的季节/只有我在死亡的怀中发现隐秘（《七月》）

高昂起头颅的人们自以为是，殊不知他们成了魔鬼节日的祭品。所以，他们平常充当着魔鬼的仆人。而七月还只过了一半的时候，他们就只好贡出所有的精美食品，去祭奠那些同类：野鬼孤魂。其实，为了这样一个姿态，不幸的人类付出了沉重代价，何止一些“精美食品”可以概括的呢？

你让我生下来，你让/我与不幸构成/这世界的可怕的双胞胎（《母亲》）

相比之下，倒挂着是一个十分谦卑的姿态。愚蠢无明的头颅指向了大地，卑微的脚抬到了至高无上的位置。在《易经》的卦象里表示为泰卦（䷊）。经文是这样解释的：“小往大来，吉，亨。……朋亡，得尚于中行。”[2]在“十二辟卦”是对应于正月，三阳开泰。泰：好的意思。朋：货币，代指外物。朋亡：世欲生活的失意，但能得尚

① 周振甫译注：《周易译注》，中华书局1991年版，第50页。
② 周振甫译注：《周易译注》，中华书局1991年版，第46～47页。

（助）于中行（途）。恰恰在此刻，你才能听到“野樱草的呼吸”（《九月》）和生命的声音。这就是“小往大来”的道理（有人很失望吧）。美学上的补偿使“朋亡”变得多么微不足道啊！倒立者所见到的图像在常人看来是颠倒的，是不真实的。这只能说是“正者见正，倒者见倒”。

所以，在尘世中要保持这个正确的姿态，并不是一件轻而易举的事。在《旋转》这首诗中，诗人说出了她的难处和苦衷：

> 我站得很稳，路总在转/从东到西，无法逃脱圆圈的命运/够了，不久我的头被装上轨道/我亲眼注视着它向天空倾倒

注定要死于空中的飞鸟一样的生命，即使想把双脚举到空中也不容易：

> 大地压着我的脚，一个沉重的天/毁坏我，是那轮子在晕旋（《旋转》）

但幸运的是，倒挂时所见的事物，在视网膜上留下了难以消磨的真实影像，就像在乳胶底片上留下的影像一样。何况诗人总是不惜代价地保存它，“目光朝向伤了元气的轮回部分和古老的皱纹”（《第十二月》）。的确需要很好的内视能力，才能将她保存的胶片显影出来。内视的基本要求是：两目后视。“后视”并不是叫你转过脸来，而恰恰要求脸依然朝着前方，但目光要看到后面。“看呵，不要

转过你们的脸”(《结束》)。后视的人一般还是将双目微闭。但这种“闭”与闭目不视，仅仅只伸张听力的“闭”是完全不同的。这时，你可能看到了骨骼的空隙、皮肤的网眼、血液的流动、气脉的走向，甚至阴至阳的争斗、生与死的较量。此时你即使倾听，也更多的是听到某种与宇宙声音合而为一的体内声音。这是人对自身的凝视和深刻的解剖，比那些整天睁大双眼去占有世界，去解剖别人的人要谦卑得多。

我的眼神一度成为琥珀/深入内心，使它更加不可侵犯/忍受一种归宿，内心寂静的影子/整夜呈现在石头上，以证明/天空的寂静绝非人力(《证明》)

在一种“崭新的眼睛”逼视之下，飞翔的激情与躯体的喧嚣之间是否能出现新的通道，那要看她对自身凝视和解剖的结果如何。应该把这个过程看作一座桥梁。

5

后来我们才发现，在翟永明的诗中，内视与外视之间并没有明确的界线。她有一种将内视外化，或将外视内化的能力。这得益于她的基本姿态。也就是说，在她观察或倾听自己的躯体深处的时候，仿佛就像在看外部世界：

身体轻轻流淌/在古老的岩石/光攀至高山/让灵魂徐徐飞进又飞出/正确而真实　犹如远景(《身体·之一》)

轻轻扭头／身体宛似——／扑火飞蛾的双翅／远离尘世的事物（《身体·之二》）

纯洁的身体面对北风／你拧亮太阳／与躯体的平静混合／……一只乌鸦撒开灰色翅翼／死亡在身体内发生多次（《身体·之三》）

而对外部事物的观察，仿佛是在注视和倾听自己躯体深处：

怀着／那伟大的野兽的心情注视世界，深思熟虑／我想：历史并不遥远／于是我听到了阵阵潮汐，带着古老的气息（《世界》）

突然看见苍老的家园／惊讶的冬天已鼓满腹部（《太平盛世》）

将这两种方式真正结合在一起的，是一系列以母亲为主题的诗。

没有人知道我是怎样不著痕迹地爱你，这秘密／来自你的一部分，我的眼睛像两个伤口痛苦地望着你（《母亲》）

对这个经常闭着双眼的人来说，再也没有什么比母亲的形象在视野中停留的时间更长。我们在分析中可以发现，翟永明与母亲的关系十分密切。她把对母亲的爱视为一个秘密。这个秘密用“俄狄浦斯情结”是无法解释的；同样，用生死相辅的“子宫战争”也无法解释。[①]恐怕只能将它看作一种东方式的“血缘情结”：“我甚至是你的血液”，“血泊中使你惊讶地看到你自己”(《母亲》)。

对母亲的凝视（外）与对自身的凝视（内）往往混合在一种奇特的视野中。这是翟永明的独到之处。她无法在自身与外部（母亲）之间划出一条界线。因此，阿赫玛托娃的《安魂曲》似乎显得十分直露。[②]或许与对人类暴行的控诉相比，对死神的暴行的控诉显得尤为艰难，因为“生者是死者的墓地”(《第七夜》)，“我是死亡的同谋犯”(《第一夜》)。睁大茫然的双眼，面对死者苍白的面庞和绝望的眼神，并不一定能洞悉生与死的真相。人们往往会被恐惧和震惊将心塞满。“黑色葡萄的眼睛徒劳无益/在死者床前，谁能侦察亡魂的灵感？”(《第五夜》)

也许不是每一个人都能感同身受地领悟到作者在写作《死亡图案》时的心境。但我们能从中学会对生与死的凝视，甚至能学会在死亡阴影笼罩下如何摆正生的姿态的基本知识。这是组诗在主题上的超越。

《死亡图案》由七首诗组成，依次称为《第一夜》《第二夜》……《第七夜》。其中，“七天七夜，我洞悉死亡真相”的诗句，是贯穿全诗的主旋律。不可忽视“洞悉”一词。它不只是表明睁着眼睛，还暗示了对夜的警惕和对梦的拒绝，并通过对自身的反观（内视）把握生与互的真义。如果母亲的死真的经历了七天七夜，那纯属巧合。但“七天七夜”对于生和死来说，都是意味深长的。否则，怎样能把母亲的死与一个活着的躯体连在一起呢？怎么把生离死别的悲伤融进流

① 有人认为，子宫远不是一个充满爱的天堂。受精卵在着床和成形的过程中，胎儿这个体内寄生物随时都有被“呕吐”出来的危险。

② “涅瓦河烟雾茫茫，太阳黯淡，/但希望始终不渝，在远方高歌。”类似的句子在《安魂曲》中随处可见。

动的血液和“一呼一吸”的气息中去呢?

无论在术数文化中，还是在宗教和人体科学中，“七”都与生死问题密切相关。在后天八卦中，“七”代表了兑（泽），是一个苦难的深渊；在先天八卦中，“七”代表艮（山）是竖立的，担负苦难的背脊。当人站立于深渊之上时，艮上兑下成为一个咸卦（䷞）。这个卦象是《易经》的“下经”之首卦。经文表明，除了到人来人往的市场上去搞经营（九四“憧憧往来，朋从尔思”），其他所有的行为都使人受到伤害。[①]对一个诗人来说，这种伤害可能是终其一生的。此外，在“七”的奥义上，宗教与科学也惊人地吻合。[②]

“七天七夜”是一个从生到死，或从死到生的过程。在这个临界点上，人可以同时听到交织在一起的生死之音。

今夜，我亲临边境 / 目睹两种命运——过去和未来 / 无尽无休，与时间交媾在一起（《第六夜》）

透过母亲的眼睛我已看到 / 灵魂的结局…… / 我亲眼看见杀人者（《第三夜》）

分娩中的母亲 / 在生与死的脐带上受难（《第五夜》）

① 经文指明：初六，咸其拇；六二，咸其腓；九三，咸其股；九五，咸其脢；上六，咸其辅颊舌。又，《说文通训定声》释“咸”为“从口从戌，会意。戌，伤也”。故咸即伤义。参见周振甫译注《周易译注》，中华书局1991年版，第112～113页。

② 胚胎学认为，受精卵的细胞分裂过程经历了整整六天的血腥历程。在第七天时才开始在宫壁着床。结束了一个死的经历，开始了另一个生的过程。此后的变化，也是以七天为一周期。

生生不息的循环时间挽救了她，使她没有跌入绝望的梦境。但母亲的死亡这一震惊事件，却通过诗人的“内视”，转换成了一桩内部事件，一种更深层的伤害。所以，在细读中我们感受到，《死亡图案》似乎变成了濒死的母亲的哀号。

被死亡梦魇充满躯体/惊心动魄：我掌握着/全体受害者的灵魂/备受折磨而焦虑（《第四夜》）

能洞悉生死真相（并将他人的死转换成自己内心的深层经验）的人，佛教称为“中阴身者”，即舍此（生）而未入彼（死）者，中间存在之身也。[①]必须得有极强的意志和内视力，才能把握这种状态。因此，“中阴身”就是一个即生即死、生死一如的中间状态。所以，《死亡图案》就不仅是母亲之死的悲泣和伤悼了。

假定死亡在生长，借着黑夜杀人/我的躯体将保有全世界死者的痛楚（《第一夜》）

当我们亲尝死亡/……诞生只是它恶意的模仿（《第六夜》）

黑色的窗户把光线漏进心底/假如我是你，你是我，有多少时间/让我们看生离死别（《第七夜》）

① 并不是每一个人都能进入“中阴身”状态。比如一个濒死的老妪，可能会被痛苦、子女、别离等各种外事拖累，而变得意识混乱不堪。这不是“中阴身”。

就这样，翟永明在对濒死的母亲的凝视中，借助于内视力（通身眼），以一个“中阴身”的状态，站在生与死的边界上，为母亲，为人类那些已死将死者，唱了一曲奇特的哀歌；在生人的躯体上刺绣了一幅“死亡图案”。如果黑色就是死的颜色，白色就是生的颜色，那么，在一个生死一如的死亡图案中，黑与白就像一枚枚围棋子儿一样，镶嵌在棋盘上。

黑与白/我聆听什么样的智慧？/……消失的声音依照空气的安排/黑与白的安排（《变奏之三：黑与白》）

所以，组诗《颜色中的颜色》可以视为这个主题的另一种延伸。在此不再说论。

6

在“崭新的眼睛”的逼视下，发现“岁月把我放在磨子里，让我亲眼看着自己被碾碎”（《母亲》）。睁眼对外部和自身的凝视，其结果真是难以收拾！苏格拉底说：“我去死，你们去活，但是无人知道谁的前程更幸福，只有神才知道。”[①]孔子说：“未知生，焉知死。”看来，普通人与伟大的智者所面临的难题是相同的，不同的只是前者贪睡，后者失眠。

但你来晚了，原以为能赶上一次隆重的典礼。可是，死神的节日已经结束。它们又在重新开始自己的日常工作。那些三三两两的旁听

① ［古希腊］柏拉图：《申辩篇》，见《柏拉图全集》第1卷，王晓朝译，人民出版社2002年版，第32页。

者还在不肯散去，重复着智者们热烈地争辩过的老话题。而迟到的诗人则开始掉转头去，独自踏上了自己的尘世的羊肠小道。

正因为通过了独特的倾听和凝视的练习，从而洞悉了事物和世界的真相，她才敢于以常人的姿态（头上脚下）走进外部世界。在诗歌中，“静安庄”就是外部世界的象征或代名词。我们在翟永明的诗中，找不到城市与农村、工人与农民这些题材上的区别。她关注的是人与世界、生与死、灵与肉之间的关系。所以，无论她与“静安庄”曾经有过怎样的亲缘或敌意，这都是一次将自己与外部事物融为一体的努力。其实这种努力在组诗《女人》中就已见端倪：

> 偶然被你诞生。泥土和天空/二者合一，你把我叫作女人/……从脚至顶，我有我的方式（《独白》）

《静安庄》与《称之为一切》这两首长诗在主题上的近似无须论述。不同在于前者将主题表达得更为浓缩和典型。《静安庄》由十二首诗组成，依次称为《第一月》《第二月》……《第十二月》。进入“静安庄”所采用的姿态，已不是具体的闭目倾听、倒挂、双目内视的姿态。这些基本姿态早就与诗人的生存方式融合了。或者说，现有采用什么姿态并不十分紧要。好像“飞天蝙蝠”柯镇恶（金庸笔下“江南七怪”之一），无论躺着、坐着还是站着，都能凭耳朵准确无误地判断飞镖或毒针等暗器的来路。因为他的耳朵在空中飞翔，而肉体变成了“通身眼”。对他来说，姿态已经不重要了。

“怎样才能进入/这时鸦雀无声的村庄”（《第二月》）。玉米地、草垛、小路、羊圈、街石、田埂……这一切依旧如故。但它们不会主动地与过去遥远的生活相逢。当年的气息、体温、泪珠、汗水早就融进“阴阳混合的土地”中去了，只有土地才“对所有年月了如指掌”(《第一月》)。去问土地吧。往事在土中喃喃低语，像“神在低声预言”一样。这无疑不是一组普普通通的怀旧诗。诗人没有思绪万千地唠叨着过去，也没有把过去的岁月集中在一块“小玛德兰点心”的滋味上（像普鲁斯特）。而是把“脚”的感触和聆听的日程，当作自己精神岁月的历史来提示。现实世界的图像，像幽灵一样四处乱窜。但土地中“嘶嘶的”声音从脚底涌进，与她精神岁月的影子真实地重逢。

在《静安庄》中，“脚”的意象是贯穿全诗的中心意象。它不但有触觉，而且还有敏锐的听觉。这无疑得益于躯体的眼睛——涌泉穴，还有皮肤的孔洞。

> 从早到午，走遍整个村庄／我的脚听从地下的声音／让我到达沉默的深度（《第二月》）

> 我的脚只能听从地下的声音／以一向不抵抗的方式迟迟到达沉默的深度（《第四月》）

> 踩在泥土上，本身也是土（《第九月》）

> 听见土地嘶嘶的／挣扎声，像可怕的胎动（《第十月》）

> 步行的声音来自地底，／如血液流动（《第十二月》）

绝不能把“脚”看作一个可有可无，或者能随便替换的道具。融进了土地的过去的岁月，如今已经变成了大地之气，徐徐涌出。诗人像一个赤足走进梦的森林的孩子。她也许并没有得到可观的猎物，“脚”却听到了“这片翻松的土地/爬出一种古老调子”(《第十月》)。当她把自己视为土地与天空的元素和合成的一粒尘土时，她也就成了古老调子中的一个音符。

全诗的“十二个月”，与其说表示了古老的历法，不如说表示了十二律吕的声音。而律吕恰恰传达了天地气机的变化。[①]所以，“静安庄”土地上每一个角落发出的声音构成了一组旋律，说它古老是因为过去的元素早就溶入了其中，躯体的声响如今也与这土地气机中的律吕交织在一起了，生活的元素不是这样与土地融为一体。“低飞的鸟穿过内心使我一无所剩，/刻着我出生日期的老榆树/……因给予我们生命而骄傲”(《第十二月》)。脚在倾听大地之声的过程中，也仔细地分辨和筛选了属于自身的音符。她的确进入了静安庄。在这里，过去和现在的边界是模糊的。精神岁月的脚印在十二个月循环不止的小径上游荡。

七天成为一个星期跟随我/无数次成功的梦在我四周/贮满新的梦，于是一个不可理解的/苦难渐露端倪，并被重新/写进天空；完成之后又怎样？(《结束》)

① 传说黄帝时，乐师伶伦用昆仑山所产的十二根竹管并排埋入地下。当十一月的“一阳来复”之时，第一根竹管中就有地气冲出，吹起了“黄钟”之音。此后，大吕，太簇、夹钟……十二律吕依次与十二个月对应。中国音乐与西方的“十二平均律”不是一回事，而与自然和人体的状态联系得更密切。

对一位年轻的诗人来说，完成，仅仅意味着开始。

7

在翟永明后来的一些诗歌中，我们的确可以发现幸运的生活之鸟的影子。飞翔的蝙蝠有时慵懒地倒挂在地窖里。但对此我们除了深深的祝福，还能说什么呢？美学的代价曾由她自己付出了。当一个“厌倦了黑夜/常常从梦里坐起”（《玩偶》）的人说“走吧　壁虎的你/离开阴影　如我一样”（《壁虎与我》），这是十分真诚的。其实，黑夜依然笼罩着她。在最近一首诗中她又写道：

> 我的沉默　类似它的沉默/我的无法开口的黑暗把夜充满/在世上我无法成眠/……向谁剖开我满腹的追问/当月亮醉如烂泥/我仍无法成眠（《甲虫》）

挑选黑夜、死亡、赤脚、盲目作为自己基本的经验对象；挑选闭目谛听、内视、倒挂、飞翔作为在尘世间行走的基本姿态。这不是一件轻而易举的事。对那些整日沉浸在“散乱”（精神不集中，胡思乱想）和“昏沉”（昏睡或打瞌睡）状态的人来说，她的诗歌却完好地保存着声音（大地的喧嚣、血液和气脉的流动）、颜色、气息等各种人类的基本经验，而她自己依然是一个“异乡的孤身人”（《第十二月》）。所以，诗人总是以一个咸卦（䷞）的姿态站立在黑暗的深渊之上，用自己遭受的伤害，保留着人类古老的气息不至于四散无踪。

参考文献

中文著作

1. 阿英:《阿英全集》,安徽教育出版社2003年版。
2. 〔清〕曹雪芹、高鹗著,〔清〕护花主人、大某山民、太平闲人评:《红楼梦》(三家评本),上海古籍出版社1988年版。
3. 陈建军编著:《废名年谱》,华中师范大学出版社2003年版。
4. 陈平原:《陈平原小说史论集》,河北人民出版社1997年版。
5. 陈思和:《新文学整体观续编》(修订版),高等教育出版社2023年版。
6. 陈振国编:《冯文炳研究资料》,知识产权出版社2010年版。
7. 陈子善:《说不尽的张爱玲》,上海三联书店2004年版。
8. 陈子善编:《夏日最后一朵玫瑰——记忆施蛰存》,上海书店出版社2008年版。
9. 陈子善编:《张爱玲的风气——1949年前张爱玲评说》,山东画报出版社2004年版。
10. 陈子善编:《作别张爱玲》,文汇出版社1996年版。
11. 丁福保编:《佛学大辞典》,上海书店1991年版。
12. 董学文、荣伟编:《现代美学新维度——"西方马克思主义"美学论文精选》,北京大学出版社1990年版。
13. 杜小真编选:《福柯集》,上海远东出版社2003年版。
14. 范伯群编选:《鸳鸯蝴蝶——〈礼拜六〉派作品选》,人民文学出版社1991年版。
15. 丰子恺著,丰一吟编:《缘缘堂随笔集》,浙江文艺出版社1983年版。
16. 冯思纯编:《废名短篇小说集》,湖南文艺出版社1997年版。
17. 冯友兰:《贞元六书》,华东师范大学出版社1996年版。
18. 〔清〕郭庆藩撰,王孝鱼点校:《庄子集释》,中华书局2012年版。
19. 郭绍虞辑:《宋诗话辑佚》,中华书局1980年版。
20. 韩少功:《马桥词典》,上海文艺出版社1997年版。
21. 胡风:《密云期风习小纪》,海燕书店1947年版。
22. 胡宽:《胡宽诗集》,漓江出版社1996年版。
23. 华东师范大学老教授协会组编:《师魂——华东师范大学老一辈名师》,华东师范大学出版社2011年版。
24. 蒋丽萍、程俊英:《女生·妇人——"五四"四女性肖像》,上海文艺出版社1995年版。
25. 金观涛、刘青峰:《观念史研究:中国现代重要政治术语的形成》,法律出版社2009年版。
26. 金观涛、刘青峰:《兴盛与危机——论中国社会超稳定结构》,中文大学出版社1992年版。
27. 旧题八仙合著,松飞破译:《天仙金丹心法》,中华书局1990年版。
28. 《柯灵七十年文选》,上海文艺出版社1996年版。
29. [美]李欧梵:《苍凉与世故——张爱玲的启示》,上海三联书店2008年版。
30. 李英武注:《禅宗三经》,

巴蜀书社 2005 年版。
31. 刘北成:《本雅明思想肖像》，上海人民出版社 1998 年版。
32. 刘绍铭、梁秉钧、许子东编:《再读张爱玲》，山东画报出版社 2004 年版。
33. 刘西渭:《咀华集》，文化生活出版社 1936 年版。
34. 鲁迅:《鲁迅全集》，人民文学出版社 2005 年版。
35. 〔明〕罗贯中著，〔清〕毛纶、毛宗岗评:《三国志演义》(醉耕堂本)，中华书局 1995 年版。
36. 茅盾:《子夜》，人民文学出版社 1960 年版。
37. 孟悦、罗钢主编:《物质文化读本》，北京大学出版社 2008 年版。
38. 莫言:《莫言文集》，作家出版社 1994 年版。
39. 莫言:《司令的女人》，云南人民出版社 2002 年版。
40. 穆时英:《南北极 公墓》，人民文学出版社 1987 年版。
41. 宁宗一主编:《中国小说学通论》，安徽教育出版社 1995 年版。
42. 〔清〕蒲松龄著，朱其铠主编:《全本新注聊斋志异》，人民文学出版社 1989 年版。
43. 钱锺书:《管锥编》，中华书局 1979 年版。
44. 钱锺书:《谈艺录》，生活·读书·新知三联书店 2008 年版。
45. 沈从文:《沈从文全集》，北岳文艺出版社 2002 年版。
46. 沈晖编:《苏雪林文集》，安徽文艺出版社 1996 年版。
47. 沈建中编撰:《施蛰存先生编年事录》，上海古籍出版社 2013 年版。
48. 施蛰存:《施蛰存全集》，华东师范大学出版社 2011—2012 年版。
49. 施蛰存、孙康宜著，沈建中编:《从北山楼到潜学斋》，上海书店出版社 2014 年版。
50. 《十三经注疏》整理委员会整理，李学勤主编:《十三经注疏·春秋公羊传注疏》，北京大学出版社 1999 年版。
51. 《十三经注疏》整理委员会整理，李学勤主编:《十三经注疏·礼记正义》，北京大学出版社 1999 年版。
52. 《十三经注疏》整理委员会整理，李学勤主编:《十三经注疏·论语注疏》，北京大学出版社 1999 年版。
53. 《十三经注疏》整理委员会整理，李学勤主编:《十三经注疏·毛诗正义》，北京大学出版社 1999 年版。
54. 石昌渝:《中国小说源流论》，生活·读书·新知三联书店 1994 年版。
55. 史铁生:《务虚笔记》，人民文学出版社 2007 年版。
56. 〔南朝梁〕释宝唱著，王孺童校注:《比丘尼传校注》，中华书局 2006 年版。
57. 〔南朝梁〕释慧皎撰，汤用彤校注:《高僧传》，中华书局 1992 年版。
58. 苏雪林:《苏雪林自传》，江苏文艺出版社 1996 年版。
59. 隋元芬:《西洋器物传入中国史话》，社会科学文献出版社 2011 年版。
60. 唐弢主编:《中国现代文学史》，人民文学出版社 1979 年版。
61. ［美］王德威:《落地的麦子不死——张爱玲与“张派”传人》，山东画报出版社 2004 年版。
62. 王风编:《废名集》，北京大学出版社 2009 年版。
63. 王逢振、盛宁、李自修编:《最新西方文论选》，漓江出版社 1991 年版。
64. 王国维:《静庵文集》，辽宁教育出版社 1997 年版。
65. 王国维著，佛雏校辑:《新订〈人间词话〉

广〈人间词话〉》，华东师范大学出版社 1990 年版。
66. 王炎：《小说的时间性与现代性——欧洲成长教育小说叙事的时间性研究》，外语教学与研究出版社 2007 年版。
67. 王瑶：《鲁迅与中国文学》，陕西人民出版社 1982 年版。
68. 王瑶：《中国新文学史稿》，开明书店 1951 年、新文艺出版社 1953 年版。
69. 温儒敏、李宪瑜、贺桂梅等：《中国现当代文学学科概要》，北京大学出版社 2005 年版。
70. 〔明〕文震亨撰，陈剑点校：《长物志》，浙江人民美术出版社 2019 年版。
71. 萧艾：《王国维评传》，浙江文艺出版社 1983 年版。
72. 谢维扬、房鑫亮主编：《王国维全集》，浙江教育出版社、广东教育出版社 2010 年版。
73. 许寿裳：《亡友鲁迅印象记》，长江文艺出版社 2019 年版。
74. 阎月君、高岩、梁云等编选：《朦胧诗选》，春风文艺出版社 1985 年版。
75. 杨伯峻：《列子集释》，中华书局 1979 年版。
76. 杨绛：《杨绛文集》第 7 卷、第 8 卷，人民文学出版社 2004 年版。
77. 于坚：《棕皮手记》，北京邮电大学出版社 2014 年版。
78. 〔明〕袁宏道著，钱伯城笺校：《袁宏道集笺校》，上海古籍出版社 1981 年版。
79. 翟永明：《翟永明诗集》，成都出版社 1994 年版。
80. 张爱玲：《张爱玲全集》，北京十月文艺出版社 2009—2012 年版。
81. 张柠：《感伤时代的文学》，新星出版社 2013 年版。
82. 张柠：《土地的黄昏——中国乡村经验的微观权力分析》（第三版），高等教育出版社 2023 年版。
83. 张柠：《文学与快乐 · 文化的诗学》，高等教育出版社 2023 年版。
84. 张柠：《想象的衰变——欠发达国家精神现象解析》，福建教育出版社 2008 年版。
85. 张柠：《中国当代文学与文化研究》，北京师范大学出版社 2008 年版。
86. 张友鹤选注：《唐宋传奇选》，人民文学出版社 1997 年版。
87. 张子静、季季：《我的姊姊张爱玲》，文汇出版社 2003 年版。
88. 周芬伶：《艳异：张爱玲与中国文学》，中国华侨出版社 2003 年版。
89. 周遐寿：《鲁迅的故家》，人民文学出版社 1957 年版。
90. 周振甫译注：《周易译注》，中华书局 1991 年版。
91. 周作人：《苦雨斋序跋文》，河北教育出版社 2002 年版。
92. 周作人：《药堂杂文》，河北教育出版社 2002 年版。
93. 周作人：《艺术与生活》，河北教育出版社 2002 年版。
94. 周作人：《周作人书信》，河北教育出版社 2002 年版。

译著

1. ［奥］弗洛伊德著，车文博主编：《弗洛伊德文集》第 4 卷，长春出版社 2004 年版。
2. ［奥］西格蒙德·弗洛伊德：《弗洛伊德后期著作选》，林尘、张唤民、陈伟奇译，上海译文出版社 1986 年版。
3. ［德］本雅明：《发达资本主义时代的抒情诗人》，张旭东、魏文生译，生活·读书·新知三联书店 1989 年版。
4. ［德］汉娜·阿伦特编：《启迪：本雅明文选》，张旭东、王斑译，生活·读书·新知三联书店 2008 年版。
5. ［德］黑格尔：《美学》，朱光潜译，商务印书馆 1979 年版。
6. ［德］尼采：《论道德的谱系》，周红译，生活·读书·新知三联书店 1992 年版。
7. ［德］尼采：《偶像的黄昏》，周国平译，湖南人民出版社 1987 年版。
8. ［德］瓦尔特·本雅明著，陈永国、马海良编：《本雅明文选》，中国社会科学出版社 1999 年版。
9. ［德］席勒著，张玉书选编：《席勒文集》第 6 卷，张玉书等译，人民文学出版社 2005 年版。
10. ［俄］陀思妥耶夫斯基：《死屋手记》，曾宪溥、王健夫译，人民文学出版社 1981 年版。
11. ［俄］陀思妥耶夫斯基：《作家日记》，张羽译，河北教育出版社 2010 年版。
12. ［俄］维·什克洛夫斯基：《散文理论》，百花洲文艺出版社 1994 年版。
13. ［法］波德莱尔：《波德莱尔美学论文选》，郭宏安译，人民文学出版社 1987 年版。
14. ［法］吕西安·戈德曼：《论小说的社会学》，吴岳添译，中国社会科学出版社 1988 年版。
15. ［法］吕西安·戈德曼：《文学社会学方法论》，段毅、牛宏宝译，工人出版社 1989 年版。
16. ［法］罗兰·巴特：《写作的零度》，李幼蒸译，中国人民大学出版社 2008 年版。
17. ［法］米歇尔·福柯：《词与物——人文科学考古学》，莫伟民译，上海三联书店 2001 年版。
18. ［法］米歇尔·福柯：《规训与惩罚：监狱的诞生》，刘北成、杨远婴译，生活·读书·新知三联书店 1999 年版。
19. ［法］乔治·巴塔耶：《色情史》，刘晖译，商务印书馆 2003 年版。
20. ［法］让－皮埃尔·里乌、让－弗朗索瓦·西里内利主编：《法国文化史》第 1 卷，杨剑译，华东师范大学出版社 2006 年版。
21. ［古希腊］亚里士多德：《诗学》，陈中梅译注，商务印书馆 1996 年版。
22. ［加拿大］诺斯罗普·弗莱：《批评的解剖》，陈慧、袁宪军、吴伟仁译，百花文艺出版社 2006 年版。
23. ［捷克斯洛伐克］亚罗斯拉夫·普实克著，［美］李欧梵编：《抒情与史诗：

现代中国文学论集》，郭建玲译，上海三联书店 2010 年版。

24. ［美］M.H. 艾布拉姆斯：《文学术语词典》（第七版），吴松江等编译，北京大学出版社 2009 年版。

25. ［美］弗雷德里克·詹姆逊：《语言的牢笼 马克思主义与形式》，钱佼汝、李自修译，百花洲文艺出版社 1995 年版。

26. ［美］海登·怀特：《后现代历史叙事学》，陈永国、张万娟译，中国社会科学出版社 2003 年版。

27. ［美］海登·怀特：《元史学：19 世纪欧洲的历史想象》，陈新译，译林出版社 2013 年版。

28. ［美］杰拉德·吉列斯比：《欧洲小说的演化》，胡家峦、冯国忠译，生活·读书·新知三联书店 1987 年版。

29. ［美］勒内·韦勒克、奥斯汀·沃伦：《文学理论》（修订版），刘象愚、邢培明、陈圣生等译，江苏教育出版社 2005 年版。

30. ［美］夏志清：《中国古典小说导论》，胡益民等译，安徽文艺出版社 1988 年版。

31. ［美］夏志清：《中国现代小说史》，刘绍铭等译，中文大学出版社 2001 年版。

32. ［美］伊恩· P. 瓦特：《小说的兴起——笛福、理查逊、菲尔丁研究》，高原、董红钧译，生活·读书·新知三联书店 1992 年版。

33. ［苏联］巴赫金著，钱中文主编：《巴赫金全集》，河北教育出版社 2009 年版。

34. ［匈］卢卡奇：《卢卡奇早期文选》，张亮、吴勇立译，南京大学出版社 2004 年版。

35. ［伊朗］拉明·贾汉贝格鲁编著：《伯林谈话录》，杨祯钦译，译林出版社 2011 年版。

36. ［英］阿伦·布洛克：《西方人文主义传统》，董乐山译，生活·读书·新知三联书店 1997 年版。

37. ［英］奥斯卡·王尔德：《谎言的衰落：王尔德艺术批评文选》，萧易译，江苏教育出版社 2004 年版。

38. ［英］亨利·菲尔丁：《弃儿汤姆·琼斯史》，张谷若译，上海译文出版社 1993 年版。

39. ［英］迈克尔· H. 莱斯诺夫：《二十世纪的政治哲学家》，冯克利译，商务印书馆 2001 年版。

40. ［英］特里·伊格尔顿：《沃尔特·本雅明——或走向革命批评》，郭国良、陆汉臻译，译林出版社 2005 年版。

41. ［英］以赛亚·伯林：《俄国思想家》（第二版），彭淮栋译，译林出版社 2011 年版。

42. ［英］以赛亚·伯林：《反潮流：观念史论文集》，冯克利译，译林出版社 2011 年版。

43. ［英］以赛亚·伯林：《现实感：观念及其历史研究》，潘荣荣、林茂译，译林出版社 2011 年版。

44. ［英］以赛亚·伯林：《自由论》（修订版），胡传胜译，译林出版社 2011 年版。

报刊和学位论文

1. 格非:《废名的意义》,《文艺理论研究》2001 年第 1 期。
2. 郝江英:《西奥多·赖克的精神分析思想研究》,南京师范大学硕士学位论文, 2014 年。
3. [德] 君特·格拉斯:《回首〈铁皮鼓〉——关于我自己。小说的作者是可疑的见证人》,贺骥译,《世界文学》2000 年第 2 期。
4. 楼适夷:《施蛰存的新感觉主义——读了“在巴黎大戏院”与“魔道”之后》,《文艺新闻》第 33 期, 1931 年 10 月 26 日。
5. 吕约:《废名与“莫须有先生”的遗留问题》,《中国图书评论》2007 年第 12 期。
6. 沈奇:《飞行的高度——论于坚从〈0 档案〉到〈飞行〉的诗学价值》,《当代作家评论》1999 年第 2 期。
7. 唐弢:《四十年代中期的上海文学》,《文学评论》1982 年第 3 期。
8. 王福湘:《心理分析与新感觉派之辨——为施蛰存正名,与严家炎商榷》,《南京师范大学文学院学报》2013 年第 2 期。
9. 王福湘:《“洋场恶少”与文化传人之辨——施蛰存与鲁迅之争正名论》,《鲁迅研究月刊》2013 年第 2 期。
10. 吴晓东:《战乱年代的另类书写——试论废名的〈莫须有先生坐飞机以后〉》,《现代中国》第 6 辑,北京大学出版社 2005 年版。
11. 于坚:《0 档案》,《大家》1994 年第 1 期。
12. 余华:《谁是我们共同的母亲?》,《天涯》1996 年第 4 期。
13. 张柠:《为思想史中的异端立传——读〈理解俄国〉》,《励耘学刊(文学卷)》第 19 辑,学苑出版社 2014 年版。
14. 张柠:《中国节奏与精神秘密——古诗的遗传基因和新诗的遭遇》,《现代中国文化与文学》第 9 辑,巴蜀书社 2011 年版。

索引

后记

《现代作家的观念与艺术》一书，是我 20 世纪中国文学研究和评论的部分成果。主干部分（前四章）原名《民国作家的观念与艺术》，书稿写于 2011—2015 年间，后被国家社科基金重点项目“民国社会历史与中国现代文学的研究框架”课题组收入其研究成果系列之中，由山东文艺出版社 2015 年出版。这本书也是北京师范大学文学院文学专业硕士生学位基础课“原典阅读与研究”的教学参考书之一。第五、第六两章当代小说和诗歌研究，是从我诸多中国当代文学评论文章中挑选出来的。这一次将“现代文学”和“当代文学”两个板块的部分成果合编在一起，可以算作对“二十世纪中国文学整体观”这一学术思路的回应。此次编校，只作字词上的细微修订，其他均依原样。感谢责任编辑郑韵扬博士，她的专业精神和敬业态度令我感动。感谢我的博士生林芳毅所做的诸多琐碎工作。

張檸

2022年2月22日

写于西直门寓所

出版说明

高等教育出版社“稷下文库”丛书以“荟萃当代优秀成果，彰显盛世学术繁荣”为宗旨，注重历史与现实、理论与实践相结合，遴选中国当代人文社科各领域知名学者的代表作。这些著作，均是改革开放以来经过学界、读者和市场检验的高水平研究成果，是了解中国当代学术发展的必读经典。

丛书中的部分作品写作和初版时间较早，反映出作者当时的学术思考，其观点和表述或带有时代的印痕，与当下的习惯、认识有一定差异。随着时代发展，学术进步乃是必然。正因为学术的健康发展需要传承有绪、守正创新，学术经典的价值并不会因为时代变迁而消减，故而，我社本着充分尊重原著的原则，在保留原著观点、风貌的基础上，协同作者梳理修订文字，补充校订注释和引文，并增加了参考文献和索引，以期带给读者更好的阅读体验，让学术经典在新时代继续创造价值。

高等教育出版社

2022年10月

“稷下文库”
文学类丛第一辑书目

陈思和

《中国新文学整体观》（修订版）

《新文学整体观续编》（修订版）

《献芹录》（新编本）

孙郁

《鲁迅忧思录》（修订版）

《鲁迅遗风录》（修订版）

《当代作家别论》

张柠

《土地的黄昏——中国乡村经验的微观权力分析》（第三版）

《现代作家的观念与艺术》

《中国当代文学的开端（1949—1965）》

《文学与快乐·文化的诗学》

图书在版编目（CIP）数据

现代作家的观念与艺术 / 张柠著. -- 北京：高等教育出版社，2023.8
ISBN 978-7-04-060486-3

Ⅰ. ①现… Ⅱ. ①张… Ⅲ. ①作家－人物研究－中国－现代②中国文学－当代文学－文学研究 Ⅳ. ①K825.6②I206.7

中国国家版本馆CIP数据核字(2023)第085792号

策划编辑 龙 杰 郑韵扬
责任编辑 杨亚鸿 郑韵扬
封面设计 张志奇
版式设计 张志奇
责任校对 高 歌
责任印制 耿 轩
出版发行 高等教育出版社
社 址 北京市西城区德外大街4号
邮政编码 100120
购书热线 010-58581118
咨询电话 400-810-0598
网 址 http://www.hep.edu.cn
http://www.hep.com.cn
网上订购 http://www.hepmall.com.cn
http://www.hepmall.com
http://www.hepmall.cn
印 刷 河北信瑞彩印刷有限公司
开 本 787 mm × 1092 mm 1/16
印 张 28.5
字 数 300 千字
插 页 1
版 次 2023 年 8 月第 1 版
印 次 2023 年 8 月第 1 次印刷
定 价 98.00 元

现代作家的观念与艺术

XIANDAI ZUOJIA DE GUANNIAN YU YISHU

物料号 60486-00

内容简介

本书将20世纪十几位重要作家及其作品，置于复杂多元的20世纪中国文化的总体背景之中，以观念史和艺术性为经纬，进行文学和文化评析。

全书由六个篇章组成，主要涉及鲁迅、王国维、李健吾、胡风、废名、张爱玲、施蛰存、莫言、史铁生、韩少功、胡宽、于坚、翟永明等作家，以全新的解读方法和敏锐的审美感受为基础，深入发掘作家的思想观念与艺术成就之间的隐秘关联，同时呈现出白话汉语文学发展的百年历程是中国文化走向世界的重要精神标志，也是中国人启蒙觉醒过程中的语言标尺，更是白话汉语表达艺术性的重要标本。

本书是作者20世纪中国文学研究和评论的代表性成果。全书行文流畅、材料丰富，且不囿于旧观念之束缚，不止于文学史之定说，颇多新见。作者对全书文字，包括引文和注释，作了认真的校阅修改，并依照当前的学术规范，添加了索引，以期更便于读者抓住相关研究的重点与脉络。